Mark Zahel

Stille Pfade Vinschgau – Meraner Land

52 ausgewählte Touren

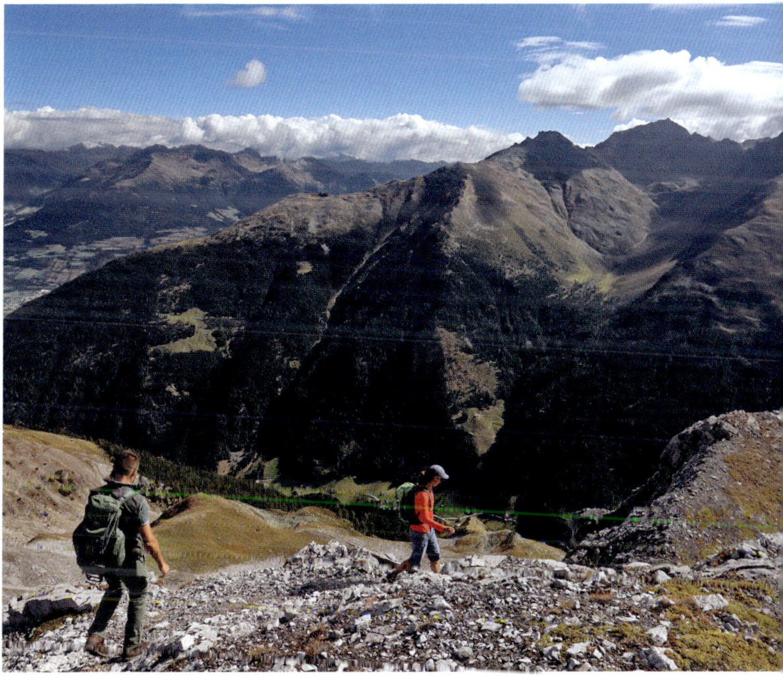

ROTHER
BERGVERLAG

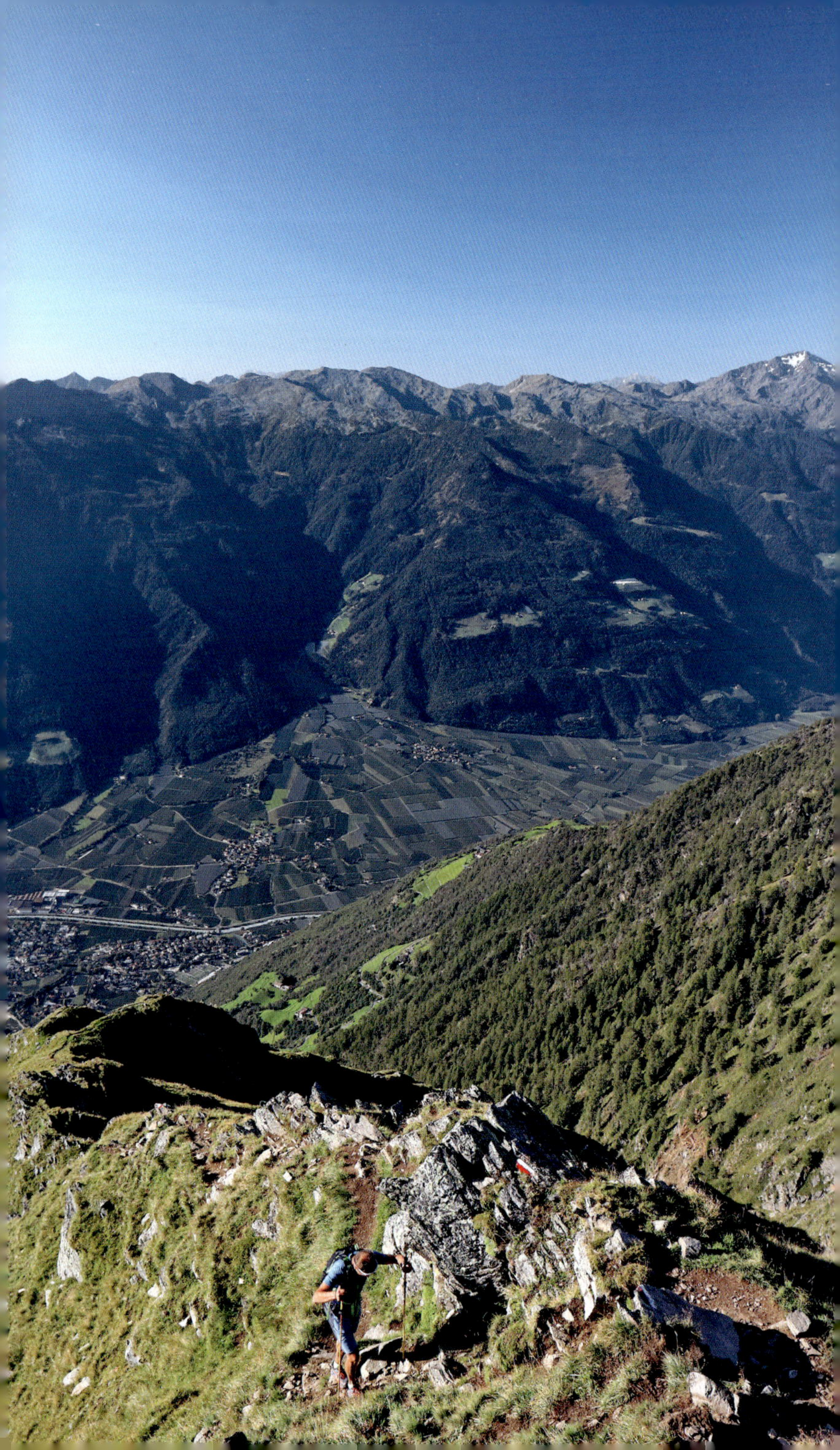

Vorwort

Der touristische Druck auf die Alpen ist zweifelsohne beträchtlich und oft wird aus diesem Grund auch gegen Überschließung und allgemeine Überlaufenheit gewettert. Für eine Region wie Südtirol gilt dies sogar im Besonderen. Wer sich allerdings eingehend mit dem Gebirge beschäftigt und vieles wirklich aus eigenem Erleben kennt, wird sich vor solchen Pauschalaussagen hüten und die Sache eher differenziert betrachten. Man könnte trefflich darüber diskutieren, warum manche Berge und Routen so stark frequentiert sind, andere wiederum vernachlässigt werden. Erschließungsgrad und Anspruch nehmen als Kriterien sicherlich Einfluss, doch wahrscheinlich spielen auch ein gewisser Herdentrieb und mangelnder Einfallsreichtum bei der Tourenauswahl eine Rolle. Oft fehlt einfach die Kenntnis um die Möglichkeiten bzw. eine sachdienliche detaillierte Information. Diesem Umstand möchte das vorliegende Buch entgegenwirken und in einem eigentlich bekannten und beliebten Gebiet Optionen aufzeigen, wie sich stille, individuelle Unternehmungen realisieren lassen.
Auch wenn mein persönliches Interesse gleichsam alpenweit gestreut ist, bin ich mit kaum einer Region so eng und detailliert vertraut wie mit Südtirol. In diesem Buch geht es um dessen westlichen Teil, den Vinschgau und die Gegend um Meran. Dichte Erkundungen seit mittlerweile fast drei Jahrzehnten reichen von der Talsohle der Etsch bis zum Gipfel des Ortlers und haben mich auch in viele versteckte Winkel eintauchen lassen. Daraus ist unter dem Prädikat »Stille Pfade« diese Tourenauswahl entstanden – eine sehr repräsentative, wie ich finde. Die Vorschläge gehen oft ordentlich in die Höhe, mitunter sogar bis ins Dreitausender-Niveau, und stellen auch gewisse Herausforderungen, besonders in konditioneller Hinsicht. Insgesamt bleibt das Schwierigkeitsniveau für (ambitionierte) Bergwanderer aber auf jeden Fall verträglich. Sämtliche Touren sind also eigens recherchiert, kritisch beurteilt und schließlich ausführlich charakterisiert und beschrieben. Eine reichhaltige Bebilderung vermittelt wunderbare Eindrücke von der Landschaft.
Die Bergwelt rund um den Vinschgau ist so weitläufig und groß dimensioniert, dass man hier in manchen Bereichen noch erstaunliche Einsamkeit findet. Und auch im angrenzenden Meraner Land, welches mir prinzipiell noch populärer dünkt als etwa der obere Vinschgau, konzentriert sich das Besucheraufkommen meist auf ganz bestimmte Routen. Dazwischen gibt es noch genügend Raum für individuellere Streifzüge. Falls Ihr Interesse daran geweckt ist, wünsche ich Ihnen viel Spaß beim Stöbern in dieser Fundgrube sowie natürlich beim Umsetzen in die Praxis. Lernen Sie das Land in all seinen Facetten kennen und schätzen und kehren Sie immer gesund und glücklich vom Berg zurück!

Frühjahr 2024 Mark Zahel

Hoch über dem Vinschgau: Aufstieg am Südgrat zum Kirchbachkreuz.

Inhalt

Im Pedertal gegen den Kamm der Veneziaspitzen.

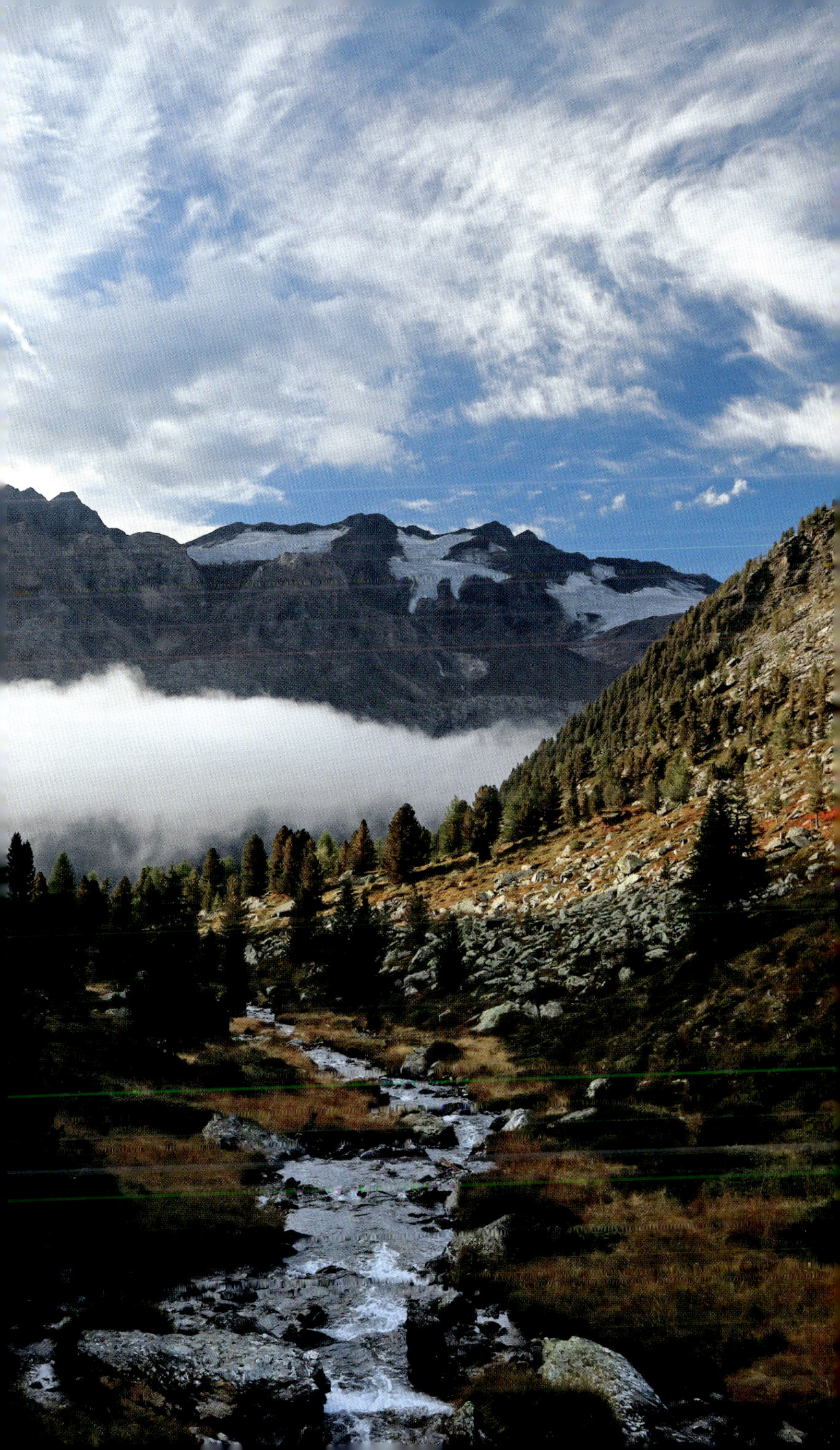

Top-Touren

Endkopf und Angerlikopf
Interessante, ausgesprochen gebietstypische Überschreitung im stillen Hinterland des Reschensees *(Tour 5, 7.00 Std.).*

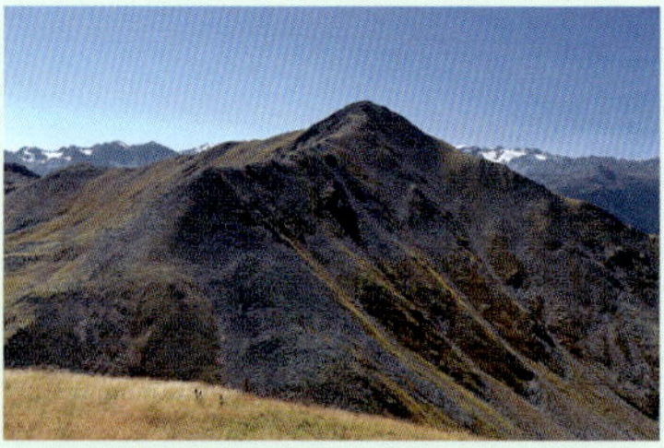

Monterodes
Relativ einfaches Wanderziel am Rand der Sesvennagruppe mit schönem Vinschgau-Panorama *(Tour 8, 5.00 Std.).*

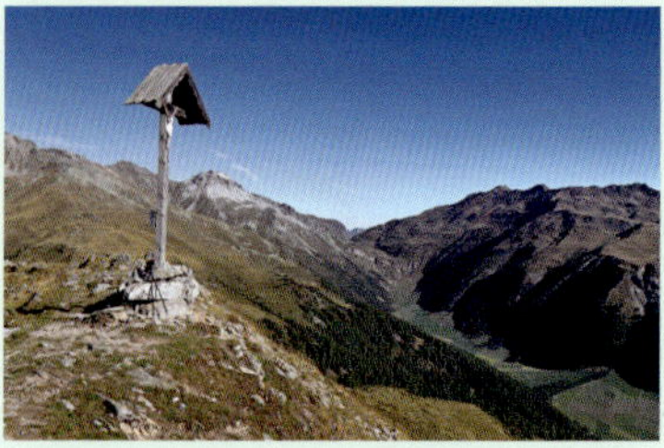

Hohes Kreuzjoch und Madatschknott
Vinschgau at its best – eine der größten Touren in diesem Band, auf der man die Freiheit des Bergsteigens so richtig zelebriert *(Tour 15, 10.00 Std.).*

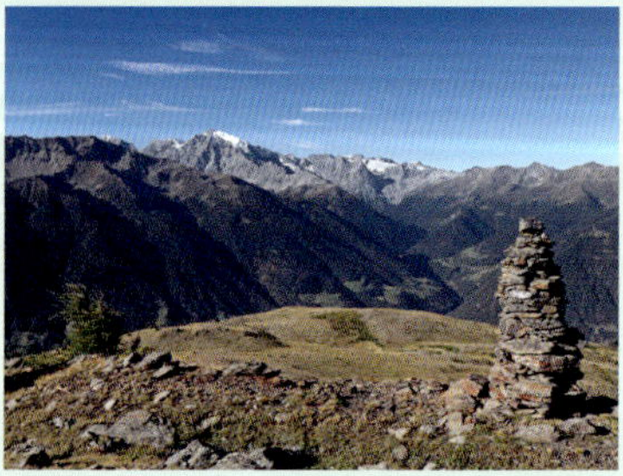

Hochleitenspitze
Ganz nah am Ortler und doch so gut wie unbekannt – ein Leckerbissen für Entdeckungsfreudige *(Tour 17, 6.30 Std.).*

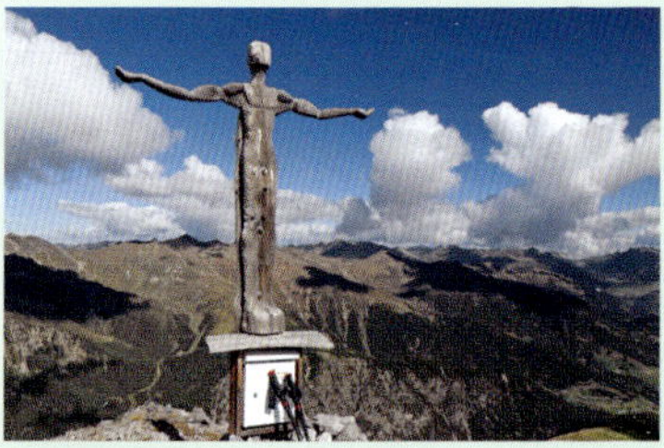

Flimseen und Kleineben
Auf Streifzug in den Marteller Seitentälern: urtümliche Almen, malerische Seen und eine tolle Aussicht auch ohne Gipfel *(Tour 22, 7.00 Std.).*

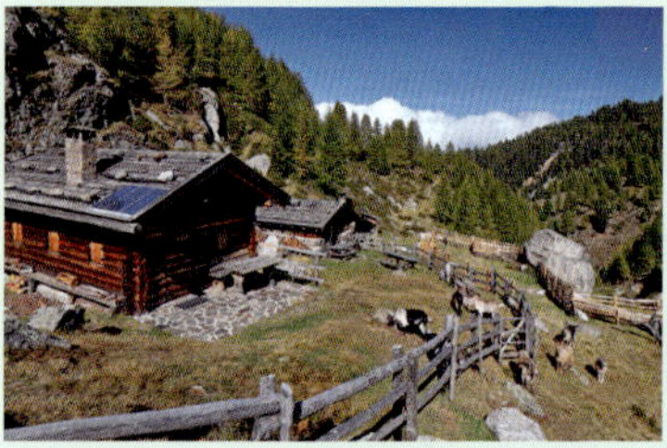

Schönputz und Zerminiger
Einer der mächtigen Dreitausender unmittelbar über dem Vinschgau – oder die moderatere Variante bis zur Waldgrenze am Schönputz *(Tour 25, 8.45 oder 4.30 Std.).*

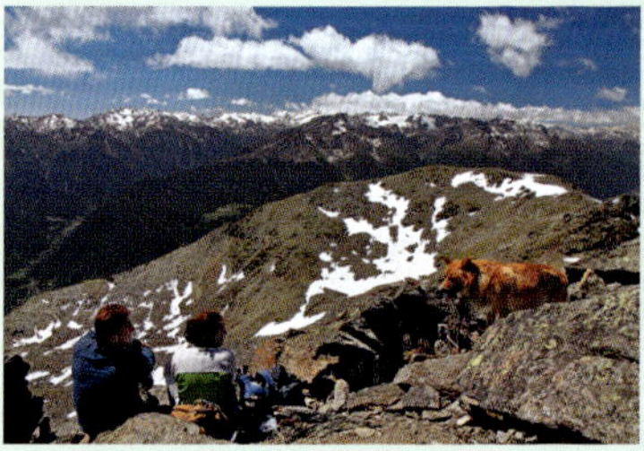

Kortscher Schafberg
Auf alter, fast in Vergessenheit geratener Weganlage zu einem Dreitausender, der sich mehr im Innern der südlichen Ötztaler Alpen versteckt *(Tour 27, 7.45 Std.)*.

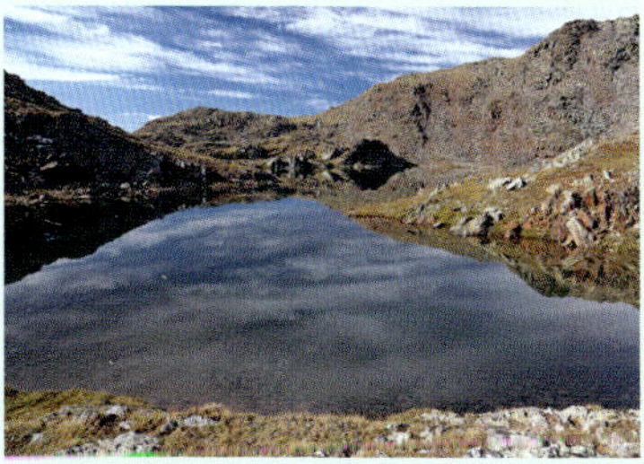

Kirchbachkreuz
Kernige Überschreitung mit gigantischem Panorama am Südwesteck der Texelgruppe *(Tour 31, 8.15 Std.)*.

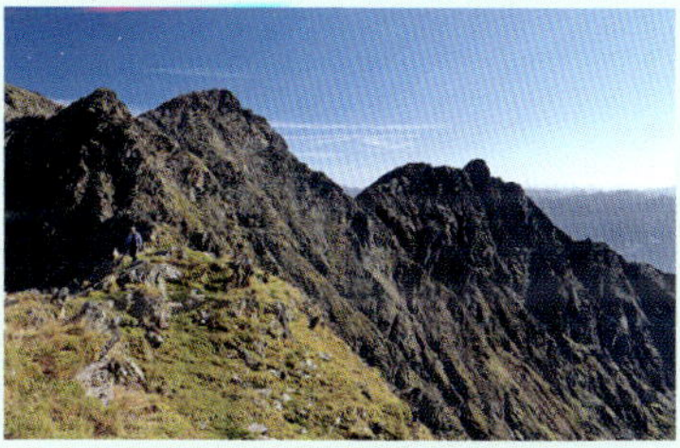

Muttegrubspitze und Peilstein
Ultens weitläufige Hochweiden, kristallklare Bergseen und aussichtsreiche Gipfelkämme – eine typische Überschreitung in dieser Bergwelt *(Tour 36, 7.00 Std.)*.

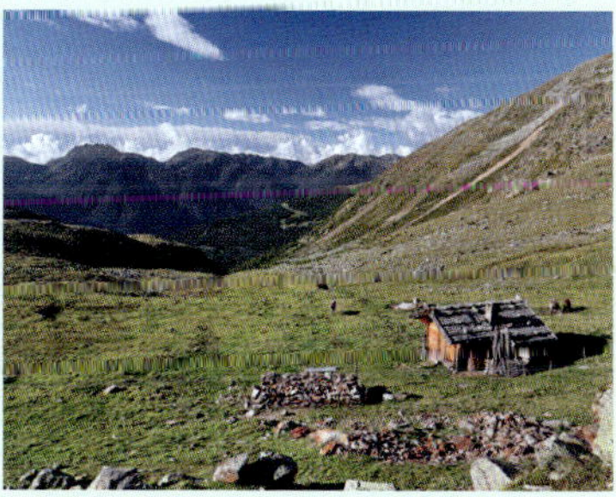

Laugenspitze
Ein bekannter Berg des Meraner Landes auf die individuelle Art – landschaftlich ein ganz besonderes Gustostück *(Tour 42, 7.15 Std.)*.

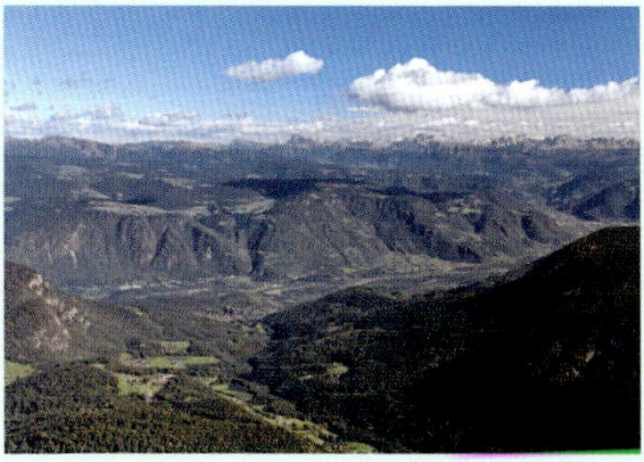

Riffelspitze
Gratausläufer am Westkamm der Sarntaler Alpen mit hervorragender Aussicht über das Passeiertal *(Tour 47, 4.30 Std.)*.

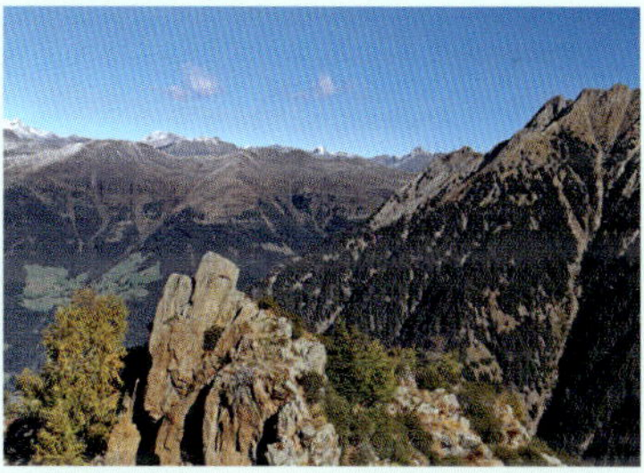

Kolbenspitze
Beherrschender Berg im Ostteil der Texelgruppe, an dem sich zwei Routen ideal miteinander kombinieren lassen *(Tour 51, 7.15 Std.)*.

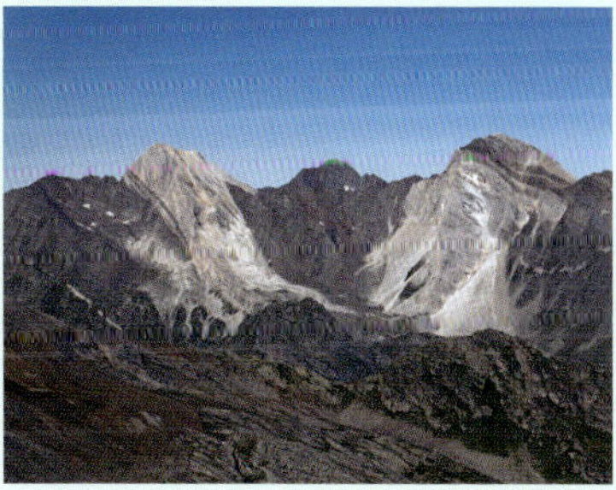

Allgemeine Hinweise

Auswahl der Ziele

Dieses Buch versammelt Touren, die sich durch eine relative Einsamkeit und eher geringen Bekanntheitsgrad auszeichnen, also vom Massentourismus auf jeden Fall verschont bleiben. Deshalb sind Beschreibungen in der bisherigen Berg- und Wanderliteratur auch höchstens sporadisch zu finden – mitunter fehlen sie sogar gänzlich. Insofern handelt es sich um eine Fundgrube für alle Bergbegeisterten, die sich gerne abseits dick ausgetretener Pfade bewegen, einen ausgeprägten Entdeckungsdrang mitbringen und sich nicht (oder jedenfalls nicht ausschließlich) von großen Namen locken lassen. Oft reift eine solche Einstellung auch erst im Lauf der Zeit, wenn man eine Gegend bereits recht gut kennengelernt hat und daraufhin den eigenen Horizont mit weniger populären Zielen erweitern möchte.

Die meisten der vorgestellten Routen verlaufen durchaus auf markierten Wegen, deren Frequentierung jedoch vergleichsweise gering ist (ausgenommen manche Abschnitte auf Zubringern). Fallweise kommt jedoch auch mal wegloses Gelände vor, was die Anforderungen an das Orientierungsvermögen erhöht. Da die Ziele größtenteils im hochalpinen Bereich zu suchen sind und oft ausgewachsene Bergtouren mit mehr als 1000 zu bewältigenden Höhenmetern darstellen, gehören Trittsicherheit und Ausdauer zu den wichtigen Grundtugenden, die mitgebracht werden sollten. Wirklich leichte Touren gibt es in dieser Auswahl nur ein paar, solche mit Kletterei sind allerdings ebenfalls deutlich in der Minderheit und überhaupt darf jede Unternehmung routinierten Bergwanderern guten Gewissens ans Herz gelegt werden. In der nach-

Wegloses Gelände muss überhaupt nicht schwierig sein.

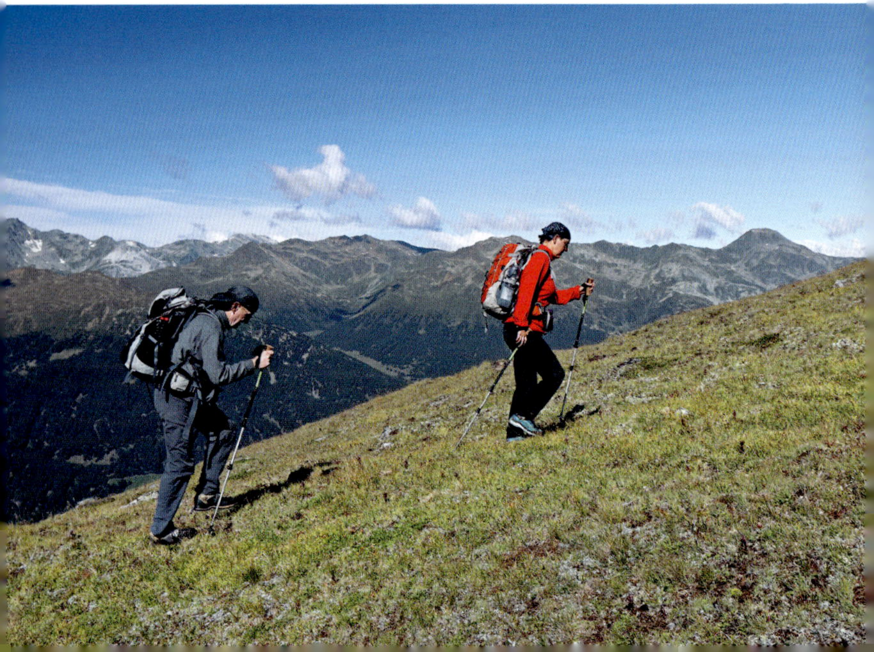

folgend näher erläuterten Schwierigkeitsskala sind wir meistens im Bereich um T3 bis stellenweise T4 unterwegs. Wem manche Tour zu lang erscheint – denn dies dürfte oft mehr als die geländebedingte Schwierigkeit der selektive Faktor sein –, der kann sie gegebenenfalls abkürzen, etwa durch Rückweg auf dem Hinweg oder vorzeitige Abstiegsmöglichkeiten.

Bei umfassendem Interesse an der Bergwelt Südtirols sei an dieser Stelle noch kurz auf einige andere Publikationen des Verfassers im Rother Bergverlag aufmerksam gemacht, die thematisch andere Herangehensweisen verfolgen:

- Panoramawege und Aussichtsberge Südtirol
- Wochenendtouren Südtirol
- Alm- und Hüttenwanderungen Südtirol (2 Bände)
- Leichte Wanderungen Südtirol (2 Bände)
- Wilde Wege Dolomiten
- Wanderführer Rund um Sterzing

Parameter und Symbole

Auf den ersten Blick erkennbar sind die Angaben für Gehzeit, Strecke sowie Höhenmeter im Auf- und Abstieg hervorgehoben. Sie beziehen sich jeweils auf die komplette Tour. Möchte jemand nur eine Teilstrecke begehen, können die Daten recht gut aus dem Höhenprofil abgeleitet werden.

Um möglichen Missverständnissen vorzubeugen, eine wichtige Erklärung zur Gehzeit: Diese Angabe ist stets als reine Marschdauer ohne Pausen zu verstehen, gemessen an einem Normalwanderer mit solider Grundkondition, aber ohne übertriebenen sportlichen Anspruch. Als Faustregel werden je nach Gelände im Aufstieg rund 300 bis maximal

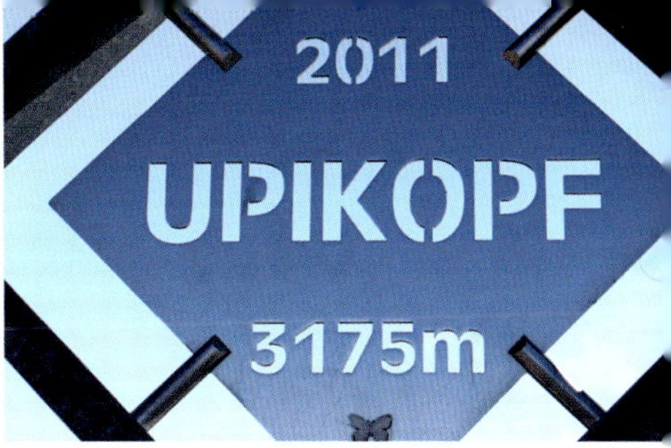

Endlich am Ziel …

400 Höhenmeter pro Stunde zugrunde gelegt, im Abstieg etwa das 1,5-fache. In der Praxis kann es – je nach Fitness und Leistungsvermögen – selbstverständlich eine erhebliche Streuung geben, nicht zuletzt durch wetter- oder geländebedingte Erschwernisse (z.B. Hitze, Nässe). Auch Faktoren wie Rucksackgewicht und Gruppengröße bzw. -zusammensetzung wirken sich aus. Man sollte daher nach einigen Erfahrungen mit dem Buch seinen persönlichen »Zeitmaßstab« herausfinden und berücksichtigen.

Die Symbole vermitteln einige grobe Grundkriterien für die Tourenplanung und sind auf der Umschlagklappe definiert.

Talort

Die Angabe bezieht sich auf den nächstgelegenen Ort mit Infrastruktur. Wer sich in der Region (noch) nicht so gut auskennt, kann sie auch für eine erste geografische Recherche, etwa hinsichtlich der Anfahrtsplanung, nutzen.

Ausgangspunkt

Dort startet man zu Fuß (als erster Wegpunkt deklariert und in den Tourenkarten zudem mit einem roten Kreis gekennzeichnet). Falls die Zufahrt nicht offensichtlich ist, wird sie in kompakter Form aufgezeigt. Zudem wird ein Hinweis auf die öffentlichen Verkehrsmittel gegeben.

Anforderungen

Dieser sehr wichtige Punkt gibt über Beschaffenheit der Wege bzw. des Geländes, über besonders relevante Schwierigkeiten sowie an Begeher gestellte Voraussetzungen Auskunft. All dies gründet sich allein auf objektive Kriterien und daher immer auf die Annahme günstiger Verhältnisse. Dass beispielsweise schlechtes Wetter die Anforderungen merklich erhöhen kann, muss jeder selbst einkalkulieren.

Die Summe dieser Fakten bestimmt die Gesamteinschätzung, die einerseits durch die Anwendung der differenzierten, vom Schweizer Alpenclub (SAC) etablierten Wanderskala und andererseits durch die Farbe der Tourennummer gekennzeichnet wird. Dabei bezieht sich die Gesamtbewertung stets auf die vollständige Tour, während Teilstrecken durchaus leichter sein können (interessant wiederum im Hinblick auf eine flexible Tourenplanung). Farblich werden drei Anforderungsniveaus unterschieden:

Unsere Routen sind zwar oft einsam, trotzdem kann es manchmal eng werden …

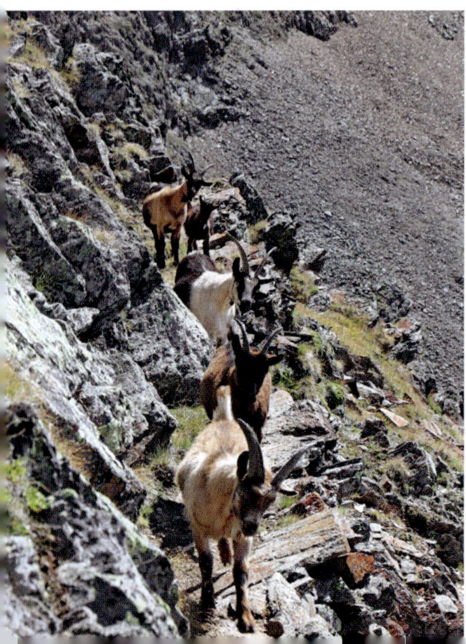

■ Leicht

Bergwanderung auf gut ausgebauten und markierten Wegen von meist nur mäßiger Steilheit. Passagen in abschüssigem Gelände sind, wenn überhaupt, die Ausnahme. Besondere Bergerfahrung ist nicht notwendig, gelegentlich kann ein Grundmaß an Trittsicherheit vorteilhaft sein. Auch konditionell nicht überdurchschnittlich fordernd.

■ Mittel

Wege und Bergpfade, die solide Trittsicherheit erfordern, in ausgesetztem Terrain auch Schwindelfreiheit. Sie sind meistens markiert, weisen aber nicht selten schmalen Verlauf auf und können stellenweise gesichert sein. Auch wenig hindernisreiches wegloses Gelände fällt in diese Kategorie. Im hochalpinen Bereich nimmt die Abhängigkeit von den herrschenden Verhältnissen zu, was alles in allem ein gewisses Maß an Bergerfahrung verlangt.

■ Schwierig

Anspruchsvollere Bergtouren in oft hochalpinem Gelände, die streckenweise weglos bzw. unmarkiert verlaufen können und gegebenenfalls Kletterei erfordern (im unteren Schwierigkeitsgrad I, ausnahmsweise bis II). Absolute Trittsicherheit und Schwindelfreiheit sind ebenso unerlässlich wie umfassende alpine Erfahrung. Aufgrund von Höhe und Schwierigkeit der Ziele ist hier die Abhängigkeit von Wetter und Verhältnissen besonders zu beachten.

Die Wanderskala des SAC umfasst insgesamt sechs Stufen, wobei bis T2 üblicherweise die Einstufung »blau«, spätestens ab T4 »schwarz« gilt. Etwaige Anpassungen können manchmal aufgrund besonderer konditioneller Ansprüche erfolgen.

Die Schwierigkeitsskala nach Muster des SAC

Grad	Weg, Gelände	Anforderungen
T1 Wandern	Weg gut gebahnt, Gelände flach oder leicht geneigt, keine Absturzgefahr.	Keine Anforderungen, auch mit Turnschuhen geeignet, Orientierung problemlos.
T2 Bergwandern	Weg mit durchgehender Trasse, Gelände teilweise schon recht steil, Absturzgefahr selten, aber nicht völlig ausgeschlossen.	Etwas Trittsicherheit, Trekkingschuhe empfehlenswert, elementares Orientierungsvermögen.
T3 Anspruchsvolles Bergwandern	Weg meist erkennbar, aber nicht unbedingt durchgehend, ausgesetzte Stellen evtl. gesichert, ggf. etwas Händeunterstützung, Geröllflächen, einfache Schrofen.	Solide Trittsicherheit, Trekkingschuhe, elementare alpine Erfahrung, durchschnittliches Orientierungsvermögen.
T4 Alpinwandern	Weg nicht zwingend vorhanden, stellenweise leichte Kletterei, Gelände recht exponiert, heikle Grashalden, Schrofen, Firnfelder.	Vertrautheit mit exponiertem Gelände, solide alpine Erfahrung, gute Trittsicherheit und Orientierungsvermögen.
T5 Anspruchsvolles Alpinwandern	Teils weglos mit Kletterpassagen im I. bis II. Grad, evtl. nicht markiert. Häufig exponiertes bzw. heikles Gelände.	Sehr gute Trittsicherheit, vertiefte alpine Erfahrung und sicheres Beurteilungsvermögen im hochalpinen Gelände.
T6 Schwieriges Alpinwandern	Meist weglos und in der Regel nicht markiert. Kletterpassagen bis II bei diffizilen Rahmenbedingungen.	Umfassende alpine Erfahrung inkl. grundlegender Kletterkenntnisse.

Einkehr

Aufgezählt werden Hütten und Jausenstationen, die an der Route liegen, eventuell auch an Ausgangspunkten abseits von Ortschaften. Dabei sind die ungefähren Bewirtschaftungszeiten (diese können von Jahr zu Jahr etwas variieren) sowie eine Telefonnummer vermerkt. Außerhalb der Saison decke man sich lieber mit etwas mehr Proviant ein.

Varianten

Hinweise auf andere Gestaltungsmöglichkeiten, die nicht ausführlich dargelegt werden, aber mithilfe einer guten Karte inspiziert werden können. Unter Umständen kann dies auch unterwegs als ungeplante »Notlösung« von Belang werden, beispielsweise im Fall von Konditionsproblemen.

Karten

Die Mitnahme einer Wanderkarte empfiehlt sich grundsätzlich bei jeder Tour. Standardmäßig genannt werden hier die Blätter von Tabacco, welche für Südtirol flächendeckend im Maßstab 1:25.000 vorliegen. Normalerweise sind auch die Höhenangaben daraus entnommen, vorbehaltlich einiger widersprüchlicher Fälle. Integraler Bestandteil dieses Buches sind Ausschnitte aus den Karten von Freytag & Berndt, deren Originalblätter im Handel allerdings nicht mehr verfügbar sind.

GPS-Tracks und Koordinaten der Ausgangspunkte

Auf **gps.rother.de** stehen zu diesem Wanderbuch GPS-Tracks und die Koordinaten der Ausgangspunkte zum kostenlosen Download bereit. Dieser QR-Code führt direkt zum Download.
1. Auflage, Passwort: 338001ako
Die GPS-Tracks können in die **Rother App** importiert werden. In der App kann man unterwegs stets sehen, wo man gerade ist und wo es langgeht. **Anleitungen dazu: rother.de/gps**
Trotz sorgfältiger Prüfung können wir Fehler und zwischenzeitliche Veränderungen nicht ausschließen. Verlassen Sie sich für die Orientierung niemals einzig und allein auf die GPS-Daten, sondern beurteilen Sie die Verhältnisse vor Ort.

Markierungen

Was bei »gewöhnlichen« Wanderführern eher die absolute Ausnahme darstellt, erfährt in diesem Band tendenziell etwas höheren Stellenwert: wegloses Gelände. Zwar können wir bei vielen Touren durchgängig, bei den anderen zumindest teilweise auf eine Signalisierung durch Farbzeichen bauen (inklusive der in Südtirol gängigen Nummerierung), doch tritt auch ein nennenswerter Anteil auf, wo dies nicht der Fall ist. Dann gilt es entweder etwaigen vorhandenen Begehungsspuren zu folgen oder – falls diese fehlen – sich seine eigene Linie nach Augenmaß zu suchen. Das Gelände selbst muss deshalb keineswegs besonders anspruchsvoll sein, doch braucht es zuweilen ein gewisses Maß an Routeninstinkt, allgemeine Bergerfahrung und nicht zuletzt ausreichende Sichtverhältnisse. Geht man solche Touren überlegt und nicht zu waghalsig an, trägt dies nicht nur zur bergsteigerischen Reife bei, sondern kann der Ursprünglichkeit wegen auch besonders beglückende Momente vermitteln.

Beste Jahreszeit

Die Saison für die meisten der hier vorgestellten Touren liegt in den Monaten Juni bis Oktober, selbstverständlich in Abhängigkeit von den herrschenden Bedingungen. So kann ein schneereicher Winter den Beginn der Tourensaison hinauszögern und herbstlicher Schneefall ihr Ende beschleunigen. Für hochalpine Unternehmungen ist ohnehin eine kürzere Zeitspanne (etwa Juli bis September) anzunehmen, denn das Auftreten von Schneefeldern ist ein ausgesprochen sicherheitsrelevanter Aspekt. Seien Sie also im frühen Sommer nicht zu ungeduldig und warten Sie lieber günstige Verhältnisse ab.

Wetter und Klima

Südtirol befindet sich gleichsam auf der Sonnenseite der Alpen, ohne dass damit freilich eine Garantie verbunden wäre, dass die Sonne auch tatsächlich zuverlässig scheint. Aber die Wahrscheinlichkeit dafür ist immerhin vergleichsweise hoch – mit durchschnittlich 55 bis 60 Prozent wird sie von Klimatologen angegeben. Umliegende Gebiete sind teils deutlich niederschlagsreicher, nicht nur was die Gesamtsummen angeht, sondern auch die Zahl der Regentage. Im besonders trockenen mittleren Vinschgau registriert man nur gut 500 Liter im Jahr; am

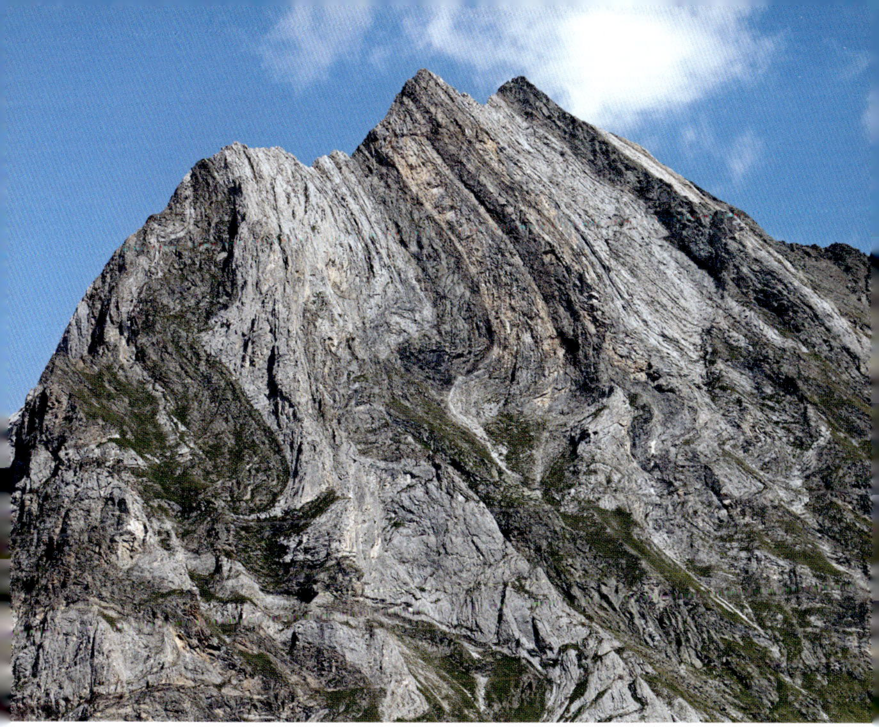

Oben: Die Jennwand zählt zu den auffälligsten Gipfeln über dem Vinschgau.
Unten: Dagegen präsentiert sich die Schöngrubspitze als abgerundeter Kopf.

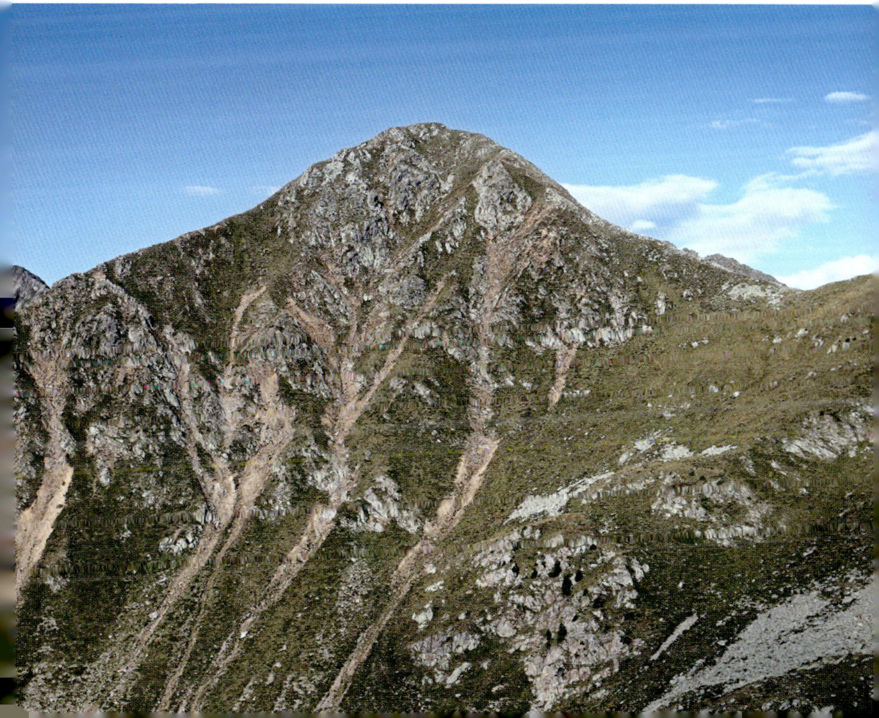

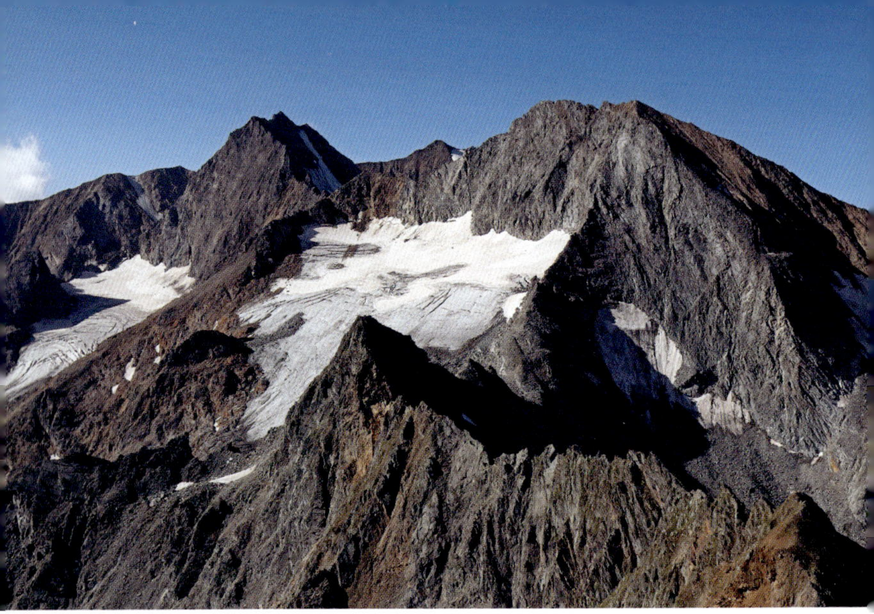

Hochalpine Impressionen vom Ötztaler Hauptkamm, eingefangen am Königskogel.

Alpenhauptkamm wird es tendenziell etwas mehr, natürlich auch in Abhängigkeit von der Höhenlage. Großräumige Wetterfronten wirken sich in Südtirol häufig nur in abgeschwächter Form aus, weil sie sich anderswo bereits großteils abgeregnet haben. Bei Anströmung aus nördlichen Richtungen sorgt der Föhn sogar für trockene Verhältnisse mit ausgesprochen klarer Luft, beeinträchtigt womöglich nur durch einen relativ kalten, böigen Wind. Bei solch einer Wetterkonstellation ist die Reise nach Südtirol aber immer eine gute Idee. In der warmen Jahreszeit wird die Niederschlagsaktivität vornehmlich durch konvektive Vorgänge verursacht. Und die daraus resultierenden Gewitter sind nicht zu unterschätzen! Darüber hinaus müssen vor allem Südstaulagen als kritisch eingestuft werden – sozusagen als Umkehrschluss zur Nordföhnlage. Denn gegen feuchteschwangere Luftmassen aus dem Mittelmeerraum ist Südtirol nicht so gut geschützt. Die stärksten Niederschläge treten dabei oft auf einer Linie Ulten – Passeier – Brenner auf, ohne damit eine Verallgemeinerung auszusprechen. Für richtige Bergtouren ist diese Situation jedenfalls kaum geeignet. Viel besser sieht es selbstredend bei Hochdrucklagen aus, die im Herbst aber auch die Neigung zu Nebel respektive Hochnebel mit sich bringen. Dieser kann mitunter erstaunlich weit hinaufreichen, doch wer drüber steht, erlebt unvergleichliche und womöglich unvergessliche Stimmungen …

Das Einholen der aktuellen Wetterprognose gehört zum Essenziellen bei der Tourenvorbereitung. Professionell aufbereitet findet man solche vorzugsweise unter:

- www.provinz.bz.it
- www.alpenverein.de

Ausrüstung

Maßgebend für unser Tourenspektrum ist die normale Bergwanderausrüstung, die an dieser Stelle als

bekannt vorausgesetzt wird. Neben bergtauglichem, robustem Schuhwerk denke man insbesondere an warme, wetterfeste Kleidung, selbst wenn ein warmer Sommertag angekündigt ist. Auch Regenschutz einschließlich Rucksackhülle ist obligatorisch. Je nach Wetterlage wird man andererseits auch mal um eine kurze Hose froh sein. Bei allfälligen Hüttenübernachtungen muss der Rucksackinhalt um Wechselwäsche, Wasch- und Hygienezeug sowie Hüttenschlafsack erweitert werden. Kleinkram wie Wanderkarte, Handy, Taschen- bzw. Stirnlampe, Messer, Sonnenschutz (Creme, Brille und Kappe), Mülltüte und eine kleine Notfallapotheke nicht vergessen!
Man achte jedoch darauf, sich nicht wie einen Maulesel zu bepacken, denn ein schwerer Rucksack kann den Wandergenuss doch sehr einschränken. »So viel wie nötig, so wenig wie möglich«, lautet gleichsam das Motto. Eine gut gefüllte Trinkflasche ist natürlich essenziell, doch meint es manch einer beim Proviant womöglich zu gut. Bei manchen Tou-

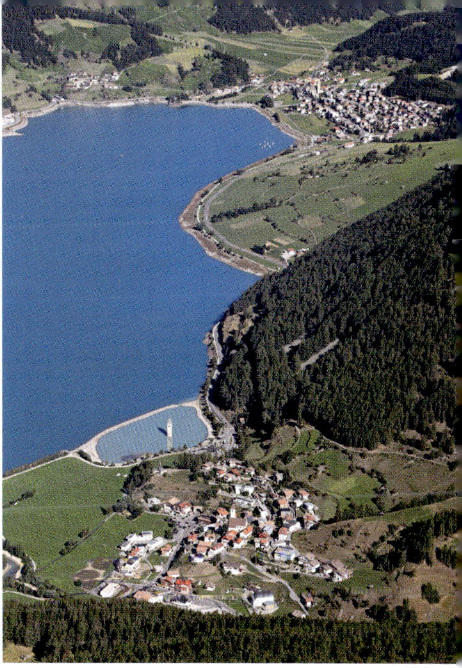

Vogelperspektive auf den Reschensee; vorn liegt der Ort Graun, hinten Reschen.

Bei der Weißkugelhütte in Langtaufers.

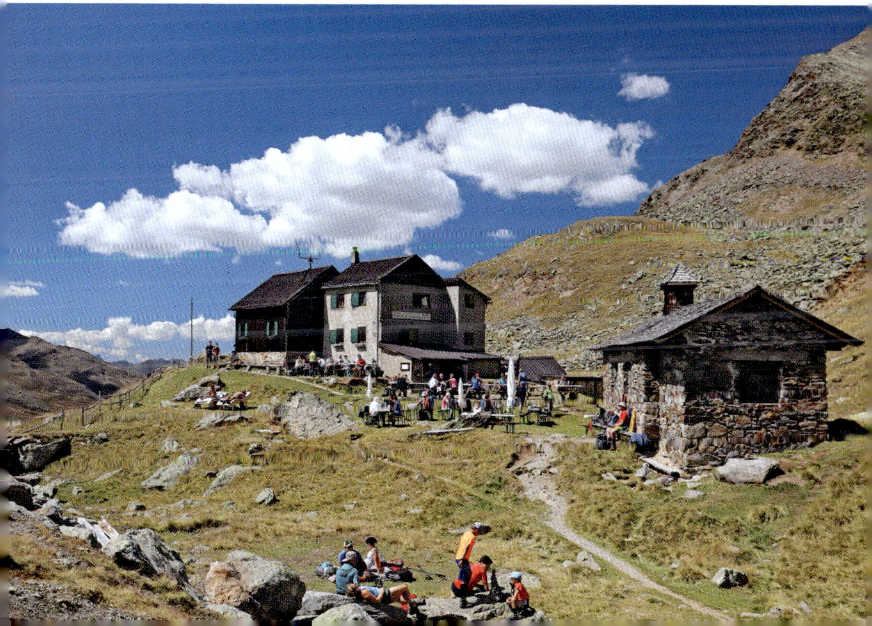

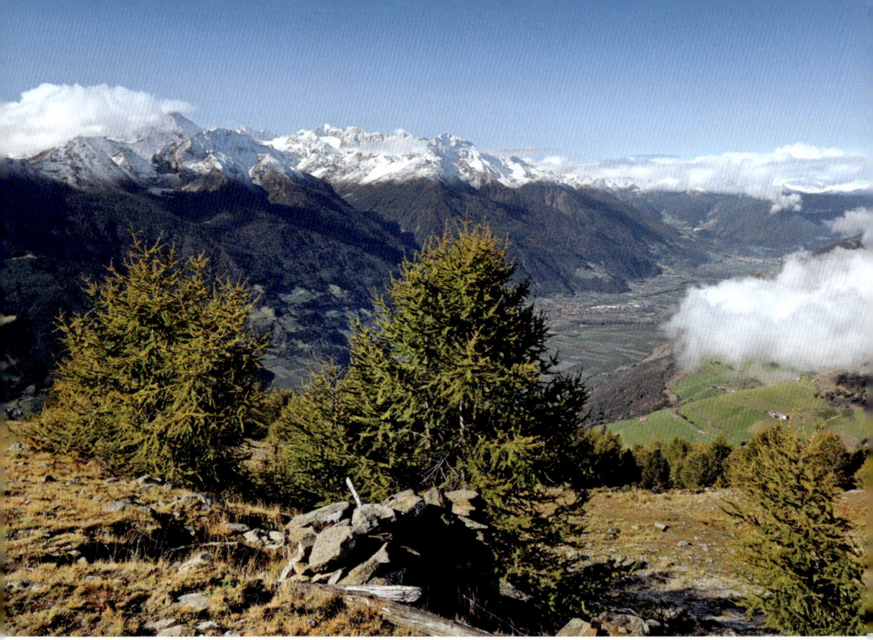

Von der Waldgrenze, wie hier am Schönputz, ergeben sich oft reizvolle Blicke in den Vinschgau.

ren ergeben sich unterwegs Einkehrmöglichkeiten, sodass wir unseren tatsächlichen Bedarf ganz realistisch einschätzen sollten. Eine Art »Notration« sollte freilich immer dabei sein.

Öffentliche Verkehrsmittel

Gerade an Wochenenden führt das erhöhte Verkehrsaufkommen in touristischen Gebieten bzw. auf den wichtigen Zubringern immer wieder zu Staus. Wer diesen Stressfaktor vermeiden möchte, tut gut daran, mit Bahn und Bus anzureisen. Die Mehrzahl der Touren ist prinzipiell mit öffentlichen Verkehrsmitteln durchführbar; manchmal muss vielleicht noch ein zusätzlicher Marsch in Kauf genommen werden, um von der nächstgelegenen Bushaltestelle zum eigentlichen Ausgangspunkt zu gelangen. Einige Unternehmungen werden ohne Auto allerdings sehr aufwendig und unpraktikabel, wenn bereits bis zum nominellen Ausgangspunkt ein erklecklicher Höhenunterschied zu bewältigen wäre. Dies ist im jeweiligen Infoblock aber immer klar ersichtlich. In jedem Fall erscheint es ratsam, sich vorab um die Fahrpläne zu kümmern, z.B. unter **www.suedtirolmobil.info**.

Gefahren

Das Gebirge birgt vielfältige Gefahren, für die man erst mit reifender Fähigkeit zur Selbsteinschätzung und vertiefter Beschäftigung mit den Naturelementen ein Gespür bekommt. Allgemein wird dies mit dem Begriff »Bergerfahrung« umschrieben. Nachfolgend einige der wichtigsten Gefahrenpotenziale, die man im Auge haben muss:

- Am offensichtlichsten ist meist die Ausrutsch- bzw. Absturzgefahr. Ruhige, konzentrierte Fortbewegung ist daher im ausgesetzten Gelände oberstes Gebot. Wer sich nicht schwindelfrei weiß, hat diesem Umstand bereits bei der Tourenauswahl Rechnung zu tragen.

- Leicht zu unterschätzen sind hartgefrorene Schneefelder, die schon bei relativ geringer Neigung zu bösen Unfällen führen können. Gut, falls man ausrüstungstechnisch vorgesorgt hat (Steigeisen und/oder Pickel). Besser noch, man begeht die Routen erst nach vollständiger Ausaperung. Kommt es zum Ausgleiten, sofort reagieren und in die bremsende Liegestützhaltung gehen, bevor der Körper Beschleunigung aufnimmt.
- Bei Nässe werden Schrofen und steile Grashänge besonders tückisch.
- Steinschlaggefährdete Passagen sollten, falls nicht vermeidbar, rasch aber konzentriert begangen werden. Auf Klettersteigen sind Selbstsicherung und Helm üblich (derartige Passagen fehlen allerdings weitestgehend in diesem Buch).
- Wegmarkierungen bilden normalerweise die sichere Leitlinie durchs Gebirge, auf die wir als Bergwanderer vertrauen. Sie können aber mitunter spärlich oder im Extremfall gar nicht mehr vorhanden sein. Ebenso kann man sie aus Unachtsamkeit oder aufgrund schlechter Sichtbedingungen schon mal verlieren. Im Zweifel sollte man nicht blindlings durchs Gelände tapsen, sondern wieder zum letzten bekannten Punkt zurückgehen. Weglose Touren sind vertretbar, sofern man das Gelände überblickt und weiß, dass keiner besonderen Unwägbarkeiten auf einen zukommen.

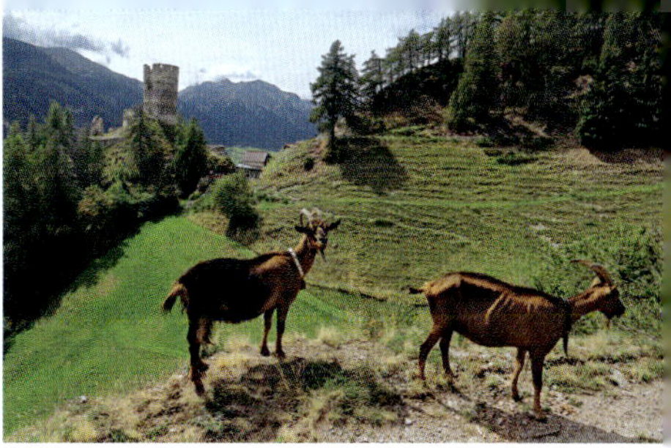

Begegnung bei der Ruine Rotund im Münstertal.

Im Herbst nimmt die Hochnebelneigung zu, hier in der Ultner Bergwelt.

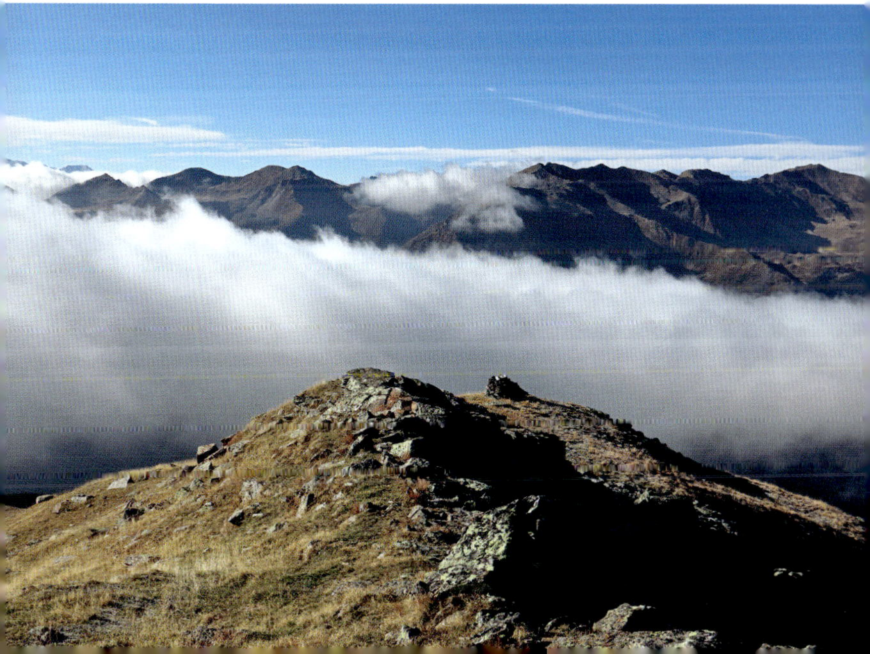

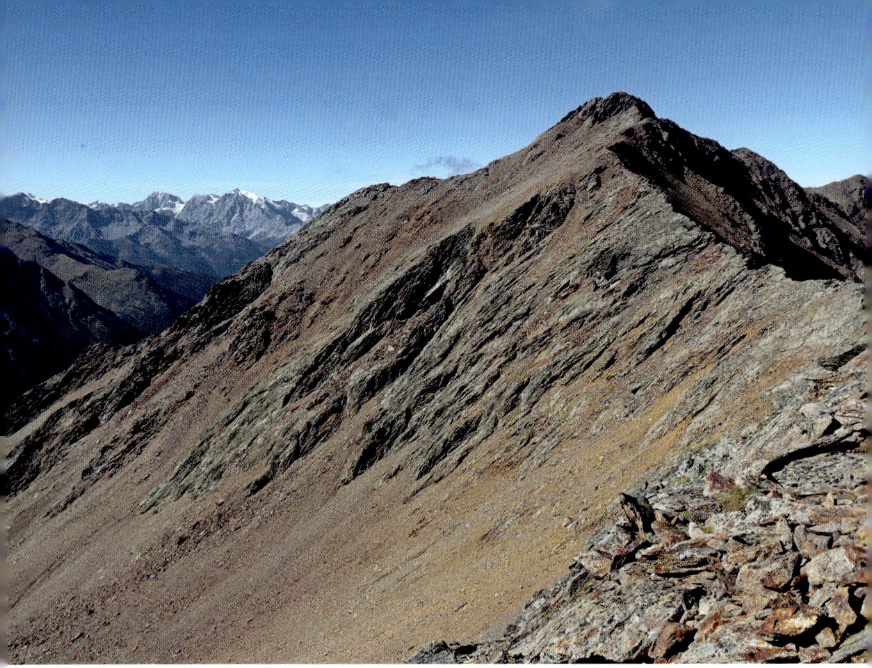

Gebietstypischer Gipfelaufbau am Kamm zwischen innerem Matscher- und Planeiltal.

- Unter den Wettergefahren stehen Gewitter an oberster Stelle, zumal sie sommers im Gebirge ziemlich häufig sind. Neben Blitzschlägen drohen auch die durch Starkregen verursachten mittelbaren Gefahren wie Murenabgänge etc. Durch gutes Timing (in der Regel früher Aufbruch!) und aufmerksame Wetterbeobachtung sollte man gewährleisten, vor den meist in der zweiten Tageshälfte auftretenden Gewittern wieder im Tal oder in der Hütte zu sein.
- Die meisten Probleme bei Bergwanderungen treten vermutlich durch konditionelle Selbstüberschätzung auf. Vor allem Hitze macht vielen arg zu schaffen. Man sollte seine Leistungsfähigkeit kritisch hinterfragen und sich nicht überfordern. Wichtig ist, viel zu trinken. Unter Umständen begnüge man sich lieber mit einem kleineren Zwischenziel, anstatt die Tour unter Qualen fortzusetzen.

Notfall/Bergrettung

Falls man trotz aller Vorsicht in eine Notsituation gerät, gilt es nicht in Panik zu verfallen, sondern ruhig und überlegt zu handeln. Verletzten ist zunächst Erste Hilfe zu leisten. Mit einem Mobiltelefon lässt sich am einfachsten direkt die Bergrettung verständigen.

- Allgemeine europäische Notrufnummer: 112
- Bergrettung in Italien: 118

Falls keine Mobilfunkverbindung zur Verfügung steht, dient das internationale alpine Notsignal dazu, auf sich aufmerksam zu machen. Es besteht aus einem optischen oder akustischen Zeichen, das sechsmal in der Minute in regelmäßigen Abständen gegeben und mit jeweils einer Minute Pause dazwischen wiederholt wird, bis eine Antwort kommt. Diese besteht aus dreimaligem Zeichen innerhalb einer Minute.

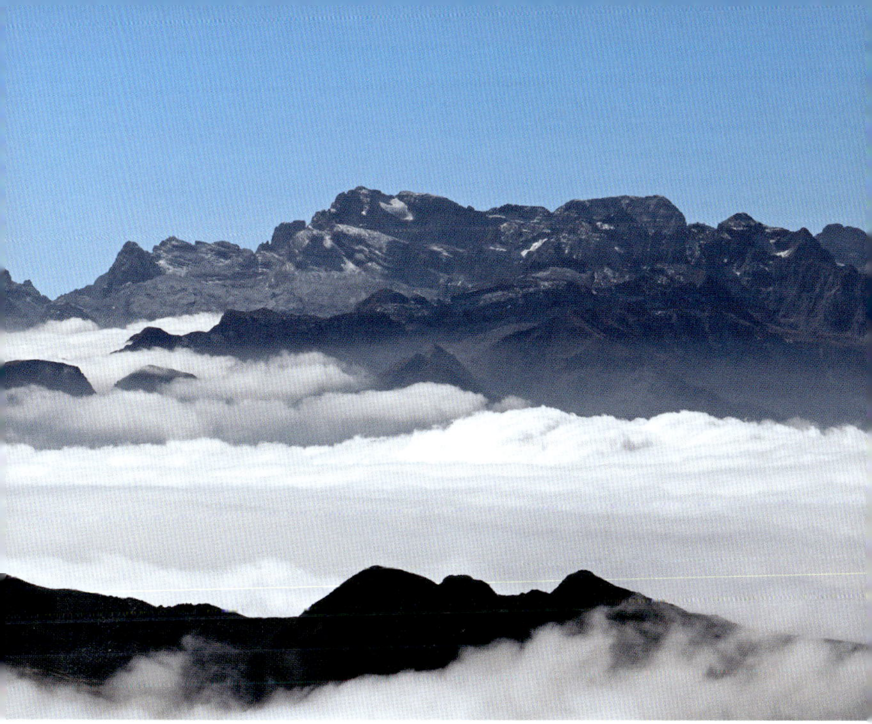

Oben: Während die Täler der Südalpen komplett verhüllt sind, ragt im Hintergrund die Brentagruppe mächtig heraus.
Unten: An der Laugenspitze treffen mehrere interessante Routen zusammen.

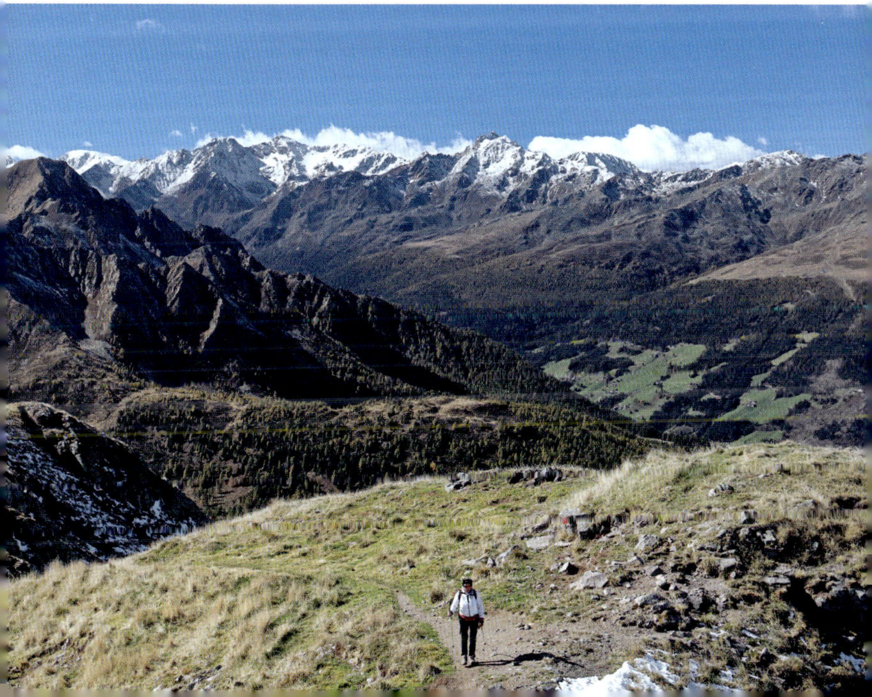

Der Umwelt zuliebe ...

Auch beim Wandern hinterlassen wir einen ökologischen Fußabdruck, aber im Einklang mit der Natur unterwegs zu sein, ist gar nicht so schwer!

VORBEREITUNG UND ANFAHRT

- Sich vorab informieren, worauf in Bezug auf Natur und Umwelt in der jeweiligen Wanderregion besonders zu achten ist.
- Soweit möglich mit Bahn und Bus anreisen, Wander- und Rufbusse nutzen.
- Ist eine Anfahrt mit dem Auto nötig, Fahrgemeinschaften bilden.
- Bei weiten Anfahrten Mehrtagestouren planen oder von einem Quartier vor Ort aus mehrere Touren absolvieren.
- Flugreisen möglichst reduzieren und durch Beiträge zu Klimaschutzprojekten kompensieren.

KLEIDUNG UND AUSRÜSTUNG

- Beim Kauf von Outdoor-Kleidung auf umweltfreundliche und faire Herstellung achten und Kleidungsstücke möglichst viele Jahre nutzen.
- Ausrüstung kann man eventuell auch gebraucht kaufen oder ausleihen.
- Reparieren statt neu kaufen.

VERPFLEGUNG

- Beim Einkauf Bio-Ware, regionale und saisonale Erzeugnisse bevorzugen.
- Hütten und Gasthäuser auswählen, die regionale Produkte verwenden.
- Auf Einwegflaschen und Plastikverpackungen verzichten, stattdessen wiederverwendbare Trinkflaschen und Brotzeitboxen benutzen.

ÜBERNACHTUNG

- Bei lokalen Anbietern buchen, damit Menschen vor Ort profitieren.
- Auf Hütten und in anderen Unterkünften Strom und Wasser sparen.

UNTERWEGS

- Wege benutzen und Abkürzer vermeiden.
- Sperrungen von Wegen und Schutzgebieten respektieren.
- Keine Blumen pflücken und keine Pflanzen entnehmen.
- Waldbrandgefahr beachten.
- Müll wieder mit nach Hause nehmen und dort entsorgen.
- Toilettengänge in freier Natur möglichst vermeiden.
- Lärm vermeiden.
- Hunde an die Leine nehmen.

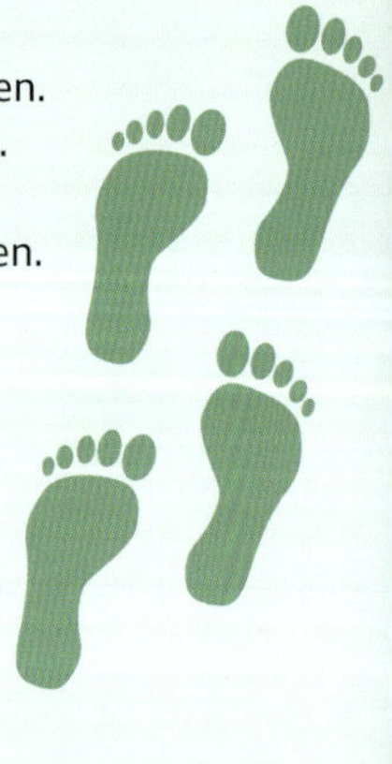

ROTHER BERGVERLAG

Die Berggebiete im Überblick

Sesvennagruppe

Die Sesvennagruppe liegt im äußersten Nordwesten Südtirols und gehört zum größeren Teil zum benachbarten Schweizer Kanton Graubünden. Der namengebende Hauptgipfel befindet sich auf der Grenze. Im Bereich der Seilbahngebiete Schöneben und Haideralm, ebenso am Piz Lad, an der Watles und von Schlinig zur Sesvennahütte ist das Wandereraufkommen rege. Ansonsten bestimmen wenig namhafte Gipfel im höheren 2000er-Niveau, zuweilen an der 3000-Meter-Marke kratzend, das Bild. Auch von den Formen her zeigen sich meist keine größeren Auffälligkeiten.

Ötztaler Alpen

Der Laie mag sich ein wenig wundern, der alpingeografisch Kundige weiß indes, dass die Ötztaler Alpen ein gutes Stück über den Alpenhauptkamm hinaus bis nach Südtirol reichen und erst mit dem Vinschgau ihre südliche Begrenzung erhalten. Der Südtiroler Anteil lässt sich durch die Schnalstal-Linie nochmals sinnvoll aufspalten – westlich davon erstrecken sich weitläufige Ketten, die meist unter den Begriffen Saldurkamm und Planeiler Berge firmieren, östlich liegt die Texelgruppe und auf ganzer Länge erstreckt sich natürlich noch der unmittelbare Hauptkamm an der Grenze zu Nordtirol. Mehrere große und kleinere Täler greifen vom Vinschgau her in die Ötztaler Alpen hinein: Vom Reschensee aus ist es zunächst Langtaufers, nach dem kurzen, unbedeutenden Plawenntal folgen das Planeiltal und das Matscher Tal. Bei Schlanders mündet das unbesiedelte Schlandrauner Tal, kurz vor Naturns das schon erwähnte Schnalstal. Von Meran aus nordostwärts bildet schließlich das Passeiertal die Abgrenzung zu den Sarntaler und Stubaier Alpen. Über das Timmelsjoch ist es verkehrstechnisch mit Nordtirol verbunden und besitzt nur bei Pfelders (im Hinterpasseier) einen bedeutenderen Seitenast.

An klaren Tagen beglücken uns sogar die Gipfelprofile der Dolomiten in der Ferne.

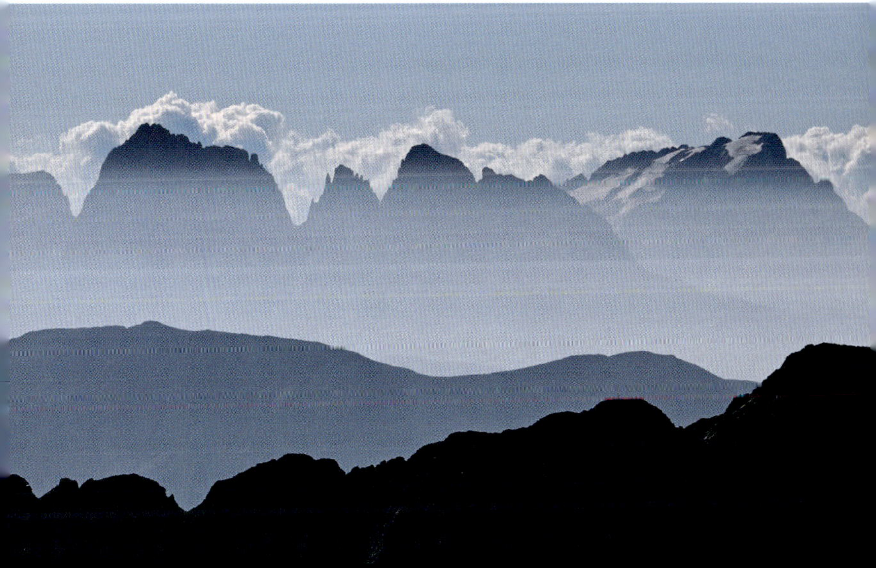

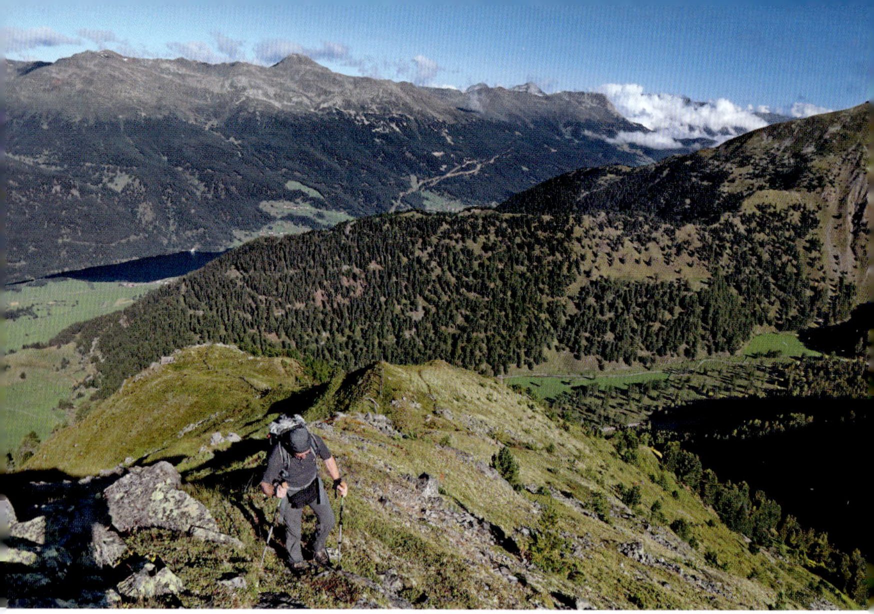

Aufstieg von Plawenn zum Stoanmandl im Obervinschgau.

Das hiermit umrissene Gebiet ist in weiten Bereichen erstaunlich einsam, vor allem im Westteil, obschon dort wundervolle Möglichkeiten bereitliegen. Entscheidend ist meistens eine lückenhafte Berginfrastruktur, denn Hütten sind rar und die alpinen Routen oft nur dürftig ausgetreten. Rund ums Schnalstal und in der Texelgruppe ist im Gegensatz dazu schon deutlich mehr los, aber auch dort werden Bergindividualisten noch ohne Weiteres fündig, wenn sie bereit sind, etwas mehr Anstrengung auf sich zu nehmen als die durchschnittlichen Wandertouristen. Übrigens: Die mittlere Höhenlage dieser Bergregion ist beachtlich, ebenso der Unterschied zur Talsohle, welche vom 1500 Meter hohen Reschenpass bzw. dem 2500 Meter hohen Timmelsjoch Richtung Meran auf nur noch gut 300 Metern abfällt.

Im Passeiertal, hier am Pfitschkopf, kann man vielerorts ursprünglich unterwegs sein.

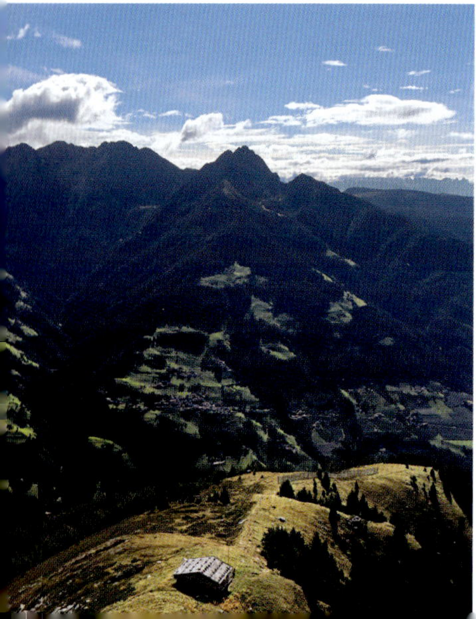

Ortler-Alpen

Diese Berggruppe erstreckt sich südlich des Vinschgau und geht dann auch in die Provinzen Trentino und Lombardei über. Auf Südtiroler Seite sind nach dem Münstertal (der Abgrenzung zur Sesvennagruppe) die Doppeltalschaft von Trafoi und Sulden, weiters das im Untervinschgau ausmündende Martell und schließlich das Ultental bei Lana wichtig. Auch die Ortler-Alpen beweisen ein mächtiges Erscheinungsbild, mit einem gen Westen verschobenen Schwerpunkt der höchsten Gipfel. Nach Osten hin nehmen die Höhen sukzessive ab, was aber gerade für Liebhaber stiller Routen ein weites Betätigungsfeld im einigermaßen handzahmen Gelände eröffnet. Selbst mancher Almweg wird nicht sehr häufig begangen, um die Mehrzahl der Gipfel bleibt es ruhig, zumal eine harte Infrastruktur häufig fehlt. In Ulten gibt es beispielsweise nur eine einzige Seilbahn, im Martelltal überhaupt keine. Hinter dem Gampenpass schließt sich geografisch übrigens der niedrigere Mendelkamm an, der in diesem Band noch gestreift wird.

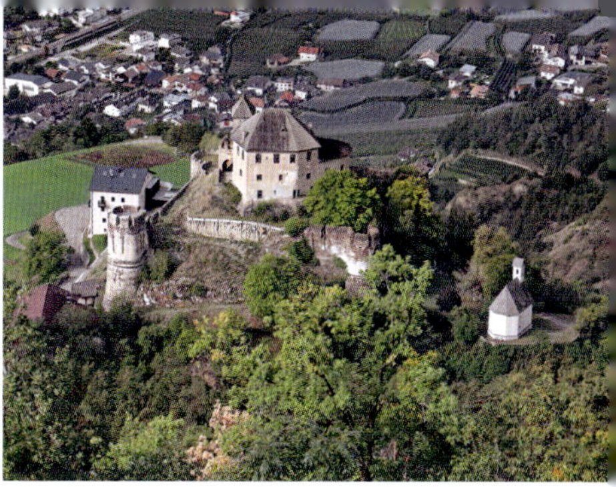

Südtirol ist Burgenland: Schloss Annenberg bei Goldrain im Vinschgau.

Sarntaler und Stubaier Alpen

Im Osten unseres Tourengebiets befindet sich – hauptsächlich an der Flanke des Passeiertals – der von kurzen Hochtälern zerschnittene Westkamm der Sarntaler Alpen sowie weiter nördlich, also gen Hinterpasseier, der südlichste Teil der ausgedehnten Stubaier Alpen. Der Jaufenpass mit dem Waltental trennt beide Gebirgsgruppen voneinander. Das Touristenaufkommen konzentriert sich vor allem im Einzugsbereich von Meran sowie im Hirzergebiet, während es sonst als mittel bis gering bezeichnet werden kann.

Welcher Berg könnte sich mit dem mächtigen Eisdom des Ortlers messen?

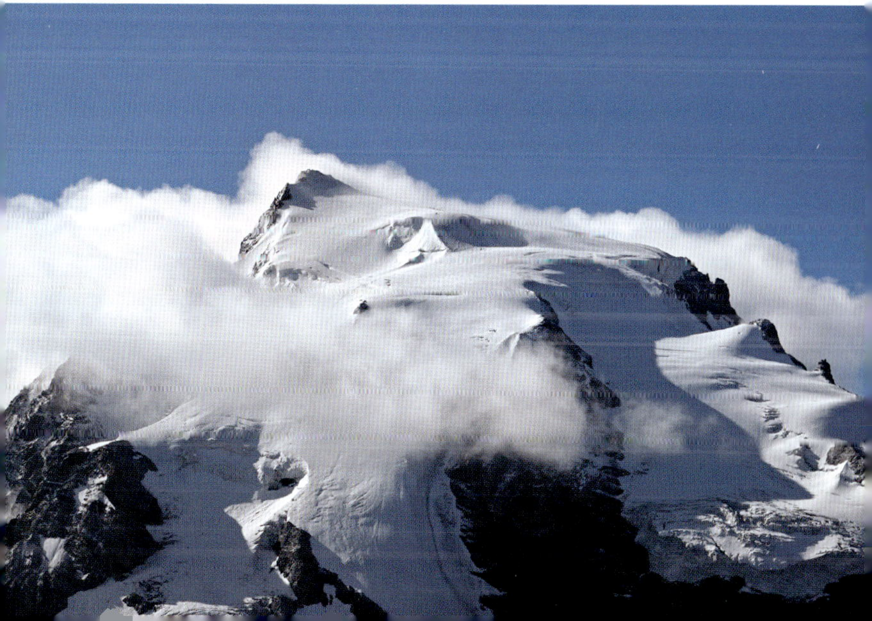

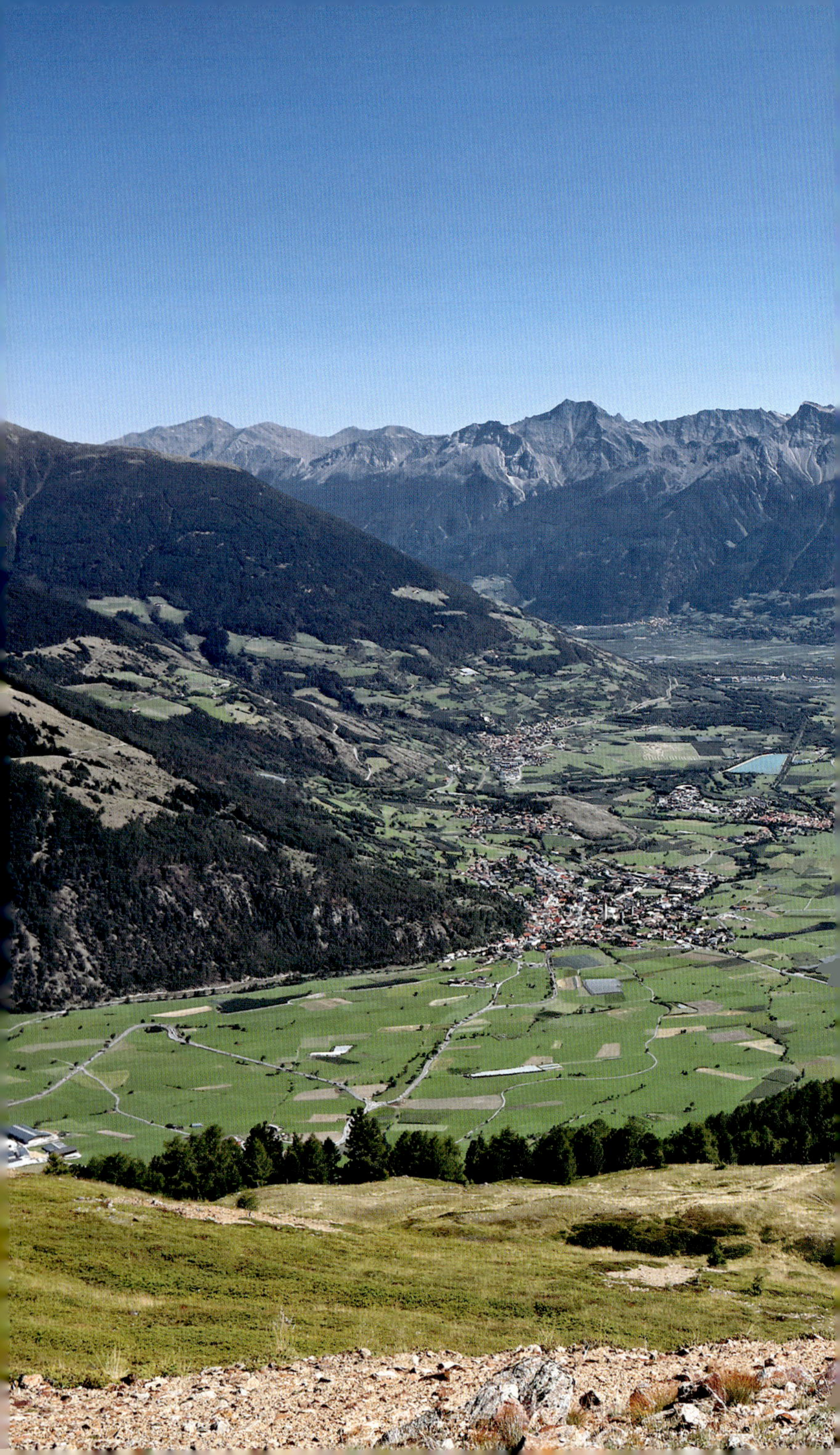

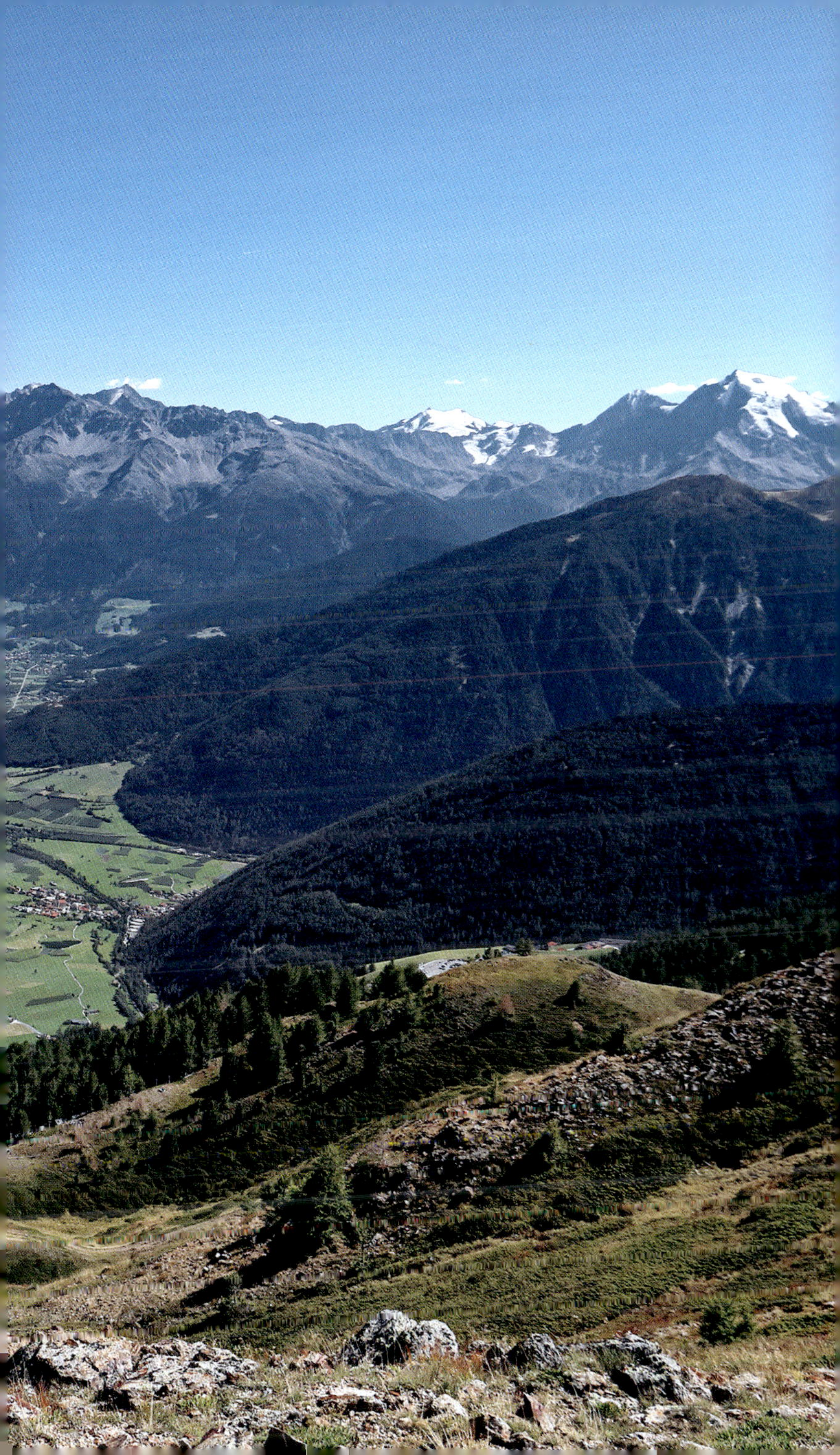

1 Äußerer Nockenkopf und Piz Lad, 2808 m

Kammtour über dem Reschenpass

7.00 Std. | 17,7 km | ↗ 1280 m | ↘ 1280 m

An der Schwelle zum schweizerischen Engadin

Der nahe dem Dreiländereck zwischen Italien, Österreich und der Schweiz aufragende Piz Lad (auch Piz Lat geschrieben) zählt eigentlich zu den recht populären Zielen, doch die Annäherung über den Kamm vom Äußeren Nockenkopf bzw. Piz Russenna (Jochbodenkopf) ist schon etwas Ausgefallenes. Dabei kann man rund zwei Stunden lang auch immer wieder interessante Eindrücke aus der Bergwelt des Unterengadins einfangen. Die Westflanke unseres Gratkammes zeigt sich oft merklich schroffer als die meist begrünte Abdachung auf Südtiroler Seite. Oben fehlt zwar ein durchgängiger Weg, doch dieser Umstand sollte leidlich erfahrene Bergwanderer nicht abschrecken. Es gibt nur wenige und auch nur kleinere Hindernisse im Verlauf dieser großartigen Überschreitung, die man mit einer Jause in der Reschner Alm prima abrunden kann.

Talort: Reschen, 1513 m, am Nordende des Reschensees unweit der österreichischen Grenze.
Ausgangspunkt: Parkplatz im Rojental, 1792 m, beim Abzweig der Zufahrt zur Reschner Alm. Kein Busanschluss; man könnte aber durchaus von Reschen aus über Weg Nr. 7 Richtung Wegpunkt 2 zusteigen.
Anforderungen: T3+ (am Grat), bis Äußerer Nockenkopf T2–3. Markierte Routen am Nockenkopf und Piz Lad, jeweils gut trassiert und keine besonderen Geländeschwierigkeiten. Im Kernabschnitt entlang des Kammes nicht markiert, jedoch häufig Steigspuren erkennbar, dabei kür-

Bildstock beim Aufstieg zum Äußeren Nockenkopf, der hinten zu sehen ist.

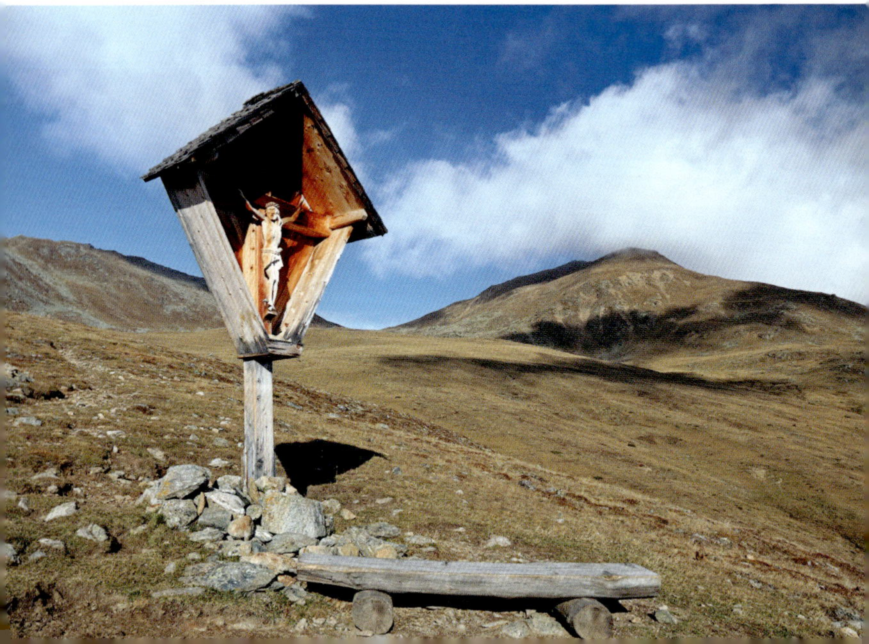

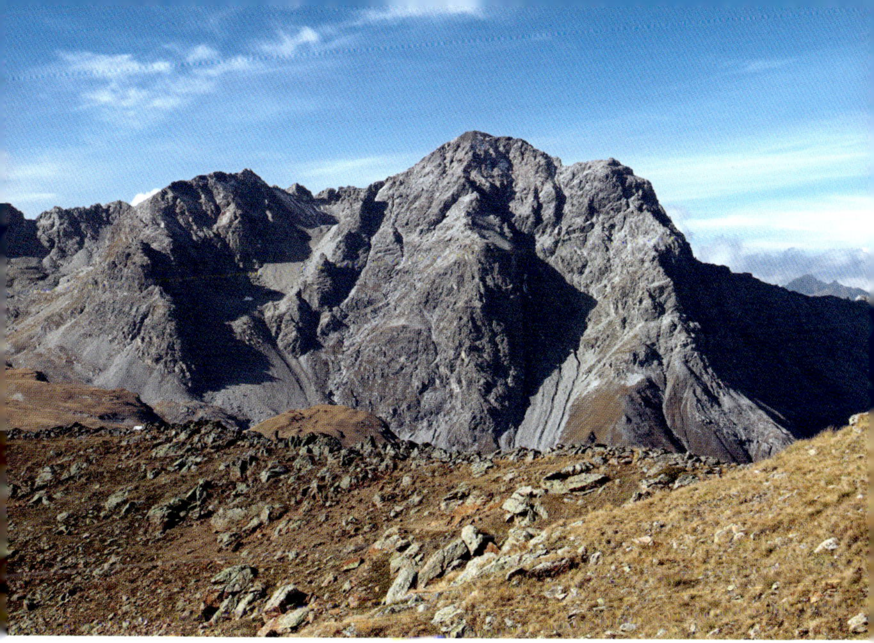

Piz S-chalambert Dadaint heißt dieser mächtige Gipfel auf Schweizer Seite.

zere abschüssige Passagen, meist relativ gutmütiges Gras- und Schrofengelände. Nur bei ausreichender Sicht empfehlenswert, Trittsicherheit und gute Kondition für eine längere Tagestour erforderlich.
Einkehr: Resch(n)er Alm, 2020 m, Ende Mai bis Ende Oktober, Tel. +39 351 6494644, rescheralm.it.
Variante: Man kann im Klamperjoch talwärts abbiegen, also den Piz Lad auslassen (ca. 0.40 Std. Ersparnis).
Karte: Tabacco 1:25.000, Blatt 043.

Vom Parkplatz im **Rojental** ❶, 1792 m, folgen wir rund einen Kilometer der Forststraße Richtung Reschner Alm, bis links der **Kalchwaldweg** ❷ abzweigt (Nr. 7). Dieser führt zunächst als breite, grasig-erdige Trasse schräg links aufwärts und ist eventuell vom Vieh etwas zertreten. Nachdem der Graben des Kalchtals gekreuzt ist, wird er deutlich schmaler. Durch das Waldweidengelände kommen wir zur Waldgrenze voran und im Bereich des **Mitterecks** ❸, ca. 2180 m, zur Verzweigung mit dem Zugang von Rojen (eine mögliche Abkürzung zu den Kehren oberhalb ist kaum erkennbar). Nun schraubt sich die Route an freien

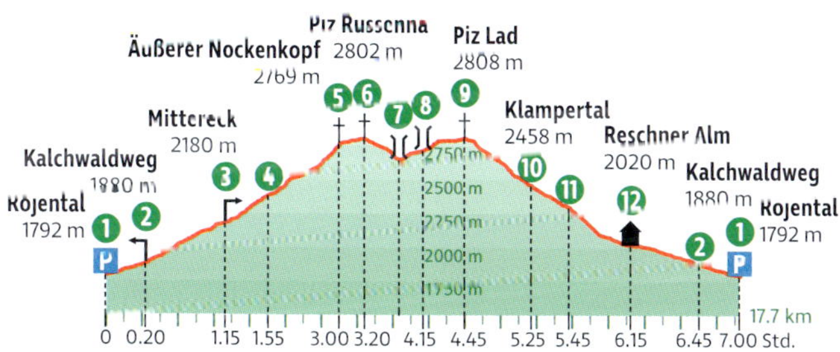

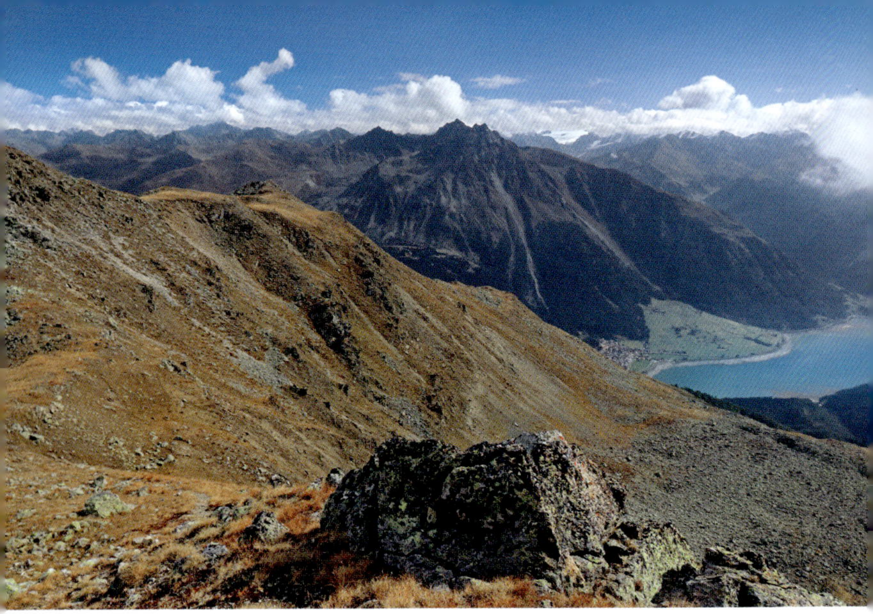

Im Panorama zeigt sich der Reschensee vor der Gipfelflur der Ötztaler Alpen.

Wiesenhängen und mit einem großen Bildstock als Richtpunkt höher. Dahinter zweigt rechts der **Reschner Höhenweg** ❹ ab. Wir halten durch eine seichte Mulde weiter auf den Kamm zu, tangieren dort die **Äußere Scharte**, 2638 m, und wenden uns über den Südwestrücken rechts hinauf zum **Äußeren Nockenkopf** ❺, 2769 m. Auf der vorgeschobenen Schulter bei P. 2744 steht ein Wetterkreuz.

Beim Weiterweg nordwärts fehlen nun Farbmarkierungen, doch zeigen sich nach dem ersten kurzen Abstieg in eine Senke nützliche Steigspuren,

Die Kammüberschreitung zum Piz Lad ist größtenteils hindernisarm.

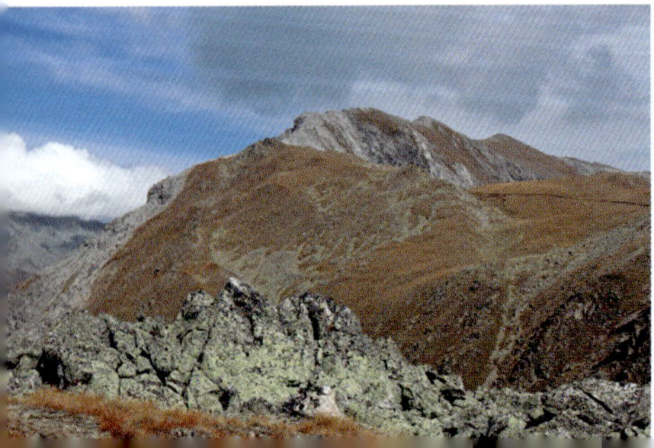

die Richtung **Piz Russenna (Jochbodenkopf)** ❻, 2802 m, hinaufleiten. Nordseitig geht es kurzzeitig steiler bergab, anschließend über den flachen Wiesenboden rechts am unscheinbaren Piz Nair vorbei und von der Geländeschwelle bei P. 2710 weiter ins **Grubenjoch** ❼, 2647 m. Das Kammeck bei P. 2693 wird nun am besten über die nach rechts ausholenden Trittspuren angesteuert (direkt empor ist es anspruchsvoller), ehe eine abschüssige Traverse in Schrofen etwas Vorsicht erheischt. Ein ausgestochener Weg am Grashang bringt uns danach zum **Klamperjoch** ❽, 2717 m, wo Nr. 5A durchs Klampertal heraufkommt und für uns eine vorzeitige Abstiegsmöglichkeit durch die Hangmulde offeriert. Weiter zum Piz Lad geht es links um einen Grataufbau herum und etwas steiler im Schutt empor. Der gute Steig bleibt dann an der rechtsseitigen Abdachung des Grates, also auf Südtiroler Seite, tangiert einige Lücken und gewinnt

den höchsten Punkt am **Piz Lad** 9, 2808 m. Die meisten Normalwanderer finden sich indes am Kreuz bei P. 2782 m ein.
Dort nehmen wir den Normalweg durch die gleichförmige Südostflanke des Berges auf und vollziehen einige ausgeprägte Schleifen. Weiter unten wird die Trasse noch komfortabler. Man kommt an jener Stelle vorbei, wo die Abkürzung durchs **Klampertal** 10 einmündet, passiert das Sessladkreuz auf einem begrünten Vorsprung und nimmt vom Geländebalkon 11, ca. 2300 m, die neue Routenführung links hinab in den Bergwald. Dort stoßen wir auf einen Fahrweg, der uns zur **Reschner Alm** 12, 2020 m, bringt: willkommene Einkehrmöglichkeit. Auf der rund drei Kilometer langen Forststraße geht es schließlich in mäßigem Gefälle zurück zum Parkplatz im **Rojental** 1.

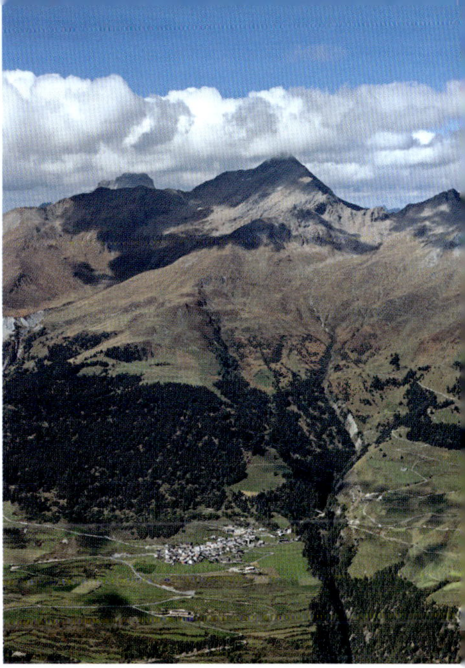

Tschlin im Unterengadin liegt am Fuße des Muttler, Hauptgipfel der Samnaungruppe.

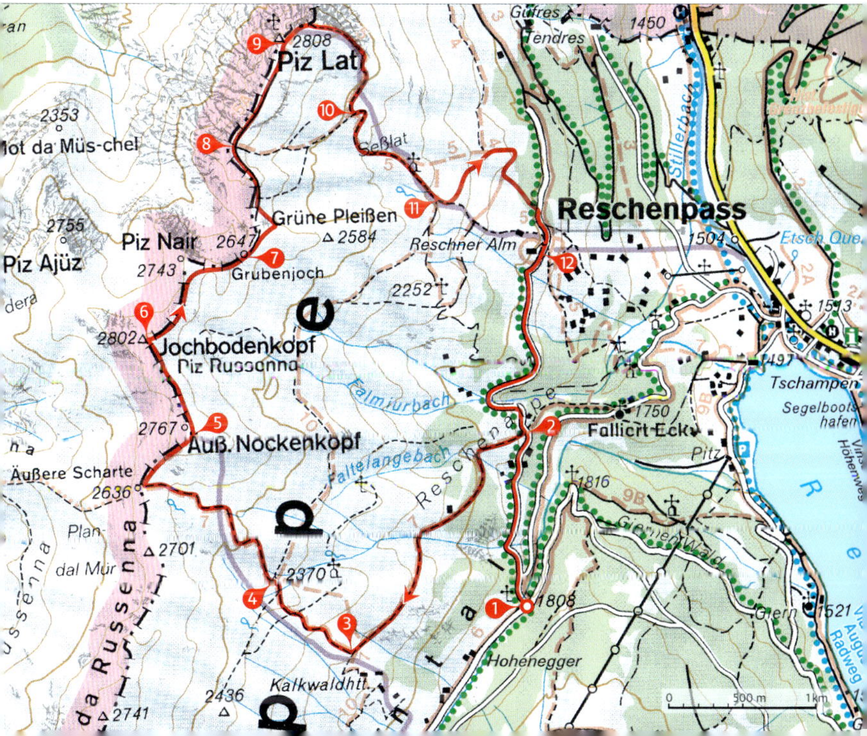

2 Grionkopf, Rasass-Spitze und Seebodenspitze

Aus dem inneren Rojental

8.15 Std. | 18,4 km | ↗1470 m | ↘1470 m

Ins herbe Reich der Sesvennagruppe

Die Sesvennagruppe erstreckt sich vom äußersten Westen Südtirols ein gutes Stück nach Graubünden hinein. Karge Hochtäler zwischen verzweigten Kammzügen und weitläufigen Schuttflanken prägen ein eher herbes Landschaftsbild, zuweilen sorgt sprödes Dolomitgestein auch für schroffe Gegebenheiten, fast immer brüchig in der Substanz. Wirklich namhafte Gipfel sind hier rar gesät, wodurch sich für Liebhaber stiller Touren ein durchaus reichhaltiges Betätigungsfeld ergibt. Speziell wo die Kämme nicht allzu grimmig erscheinen, bieten sich ausschweifende Kammtouren an. Dieser Vorschlag kombiniert die Rasass-Spitze – welche von der Sesvennahütte regelmäßig Besuch erhält – mit dem einsamen Grionkopf im Grenzkamm zur Schweiz und der Seebodenspitze, die schon zur Haider Alm ausgerichtet ist und meist von dort erstiegen wird. Mit Start im inneren Rojental verleihen wir der Unternehmung eine ziemlich exklusive Note und werden aussichtsmäßig sicher nicht enttäuscht. Ein langer Atem wird freilich verlangt.

Talort: Reschen, 1513 m, am Nordende des Reschensees unweit der österreichischen Grenze.
Ausgangspunkt: Rojental, ca. 1925 m, Parkplatz in der Kehre kurz vor dem Weiler Rojen. Kein Busanschluss.

Anforderungen: T3+. Durchgängig markierte Route, im oberen Bereich jedoch nicht immer gepfadet. Teils gut zu begehende Hochweiden, sonst erdiges, schuttbedecktes oder leicht verblocktes Gelände. Einige Passagen er-

Allmählich treten wir aus dem urwüchsigen Zirbenwald heraus.

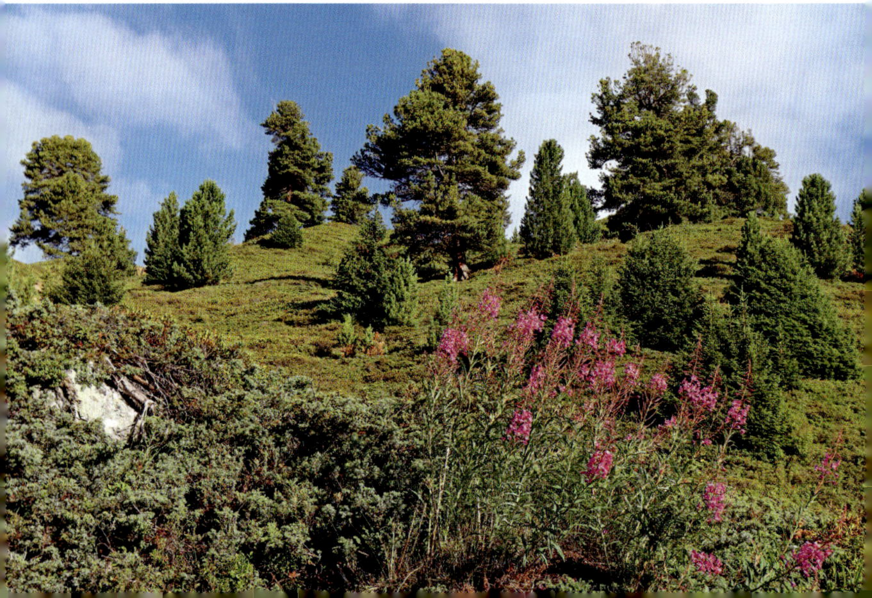

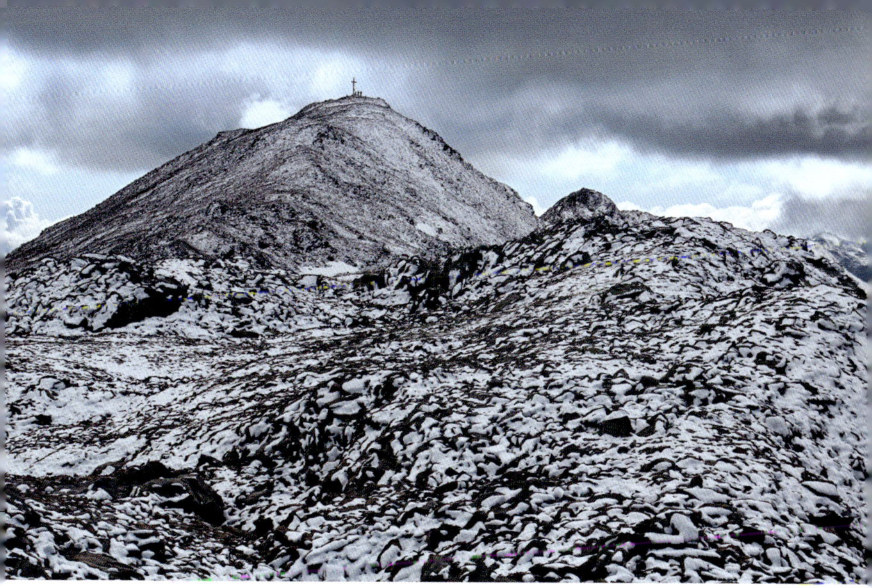

Ein leichter Überzug von Neuschnee verleiht der Landschaft an der Rasass-Spitze einen besonderen Touch.

fordern gute Trittsicherheit, die meiste Zeit aber moderat. Anspruchsvoll ist vor allem der konditionelle Aspekt.
Einkehr: Keine.
Varianten: 1. Zum Grionkopf auch aus dem Kar (Wegpunkt 3) geradeaus hinauf zum Schartl an der Vallungspitze und anschließend weglos über den Nordostkamm.
2. Vorzeitige Abstiegsmöglichkeiten ins Vallungtal bestehen an der Rasasser Scharte sowie bei P. 2762 vor dem Schwarzkopf.
Karte: Tabacco 1:25.000, Blatt 043.

Der charmante Bergweiler Rojen.

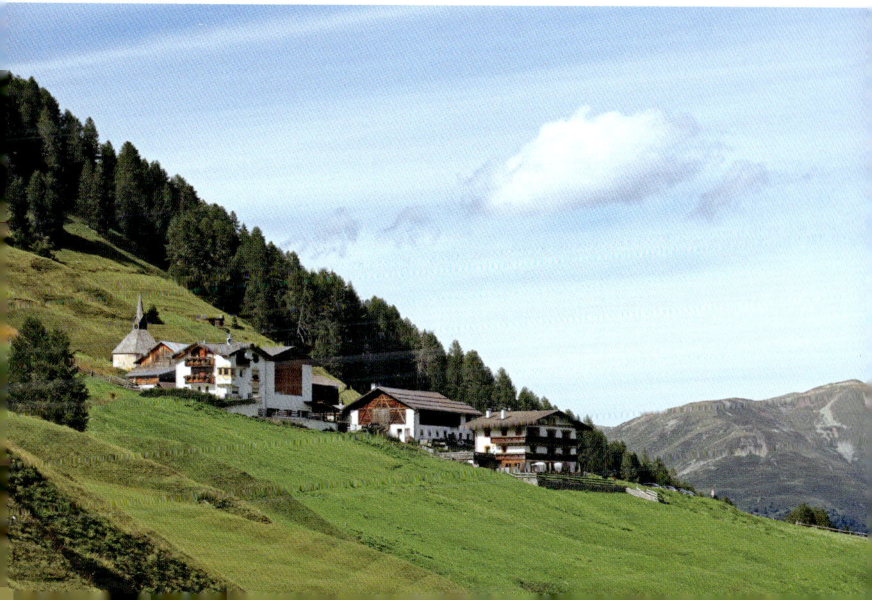

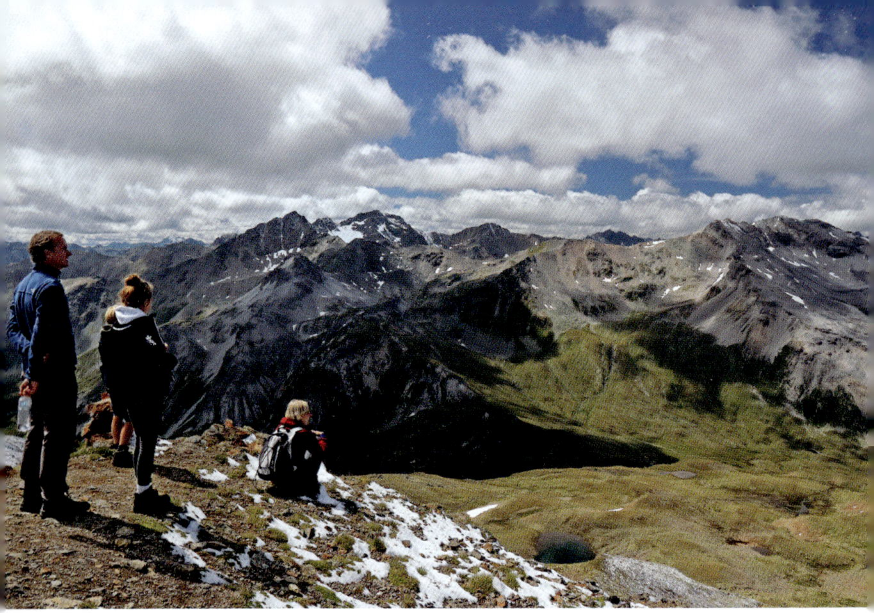

Von der Rasass-Spitze überblickt man das Gebiet der Sesvennagruppe.

Vom Parkplatz ❶ wandern wir eher flach ins **Rojental** einwärts, bis sich bei P. 2017 unweit der Eggeralm der Weg gabelt ❷. Hier rechts aufwärts und bei einem Gatter sofort links halten. Damit folgen wir Nr. 6A ins Griontal, kommen über Weideböden voran und kreuzen nach einer Weile den Bach nach links, um an den Hängen steiler aufzusteigen. Auf der Geländeschwelle des **Grion** ❸ wieder rechts hinüber, wo weitere Böden ohne ausgeprägten Pfad überschritten werden (die Markierung als Leitlinie beachten) und dann kräftiger ansteigend gegen Grenzgrat hinan. Nach einem Linksknick erreichen wir diesen im Sattel P. 2721 ❹. Im Anschluss an eine ostseitige Traverse leitet der Kamm sehr breit bis auf den **Grionkopf** ❺, 2896 m.

Der Abstieg wird vor der **Rasasser Scharte** ❻, 2717 m, schrofig und etwas steiler. Wir tangieren den Einschnitt und setzen mit Nr. 6B weiterhin am Grenzgrat entlang fort, mitunter leicht linksseitig ausbiegend, wenn die Schneide selbst blockig und etwas ausgesetzt ist. Im weiteren Verlauf zum **Hahnenkamm** ❼, 2884 m, tritt unschwierig zu begehender Blockschutt auf, abgesehen von ein paar gröberen Halden ebenso beim kurzen Übergang zur höhe-

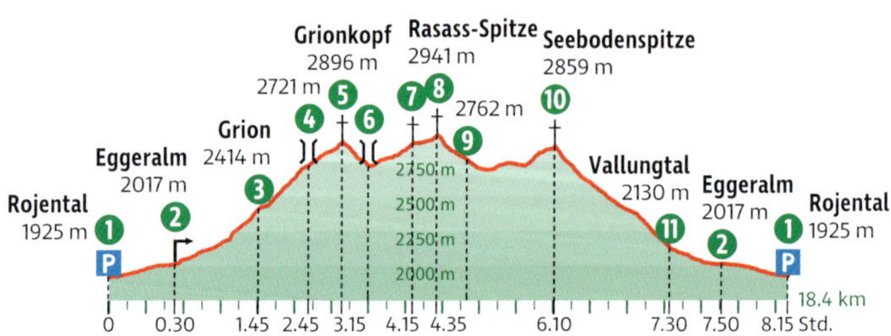

ren **Rasass-Spitze** ⑧, 2941 m.
Der Abstieg am ostwärts gerichteten Rücken gestaltet sich im Feinschutt zunächst sehr passabel, doch kommen erneut einige Blockfelder ins Spiel. Nach Abzweig der Route Nr. 6 ins Vallungtal bei P. 2762 ⑨ passieren wir den Schwarzkopf, begehen wechselweise Gras-, Schutt- und Blockterrain und gewinnen sukzessive wieder an Höhe. Vor der **Seebodenspitze** ⑩, 2859 m, gibt sich der Grat dann nochmals richtig blockfelsig, doch allzu schwierig ist auch dieser Abschnitt nicht.
Um den Rückweg ins Tal einzuleiten, geht es ganz kurz zurück und dann mit Nr. 10B diagonal durch die westseitige Flanke bergab. Blockschuttfelder werden bald von Graspolstern abgelöst – nur kurzfristig wird es nochmals holpriger. Ziemlich bequem verlieren wir über die Hochweiden der Äußeren Seeböden an Höhe, passieren ein paar Holzhütten und gelangen deutlicher gepfadet bis vor eine Bachrinne. In der Sohle des **Vallungtals** ⑪, ca. 2130 m,

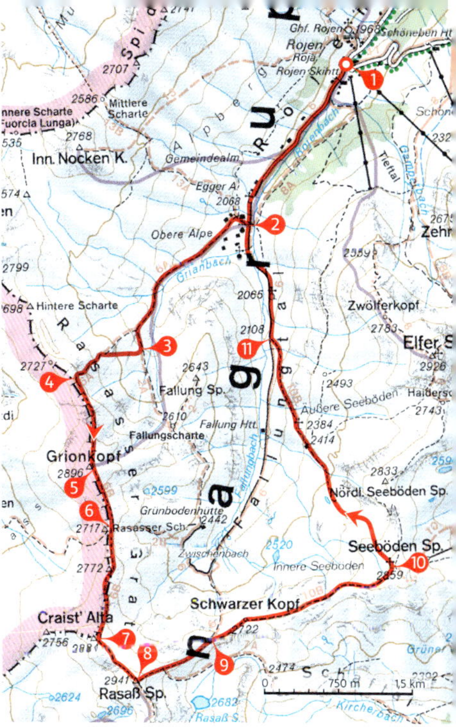

nimmt uns schließlich ein Fahrweg auf. Damit talauswärts, über die Brücke zur Gabelung beim Hinweg ② und zurück zum Parkplatz ①.

Blick von der Seebodenspitze nordwärts zur 2926 Meter hohen Elferspitze, die zwischen Haider Alm und Schöneben häufiger Besuch erhält.

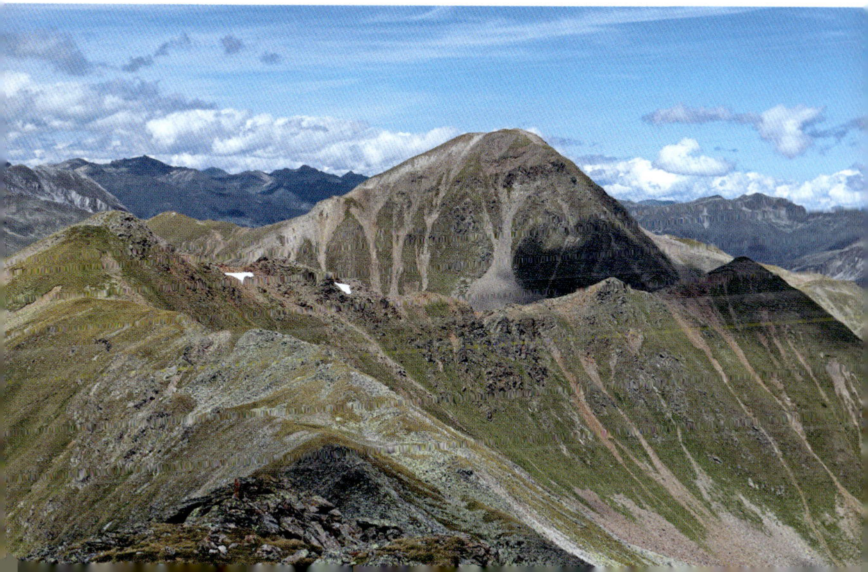

3 Großer Schafkopf, Wölfeleskopf, Mataunkopf

Südanstiege aus dem Langtauferer Tal

7.00 Std. | 14,8 km | ↗ 1380 m | ↘ 1380 m

Gipfeltrio am Grenzkamm zu den Nordtiroler Nauderer Bergen

Viele der motorisierten Touristen, die über den Reschenpass kommen, legen zwar in Graun einen Stopp beim versunkenen Kirchturm ein, übersehen das abzweigende Langtauferer Tal aber wahrscheinlich in Unkenntnis dessen, welch landschaftliche Schätze es birgt. Jene, die darum wissen, streben meist Richtung Talschluss, wo es einiges zu entdecken gibt, wie wir im nächsten Kapitel noch sehen werden. Dazwischen erweisen sich weite Bereiche von Langtaufers allerdings als bergsteigerisch ziemlich vernachlässigt. Auf der Sonnseite führen diverse Zugänge zum quer durch die Hänge verlaufenden Langtauferer Höhenweg hinauf, flankiert von den meist um die 3000 Meter messenden Gipfel am Grenzkamm zu Nordtirol, von denen einige sogar relativ leicht zugänglich sind. So ließe sich beispielsweise mit Großem Schafkopf, Wölfeleskopf und Mataunkopf eine kompakte Gipfeltrilogie absolvieren, die jeden ausdauernden Bergwanderer begeistern wird. Nicht ganz klar, ob wir damit tatsächlich die 3000-Meter-Marke knacken oder nicht, denn für den Schafkopf werden etwas unterschiedliche Höhen zwischen 2998 und 3001 Metern angegeben. Aber das ist ohnehin nur ein nachrangiger statistischer Aspekt, ohne Auswirkung auf den realen Erlebniswert …

Talort: Graun, 1501 m, am Reschensee.
Ausgangspunkt: Gschwell, 1816 m, im Langtauferer Tal. Kleiner Parkplatz und Bushaltestelle (Linie 276 von Graun) beim Weiler.
Anforderungen: T3. Die Zugänge aus

Der Gschweller See auf einer Geländeterrasse unterhalb des Hauptkamms.

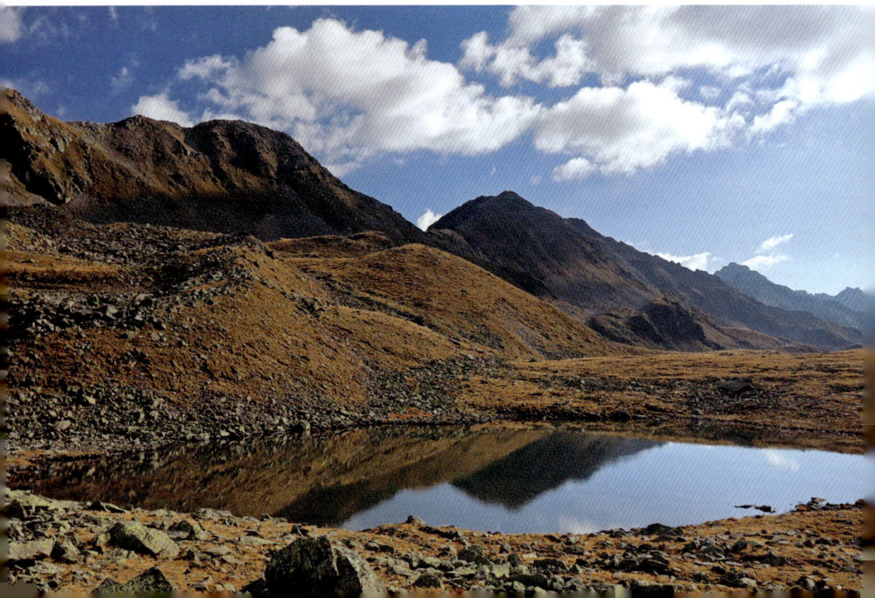

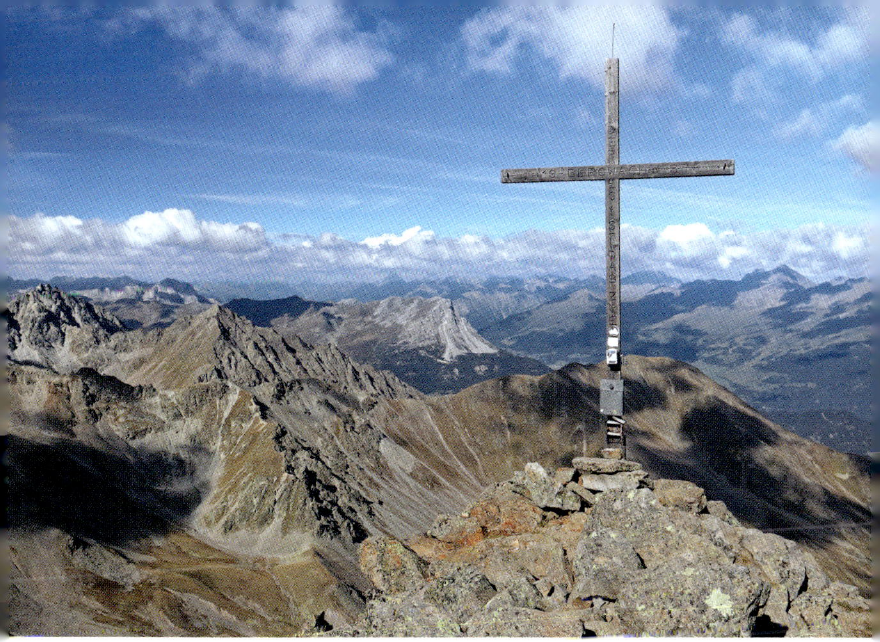

Rund 3000 Meter misst der Große Schafkopf.

dem Tal bis inklusive Langtauferer Höhenweg sind komfortabel angelegte, meist nur mäßig steile Routen (Ausnahme: unterer Teil von Nr. 9A). In den Gipfelbereichen spärlicher gepfadet, stellenweise abschüssig, daher Trittsicherheit wichtig, aber keine Kletterei erforderlich. Ausdauer für eine überdurchschnittlich lange Tagestour.
Einkehr: Keine.
Variante: Bleibt man am Langtauferer Höhenweg, ergibt sich ohne die drei Gipfel eine Schwierigkeit von T2 (»blau«) und eine Gesamtgehzeit von 4.45 Std. Für eine Begehung des Langtauferer Höhenwegs steigt man allerdings eher von Wies (Nr. 7) oder sogar von Melag (Nr. 1) auf und folgt der Hangroute meilenweit durch Flanken bis zur Roßbodenalm mit finalem Abstieg nach Graun (siehe Rother Wanderbuch »Panoramawege und Aussichtsberge Südtirol«).
Karte: Tabacco 1:25.000, Blatt 043.

Beim Weiler **Gschwell** ❶ nehmen wir die Route Nr. 8 auf, welche alsbald in den Bergwald eintaucht und sich dort in der Art eines Saumweges mit vielen gleichmäßig angelegten Schleifen aufwärtsschraubt. Auf rund 2000 Metern lässt man den Wald unter sich und kommt ins Hochweidengelände – das hier im Allgemeinen relativ sanft abdacht – voran. Die ehemalige Militärtrasse ist weiterhin bestens angelegt; sie bringt uns ins Moosige Loch und in sanfter Steigung mit eleganten Kurven weiter bis zur **»Kaserne«** ❷, 2643 m, wo der **Langtauferer Höhenweg** (Nr. 4) vorbeiführt. Auf diesem geht es nun fast höhengleich nach Westen bis in unmittelbare Nähe des **Gschweller Sees**. Gleich dahinter achten wir auf den Abzweig des kleinen Pfades Nr. 4A zum Schafkopf ❸. Über einen steileren Hang zu einem Absatz, hier rechts haltend (links liegt die Mulde mit dem Kulisee) und meist noch grasig hinauf ins **Wölfelesjoch**. Im Bereich des Südwestgrates wird auf sandiger bzw. schrofiger Pfadspur

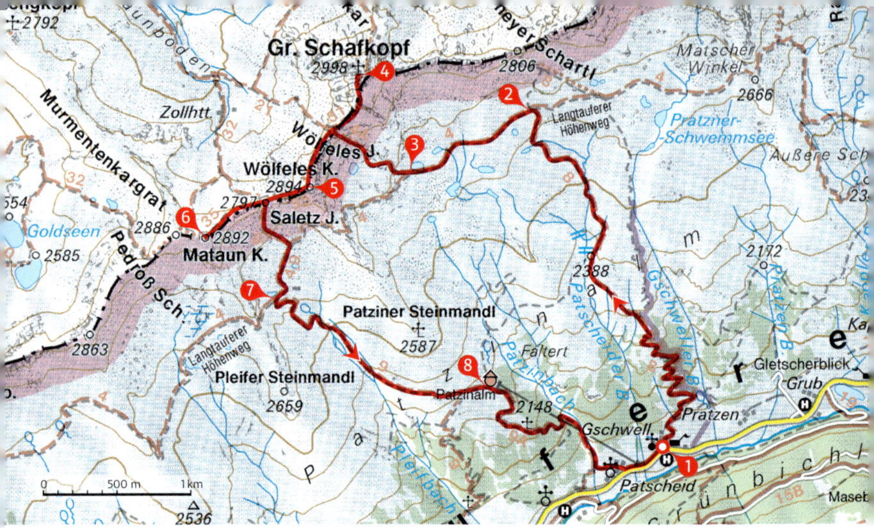

der Blockgipfel des **Großen Schafkopfes** ❹, 2998 m, erstiegen (Höhenangabe nach Tabacco).

Nach dem Bergab am Südwestgrat bleiben wir auf der Höhe des Wölfelesjochs, gehen also geradeaus am Kamm weiter (Nr. 9B) und gewinnen mit lediglich 60 Höhenmetern hindernisarmer Gegensteigung bereits den **Wölfeleskopf** ❺, 2893 m. Auf der Westseite merklich steiler hinab ins **Zaletzjoch**, wo Nr. 9B auf Nr. 9 trifft. Der zweite, ebenfalls mittelsteile Gegenanstieg bis auf den schlichten **Mataunkopf** ❻, 2893 m, fällt mit rund 100 Höhenmetern kaum viel länger aus. Übrigens steht auf dem etwas niedrigen Westgipfel ein Kreuz, das öfters von der Nauderer Bergbahn aus angelaufen wird.

Unsere Tour orientiert sich indes wieder zurück ins Langtauferer Tal, wofür wir am Zaletzjoch den Grenzkamm verlassen und im Zickzack einer im allmählichen Verfall begriffenen Trasse folgen. Der steile Hang läuft bald schon harmlos zum **Langtauferer Höhenweg** aus. Auf diesem nach rechts, bis sich unsere Nr. 9 nach ein paar Gehminuten wieder ausklinkt ❼ und in zahlreichen flachen Windungen in die Hangmulde hinabführt. Links haltend geht es unter dem Patziner Stoanmandl entlang schräg abwärts. Kurz vor der neuen **Patziner Alm** ❽, 2275 m, trennen sich Nr. 9 (nach Pleif) und Nr. 9A, welche für uns nun maßgebend ist. Unterhalb der Alm sind die Schleifen des Karrenwegs noch sehr moderat,

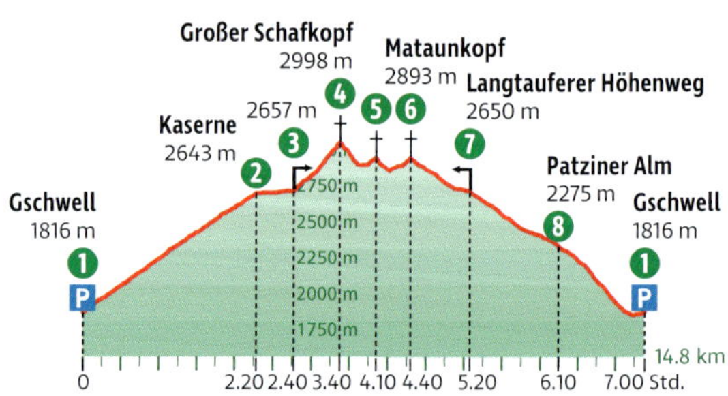

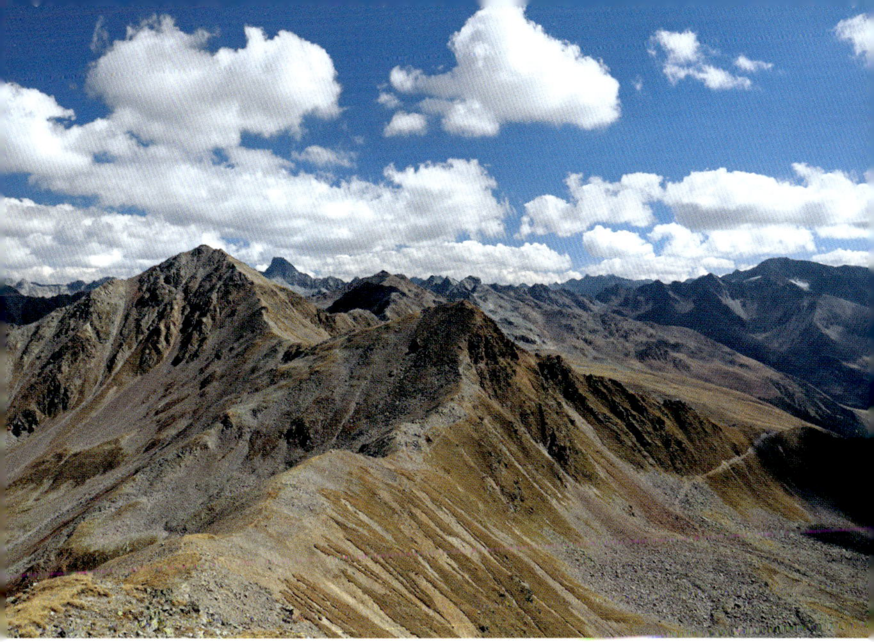

Die Gratverbindung zwischen Mataunkopf (Standpunkt), Wölfeleskopf und Schafkopf. Auch die charakteristische Silhouette des Glockturms zeichnet sich ab.

doch wird es im Bergwald unerwartet recht steil. Mit einem Bogen zum Patzinbach hin und in einer Art Schneise parallel dazu talwärts, allerdings nicht ganz bis zur Straße. Wir kreuzen nämlich vorher den Bach nach links und gelangen damit zur Häusergruppe Patscheid. Von dort verbleiben noch wenige Minuten entlang der Talstraße aufwärts nach **Gschwell ①**.

Blick aus dem Gebiet der Patziner Alm Richtung Langtauferer Talschluss.

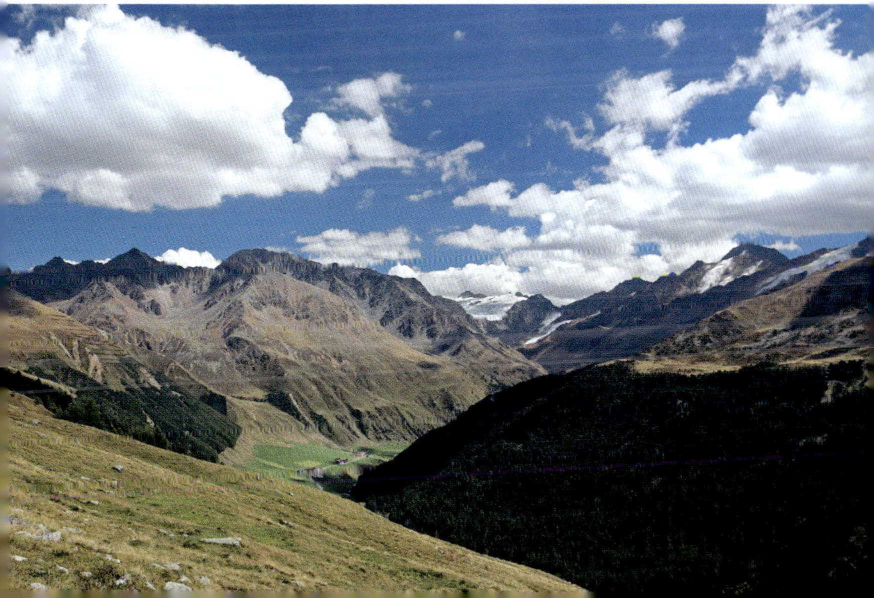

4 Nockspitze, 3006 m, mit Weißkugelhütte

Von Melag durchs Valginkar

7.20 Std. | 15,5 km | ↗1230 m | ↘1230 m

Starke Landschaftsbilder im Langtauferer Talschluss

Dreitausender oder nicht – was beim Großen Schafkopf (Tour 3) letztlich ungeklärt bleibt, ist im Fall der Nockspitze zwar ebenfalls knapp, aber eindeutig: Die magische Marke wird um ein paar Meter überschritten! Da wir uns hier schon in den inneren Gefilden von Langtaufers befinden, gewinnt auch die Landschaft an hochalpiner Ausstrahlung und Dramatik. Der Blick zurück in das wiesengrüne Band der Talachse setzt derweil einen Kontrast. Für einen Berg dieser Höhe ist die Nockspitze nicht besonders anspruchsvoll – lediglich ein Abschnitt von vielleicht 100 Höhenmetern verlangt den routinierten, standfesten Bergwanderer. Wer die Tour im Übrigen noch gehaltvoll erweitern möchte, kann die Weißkugelhütte einbeziehen (solange das betagte Schutzhaus noch an seinem angestammten Platz bewirtschaftet wird, denn eine Verlegung des Standorts auf die andere Seite des Troges ist geplant) und schließlich über den Gletscherlehrpfad den Rückweg antreten.

Talort: Graun, 1501 m, am Reschensee.
Ausgangspunkt: Melag, 1912 m, im innersten Langtauferer Tal. Gebührenpflichtiger Parkplatz und Endhaltestelle der Buslinie 276 von Graun.
Anforderungen: T3+ (Schlüsselpassage an der Nockspitze). Ordentliche Bergwege bis ins Valginkar, oberhalb vorübergehend ziemlich steil (Trittsicherheit wichtig), zum Gipfel hin wieder leichter. Die Verbindung zur Weißkugelhütte verläuft in recht abschüssigen Hängen (zumindest elementare Trittsicherheit), ebenso teilweise der Gletscherlehrweg, welcher aber großzügiger ausgebaut ist. Stram-

Ein strenger Schutt- und Felsgrat zieht von der Nockspitze zur Vorderen Karlespitze.

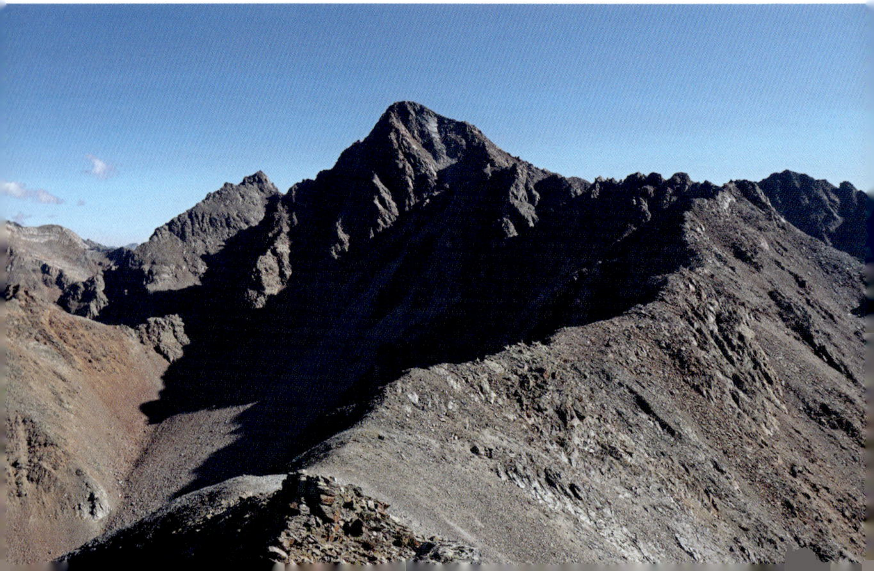

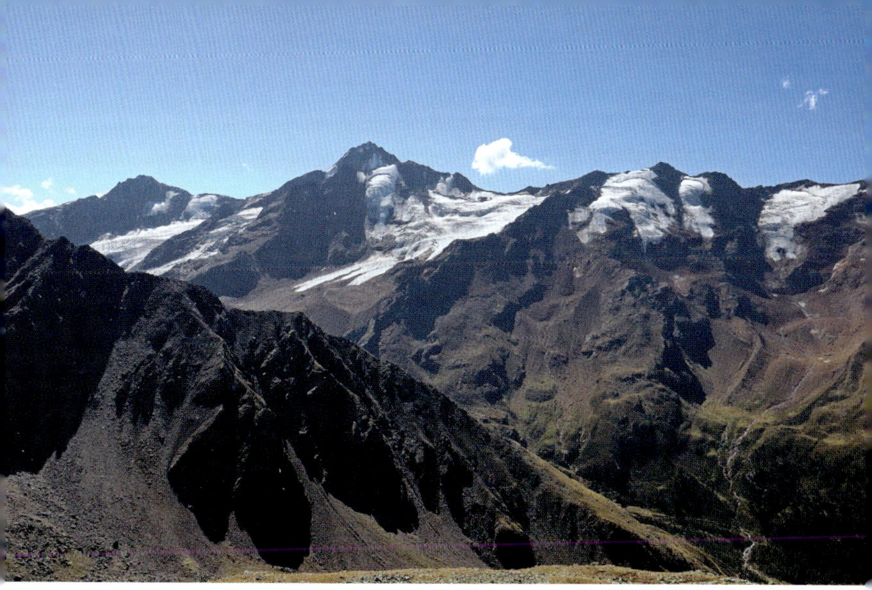

Langtauferer Spitze, Weißkugel und Bärenbartkogel: Glanzlichter über dem Talschluss.

mes Tagesprogramm für Ausdauernde.
Einkehr: Weißkugelhütte, 2542 m, Mitte Juni bis Anfang Oktober, 48 Schlafplätze, Tel. +39 0473 633191 oder +39 346 1472278. Melager Alm, 1970 m, Mitte Juni bis Mitte Oktober, Tel. +39 379 1342237.
Varianten: 1. Bei Beschränkung auf die Nockspitze (Abstieg auf dem Hinweg) ergeben sich 1100 Hm und 5.45 Std.
2. Von der Weißkugelhütte über den Normalweg (Nr. 2) binnen gut 1 Std. hinunter zur Melager Alm.
3. Hinter der Weißkugelhütte lohnt sich eine Erkundung über die Moränenfelder bis zum Gletschertor des Langtauferer Ferners – eine Urlandschaft!
Karte: Tabacco 1:25.000, Blatt 043.

Von **Melag** ❶, 1912 m, bewegen wir uns kurz auf dem Hauptweg, zweigen aber schon nach wenigen Minuten mit Nr. 3 links ab und ersteigen die Hänge zu einem Bildstock mit Rastbank (schöner Rückblick). Nur mäßig ansteigend geht es jetzt entlang einer Geländeterrasse weiter. Allerdings dauert es eine ganze Weile, bis man zur Kreuzung bei der ehemaligen **Inneren Schäferhütte** ❷, 2354 m, gelangt. Während der deutlichere Weg die Weißkugelhütte ansteuert, folgen wir Nr. 3 ins blockdurchsetzte **Valginkar** hinauf. Bei einem großen, einzelnen Felsblock ❸,

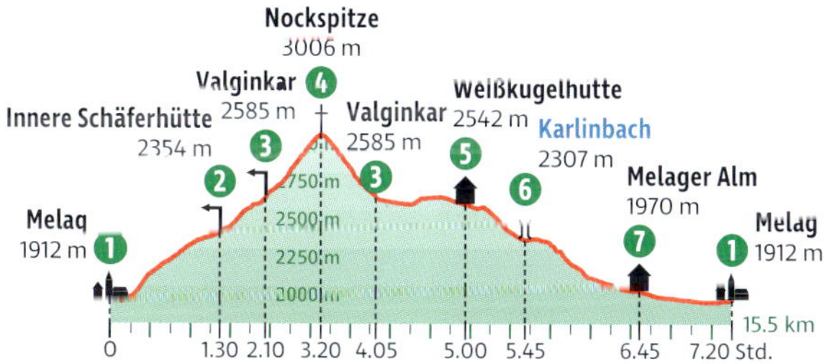

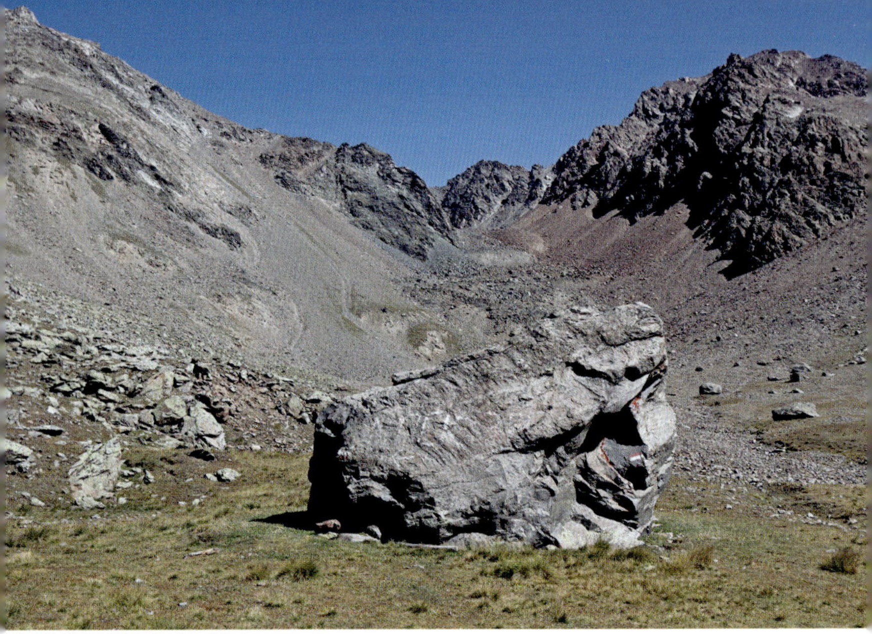

Bei diesem Block im Valginkar zweigen wir links ab.

Seit 130 Jahren dient die Weißkugelhütte als alpiner Stützpunkt vor toller Kulisse.

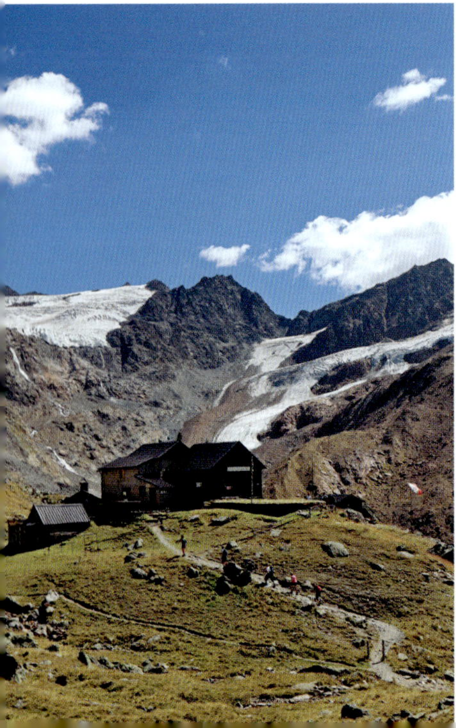

2585 m, zweigt dann nach links die Gipfelroute ab. Die Flanke steilt bald deutlich auf und wird hier sandig – wir schwenken nochmals links und absolvieren eine abschüssige Passage, bevor sich das Gelände mit Erreichen der Südostabdachung wieder zurücklehnt. Auch ein bisschen Blockschutt ist nicht problematisch, sodass wir ohne weitere Hindernisse die **Nockspitze** ❹, 3006 m, gewinnen.
Zurück beim Felsblock im **Valginkar** ❸ orientieren wir uns auf die linke Seite, queren trotz des Blockschutts meist passabel gepfadet hinaus und ums Eck herum in die mehr sonnseitig exponierten, grasigen Flanken, wo die Traverse mit geringen Höhenunterschieden ostwärts bis zur **Weißkugelhütte** ❺, 2542 m, führt. Hier können wir als interessante Fortsetzung den Gletscherlehrpfad aufnehmen, zunächst noch ein Stück einwärts in den Bereich gewaltiger Moränen und Gletscherschliffe und dort auf sandiger Spur ziemlich

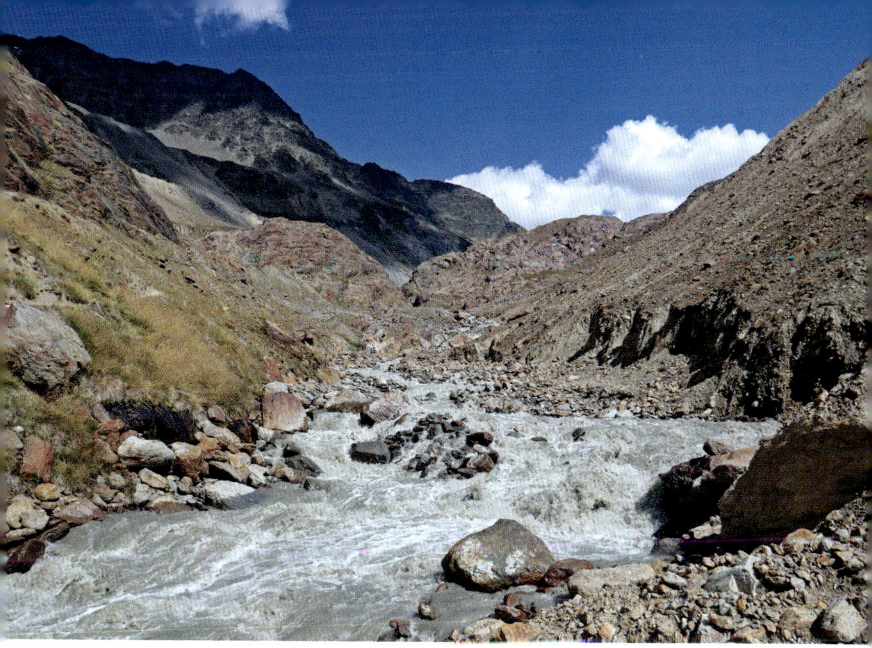

Der starke Karlinbach trägt die Gletscherwasser talauswärts.

kräftig bergab. Die Route wendet sich zum **Karlinbach** hin allmählich talauswärts und kreuzt den starken Gletscherabfluss weiter unten auf einer massiven Brücke ❻, 2307 m. Drüben nach leichter Gegensteigung über eine Art Geländeterrasse zum nächsten Gefälle, wobei wir entweder direkt am Moränenkamm bleiben oder der etwas leichteren Umleitung links davon folgen können. Wieder vereinigt treten wir in lichten Lärchenwald ein, wandern an den Mitte des 19. Jahrhunderts entstandenen Stirnmoränen vorbei und sanft hinaus zur **Melager Alm** ❼, 1970 m. Im Grund des Hochtals benötigt man schließlich noch eine gute halbe Stunde zurück nach **Melag** ❶.

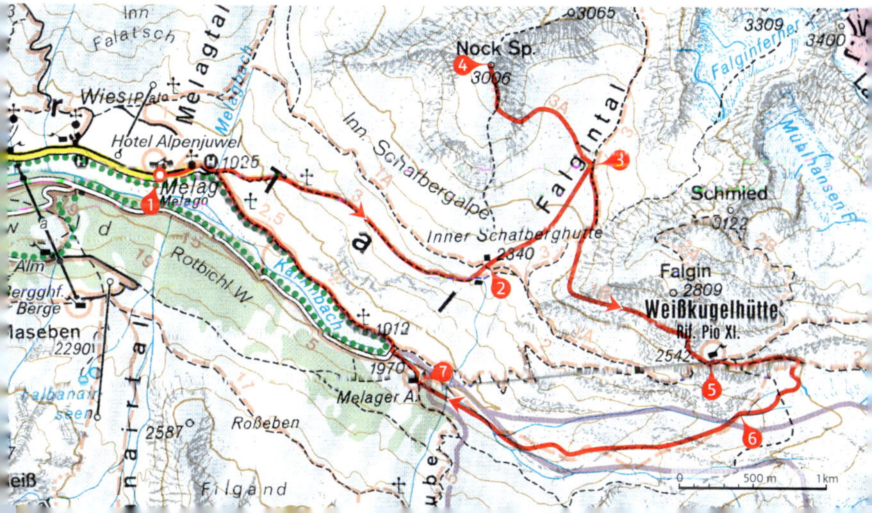

5 Endkopf (Joggl) und Angerlikopf, 2822 m

Rundtour vom Langtauferer Weiler Kapron

TOP | 7.00 Std. | 16,1 km | ↗ 1330 m | ↘ 1330 m

Ins Hinterland des Reschensees

Mit dem dritten Tourenvorschlag im Bereich von Langtaufers treten wir in den weitläufig verzweigten südlichen Bereich der Talschaft ein, wo das Besucheraufkommen rasch ausdünnt. Hier bieten sich wirklich noch viele Möglichkeiten für individuelle Streifzüge. Doch ohne Stützpunkte wird man unter Umständen auch vor enorme konditionelle Herausforderungen gestellt. Einen guten »Kompromiss« von praktikablen sieben Stunden Gehzeit – also einem ideal ausgefüllten Tagespensum – stellt die nachfolgend beschriebene Rundtour dar. Sie beginnt gleichsam von hinten mit dem Aufstieg zum Endkopf, einem der besten Aussichtspunkte über dem Reschensee, der bei Einheimischen meist Jaggl oder Joggl genannt wird. Rückwärtig schließt sich noch der Kamm über Windeck, Angerlikopf und Seeberkopf an, ehe sich durchs Rosell (Ochsenbergtal) ein vorteilhafter Rückweg talwärts ergibt. Dem Motto dieses Buches wird die Tour jedenfalls voll gerecht!

Talort: Graun, 1501 m, am Reschensee.
Ausgangspunkt: Riegelhof, 1675 m, in der Talsohle unterhalb der Fraktion Kapron im vorderen Langtauferer Tal. In der Nähe die Bushaltestelle »Kapron« der Buslinie 276 von Graun.

Anforderungen: T3. Bis zum Endkopf zwar etwas verwinkelte, aber weitgehend gut trassierte Route, nur am Poschenbach etwas dürftiger. Fortsetzung über den Angerlikopf ebenfalls markiert, jedoch teils nur sehr spärlich aus-

Diese Perspektive veranschaulicht sehr schön das Relief des Langtauferer Tals mit den zum Hauptkamm aufschließenden Sonnenhängen.

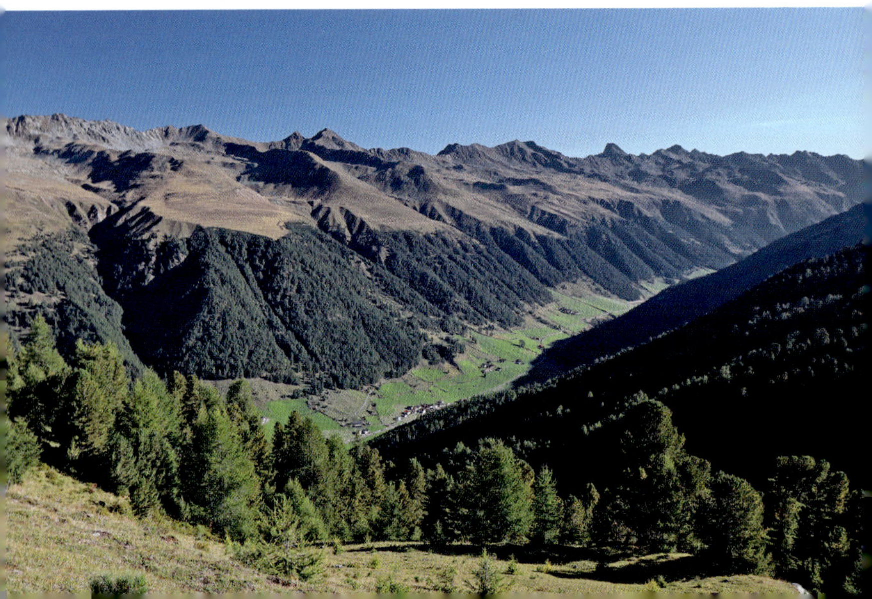

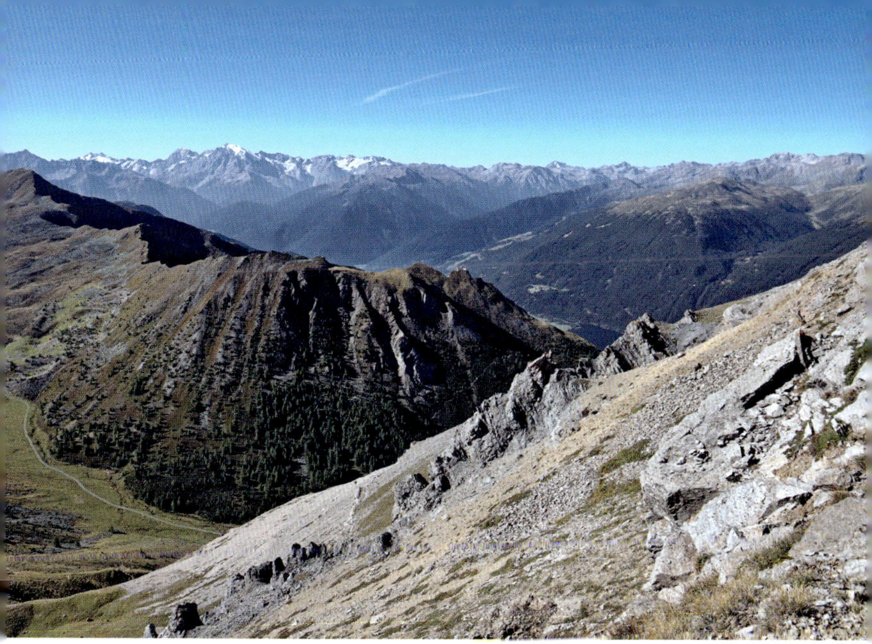

Das Vivanatal mit dem Kamm vom Pleisköpfl zum Großhorn im Mittelgrund, überragt von den Eisspitzen der Ortlergruppe am Horizont.

getreten, weiter unten dann Almsteige und Fahrwege. Obgleich kaum Absturzgefahr besteht, ist etwas Trittsicherheit nötig, dazu eine solide Kondition und ausreichende Sichtbedingungen.
Einkehr: Keine.
Varianten: 1. Bis zum Endkopf ca. 1000 Hm bergauf, Abstiegsmöglichkeit mit Nr. 10 über die nicht bewirtschaftete Grauner Alm nach Graun.
2. Wer noch Kraft und Energie übrig hat, kann aus der Ochsenbergscharte den Habicherkopf, 2901 m, mitnehmen; hin und zurück 200 Hm und 1.00 Std. zusätzlich.
Karte: Tabacco 1:25.000, Blatt 043.

Vom **Riegelhof** ❶ mit Nr. 12 zunächst zum letzten Anwesen und dann am Waldrand entlang nach rechts, wobei man anfangs ein paar Höhenmeter verliert, ehe der Weg kontinuierlich anzusteigen beginnt. Man trifft auf die Forststraße von Pedross, setzt wiederum rechts haltend fort und fädelt in Route Nr. 10B ein ❷. Oberhalb eines weiteren Forstweges geht es schräg nach rechts, mitunter relativ flach verlaufend und gegen den Poschenbach hin. Bei teils nicht so guten Wegverhältnissen wird es

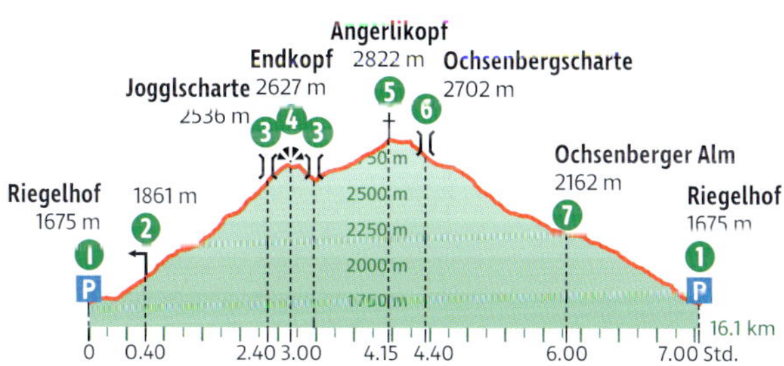

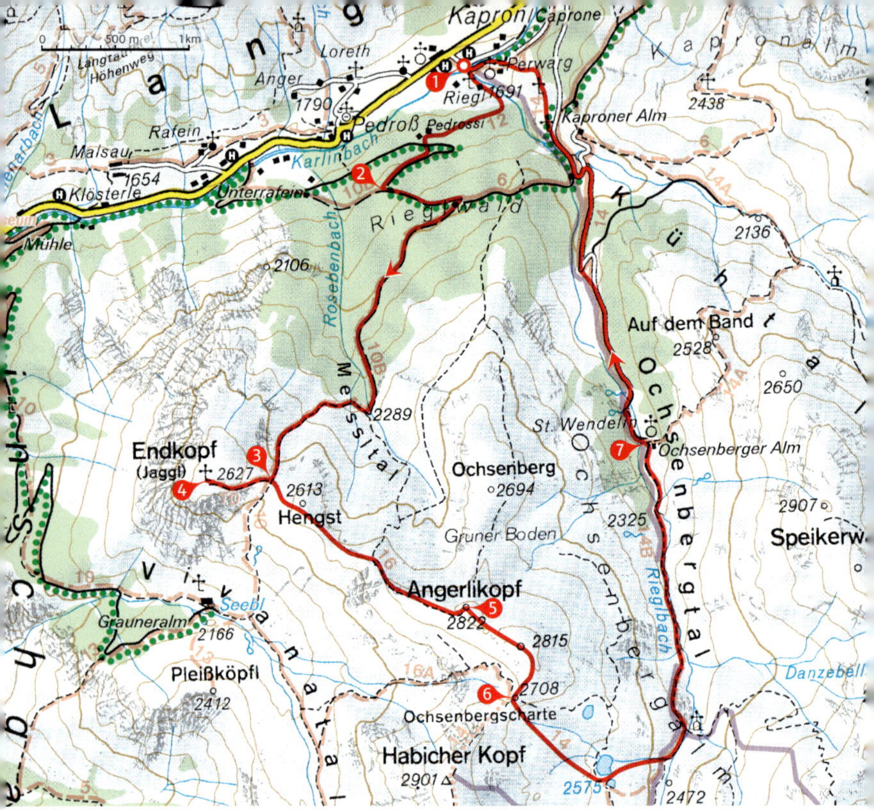

an diesem entlang wieder steiler. In der Karmulde oberhalb orientieren wir uns alsbald nach rechts, wandern vorerst über Wiesen und dann über Dolomitschutt der **Jogglscharte** ❸, 2536 m, entgegen. Hier kommt auch der Zugang über die Grauner Alm im Vivanatal dazu. Eine Spur zieht nun gegen den **Endkopf** hinauf, knapp am höchsten Punkt (2652 m) vorbei zum Kreuz an der westseitigen Abbruchkante ❹, 2627 m, wo man den Reschensee und die gesamte Talschaft überblickt.

Zurück bei der **Jogglscharte** ❸ geht es direkt am Gegenhang empor, anfangs etwas undeutlich markiert und auch kaum gepfadet. Man gewinnt den flachen Rücken namens Hengst, schließt auf grasigem Untergrund zum Windeck auf (Wetterkreuz) und – nur selten mal von Blockfeldern unterbrochen – weiter zum **Angerlikopf** ❺, 2822 m, der eine sehr geräumige Kuppe ausbildet. Der Übergang zum kaum eigenständigen **Seeberkopf**, 2815 m, ist nur kurz, von dort leitet ein steilerer Hang hinunter in die **Ochsenbergscharte** ❻, 2702 m, dem Anknüpfpunkt von Route Nr. 14. In der südostseitigen Karbucht machen sich die Wegspuren und Farbmarkierungen erneut rar, doch nennenswerte Hindernisse tun sich nicht auf. In der Nähe eines Hüttchens bzw. eines flachgründigen Sees erreicht man allerdings eine Hangversteilung und sollte hier die roten Punkte wieder besser im Auge behalten. Nach eher weglosen Verhältnissen setzt links haltend auf einem Absatz ein deutlicher Almsteig ein. Damit geht

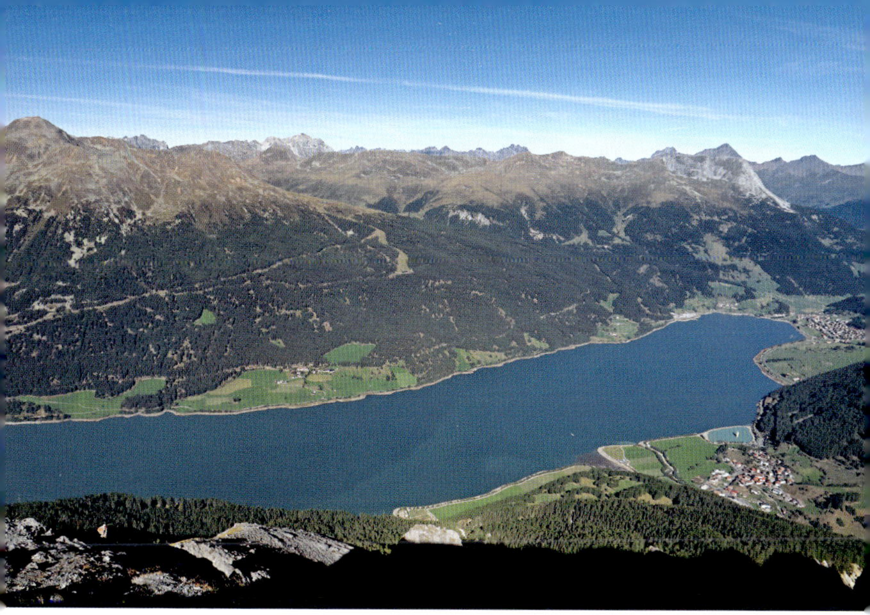

Der Reschensee-Blick vom Endkopf ist einfach fantastisch.

es ins Hochtal **Rosell** hinaus, wo wir nach einer Weile bei der **Ochsenberger Alm** ❽, 2162 m, auf der rechten Seite eintreffen. Vier Gatter sind hier zu durchschreiten. Ein Güterweg zieht weiter talauswärts, lässt sich später zweimal über Wiesen abkürzen und wird hinter dem Wasserkraftwerk ohnehin auf den steileren Weg hinab nach Perwarg verlassen. Zuletzt auf dem Sträßchen hinüber nach **Riegel** ❶.

Unser Rückweg führt duchs Ochsenbergtal (Rosell).

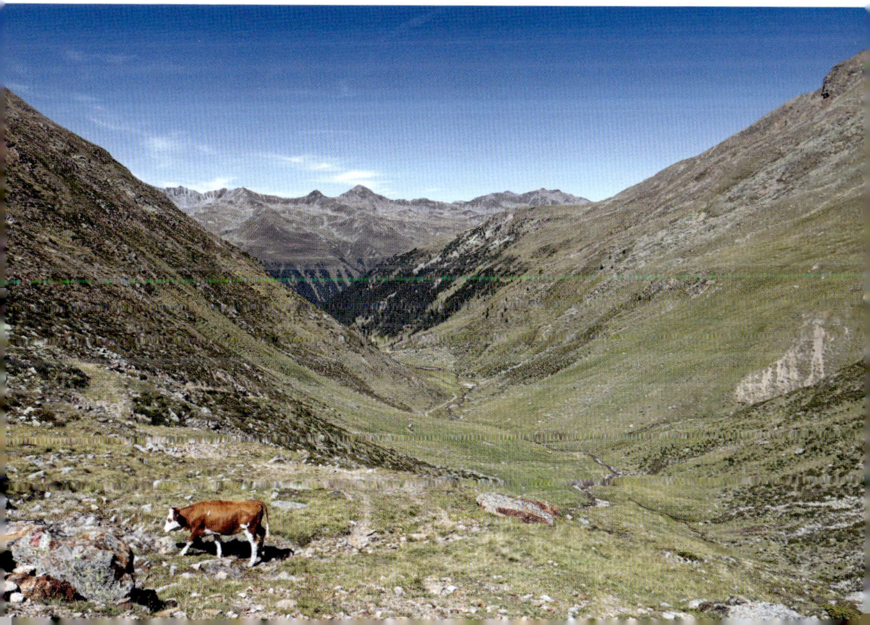

6 Stoanmandl, Mittereck, 2908 m, und Großhorn

Umrahmung des Plawenntals

7.00 Std. | 14,1 km | ↗1370 m | ↘1370 m

Fantastische Höhenroute in den Planeiler Bergen

Lange, weitverzweigte Kammzüge prägen den südwestlichen Teil der Ötztaler Alpen auf Südtiroler Gebiet, der zum Teil unter dem Begriff »Planeiler Berge« firmiert. Bergeinsamkeit ist hier allenthalben noch zu finden, denn die stärker ausgetretenen Routen beschränken sich auf einige wenige Ziele mit höherem Bekanntheitsgrad. Wer davon abschweift, braucht zuweilen einen gesunden Spürsinn, wenngleich sich – gemessen an der durchaus stattlichen Höhenlage – häufig erstaunlich geringe Hürden in den Weg legen. Für ausgedehnte Überschreitungen scheint die Vinschger Bergwelt grundsätzlich gut geeignet. Die nachfolgend vorgestellte führt vergleichsweise überschaubar im Bogen um das halb vergessene Plawenntal, das im Kessel unterm Mittereck seinen Ursprung hat und dann gegen den riesigen Schwemmkegel der Malser Haide ausmündet. Dafür müssen wir erst einmal zur Kammlinie hinauffinden, denn die in älteren Karten verzeichnete Route Nr. 4 von Plawenn zum Stoanmandl ist tatsächlich aufgelassen (sprich nicht beschildert), obschon im Gelände noch aufzuspüren. Hoffentlich wächst sie in Zukunft nicht gänzlich zu! Über das Mittereck, den Kulminationspunkt unserer Tour, wird die Feinorientierung dann erneut auf die Probe gestellt, vor allem in den unsortierten Blockbereichen jenseits des Gipfels. Aussichtsmäßig ist König Ortler am südlichen Horizont allgegenwärtig. Und vom Großhorn blickt man schließlich wunderbar in die Reschenseefurche. Wer sich die komplette Runde nicht zutraut, sollte zumindest mal diesen Gipfel besuchen!

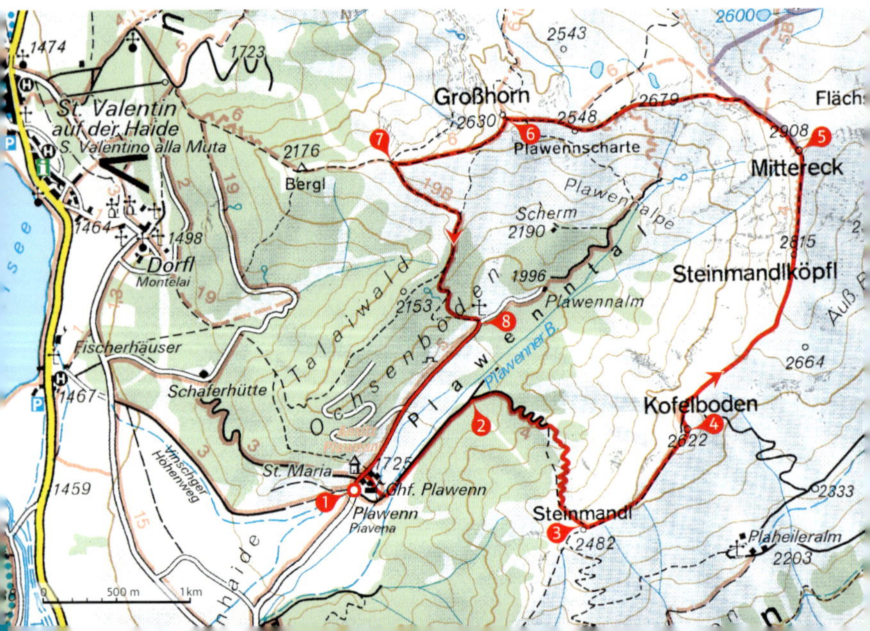

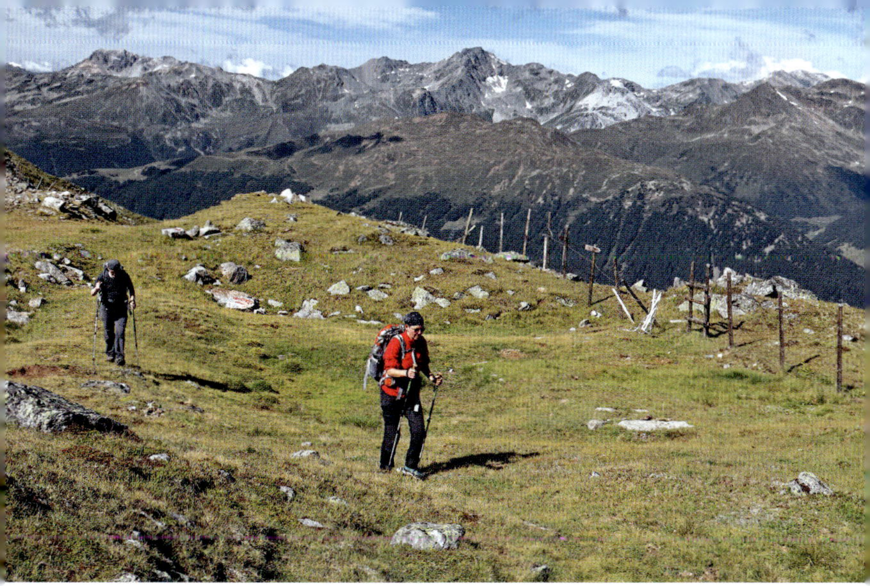

Anhand einer sparsam signalisierten Route können wir uns über die Gipfelkämme treiben lassen.

Talort: Mals, 1051 m, im Obervinschgau. Endpunkt der Vinschgerbahn von Meran.
Ausgangspunkt: Plawenn, 1725 m. Zufahrt von Mals oder St. Valentin (Kleinbus-Linie 280 vom Bahnhof Mals), wenig Parkraum am Rand der kleinen Siedlung.
Anforderungen: T3–4, abschnittsweise merklich leichter. Meist nur spärliche, kaum präparierte Pfade oder Spuren auf bewachsenen Kämmen, im höchsten Bereich auch Schutt oder unwegsame Blockfelder. Die Markierung wechselt zwischen ausreichend und sehr dürftig, speziell beim verfallenden Zugang zum Stoanmandl sowie beim Abstieg vom Mittereck. Trittsicherheit und Orientierungsvermögen sollten gut ausgereift sein; bei schlechter Sicht nicht ratsam. Schwierige Einzelstellen kommen aber nicht vor und Absturzgefahr hält sich in Grenzen. Voll ausgefüllte Tagestour.
Einkehr: Keine.
Karte: Tabacco 1:25.000, Blatt 043.

Von **Plawenn ❶**, 1725 m, nach rechts über die Brücke und ohne Beschilderung auf einem Traktorweg ins Plawenntal hinein. Sachte ansteigend folgt man diesem rund einen Kilometer, bis rechter Hand ein breiter Grasweg abzweigt ❷, ca. 1870 m. Serpentinen leiten durch den Wald aufwärts, später freier werdend gegen eine hohe Hangmulde. Wo die Trasse endet, müssen wir den schmalen Pfad aufspüren, der sich inmitten der breiten, offenen Rinnenstruktur mit anhaltendem Zickzack aufwärtsschraubt. Er ist schon etwas verwachsen, ab und zu von kleinen Bäumchen oder Zwergsträuchern bedrängt, bis auf den unmittelbaren Beginn aber noch passabel zu verfolgen (mitunter verblasste Farbkleckse). Oben rechts haltend an Schneezäunen vorbei, kommt man direkt am kreuzgeschmückten **Stoanmandl ❸**, 2482 m, heraus: ein erster toller Aussichtspunkt!
Ab hier ist die Route Nr. 4 besser markiert und überhaupt offiziell bezeichnet. Nach kurzem Abstieg geht

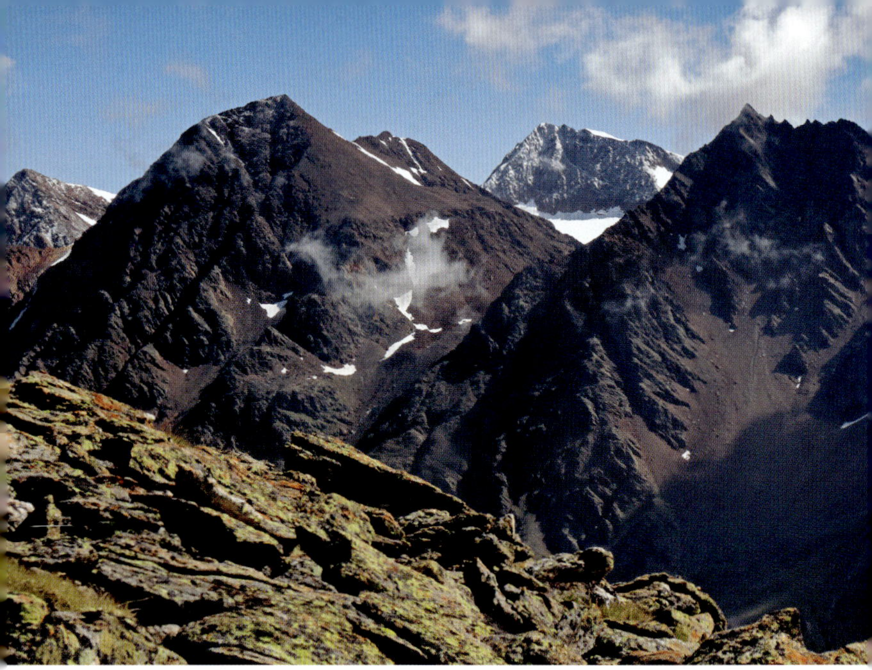

Zwischen Rabenkopf und Valvelspitze erscheint die stolze Weißkugel.

es über weitläufige Rasenhänge gegen den **Kofelboden** ❹, 2622 m, hinan. Wir überschreiten die flache Anhöhe, verlieren dahinter wieder ein paar Meter und steigen in ähnlicher Weise am nächsten Hang bergauf. Die Farbzeichen sind so gelegt, dass der Verlauf meist nur mäßig steil ist. Links eindrehend erreichen wir das unbedeutende Steinmandlköpfl und in etwas kargerem Terrain schließlich das **Mittereck** ❺, 2908 m, als Hauptgipfel der Tour.

Ein hoher Zaun überzieht die Kammlinie, und es ist anfangs nicht offensichtlich, auf welcher Seite man fortsetzen soll. Rechts zeigen sich zunächst deutlichere Spuren, links etwas später verblasste rote Punkte. Wer diesen folgt, muss den Zaun vor Abbrüchen trotzdem nochmals überschreiten, was nur an gelegentlich auftretenden Querbalken gut funktioniert. Leichter wäre ein deutliches Ausholen nach rechts, doch lässt sich der Kurs auch direkter wählen. Graspolster wechseln dabei mit Blockfeldern, ab und zu auch et-

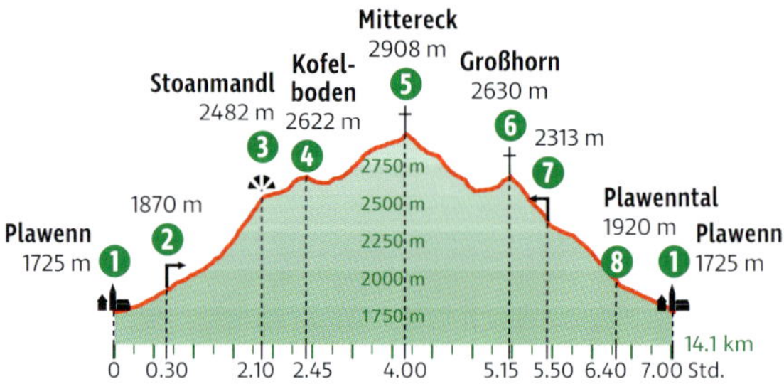

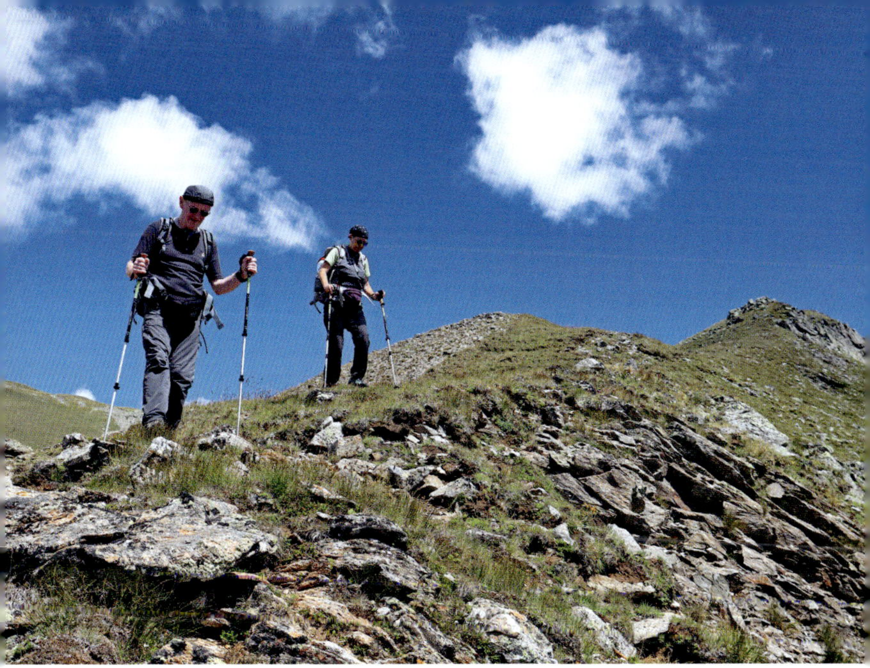

Trittsicherheit gefragt: wegloser Abstieg vom Mittereck.

was Schutt. Wir können dann wieder den Zaun als Leitlinie nehmen und lassen nach einem steileren Hang die Schritte auf den Boden im Bereich der Plawennscharte auslaufen. Knapp 100 Meter Gegensteigung bringen uns anschließend ohne Hindernisse auf das **Großhorn** ❻, 2630 m.

Markierung Nr. 6 leitet am Südwestgrat das finale Bergab ein. Während diese Route jedoch später nach St. Valentin führt, achten wir bei P. 2313 ❼ auf den scharfen Linksabzweig von Nr. 19B Richtung Plawenn. Zunächst wird ein Trockenrasenhang gequert. Am nächsten Kammausläufer erfolgt der Übergang zum sogenannten Ochsenboden, womit wir wieder auf die Seite des Plawenntals kommen. Hier diagonal abwärts, vorerst noch über freie Matten, dann im Wald links schwenkend und zum Wirtschaftsweg im **Plawenntal** ❽, 1920 m. Auf diesem läuft die Wanderung schlussendlich gemütlich aus.

Auf sonnenverwöhnten Standorten gedeiht die Hauswurz.

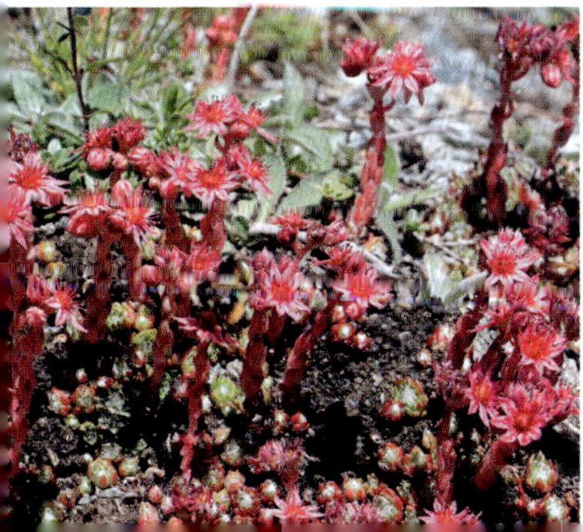

Der Reschensee aus der Perspektive vom Großhorn Westrücken.

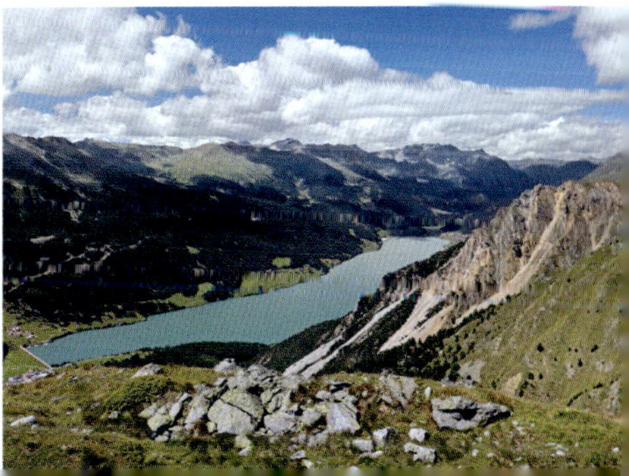

7 Schafberg, 2409 m
Über die Pfaffenseen ins Zerzertal

5.10 Std. | 14,9 km | ↗880 m | ↘880 m

Am Ausläufer der bekannteren Watles

Unter dem Schafberg darf man sich keinen eigenständigen Gipfel vorstellen, vielmehr handelt es sich um den plateauartigen Ausläufer der bekannten Watles, die im Vinschger Oberland für ihre tolle Aussicht geschätzt wird. Die häufiger begangenen Wege in diesem Bereich tangieren wir nur bei den Pfaffenseen und überschreiten stattdessen den Schafberg ins stillere, von traditioneller Almwirtschaft geprägte Zerzertal, wo sich wieder ganz andere Facetten ergeben. Diese Wanderung zählt zu den gemäßigteren unserer Auswahl.

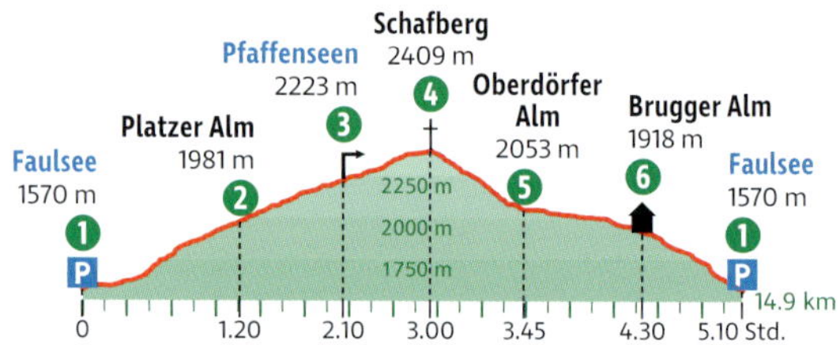

Besonders eindrucksvoll sind die Blicke Richtung Ortlergruppe.

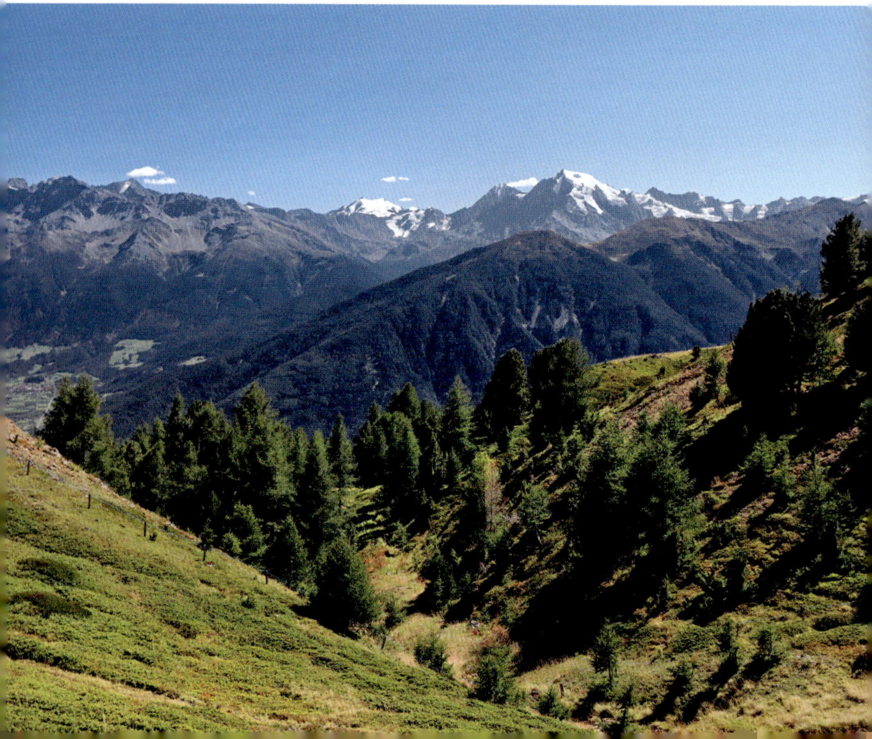

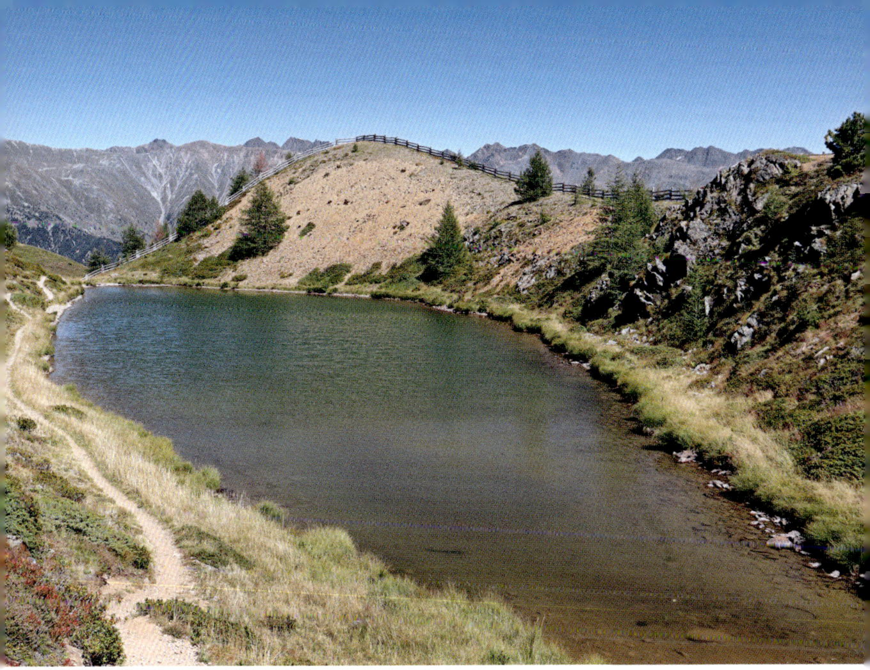

Am kleineren der beiden Pfaffenseen.

Talort: St. Valentin auf der Haide, 1470 m, und Burgeis, 1220 m, im Obervinschgau.
Ausgangspunkt: Faulsee, ca. 1570 m. Etwas verwinkelte Zufahrt über eine Forststraße vom südlichen Ende des Haidersees. Nächste Bushaltestelle »Fischerhäuser« der Linie 273 vom Bahnhof Mals (ca. 30 Min. zu Fuß bis zum Faulsee).
Anforderungen: T2. Ordentliche Steige, Forst- und Karrenwege; lediglich ein Abschnitt im Aufstieg ist etwas verwachsen. Die Steigungen sind moderat, das Gelände nirgends absturzgefährlich. Durchschnittliche Tagestour.
Einkehr: Brugger Alm, 1918 m, Mitte Mai bis Anfang Oktober, Tel. +39 340 0665305.
Karte: Tabacco 1:25.000, Blatt 043 oder 044.

Vom **Faulsee** ➊ zunächst auf der Forststraße (Nr. 3B/5) ohne große Höhenunterschiede an der Freifläche von Fischgader vorbei gen Süden und dahinter allmählich aufwärts. Wir beachten die Nr. 4, die in einer Rechtskehre der Forststraße folgt und dann sofort linker Hand einem diagonal ansteigenden Waldsteig. Dieser zeigt sich im Bereich einer Blöße etwas verwachsen. Nach einem vergleichsweise steilen Abschnitt kommt man wieder auf einen Wirtschaftsweg, der mit einigen weit ausholenden Schleifen ins Gebiet der **Platzer Alm** ➋, 1981 m, hinaufzieht. In Grundrichtung Südwest führt unsere Route allmählich zur Waldgrenze und ab **Schafhütt**,

Beim Abstieg ins Zerzertal passieren wir die Oberdörfer Alm.

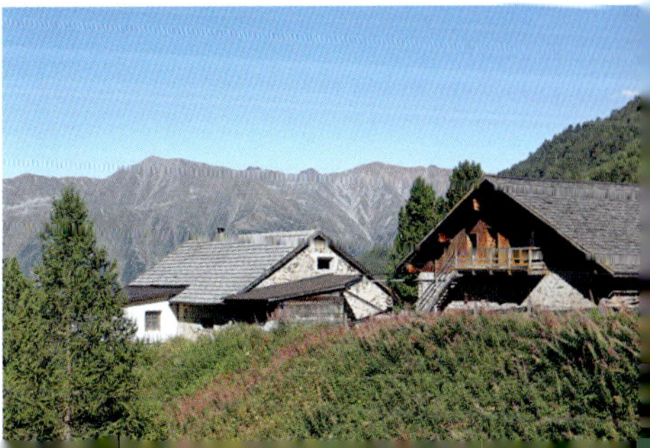

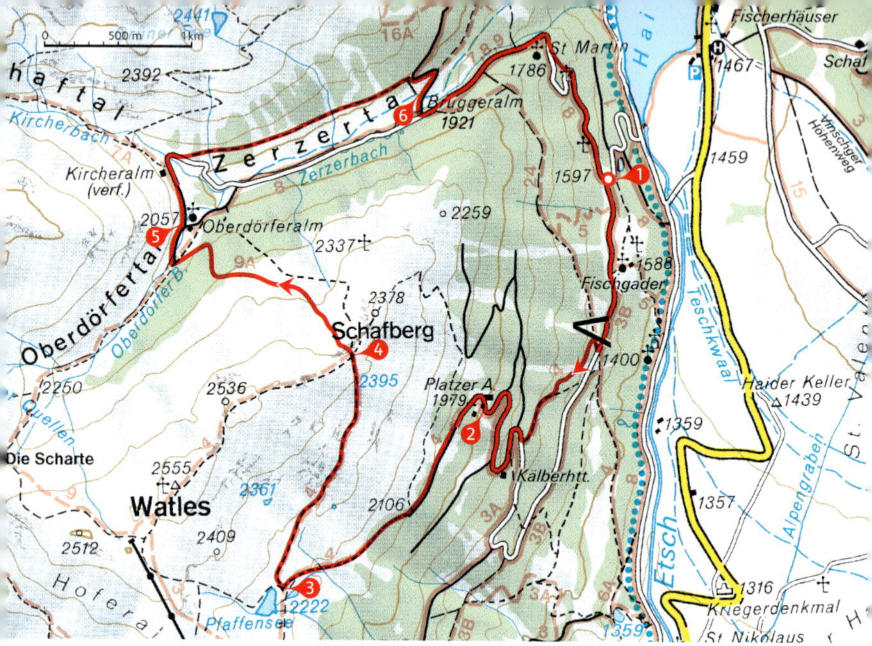

2112 m, als Steig in interessant ausgeformtem Gelände bis zu den **Pfaffenseen** ❸, 2223 m. Genau zwischen beiden Seen erfolgt ein scharfer Rechtsknick, womit wir nun in sukzessive ansteigender und durchaus aussichtsreicher Querung weit nach Norden gegen den **Schafberg** ❹, 2409 m, vorankommen. Für eine Rast kann man sich hier eine der sanften Kuppen aussuchen.

Der Übergang leitet nun ins Hochweidengelände der Nordwestseite hinab, wobei man bald in urwüchsigen Bergwald eintaucht. Auf den Böden im Oberdörfer Tal trifft man auf einen Fahrweg, wandert in Kürze an der nicht bewirtschafteten **Oberdörfer Alm** ❺, 2053 m, vorbei und rückt hinter der kleinen Kircher Alm von der breiten Trasse auf den Fußweg Nr. 8 ab. Dieser führt schöner am Hang entlang. Bei der **Brugger Alm** ❻, 1918 m, ergibt sich schließlich eine Einkehrmöglichkeit. Von dort auf der Zufahrt ins untere Zerzertal, zur Kirche **St. Martin**, 1780 m, und kurz darauf über den abkürzenden Fußweg (Bildstöcke) zurück zum Ausgangspunkt am **Faulsee** ❶.

St. Valentin auf der Haide gegen den Endkopf.

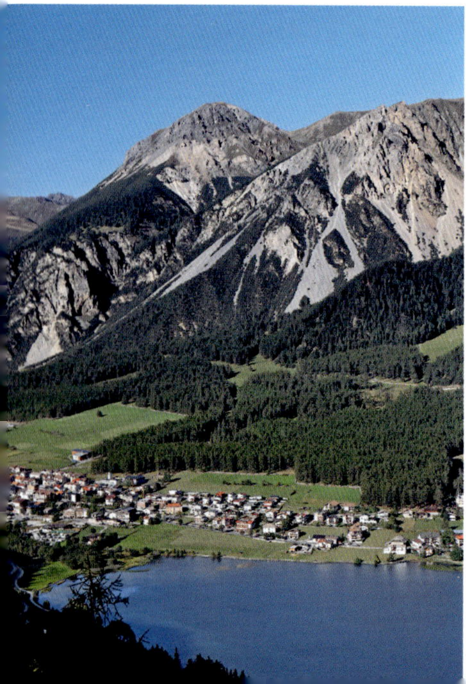

Monterodes, 2361 m

Aus dem Arundatal nach Schlinig

8

5.00 Std. | 14,2 km | ↗940 m | ↘940 m

TOP

Liebreizendes Wanderziel über der Etschbiegung

Es müssen ja keineswegs immer die großen Gipfel sein, um ein schönes Bergerlebnis zu erzielen. Ein topografisch untergeordneter Aussichtspunkt wie am Monterodes kann dafür schon ausreichen. Der Höhenrücken ist ein Ausläufer des Kernmassivs um Muntpitschen und Piz Sesvenna, welcher das unbesiedelte Arundatal vom Schliniger Tal trennt und eine tolle Perspektive in den Vinschgau gewährt. Die Südwestfront der Ötztaler Alpen haben wir in voller Breitseite vor uns und selbst der Ortler bleibt nicht verborgen. Eigentlich erstaunlich, dass dem wenig anspruchsvollen Monterodes nicht mehr Beachtung zukommt …

Talort: Mals, 1051 m, bzw. Schleis, 1071 m, im Obervinschgau.

Ausgangspunkt: Von Schleis auf der Zufahrt Richtung Polsterhof, in der Kehre P. 1389 geradeaus weiter (oder bereits hier parken) und auf dem Forstweg bis zum Abzweig von Weg Nr. 11, ca. 1475 m, kurz vor dem Fahrverbot. Sehr begrenzte Abstellmöglichkeiten! Mit öffentlichen Verkehrsmitteln muss man von Schleis oder Schlinig aus starten.

Anforderungen: T2+. Breite Graswege, Wirtschaftswege und im oberen Bereich kleinere Steige im Mattengelände, manchmal durchaus etwas abschüssig, aber ohne besondere Hindernisse. Insgesamt also noch eine relativ leichte Tour durchschnittlicher Länge.

Einkehr: Ausschank in der Schleiser Alm; gegebenenfalls die Gasthäuser in Schlinig.

Karte: Tabacco 1:25.000, Blatt 044.

Kurz vor dem Fahrverbot ❶ schlagen wir mit Nr. 11 links einen unbefestigten Karrenweg ein (dieser ist dem Güterweg vorzuziehen) und

Auch der Ortler setzt sich wieder mal effektvoll in Szene.

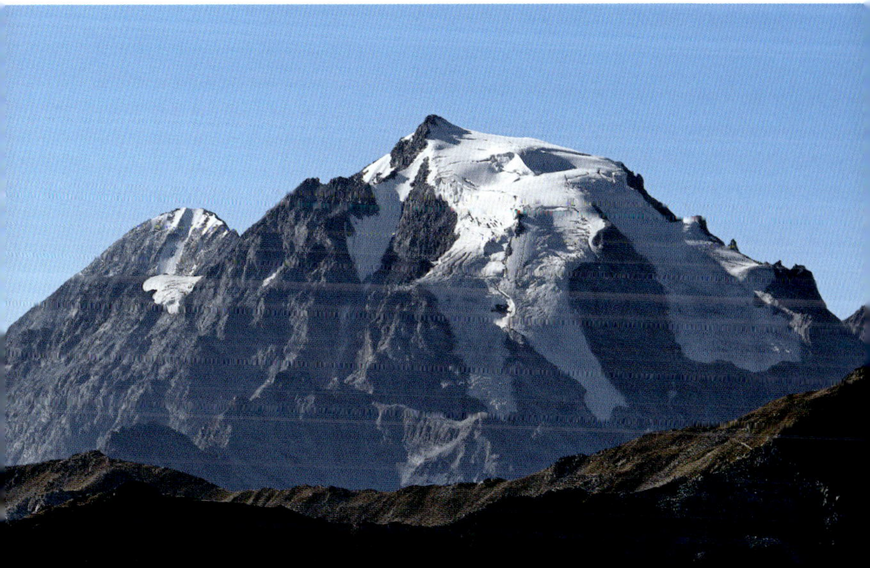

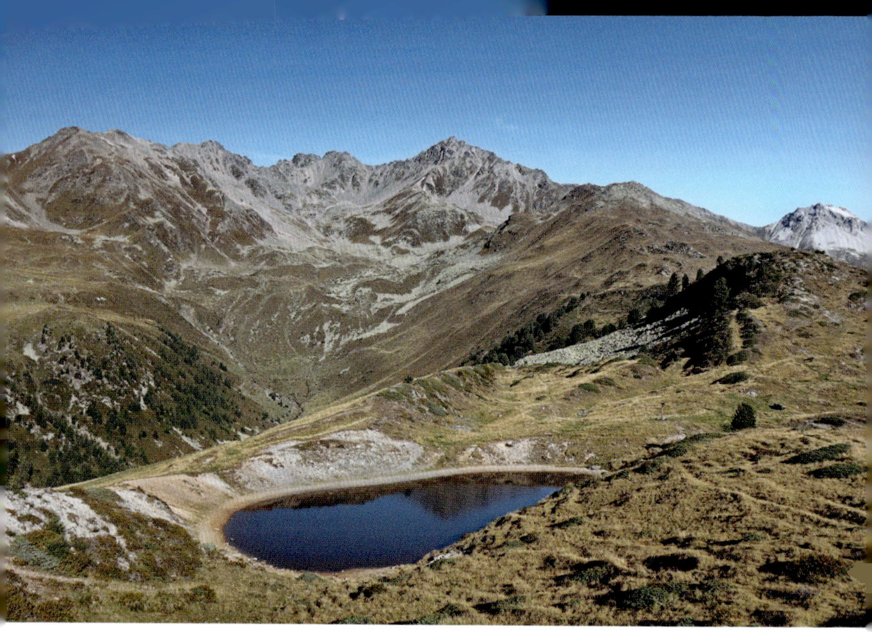

Lacke am Monterodes mit der Gipfelkulisse um den Muntpitschen.

wandern im Bogen um einen Wiesenhang ins Arundatal hinein. Nach einem steil anziehenden Stück wird bei der **Kapajabruck** ❷, 1786 m, die Zufahrt tangiert. Wir überschreiten hier allerdings den Alpbach und wählen damit die Wiesenschneise auf der linken Seite. Erst im Bereich der flachen Schleiser Alpböden wechseln wir über eine Holzbrücke (P. 1902) auf das Schottersträßchen und wandern unterhalb der Laatscher Alm vorbei taleinwärts zur **Schleiser Alm** ❸, 2076 m. Knapp 500 Meter weiter hinten gabelt sich der Almweg. Wir kreuzen den Bach abermals nach rechts und schwenken mit einer Kehre am Hang bald in die andere Richtung ein. Während der Aufwärtstraverse entlang der Flanken über dem inneren Arundatal ist bereits ein abkürzender Übergang nach Schlinig möglich, doch setzen wir natürlich geradeaus fort, um über den breiten Höhenrücken die letzte der Kuppen – **Monterodes** ❹, 2361 m, geheißen – anzulaufen.

Beim Abstieg kurz zurück zur einer Verzweigung bei zwei Tümpeln. Jetzt orientieren wir uns mit Nr. 10 auf die nördliche Seite, traversieren zunächst die Langböden und schweifen dann rechts in die Flanke aus. Hinter einem kleinen Gelän-

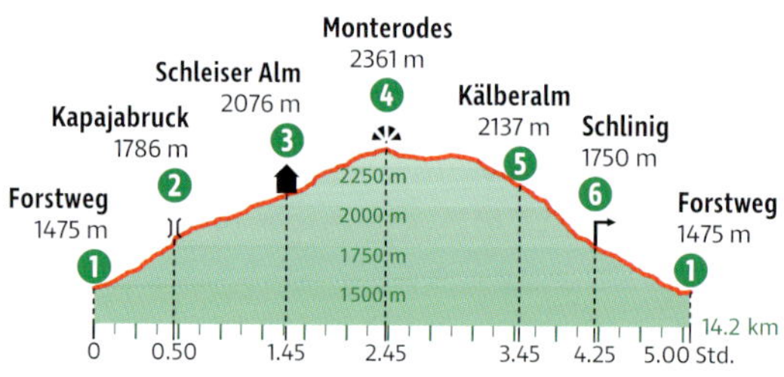

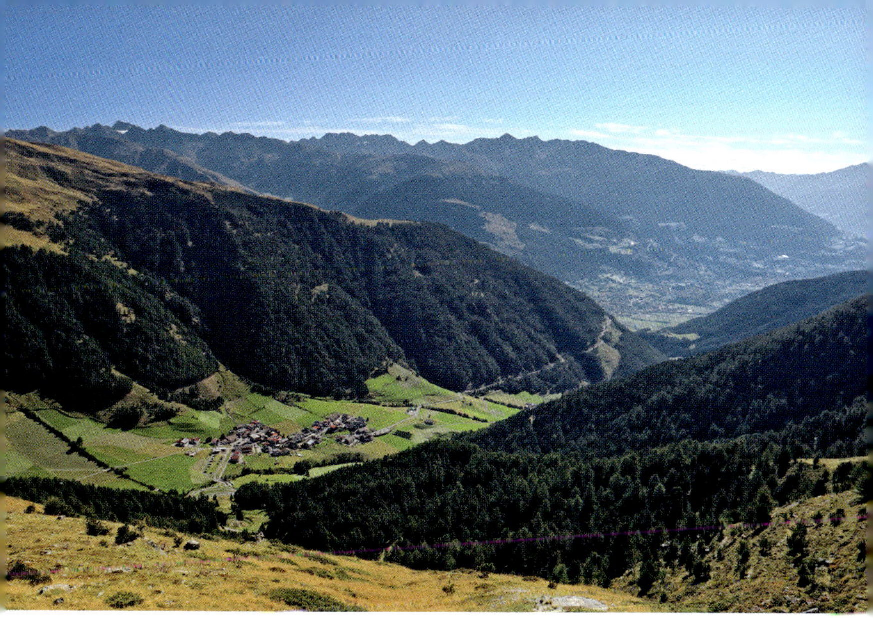

Beim Abstieg peilen wir den Talort Schlinig an; im Hintergrund die Ausläufer der Ötztaler Alpen gegen den Vinschgau.

deeck holen wir über die Rossböden ein Stück nach links aus und kommen als nächstes zur **Kälberalm** ❺, 2137 m. Ein Weilchen folgen wir jetzt dem breiten Karrenweg, nutzen weiter unten aber die Richtung **Schlinig** ausgewiesenen Abkürzungen. Wo man unmittelbar vor der Brücke und dem Dorf auf den Fahrweg trifft ❻, bleiben wir rechts vom Metzbach und folgen dem Gras- und später Schotterweg. Von den **Zugonhöfen**, 1616 m, weiter talauswärts, mit zwei Bachkreuzungen zu einer Jagdhütte und ganz zuletzt noch ein paar Schritte aufwärts zum Startpunkt ❶.

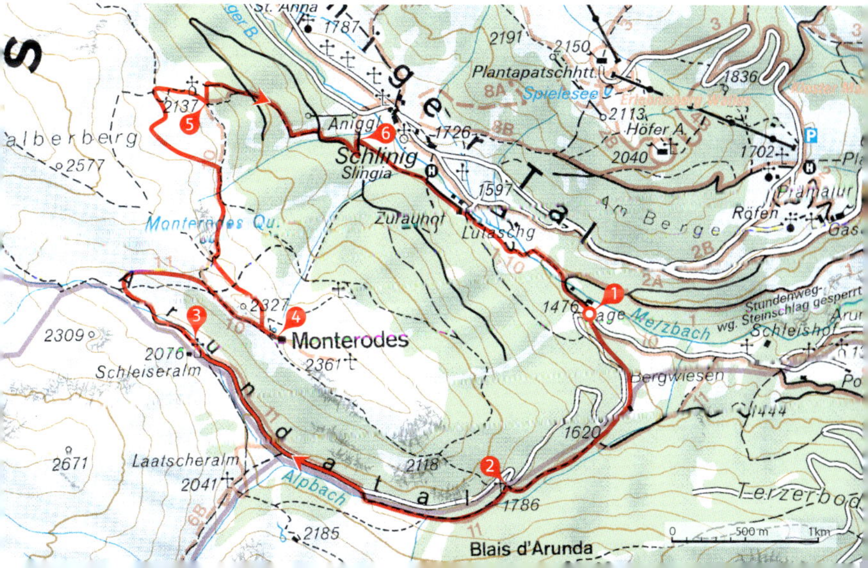

9 Arundakopf, 2879 m, und Guardaskopf
Überschreitung im Arundatal

7.45 Std. | 18,5 km | ↗1500 m | ↘1500 m

Teils weglose Entdeckertour im Südteil der Sesvennagruppe
In das stille, wenig bekannte Arundatal haben wir im Rahmen der Monterodes-Tour (Kapitel 8) schon hineingeschnuppert. Dieser Vorschlag ist nun etwas ambitionierter, indem man die Kammhöhen zum benachbarten Avignatal anpeilt. Namentlich sind dies Arundakopf und Guardaskopf (Krippenland) – einmal mehr Gipfelziele, die eher wenig Lockruf entfalten und meist nur Insidern ein Begriff sind. Für unser Motto passt dies freilich bestens ins Bild. Wir wollen dabei die markierte Route via Tellajoch nur für den Abstieg nutzen und planen eine Überschreitung, die im Arundaschartl gleichsam ihren Schlüssel besitzt. Dieses muss nämlich weglos erreicht werden, was uns aber nicht ins Bockshorn jagen lassen soll. Über ausgedehnte Hochweiden kommt man nahezu hindernislos voran und auch der anstrengendere Steilhang bis zur Scharte ist wohl hauptsächlich eine Frage des Willens. Oben am Kamm ist dann mal wieder »Schaulaufen« angesagt, wobei sich so manche Feinheiten in der Topografie der Sesvennagruppe preisgeben.

Im inneren Arundatal.

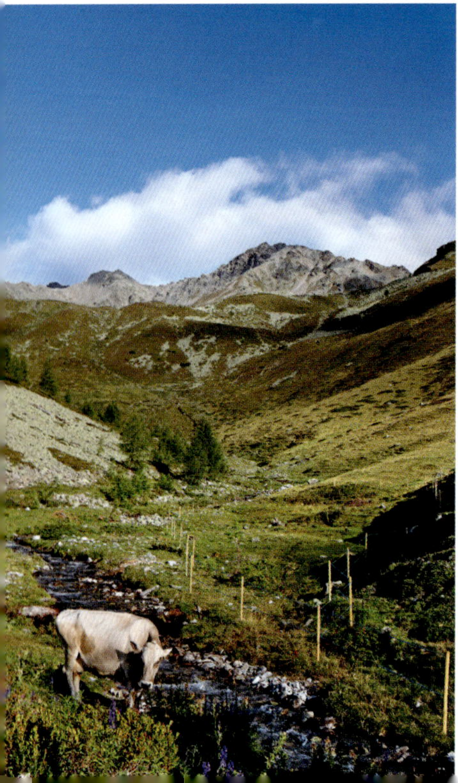

Talort: Mals, 1051 m, bzw. Schleis, 1071 m, im Obervinschgau.
Ausgangspunkt: Von Schleis auf der Zufahrt Richtung Polsterhof, in der Kehre P. 1389 geradeaus weiter (oder bereits hier parken) und auf dem Forstweg bis zum Abzweig von Weg Nr. 11, ca. 1475 m, kurz vor dem Fahrverbot. Sehr begrenzte Abstellmöglichkeiten!
Anforderungen: T3+ (im weglosen Gelände), sonst maximal T3. In den tieferen Bereichen Karren- und Almfahrwege, zum Arundaschartl weglos über Hochweidengelände, am einförmigen Schlusshang recht steil. Am Kamm zum Arundakopf kleine Pfadspur, weiter Richtung Guardaskopf und Tellajoch wieder markiert, streckenweise mal Blockgelände, mit der obligatorischen Trittsicherheit überall gut beherrschbar. Voraussetzungen sind auch nebelfreies Wetter, ausgereiftes Orientierungsvermögen und Ausdauer für eine längere Tagestour.
Einkehr: Laatscher Alm, 2041 m, Mitte Mai bis Ende September, Tel. +39 339 4732617 oder +39 340 5478949, laatscheralm.com.
Varianten: 1. Zum Arundakopf wäre

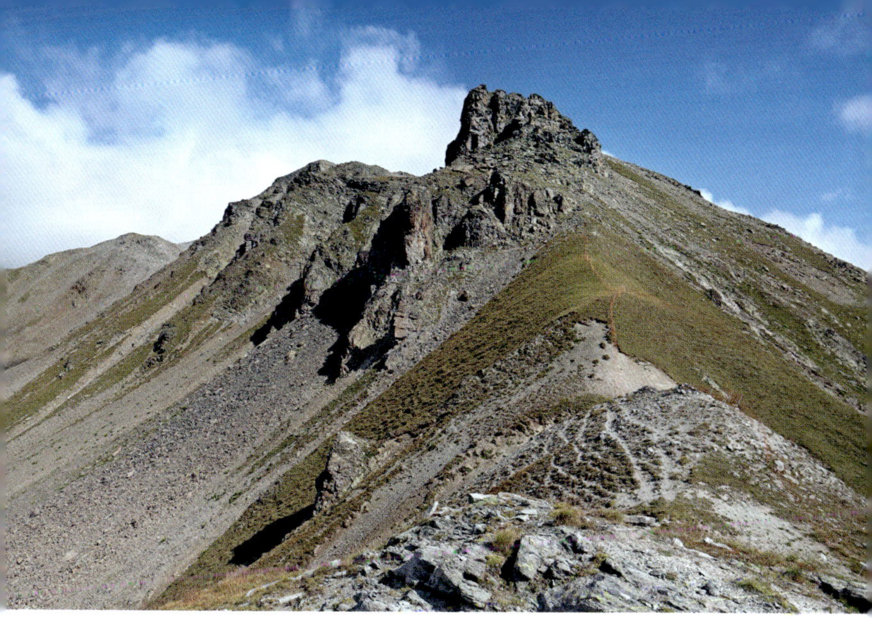

Mit dem Arundaschartl, flankiert vom Costeras, haben wir eine wichtige Hürde genommen.

auch ein Aufstieg von der Laatscher Alm über den Ostrücken denkbar (ebenfalls wegloser Charakter bzw. gelegentlich Steigspuren).

2. Der regelmäßig bestiegene Tellakopf, 2527 m, verlangt aus dem Tellajoch hin und zurück 50 Min.

Karte: Tabacco 1:25.000, Blatt 044.

Kurz vor dem Fahrverbot ❶ schlagen wir mit Nr. 11 links einen unbefestigten Karrenweg ein (dieser ist dem Güterweg vorzuziehen) und wandern im Bogen um einen Wiesenhang ins Arundatal hinein. Nach einem steil anziehenden Stück wird bei der **Kapajabruck** ❷, 1786 m, die Zufahrt tangiert. Wir überschreiten hier allerdings den Alpbach und wählen damit die Wiesenschneise auf der linken Seite. Erst im Bereich der flachen Schleiser Alpböden wechseln wir über eine Holzbrücke (P. 1902) auf das Schottersträßchen und wandern unterhalb der Laatscher Alm vorbei taleinwärts zur **Schleiser Alm** ❸, 2076 m. Dahinter folgen wir vorerst noch ein Weilchen der mit Nr. 11 bezeichneten Route Richtung Muntpitschen, scheren nach rund einer halben Stunde aber vom Karrenweg nach links aus ❹. Hinauf zur Hochebene bei P. 2308 kann ein Viehsteig genutzt werden, wobei man oben auf sumpfige Stellen achtgeben sollte. Wir wenden uns nun gen Westen und überqueren mäßig steile Hochweiden. Gegen das Arundaschartl steilt der Hang dann deutlich auf. Nach Augenmaß wählt man entweder die begrünten Streifen oder durchaus auch den Schutt, wo dieser nicht zu steil und holprig erscheint,

Die Laatscher Alm.

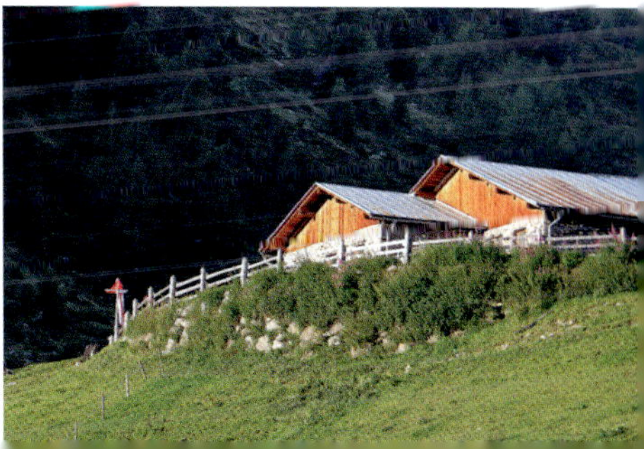

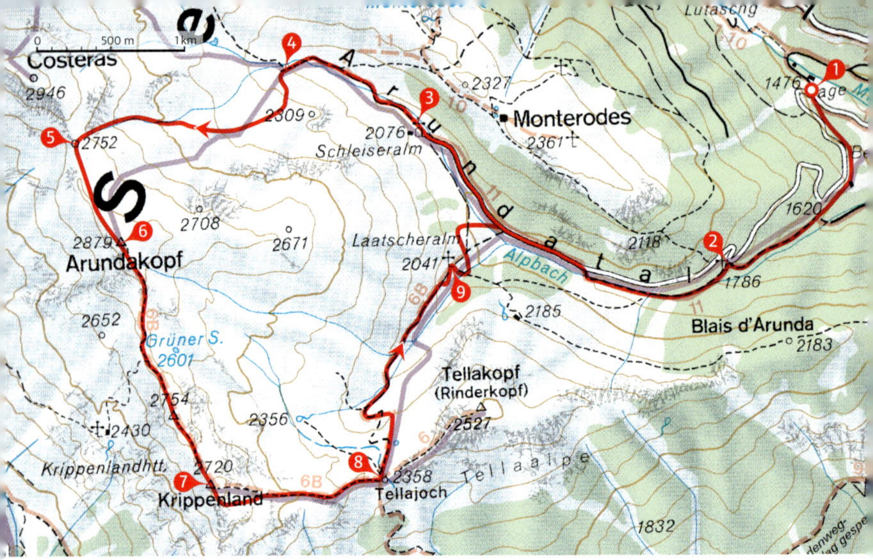

sondern eher festgefügt und damit kaum rutschig. So arbeitet man sich bis zur Kammhöhe empor und folgt aus dem **Arundaschartl** ❺, 2751 m, ohne Schwierigkeiten dem meist breiten, mitunter von Blockschutt bedeckten Rücken südwärts. Bis zum **Arundakopf** ❻, 2879 m, ist bereits oft wieder eine Pfadspur erkennbar. Der Übergang zum Guardaskopf beginnt mit dem Abstieg in den nächsten Sattel. Teils blockige Passagen, aber auch Rasenbewuchs und spärliche Pfadspuren beschäftigen uns über P. 2754 hinweg in eine weitere Senke, aus der man rasch den **Guardaskopf**, 2720 m, gewinnt. Das Kreuz befindet sich ein paar Schritte südwärts bei P. 2716 ❼, hoch über dem Münstertal bei Taufers. Der etwas undeutlich gepfadete Abstieg leitet anfangs direkt in die Südflanke, dreht aber bald markant nach links ab. Vorerst zeigt sich das Gelände noch abschüssig, später in den Matten dann gemäßigter. Über die Dürriböden steuern wir den Kreuzungspunkt am **Tellajoch** ❽, 2358 m, an. Hier mit Nr. 6B auf die Nordseite, zuerst sanft dahin, dann im Zickzack zu einem befestigten Güterweg und zur **Laatscher Alm** ❾, 2041 m, wo Gelegenheit zur Einkehr besteht. Zehn Gehminuten unterhalb trifft man auf den Hinweg und folgt diesem zurück zum Ausgangspunkt ❶.

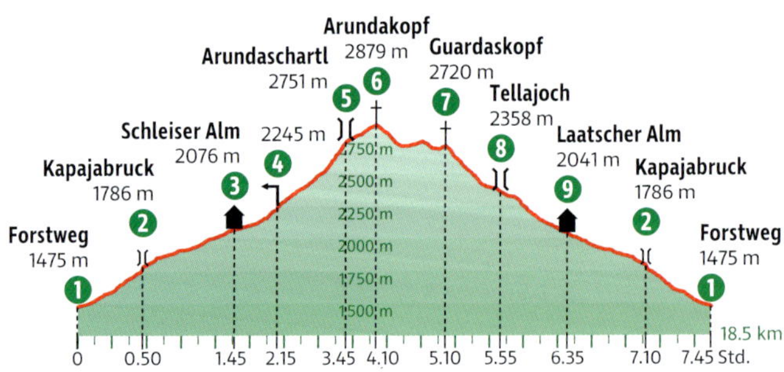

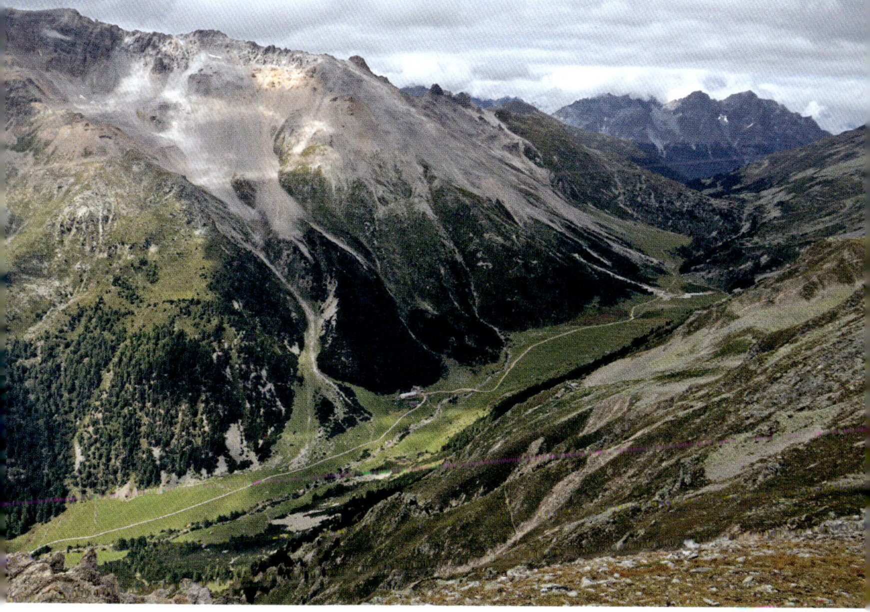

Oben: Aufschlussreicher Blick ins Avignatal und hinüber zum Piz Starlex, der bei Tour 11 behandelt wird.
Unten: Unsere Route führt aus dem Talgrund links hinauf zur grasigen Geländeterrasse und pfadlos weiter bis ins Arundaschartl.

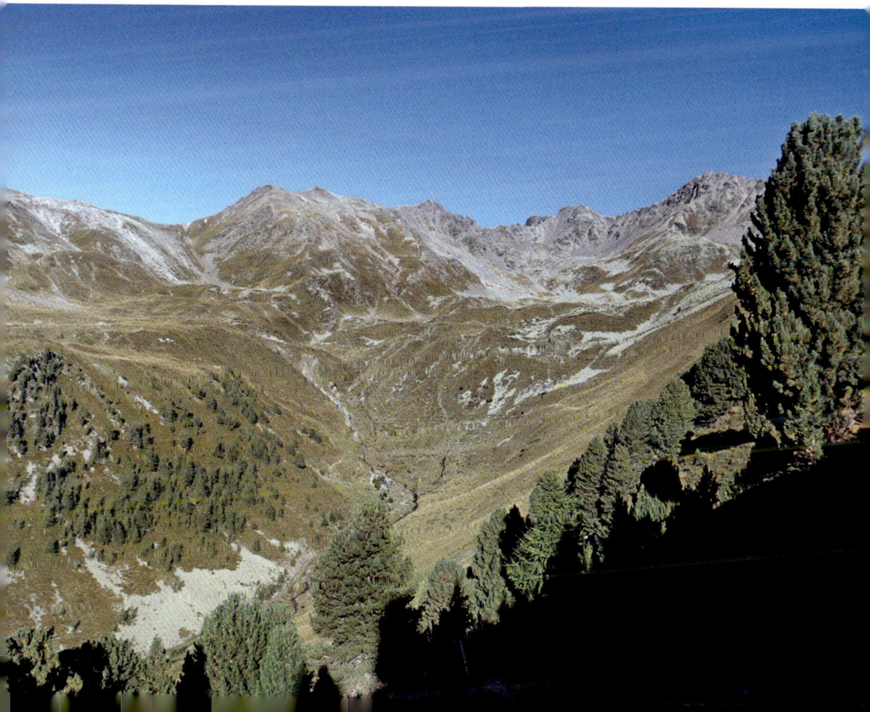

10 Ruine Rotund, 1509 m
Stundenweg und Plurwaal

2.15 Std. | 6,1 km | ↗ 350 m | ↘ 350 m

Historisches Kulturgut bei Taufers im Münstertal

Eigentlich war für meine Recherche der Stundenweg respektive Eselweg vorgesehen, der von Taufers am Hang entlang bis nach Laatsch führt. Wegen Steinschlaggefahr aus der Valriswand ist die Originalroute aber gesperrt, wahrscheinlich sogar dauerhaft aufgelassen, und man wird fast bis ins Tal umgeleitet, was dann natürlich entscheidend an Attraktivität einbüßt. Deshalb sei hier sozusagen als »Ersatz« eine Kurzrunde von Taufers mit Rückweg über den idyllischen Plurwaal vorgestellt. Höhepunkt bleibt freilich die imposante Burgruine Rotund. Sie geht schon auf die Zeit um 900 zurück, als die Bischöfe von Chur das Gebiet beherrschten. Die Edlen von Rotund, die Freiherren von Reichenberg, die Grafen von Tirol, die Freiherren von Schlandersberg und schließlich die Grafen von Hendl gaben sich hier über die Jahrhunderte die Klinke in die Hand.

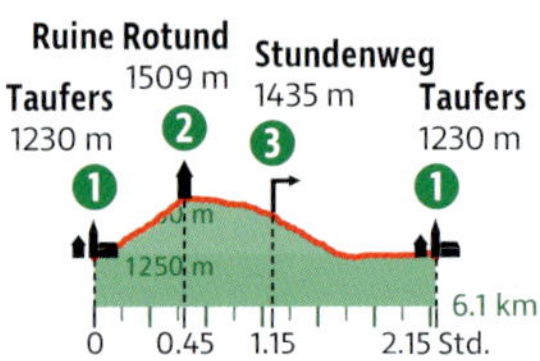

Talort: Taufers, 1250 m, im Münstertal nahe der Schweizer Grenze.
Ausgangspunkt: Parkplatz im östlichen Ortsbereich von Taufers, ca. 1230 m. Weitere gibt es ortseinwärts oder auch bei der Kirche St. Blasius. Buslinie 811 vom Bahnhof Mals Richtung Zernez.
Anforderungen: T2. Überwiegend bequeme Wanderwege, im Aufstieg zur Ruine etwas steilere Passagen. Eine der kürzesten und leichtesten Touren in diesem Band.
Einkehr: Keine am Weg, ggf. in Taufers.
Karte: Tabacco 1:25.000, Blatt 044.

St. Blasius bei Taufers.

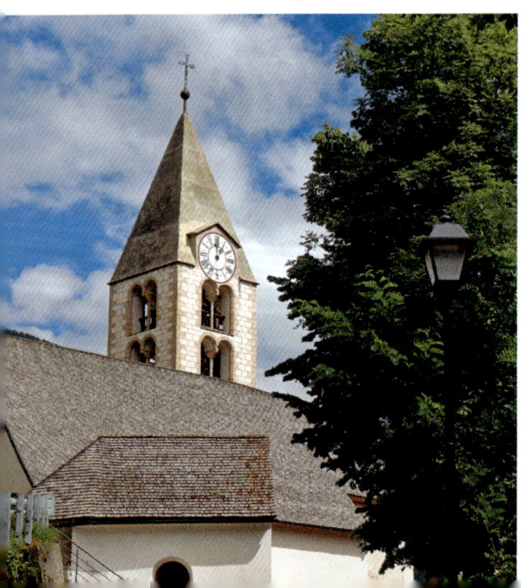

Direkt gegenüber dem empfohlenen Parkplatz in **Taufers** ❶ geht es rasch hinauf zur Kirche St. Blasius (ansonsten auch aus dem Ortskern durch die Kirchgasse). Weiter auf dem Sträßchen bzw. vorübergehend auch auf einem Fußweg am Rande eines freien Hangs Richtung Baustadlhof, von dort über einen Graben hinweg nach rechts und auf schöner Linie diagonal aufwärts zum Schlosshof in unmittelbarer Nähe der **Ruine Rotund** ❷, 1509 m. Hier können wir uns etwas näher umsehen und die tolle Aussicht übers Münstertal genießen – Vorsicht allerdings wegen der

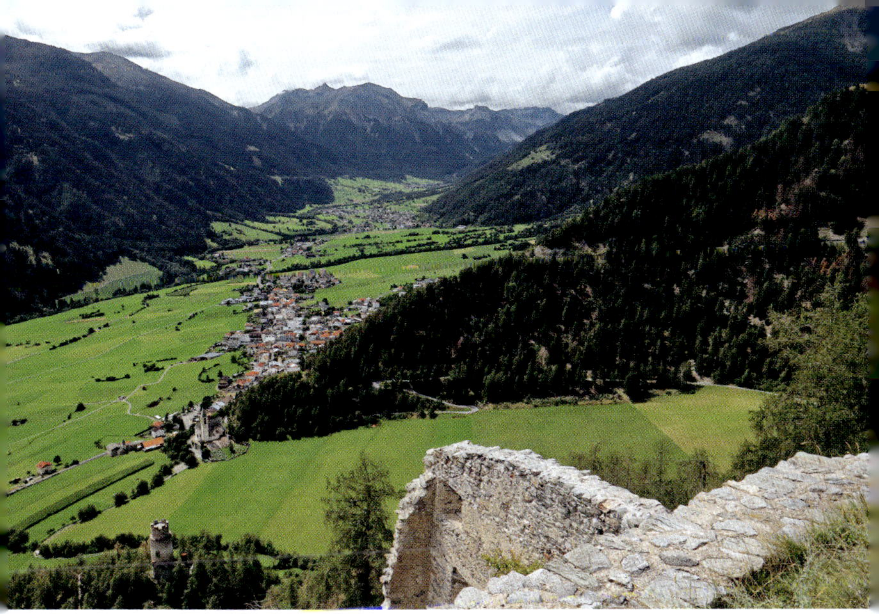

Von der Ruine ergibt sich ein schöner Blick ins Münstertal.

baufälligen Anlage. Kurz hinter dem Schlosshof trennt sich die Bergroute Nr. 6 vom Stundenweg (auch Eselweg genannt). Auf diesem geht es mit leichtem Höhenverlust quer durch die Hänge – zunächst auf komfortabel breiter Grastrasse, später schmaler gepfadet. Wo die Fortsetzung auf dem originalen Stundenweg nicht mehr möglich ist (Sperrschild) ❸, werden wir nach unten geleitet und drehen nach einigen Schleifen wieder Richtung Taufers ein. Damit folgen wir dem Plurwaalweg nahezu

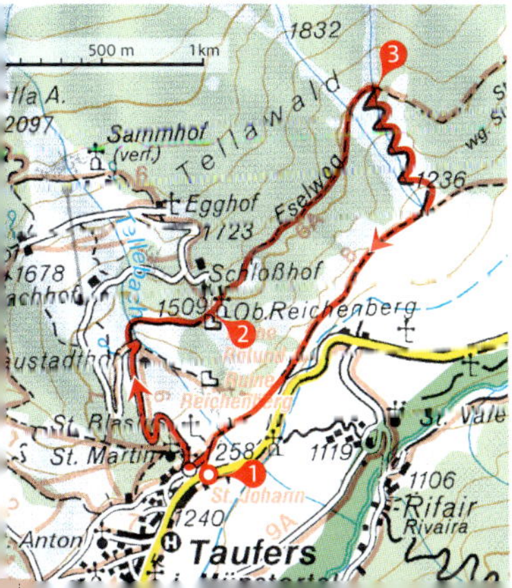

horizontal zurück nach St. Blasius und sind wenige Minuten später am Parkplatz ❶ angekommen.

Die Festung Rotund wurde um 900 von den Churer Bischöfen errichtet.

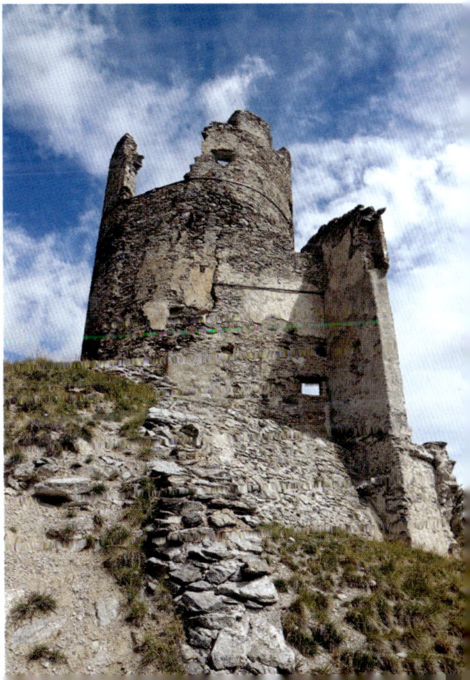

11 Piz Starlex, 3075 m
Aus dem Avignatal

7.00 Std. | 11,6 km | ↗ 1320 m | ↘ 1320 m

Durchaus herausfordernder Gipfel am Grenzkamm zur Schweiz
Südlich des Piz Sesvenna gibt es in dieser Gebirgsgruppe nur noch einen Gipfel, der die 3000-Meter-Marke übertrifft: den Piz Starlex. Er geriert sich recht abweisend und verlangt ein gerüttelt Maß an alpiner Standfestigkeit, zumindest in der entscheidenden Rinne am Normalweg. Diese offenbart sich nämlich als ziemlich unsolide und dürfte bei weniger Erfahrenen durchaus einen mulmigen Eindruck hinterlassen. Einen versierten Schrofenkraxler wird sie hingegen kaum ausbremsen, sodass sich wieder einmal stolz ein Dreitausender ins persönliche Tourenbuch schreiben lässt. Natürlich erscheint die Position am Grenzkamm zwischen Südtirol und Graubünden besonders interessant, überblickt man doch ein weites Feld der zentralen Alpen.

Talort: Taufers, 1250 m, im Münstertal nahe der Schweizer Grenze.
Ausgangspunkt: Avignatal, ca. 1760 m, vor dem Fahrverbotsschild bei der Mangitser Brücke. Zufahrt von Taufers, ohne Busverkehr – zu Fuß muss man mit 1.30 Std. zusätzlich vom Talort bis zum Parkplatz rechnen.
Anforderungen: T4–5 (Schlüsselpassage), sonst weithin T3. Markierte, aber streckenweise kaum gepfadete Route mit anspruchsvoller Passage in einer sehr abschüssigen, schuttgefüllten Rinne. Kletterei allenfalls kurz im I. Grad, perfekte Trittsicherheit jedoch unerlässlich, zudem Orientierungsgabe und auch Ausdauer für eine längere Tagestour.
Einkehr: Keine.
Karte: Tabacco 1:25.000, Blatt 044.

Idylle bei der Starlexhütte.

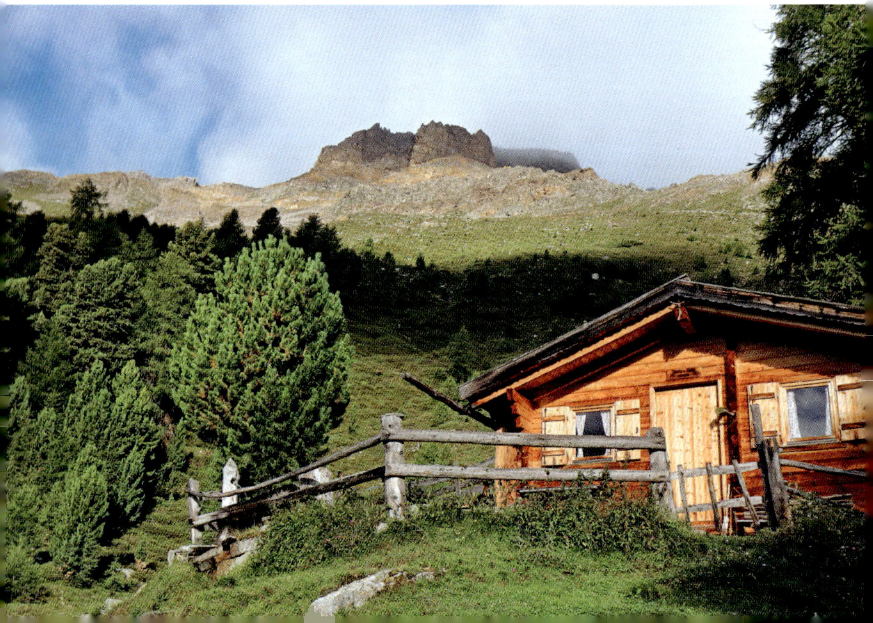

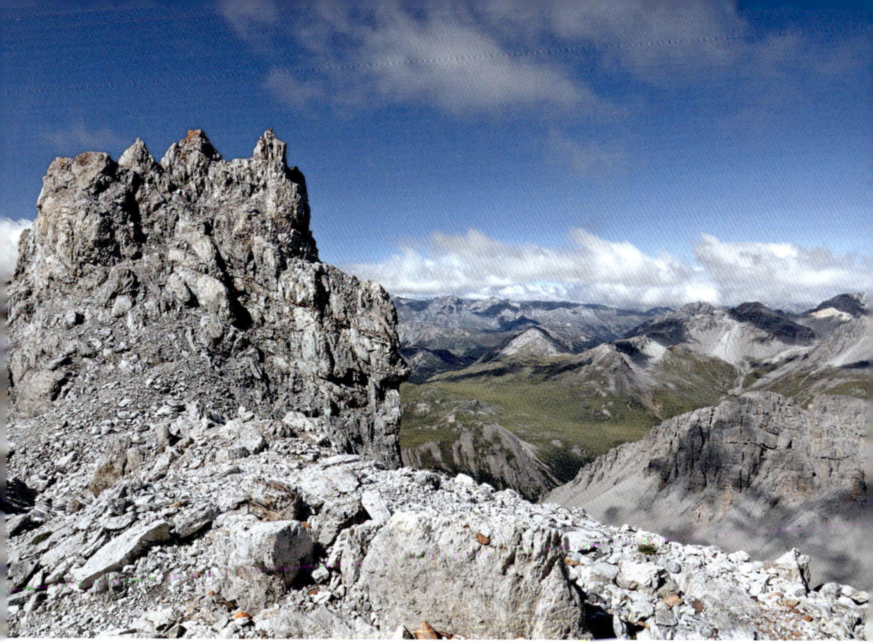

Nach Bewältigung der Schlüsselpassage an der 3000-Meter-Marke ist es so gut wie geschafft.

Im **Avignatal** wandern wir vom Parkplatz ❶ noch ein Stück weit einwärts bis hinter die Mangitsalm und folgen dann dem Hinweis zur Starlexhütte (Nr. 4). Der Weg schraubt sich im Bergwald aufwärts und erreicht im Bereich der Waldgrenze die **Starlexhütte** ❷, 2119 m, mit Stall (keine Jausenstation). Noch kurzzeitig zwischen Zirben und Lärchen hindurch weiter, ehe wir ins freie Gelände am Osthang des Piz Starlex gelangen und nach dem kräftigen, eher pfadlosen Aufstieg zu einer Linkstraverse übergehen. Man peilt nun einen Geländerücken an und erreicht diesen bei P. 2570 ❸, wo sich die später für den Rückweg vorgesehene Route via Stierberghütte dazugesellt. Der Rücken bietet vorerst recht gutmütiges Terrain und bis auf über 2800 Meter Höhe auch eine passable Spur. Der grimmige Gipfelaufbau zwingt uns jedoch nach links in die Schutthalden. Wir queren schräg aufwärts zu einer Felsrippe, hinter der sich eine steile Rinne mit heiklem, abrutschbereitem Schutt öffnet. Diese will vor-

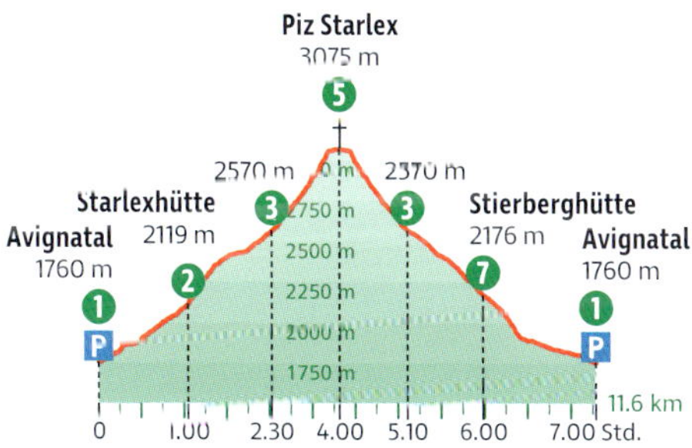

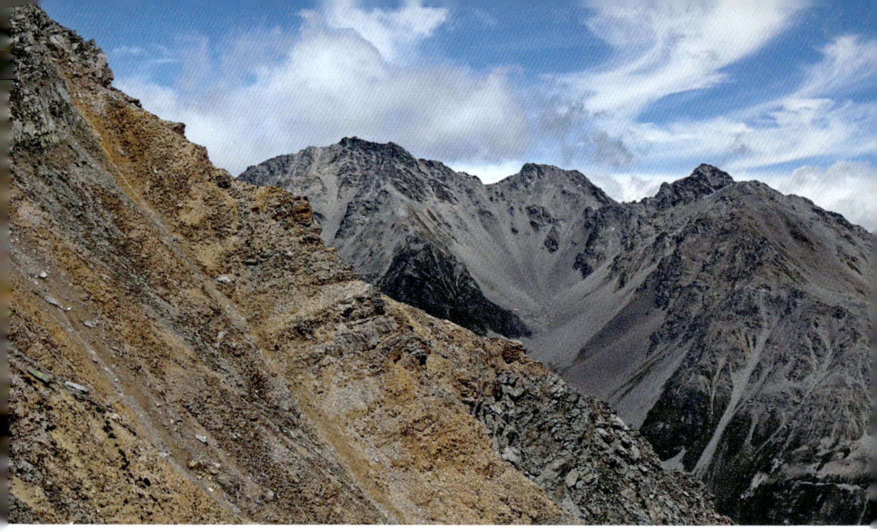

Nebenan zeigen sich Piz Sesvenna und Trabanten von ihrer Südseite.

sichtig durchstiegen sein. Oberhalb der Schlüsselpassage geht es noch kurz rechts aufwärts zum Gipfelkreuz ❹, 3065 m, auf dem Piz Starlex. Der höchste Punkt ❺, 3075 m, befindet sich allerdings 5 bis 10 Gehminuten weiter nördlich und kann ohne Schwierigkeiten erreicht werden.

Beim Abstieg sollten wir im oberen Teil größte Umsicht walten lassen – es besteht erhöhte Absturzgefahr. Nach Querung der Halde ist das Gröbste ausgestanden. Wir steigen über den bekannten Kreuzungspunkt ❸ hinaus ab, überschreiten bei P. 2515 ❻ eine markante Kanzel mit Steinmann und verlieren entlang der Rippe, später rechts abdrehend an Höhe. Auf den Hochweiden geht es allmählich besser gepfadet hinab zur **Stierberghütte** ❼, 2176 m, die ebenfalls nur als Sennalm fungiert. Wer nun nicht auf dem längeren Güterweg ins Avignatal absteigen möchte, kann die Abkürzung nehmen – sie trennt sich hinter einem Bach von der Verbindung zur Starlexhütte (Nr. 4A) und führt mit Nr. 3 bezeichnet oft etwas undeutlich tiefer. Man achte gut auf die Markierung. Schließlich stoßen wir wieder auf den Fahrweg und wandern in sanftem Gefälle zurück zum Parkplatz im **Avignatal** ❶.

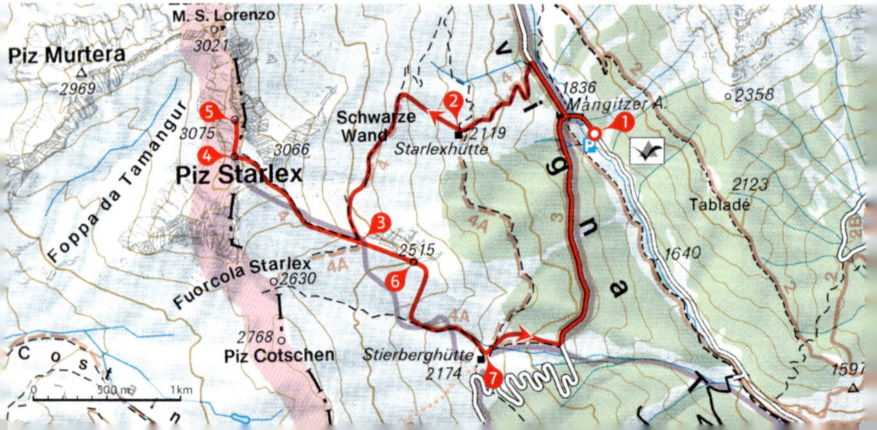

Tartscher Kreuz und Hochjoch, 2593 m

Überschreitung von Matsch

6.00 Std. | 15,5 km | ↗ 1100 m | ↘ 1100 m

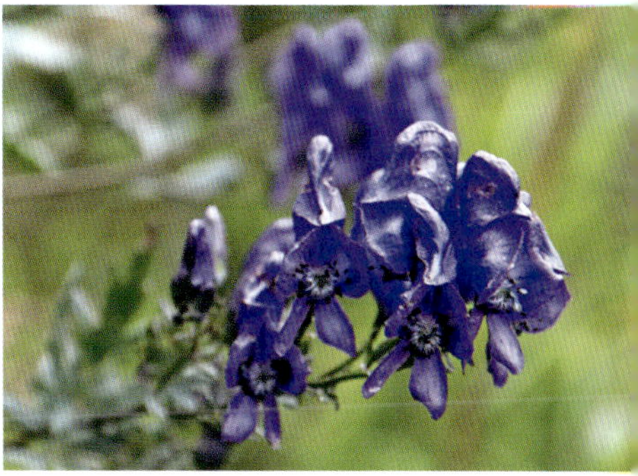

Ein typischer Höhenrücken der Vinschger Bergwelt

Wenn die Spitzige Lun bei Mals als Aussichtsberg regelmäßig gelobt wird, so darf dieses Prädikat ohne Weiteres auch auf das Tartscher Kreuz übertragen werden. Es steht knapp unterhalb des Niederjochs am Auslauf eines mächtigen Kammzuges, welcher die Täler von Matsch und Planeil scheidet. Mit der Fortsetzung über das sanft aufgewölbte Hochjoch ergibt sich eine lohnende Rundtour ohne allzu strenge Gegebenheiten, fast schon eine Genusstour, sofern über die konditionelle Leistung geflissentlich hinweggesehen wird. Aber dort oben lässt sich wirklich ganz unbeschwert unterwegs sein.

Talort: Mals, 1051 m, im Obervinschgau.
Ausgangspunkt: Matsch, 1576 m. Nur sehr beschränkte Parkmöglichkeiten im Dorf, aber ausreichend ca. 600 m davor am Parkplatz Golgabichl, ca. 1530 m (hier als Wegpunkt 1 definiert). Buslinie 278 vom Bahnhof Mals.
Anforderungen: T2–3. Im Wesentlichen wenig schwierige, nur vorübergehend mal steilere und kaum absturzgefährliche Bergwege durch

Blick in den Vinschgau bei Prad, überragt von den Dreitausendern der Ortlergruppe.

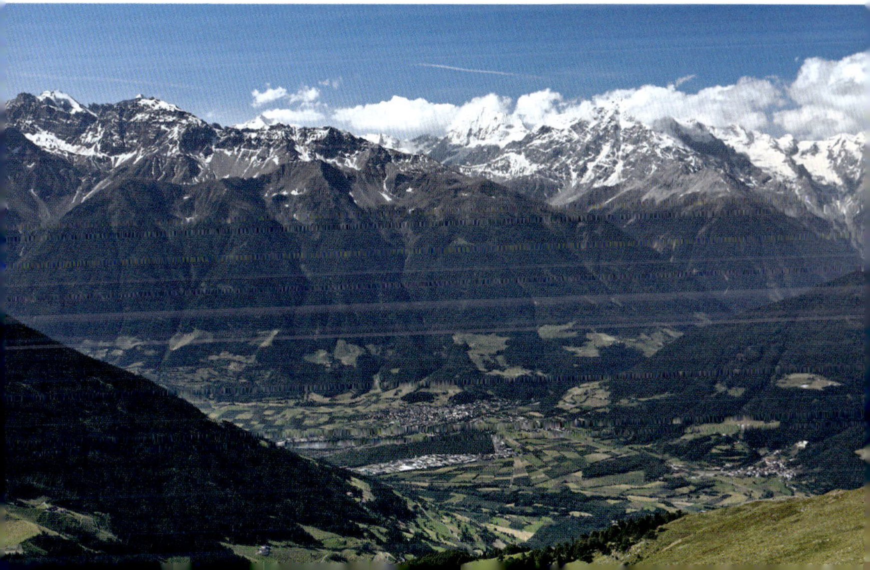

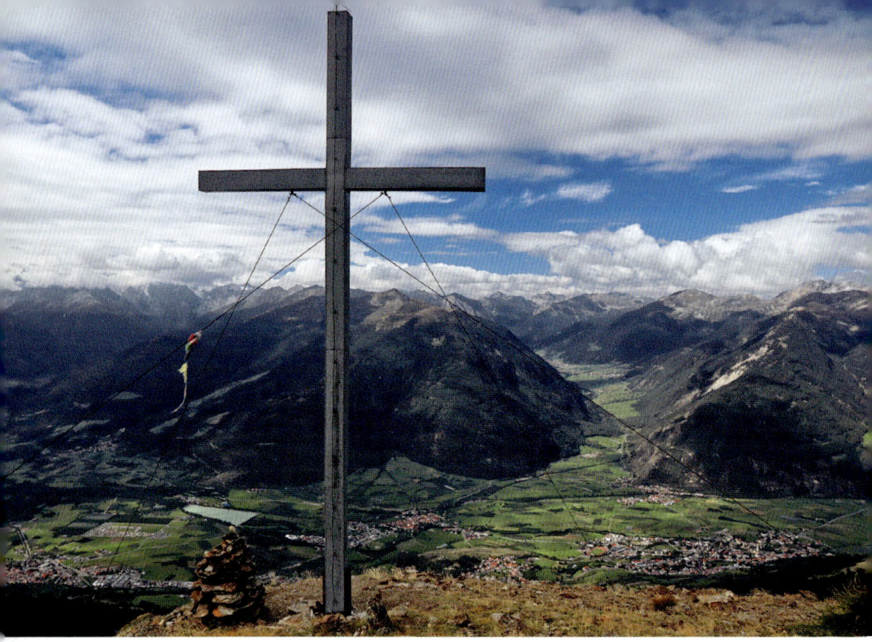

Das Tartscher Kreuz als perfekter Aussichtpunkt hoch über Mals und Schluderns; hinten zieht das Münstertal Richtung Schweiz.

lichten Bergwald, Hochweiden- und Zwergstrauchgelände. Zwischendurch undeutlich gepfadet, elementare Trittsicherheit und etwas Orientierungsvermögen vorteilhaft, zudem Ausdauer für eine normale Tagestour.
Einkehr: Keine am Berg, gegebenenfalls in Matsch (Bar Café Pleres bzw. Gasthaus Weißkugel).
Variante: Die Kammüberschreitung kann weglos prinzipiell bis zur Portlesspitze, 3074 m, fortgesetzt werden, zunächst noch längere Zeit recht gutmütig, ab dem Jafaut zunehmend alpiner geprägt mit Blockschutt und felsigen Stellen (T4). Ab Hochjoch noch fast 3 Std.! Anschließender Abstieg über den südostseitigen Normalweg zu den Glieshöfen (bzw. ab Kalte Wiesen über den Höhenweg hinaus nach Matsch).
Karte: Tabacco 1:25.000, Blatt 043 oder 044.

Wer am **Golgabichl** ❶ vor dem Ort parkt, läuft zunächst rund 10 Minuten auf der Straße hinein nach **Matsch** und beachtet dort den Hinweis zur Spitzigen Lun (Nr. 13). Die Gonda-Forststraße zieht mit einigen Kehren (bis zur zweiten ist die Zufahrt gestattet) am Waldhang höher.

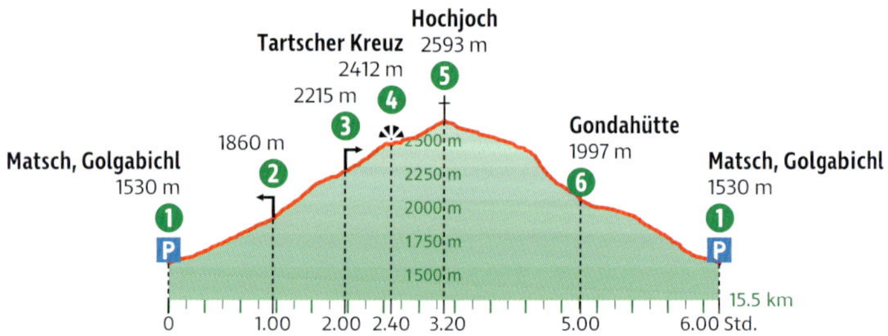

Wir verlassen sie auf rund 1860 Metern, um von nun an einen Steig zu nutzen ❷. Wo der Tartscher Leger links bleibt, treten wir bald auf die Almweiden von Plantavillas hinaus. Dort geschickt höher Richtung Großboden und in die Flanke am Ochsenberg, wo nach einer Weile eine Gabelung auftaucht ❸. Während Nr. 13 zur Spitzigen Lun weiterquert, halten wir uns scharf rechts, weichen den Steilhängen der Roten Mur aus und gelangen von Osten über Hochweiden zum **Tartscher Kreuz** ❹, 2412 m, das von der Geländekante unterhalb des Niederjochs übers Land grüßt. Anschließend geht es an der Kuppe links vorbei noch leicht aufwärts. Die Route schmiegt sich allmählich dem Kamm an und erreicht den Kulminationspunkt am **Hochjoch** ❺, 2593 m, zuletzt von links her.

Der Weiterweg hält sich zunächst an den sehr breiten Kammrücken in Grundrichtung Nordost. Im Bereich der Sandegger lotst uns die Markierung allmählich in die rechtsseitige Flanke, wo sie eine Weile noch relativ hoch verläuft. Erst nachdem wir am

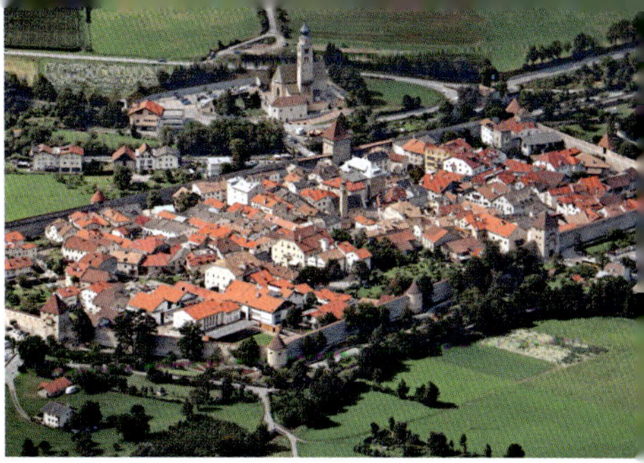

Aus erhöhter Perspektive wird das geschlossene Stadtbild von Glurns deutlich.

Ansatz einer trichterförmigen Rinne vorbei sind, geht es neben einem Zaun deutlich bergab. Man nähert sich der Waldgrenze, hält sich vor dem Almkreuz »Beim neuen Gangl« vorübergehend links, durchquert nun lichte Lärchenbestände und steigt über Weiden zum Vinschger Höhenweg ab. Nach einer kurzen Traverse empfängt uns etwas tiefer die **Gondahütte** ❻, 1997 m. Hier nehmen wir den breiten Fahr- bzw. Karrenweg, der sich Richtung Matsch sukzessive absenkt. Gegen Ende oberhalb des Gehöfts Valfur entlang ins Dorf und gegebenenfalls noch bis zum Parkplatz **Golgabichl** ❶.

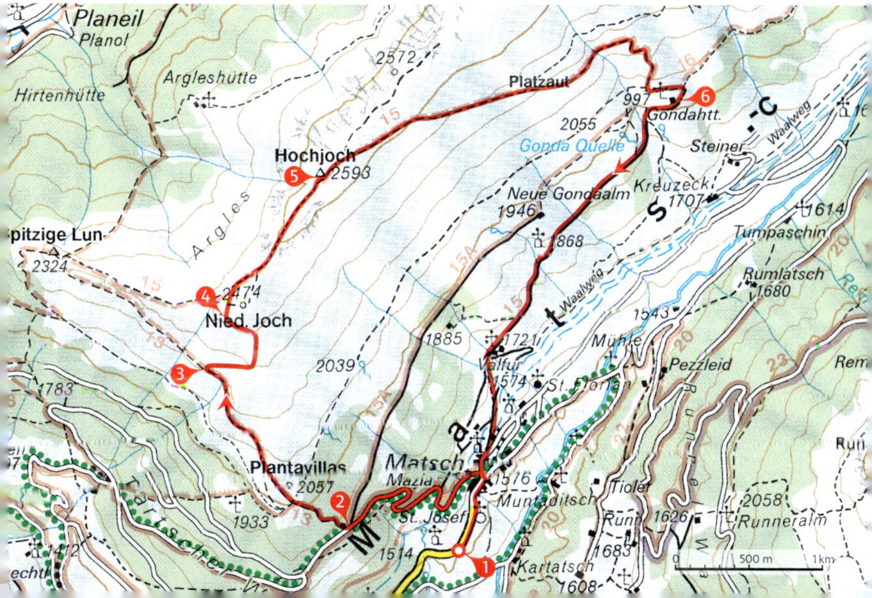

13 Pleresspitze, 3188 m

Aus dem inneren Matscher Tal

6.40 Std. | 12,3 km | ↗1380 m | ↘1380 m

Dreitausender mit Weg – oder zumindest Pfadspuren

Wenn sich in der Karte Gipfel im Dreitausenderniveau mit einer roten Linie finden lassen, ist das Interesse ambitionierter Bergwanderer womöglich spontan geweckt. Genauere Informationen sollten aber stets eruiert werden, denn je nach Geländebeschaffenheit können Anforderungen beträchtlich schwanken – und manchmal sind Karten einfach auch recht großzügig im Umgang mit solchen Routen. Im Fall der Pleresspitze müssen Anwärter keine allzu großen Bedenken hegen. Die Tour verläuft sonnseitig über dem Matscher Talschluss und baut keine größeren Hürden auf, sofern man einem vierstündigen Aufstieg bis in dünne Luft prinzipiell gewachsen ist. Allerdings sollte man nicht mit einer breit ausgetretenen Spur rechnen, denn die Pleresspitze ist immer noch eher ein Geheimtipp und gewinnt erst allmählich an Popularität. Würdigung verdient freilich die großartige Aussicht: Schaustück Nummer eins ist die erhabene Weißkugel, der absolute Star der Matscher Bergwelt, welche sich insgesamt sehr schön überblicken lässt. Bei klarer Luft bleiben aber auch der Ortler und sogar die Bernina in der Schweiz nicht verborgen.

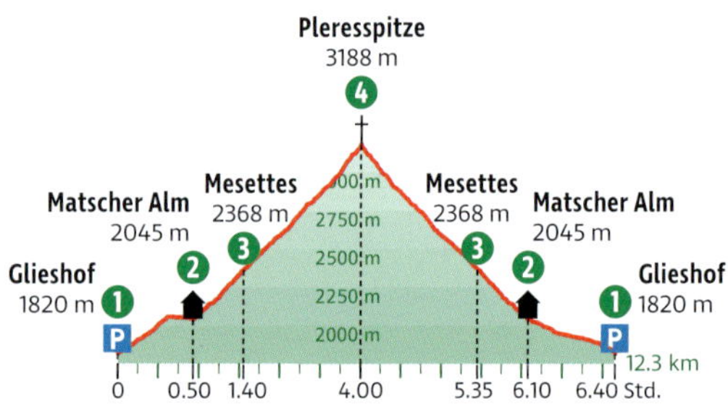

Ein Blickfang sondergleichen: die von Gletschern umkränzte Weißkugel.

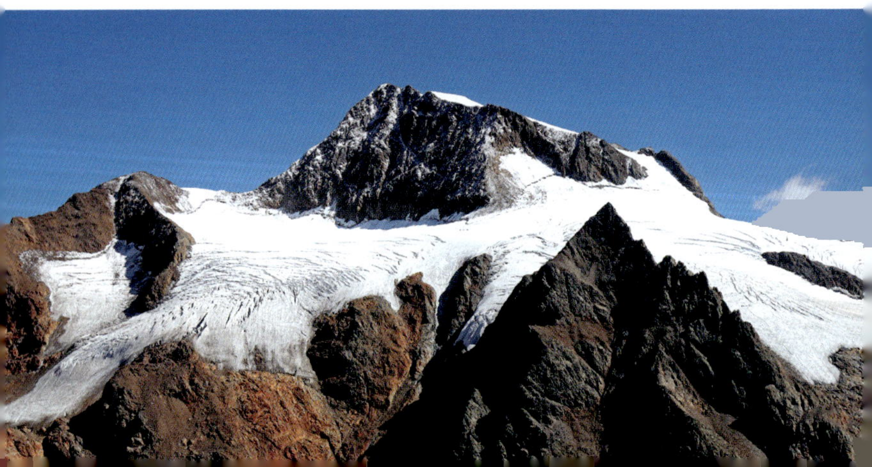

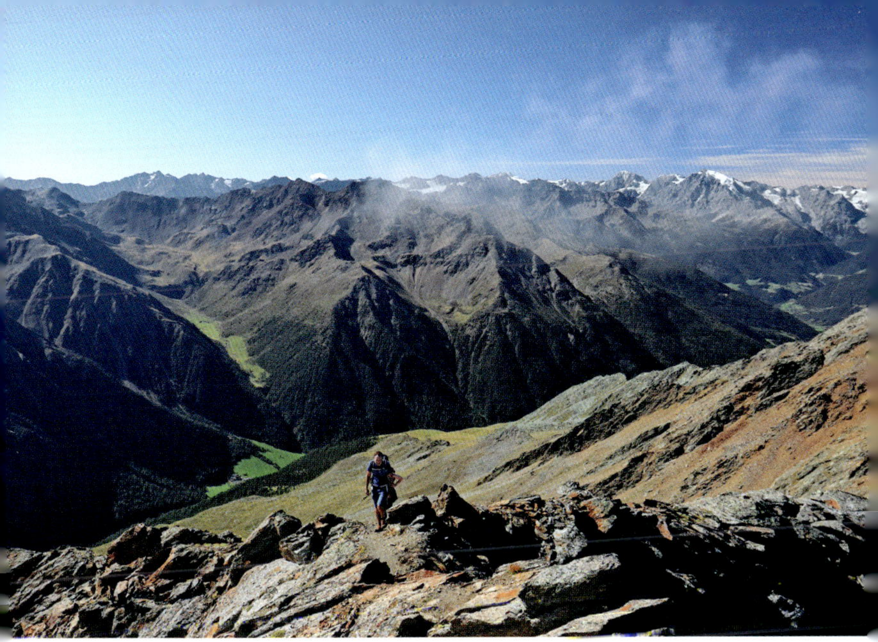

Nach vierstündigem Aufstieg erreichen wir die Pleresspitze und genießen eine überwältigende Aussicht. Im linken Bildteil das Upital (vgl. Tour 14).

Talort: Mals, 1051 m, im Obervinschgau.
Ausgangspunkt: Nahe dem Glieshof im inneren Matscher Tal. Am besten nutzt man die Parkmöglichkeit am Beginn der Forststraße links, ca. 1820 m, ansonsten auch den größeren Parkplatz beim Bach. In der Saison verkehrt ein spezieller Wanderbus (zwei Kurse ab Matsch, einer zusätzlich ab Mals, Infos unter Tel. +39 0473 831190).
Anforderungen: T3+. Durchgängig markierte Route, ab der Kreuzung mit dem Höhenweg meist nur spärlich gepfadet, trotzdem gut zu verfolgen. Bis etwa 2800 m Grasnarbe, oberhalb oft erdiger Blockschutt, zum Gipfel hin recht steil, allerdings ohne Kletterstellen. Für Geübte mit guter Kondition normales Tagespensum.
Einkehr: Matscher Alm, 2045 m, Juni bis Oktober, Tel. +39 349 7499817.
Karte: Tabacco 1:25.000, Blatt 043.

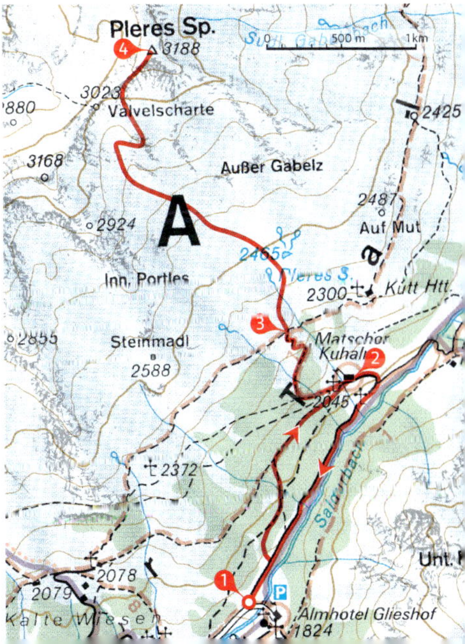

Wir starten gegenüber dem **Glieshof** ❶ auf der anderen Talseite und können in Kürze schon vom Fahrweg ausscheren, um den teilweise neu angelegten Steig Nr. 2A zu nutzen. Im Waldgebiet »Tawarill« gewinnt man an Höhe, stößt auf einen breiten Grasweg und folgt diesem wieder minimal abwärts querend zur

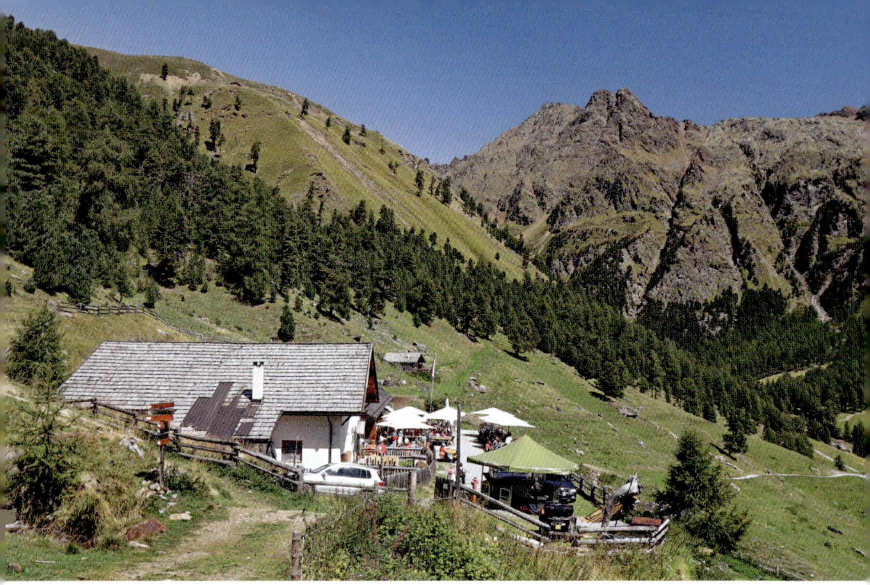

Auf der Matscher Alm können wir beim Rückweg einkehren.

Matscher Alm ❷, 2045 m. Einkehren wird man freilich erst beim Rückweg. Direkt vor der Jausenstation weist die Markierung Nr. 7 aufwärts. Mit einigen Kehren und Kurven, zwischendurch auf schmaler werdender Trasse, kommen wir bald zur Waldgrenze voran und kreuzen auf dem Geländebalkon von **Mesettes ❸** einen quer verlaufenden Höhenweg. Jetzt gilt gipfelwärts die Nr. 24. Wir steigen über die weitläufigen Pleresböden höher, vorübergehend etwas nach rechts ausholend, und haben auf dem Kurs Richtung Hochkar vorerst nur wenige etwas steilere Abschnitte zu absolvieren. Einer davon bringt uns auf eine Art Geländeschwelle am Ausgang des Planoalerlochs, wo der Untergrund steiniger wird, allerdings nicht zu unwegsam. Trotz des Blockschutts bleibt meist eine passable Steigspur erkennbar. Sie zieht aus dem Karwinkel rechts hinauf zu einem begrünten Absatz. Von dort deutlich steiler gegen den Grat hinan, den wir rechts haltend tangieren. Im Schlussstück dann teils in die Flanke ausweichend über typischen Blockschutt bis zum Kreuz auf der **Pleresspitze ❹**, 3188 m. Der Abstieg verläuft prinzipiell gleich. Von der **Matscher Alm ❷** kann man schließlich auch den Fahrweg (mit einer markanten Kehre) wählen.

Die letzten Blöcke vor dem Gipfelkreuz.

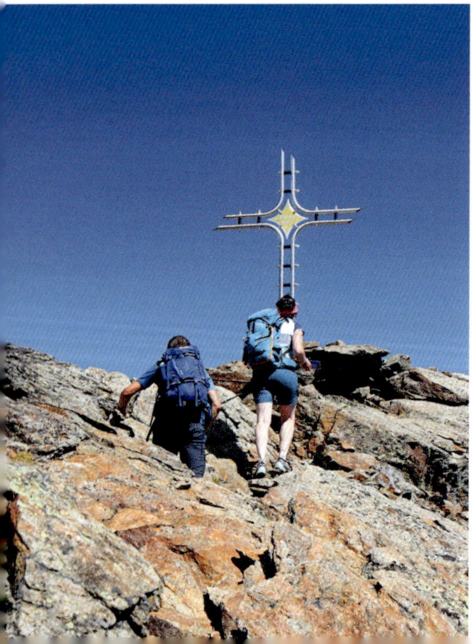

Upikopf, 3175 m

Vom Glieshof durchs Upital

14

7.00 Std. | 14,3 km | ↗1370 m | ↘1370 m

Noch ein Matscher Dreitausender mit Weg – und mit neuem Kreuz

Ähnlich wie die Pleresspitze (Tour 13) stellt der nahezu gleichhohe Upikopf (mitunter auch Upiakopf geschrieben) auf der anderen Seite des Matscher Tals vor allem eine Konditionsaufgabe dar. Das Gelände ist hier eher noch eine Nuance angenehmer, aber grundsätzlich vergleichbar. Zunächst laufen wir uns bis zur Upialm warm, lernen mit dem Upisee ein besonderes Kleinod kennen (als Ziel der »blauen« Kategorie für alle Genusswanderer interessant!) und kommen in der zweiten Hälfte des Aufstiegs womöglich etwas mehr ins Schwitzen. Unter normalen Bedingungen bleibt der Südwestkamm des Upikopfes aber gutmütig. Ringsum erheben sich einige wildere und ebenso wenig namhafte Gesellen: Ramudelkopf, Hochalt, Litzner und Remsspitze. Dies ist halt eher eine Gegend für Entdeckungslustige, die gern abseits der Moderouten unterwegs sind.

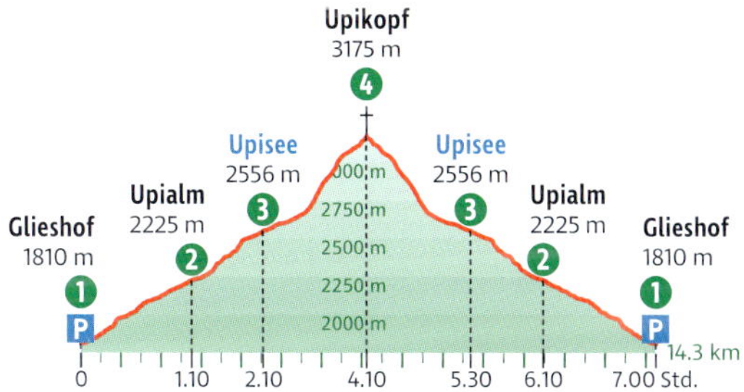

Zumindest bis zum Upisee sollte es jeder Wanderer schaffen.

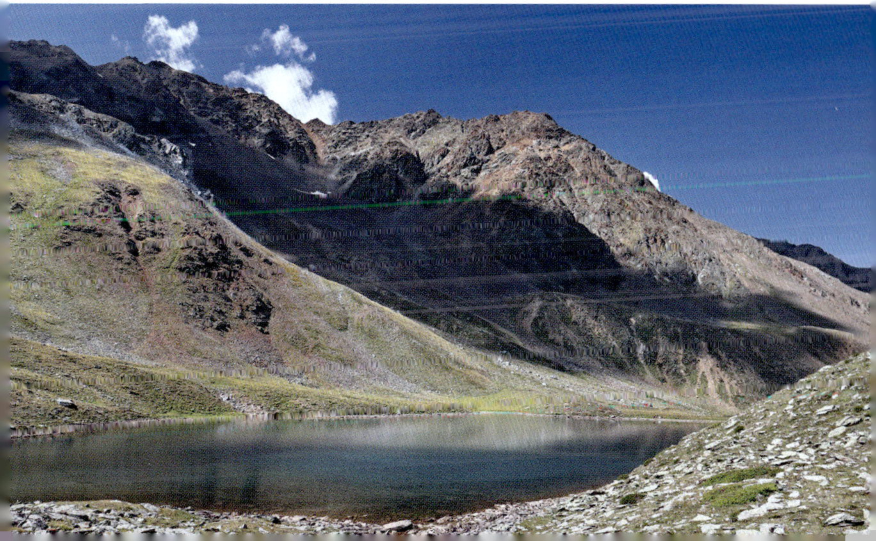

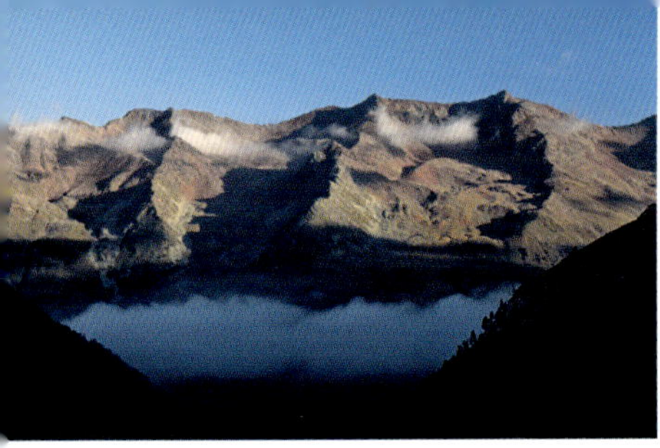

Morgendlicher Blick aus dem Upital auf den Kammzug mit der Pleresspitze.

Talort: Mals, 1051 m, im Obervinschgau. **Ausgangspunkt:** Parkplatz, ca. 1810 m, knapp unterhalb des Almhotels Glieshof, 1824 m, im inneren Matscher Tal. In der Saison verkehrt ein spezieller Wanderbus (zwei Kurse ab Matsch, einer zusätzlich ab Mals, Infos unter Tel. +39 0473 831190).
Anforderungen: T3. Durchgängig markierte Route, zunächst breiter Almweg, danach Steig vom Hochweiden- bis in hindernisarmes Schuttgelände, also stets Wanderterrain und selten besonders steil. Neben elementarer Trittsicherheit vor allem gute Kondition nötig.
Einkehr: Eventuell Restaurationsbetrieb im Almhotel Glieshof, sonst keine.
Karte: Tabacco 1:25.000, Blatt 043 oder 044.

Vom **Glieshof ❶** geht es an der Ausmündung des versteckten Ramudeltals vorbei und nach einer relativ steilen Passage ins Upital hinein. Der Fahrweg zieht ins offene Almgelände, kreuzt zweimal den Bach und erreicht die **Upialm ❷**, 2225 m, die als Sennalm allerdings keine Wandergäste empfängt. Dahinter zunächst noch flach über die Wiesen weiter, vor dem markanten Talriegel links hoch und durch eine Bachrinne bis auf die Geländestufe, die von einem auffälligen Steinmann gekrönt wird. Es folgt noch ein weiterer Aufschwung im Zickzack, ehe die bewachsenen Moränen zum **Upisee ❸**, 2556 m, leiten. Hier wenden wir uns nun deutlich nach links und nähern uns nach Überschreitung einiger kupierter Böden einem steilen Schutthang, der zum Südwestrücken unseres Berges aufschließt (Zickzackspur). Man bewegt sich jetzt nicht ständig entlang der Kammlinie, doch die rechtsseitige Abdachung präsentiert sich weitgehend harmlos. Nur selten kommt ein wenig Blockgestein ins Spiel, vornehmlich gegen den Gipfel des **Upikopfs ❹**, 3175 m, hin, wo es nochmals kurzfristig steiler wird. Zurück geht es auf derselben Linie – eine Spur durchs Kar existiert nicht wie in älteren Karten dargestellt.

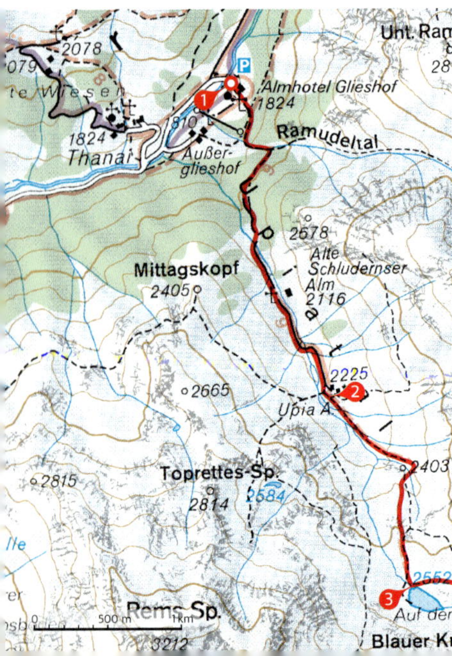
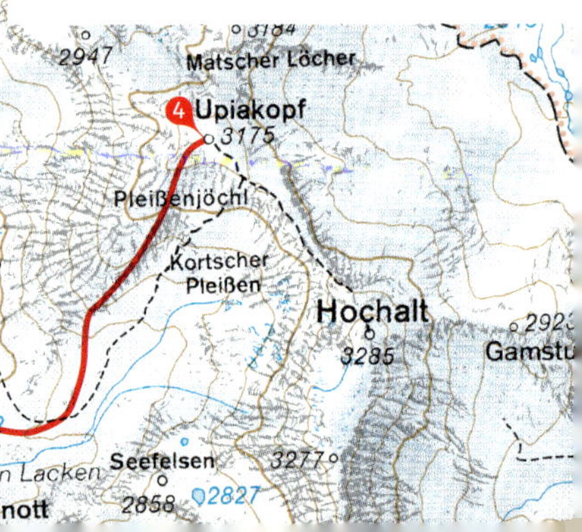

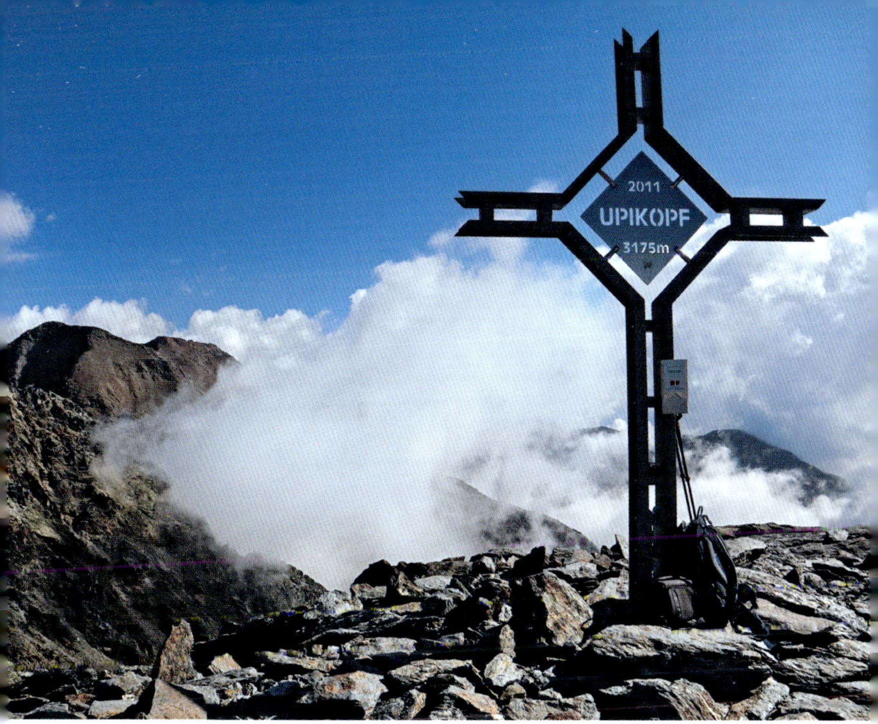

Oben: Der Upikopf besitzt immer noch eher den Status eines Geheimtipps.
Unten: Das Upital oberhalb der Alm in der Nachmittagssonne.

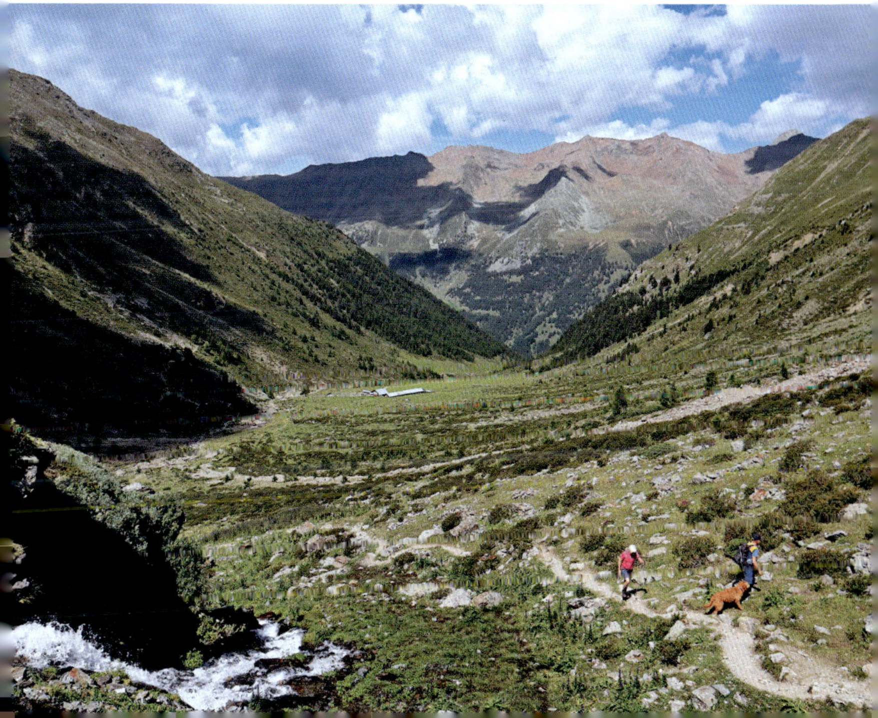

15 Hohes Kreuzjoch und Madatschknott, 3081 m

Am Südwestkamm hinauf und via Runer Köpfl bergab

TOP | 10.00 Std. | 21,6 km | ↗1900 m | ↘1900 m

Spannender Bergmarathon bis ins Dreitausender-Niveau

Dies ist wirklich eine große, exklusive Tour – ein Geheimtipp für Bergindividualisten, die über jegliche konditionellen Zweifel erhaben sind! Erklärtes Ziel sind zwei Gipfelpunkte in jenem gebietstypischen Vinschger Kammzug, der vom Litzner südwestwärts Richtung Köpflplatte ausstreicht. Während das Hohe Kreuzjoch die 3000-Meter-Marke noch knapp verfehlt, stehen wir mit der Zugabe am Madatschknott drüber. Eine verwinkelte Anfahrt zum Ausgangspunkt (den ich beim Marseilhof als vorteilhaft, obschon nicht zwingend erachte) sowie ein ebenfalls verwinkelter Aufstieg zur Kammhöhe sind sozusagen das Vorlaufprogramm, ehe die Tour ihre Trümpfe ausspielt. Denn das Folgende eröffnet uns das sprichwörtliche bergsteigerische Freiheitsgefühl in vollem Maße, untrennbar verknüpft mit gewaltigen Ausblicken über den Vinschgau und die umrahmenden Bergketten. Dabei wird es bis zum Madatschknott zwar langwierig, aber niemals schwierig. Wer noch eine etwas kniffligere Abstiegsalternative ausprobieren möchte, kann vom Hohen Kreuzjoch aus nordwärts das gegen Matsch vorgeschobene Runer Köpfl anpeilen (abermals ein schöner Aussichtspunkt, der meist nur von Schafen bevölkert wird) und sich anschließend noch rund drei Stunden zurück zum Ausgangspunkt durchschlagen. So kommt summa summarum ein Zehn-Stunden-Marathon zusammen, der im Hochsommer natürlich zur Hitzeschlacht ausarten kann, während im angenehmeren Herbst bereits die verfügbare Tageslänge ins Kalkül gezogen werden sollte.

Die massige Remsspitze vom Hohen Kreuzjoch gesehen; hinten links die unverwechselbare Weißkugel.

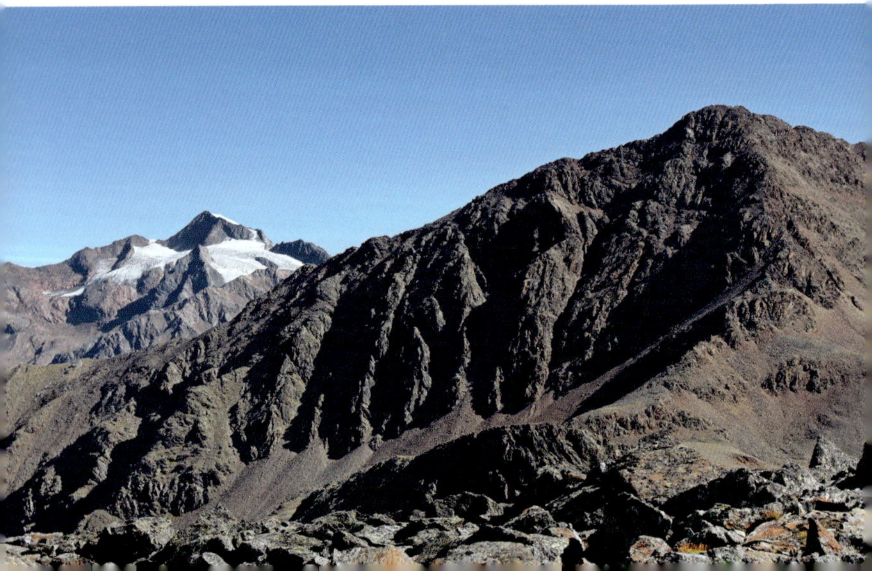

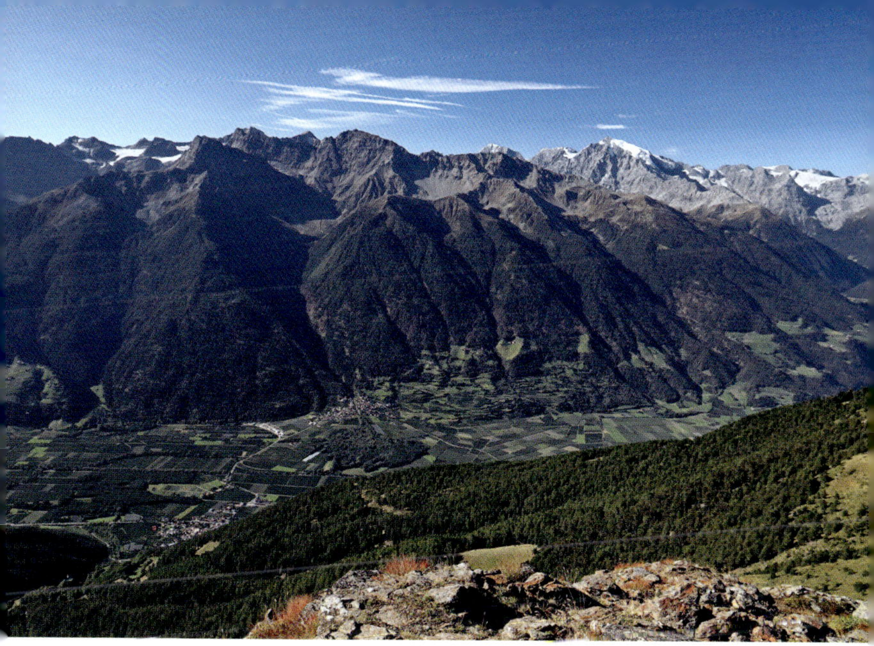

Am Südwestgrat des Hohen Kreuzjochs begleitet uns ständig das imposante Vinschgau-Panorama mit Ortler und Co.

Talort: Schluderns, 921 m, im Mittelvinschgau.
Ausgangspunkt: Parkmöglichkeit an der Höfestraße kurz vor Marseil, ca. 1530 m (Zufahrt ausgehend von Schluderns Richtung Tanas und nach zwei Kehren links abzweigend). Im weiteren Verlauf des Sträßchens bis zum Abzweig des Forstweges Nr. 21 praktisch kein Parkraum vorhanden (ca. 10 Min. zu Fuß).
Anforderungen: T3 (Aufstieg) bzw. T4- (Abstieg). Über den Südwestkamm des Hohen Kreuzjochs durchwegs markiert (weiter Richtung Madatschknott nur spärlich), bis auf den oberen Teil weithin auch gepfadet und ohne größere Geländeschwierigkeiten. Beim nordseitigen Abstieg zunächst nur ein paar Steinmänner und tendenziell wegloser Charakter, erst ab Runer Köpfl wieder ein kleiner, signalisierter Steig. Solide Trittsicherheit angezeigt, beim Abstieg auch Orientierungsvermögen und überhaupt eine tadellose Kondition.
Einkehr: Keine.
Variante: Bei Abstieg auf derselben Route beträgt die Gesamtgehzeit ca. 9.00 Std., die bei Verzicht auf den Madatschknott sogar auf rund 7.30 Std. gedrückt werden kann.
Karte: Tabacco 1:25.000, Blatt 044.

Von **Marseil** ❶ beginnen wir auf dem Sträßchen Richtung Ellhof, bis nach einigen Minuten Nr. 21 als Forstweg rechts aufwärts abzweigt. Hier kommt auch der Vinschger Höhenweg dazu, um sich in der nächsten Kehre wieder zu verabschieden. Wir nutzen nun abkürzende Waldsteige zwischen Forststraßen bzw. teils auch diese und erreichen nach gut einer Stunde die **Innere Alm** ❷, 1884 m. Route Nr. 21 zieht als Steig im Bergwald teilweise kräftig an. Wo sich die Umgebung bereits etwas lichtet, geht es an der **Wetterhütte** ❸, ca. 2255 m, vorbei (Unterstand) und gemeinsam mit dem Zugang von der Äußeren Alm allmählich

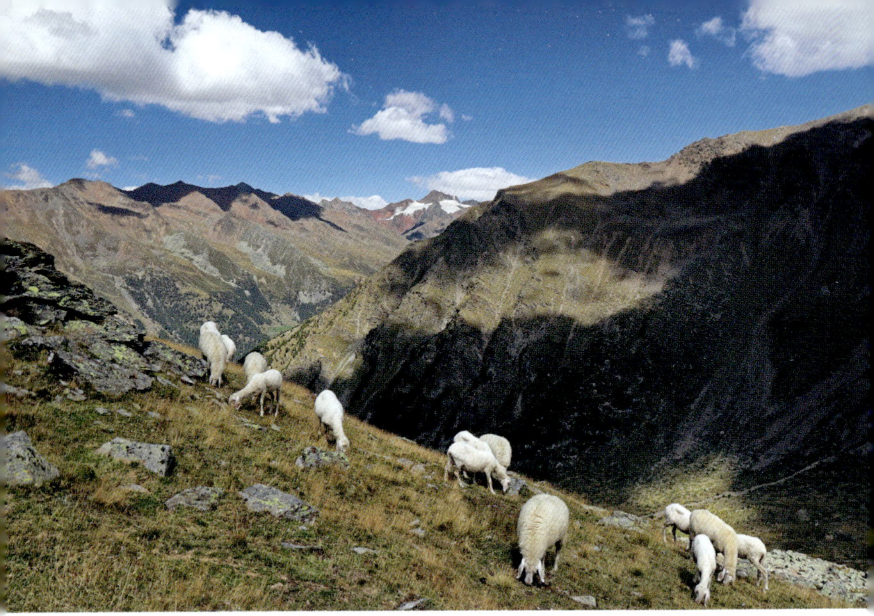

Schafherde am Runer Köpfl.

völlig frei gegen den Kamm hinan. Wir befinden uns jetzt oberhalb der **Köpflplatte** 4 auf gut 2400 Metern. Nach einem Aufschwung flacht der Gratrücken wieder ab, wobei wir später öfters etwas nach rechts ausweichen. Nachdem der Schwarze Knott hinter uns liegt, nähern wir uns dem **Hohen Kreuzjoch** mit seinem Gipfelkreuz auf der Westschulter 5, ca. 2950 m. Die höchsten Blöcke werden im weiteren Verlauf bei P. 2992 überschritten. Erstaunlich gutmütig kommen wir im weitläufigen Kammbereich ostwärts voran und erreichen nach zwei Senken und zwei etwas steileren Partien unser Ziel am **Madatschknott** 6, 3081 m.

Der Abstieg sollte zunächst wieder zum **Hohen Kreuzjoch** 5 erfolgen, ehe man sich weglos auf die Nordseite wendet. Hin und wieder erkennt man hier Steinmännchen, Trittspuren höchstens sporadisch. Am besten lasse man mit Augenmaß seinen Spürsinn walten und meide offenkundig steilere Passagen sowie vor allem Zonen mit unwegsa-

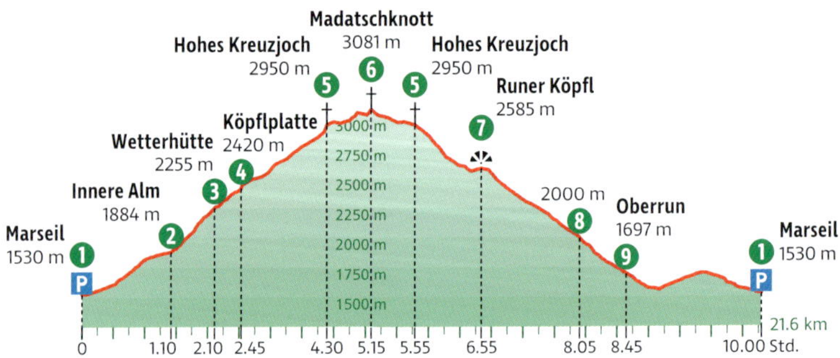

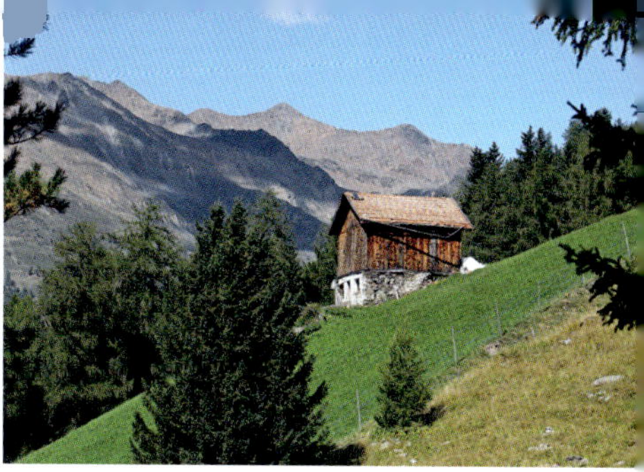

Auch aus der bergbäuerlichen Kulturlandschaft nehmen wir Eindrücke mit.

merem Blockgestein. Auch wenn es zwischendurch mal recht abschüssig wird, gelangt man mit Geschick ohne größere Hindernisse über das Untere Kreuzjoch tiefer bis auf einen begrünten Kammrücken, der zum **Runer Köpfl ❼**, 2585 m, hinausführt. Bereits kurz vor der kleinen Gegensteigung auf diese lohnende Aussichtskuppe gewahren wir die Markierung Nr. 23A und folgen ihr anschließend westseitig hinab. Die anfängliche steilere Passage wird durch eine längere Abwärtstraverse nach links abgelöst. Danach mit einem Bogen in eine Wiesenhochmulde, wo der Verlauf undeutlicher wird. Hinter einer Geländeschwelle zieht unser Steig an der Waldgrenze links fort. Nach einer Weile schwenkt man wieder nach rechts und gelangt über einen kleinen, im Prinzip aber guten Pfad hinunter zu einem Forstweg ❽, ca. 2000 m. Wir nehmen sofort die Abkürzung und steigen am linken Rand einer Freifläche ab, dann mit einigen Schleifen auf dem Fahrweg und erneut links eindrehend nach **Oberrun ❾**, 1697 m. Vom obersten Gehöft über die Wiesen rasch hinab zu Hahnenhof bzw. Aviunshof, wo man auf den Vinschger Höhenweg stößt. Dieser schwenkt scharf links zum Aviunsbach und erlegt uns nach Überschreiten des Grabens eine längere, wenn auch sachte Gegensteigung im Ellerwald auf. Bald sind wir auf einer breiten Trasse unterwegs, müssen noch den Einschnitt des Ellerbachs ausgehen und kommen dann absteigend zurück auf die Höfestraße und nach **Marseil ❶**.

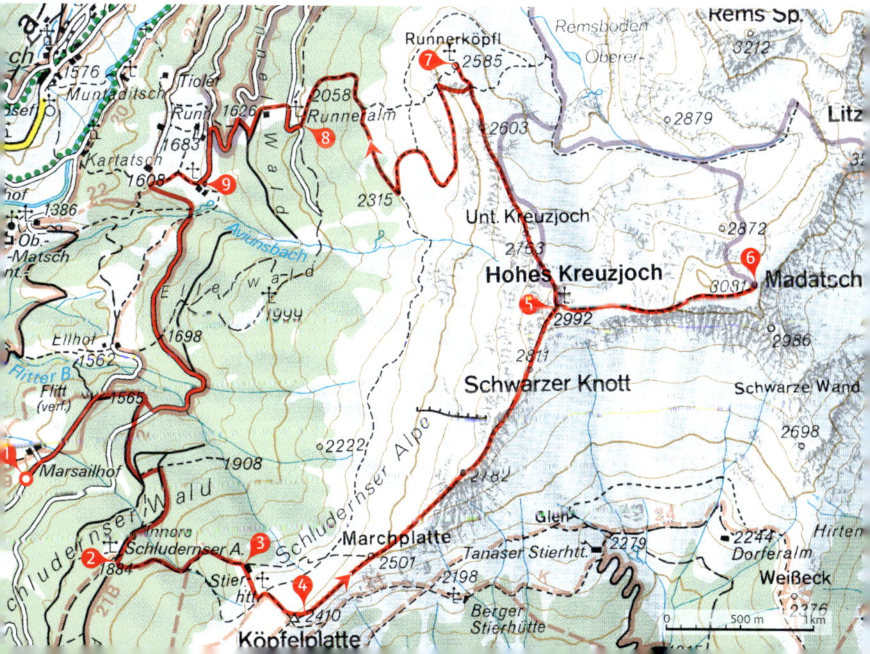

16 Piz Minschuns (Schafberg), 2935 m

Mit dem Trafoier Sessellift zur Furkelhütte

4.00 Std. | 7,8 km | ↗ 800 m | ↘ 800 m

Ein hohes Ziel auf die schnellere Art

An der Grenze Südtirols zu Graubünden gibt es eine ganze Anzahl lohnender Gipfelziele. Nicht selten tragen sie rätoromanische Hauptnamen, wie der Piz Minschuns oberhalb von Trafoi, was schlicht »Schafberg« bedeutet. Er lässt sich mit Liftunterstützung relativ rasch und unkompliziert besteigen, ohne dass man die Angelegenheit freilich unterschätzen sollte. Immerhin kratzen wir hier an der 3000-Meter-Marke und werden auch mit entsprechendem Gelände konfrontiert. Wer indes größere Touren bevorzugt, kann vom Piz Minschuns weit nach Norden ausschweifen. Pfadspuren und verblasste Markierungen erleichtern eine Überschreitung bis zur Stilfser Scharte, wo sich sogar noch der recht populäre Piz Chavalatsch anschließen ließe.

Talort: Trafoi, 1532 m, an der Stilfser-Joch-Straße.
Ausgangspunkt: Talstation des Sessellifts zur Furkelhütte, 2153 m, in Trafoi. Betriebszeiten zwischen Mitte Juni und Anfang Oktober von 8.30 bis 17 Uhr. Buslinie 271 vom Bahnhof Spondinig nach Trafoi.
Anforderungen: T3. Kleine Wege in meist noch bewachsenem Alpingelände, nur ganz oben reiner Blockschutt. Das Gelände ist teilweise abschüssig, aber hindernisarm und mit der obligatorischen Trittsicherheit beherrschbar. Mit Liftunterstützung auch konditionell gemäßigte Tour.
Einkehr: Furkelhütte, 2153 m, Mitte Juni bis Anfang Oktober, Tel. +39 0473 611577.
Varianten: 1. Unterhalb des Fallaschjochs mit Nr. 24A zurück zum Ostrücken.

Gleich nach Start bei der Furkelhütte schwelgen wir in schönsten Ausblicken, etwa Richtung Großer Tartscherkopf sowie in den Trafoier Talschluss.

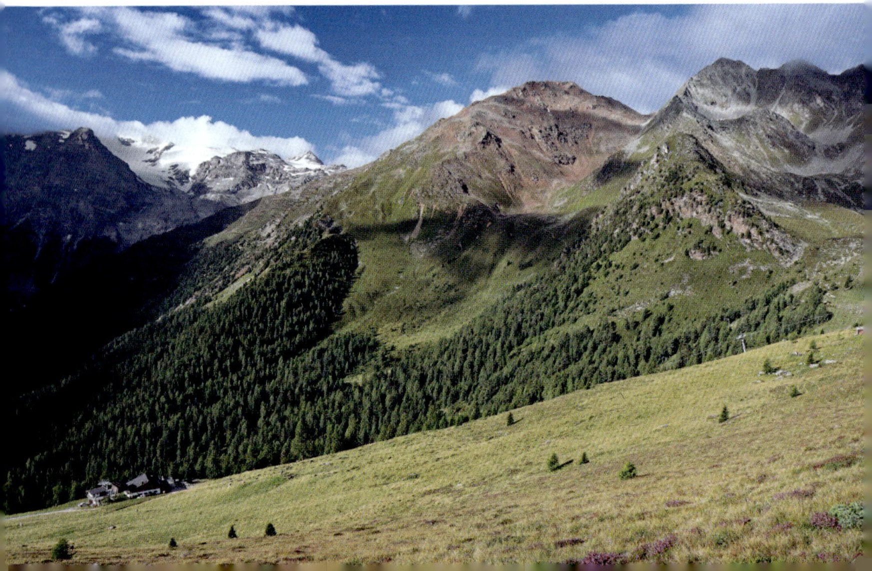

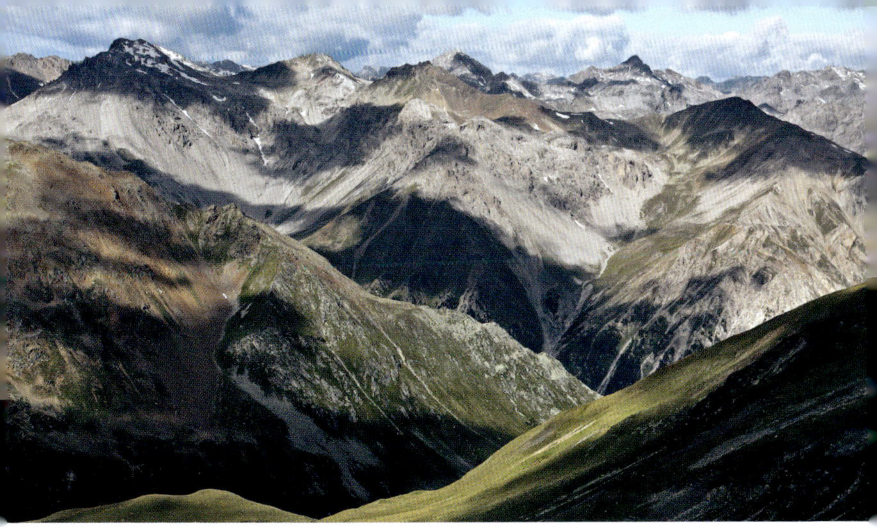

Einen starken Eindruck hinterlässt auch die Gipfelflur auf Bündner Seite.

2. Unabhängig vom Lift benötigt man von Trafoi aus 1.45 Std. bis zur Furkelhütte, alternativ vom Parkplatz beim Wildgehege, 1742 m (Zufahrt von Stilfs), ca. 1.15 Std.
3. Letztgenannter Ausgangspunkt erscheint vorteilhaft für eine Überschreitung vom Piz Minschuns nordwärts bis zur Stilfser Scharte (La Scharta, 2593 m) und Rückkehr über die Obere Stilfser Alm, 2077 m. Trotz verblasster Farbzeichen braucht es eine Portion Routengespür, vor allem im etwas chaotischen Terrain um den Piz Sielva; Einstufung T3–4, Gesamtgehzeit ab Wildgehege etwa 7.30 Std.
Karte: Tabacco 1:25.000, Blatt 08 oder 044.

Nach der Bergfahrt holen wir von der **Furkelhütte** ❶, 2153 m, zunächst nach rechts aus und gelangen mit einem Bogen zum Ausläufer des **Schafsecks**, wie der Oströcken unseres Gipfels auch heißt. Dieser bildet nun die Leitlinie, anfangs sehr moderat, beinahe flach. Nachdem eine Skiliftstation passiert ist, gehen wir den Aufschwung an, weichen dabei allerdings bald etwas nach rechts aus. Nach der einen oder anderen Kehre kommt man weiter oben zurück auf den Rücken und schließt zum Grenzkamm auf, wo sich über Erde und Blockschutt der Schlussanstieg zum **Piz Minschuns** ❷, 2935 m, vollzieht.

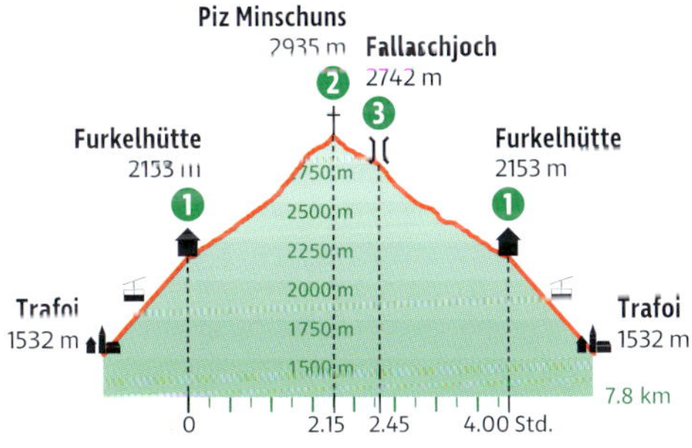

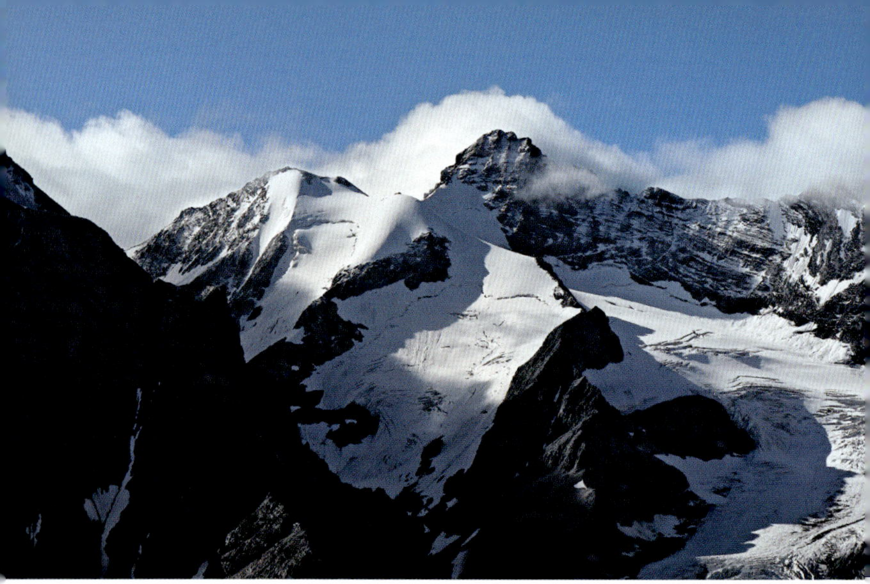

Grimmige Trabanten des Ortlers: Eiskögel, Thurwieserspitze, Trafoier Eiswand.

Beim Abstieg bleiben wir etwas länger in Grenznähe, wandern an einem Schrofenkopf links vorbei und erreichen nach Querung abschüssiger Hänge das **Fallaschjoch ❸**, 2742 m. Auf Südtiroler Seite windet sich der Steig selbst im steilen Gelände ohne Probleme tiefer, ehe wir uns bei einer Gabelung entscheiden müssen: Während Nr. 24A wieder Richtung Schafseck hinüberzieht, dreht Nr. 25 scharf nach rechts ab und quert auf die andere Seite des Karkessels (Schölmental). Erst dort verliert man wieder deutlich an Höhe, folgt dem schönen Pfad über einen Moränenrücken und kreuzt weiter unten die Piste nach links. Dann ist es die **Furkelhütte ❶** rasch erreicht.

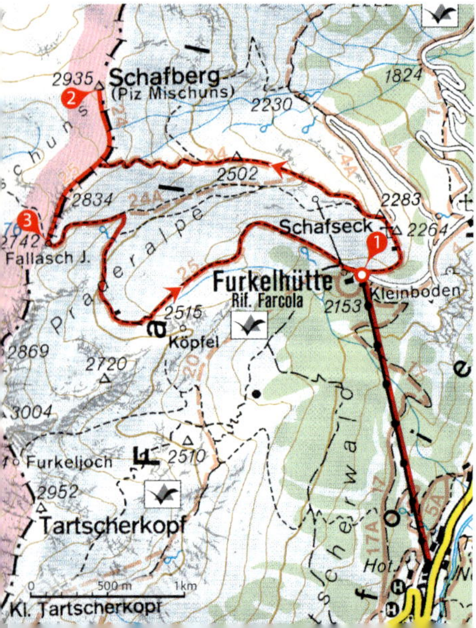

Eigenwilliger Wegweiser am Schafseck.

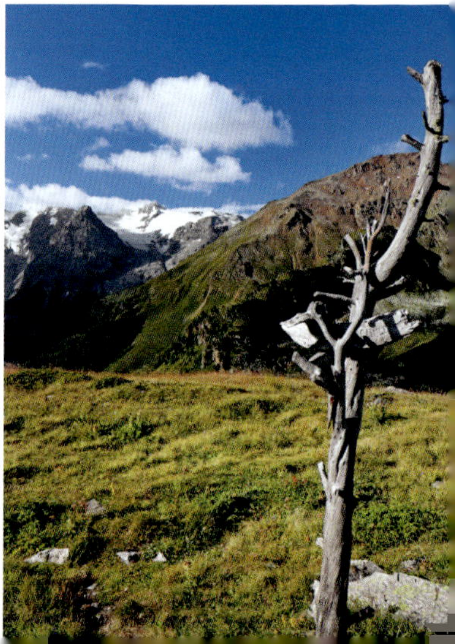

Hochleitenspitze, 2798 m

Von Trafoi über Zumpanell

17

6.30 Std. | 12,5 km | ↗1360 m | ↘1360 m

TOP

Exklusives Gipfelziel im Bannkreis des mächtigen Ortlers

Der Ortler ist ja ein wahrer Magnet in unserer Region, vor allem auch in optischer Hinsicht, wenn man von anderen Punkten zur schillernden Eiskuppel herüberschaut. Für mich war es stets überaus reizvoll, in seiner Aura unterwegs zu sein und diesbezüglich lag eine bestimmte Erkundung zwar buchstäblich nahe, blieb aber trotzdem lange Zeit unverwirklicht. Gemeint ist die Hochleitenspitze im Zwickel zwischen den Tälern von Trafoi und Sulden, äußerster Gipfel der vom Ortler nordwärts ausstreichenden Gratlinie, auf der bekanntlich auch die Payerhütte ihren Platz hat. Ein Übergang dorthin ist allerdings prekär und wird wohl nur höchst selten ausgeführt; selbst die Einträge im Gipfelbuch halten sich sehr in Grenzen. Zumal vorderhand kaum etwas über die Hochleitenspitze in Erfahrung zu bringen war, versprach mir die Erkundung ein kleines Abenteuer, welches die Erwartungen letztlich sogar übertraf. Nicht nur, dass der Aufstieg über den Nordgrat sehr gut »flutschte«, es ging sich mit dem Abstieg durchs jenseitige Geröllkar sogar eine unverhoffte Überschreitung aus. Aussichtsmäßig hat man hier ein großes Los gezogen, wobei König Ortler natürlich unwiderstehlich dramatische Akzente setzt.

Talort: Trafoi, 1532 m, an der Stilfser-Joch-Straße.
Ausgangspunkt: Trafoi, Parkmöglichkeiten vor der Doppelkehre, Bushaltestelle »Parkplatz« (Linie 271 vom Bahnhof Spondinig).

Der Blick nach Norden präsentiert am Sonnenhang das Dorf Stilfs und im Bereich der Ötztaler Alpen das vom Vinschgau abzweigende Matscher Tal.

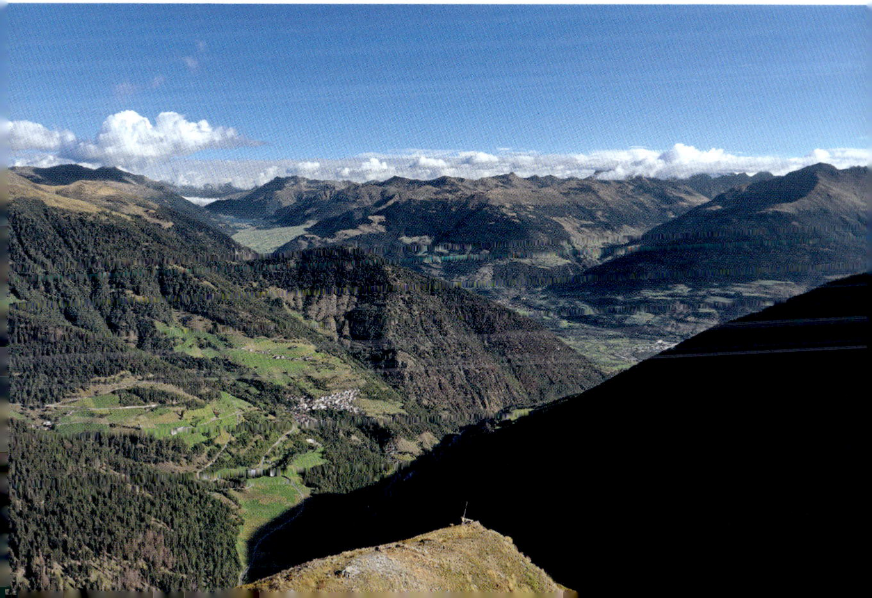

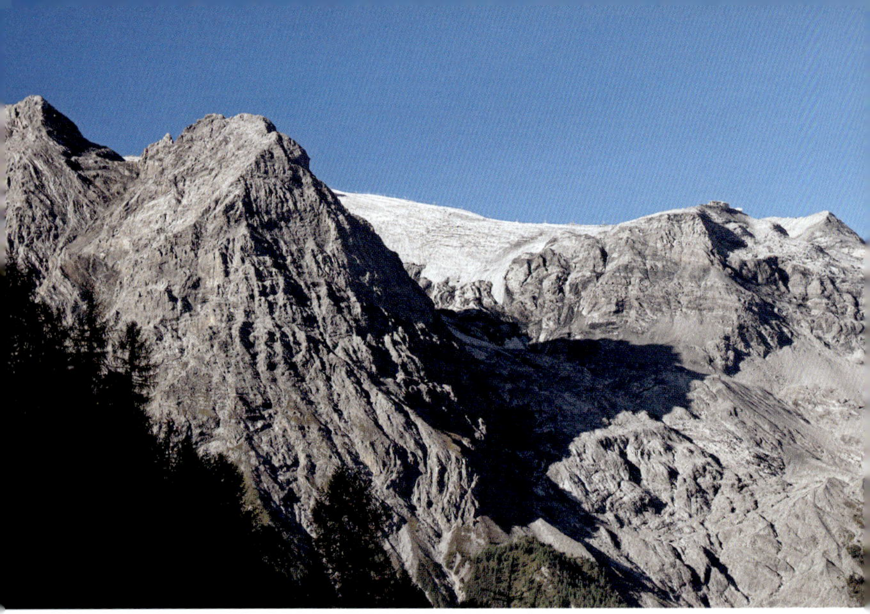

Beim Aufstieg von Trafoi: beherrschend der Nordpfeiler der Vorderen Madatschspitze, dahinter das Gletscherskigebiet am Stilfser Joch.

Anforderungen: T3+. Bis in mittlere Lagen gut ausgebaute Bergwege, im letzten Stück Richtung Zumpanell schon etwas spärlicher, aber problemlos. Über den Gipfel keine Markierung, am Nordgrat einige Steigspuren mit steileren Abschnitten, jedoch ohne Kletterstellen. Der Abstieg durchs Kar zum Payerhüttenweg verläuft durch grobes Geröll (gelegentliche Begehungsspuren) und verlangt robustes Schuhwerk – weniger geeignet für einen Aufstieg. Trittsicherheit wichtig, zudem etwas Routeninstinkt und ausreichende Sicht für den weglosen Teil, Kondition für eine gut ausgefüllte Tagestour.
Einkehr: Keine, außer im Talort.
Variante: Sehenswerte Kapelle auf Zumpanell, 2343 m, kurz hinter Wegpunkt 4, auch als leichteres eigenständiges Ziel in Erwägung zu ziehen (T2, blau). Im Aufstieg ab Trafoi 2.45 Std.
Karte: Tabacco 1:25.000, Blatt 08.

In **Trafoi** ❶, 1532 m, orientieren wir uns etwas unterhalb der Doppelkehre von der Straße hinunter zum Bach (der entsprechende Abzweig ist nicht ganz klar erkennbar) und steigen am Gegenhang wieder mit eini-

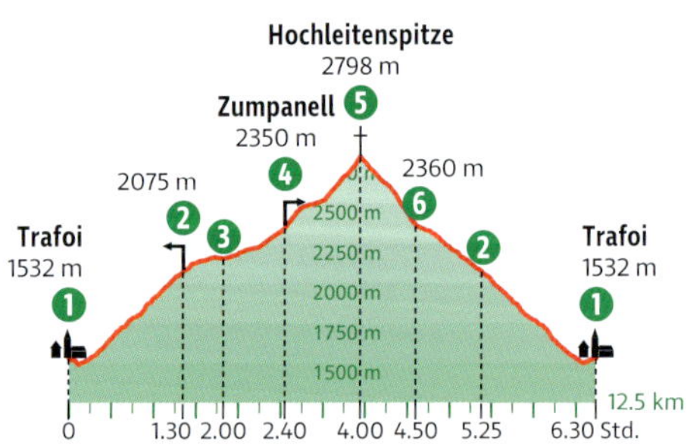

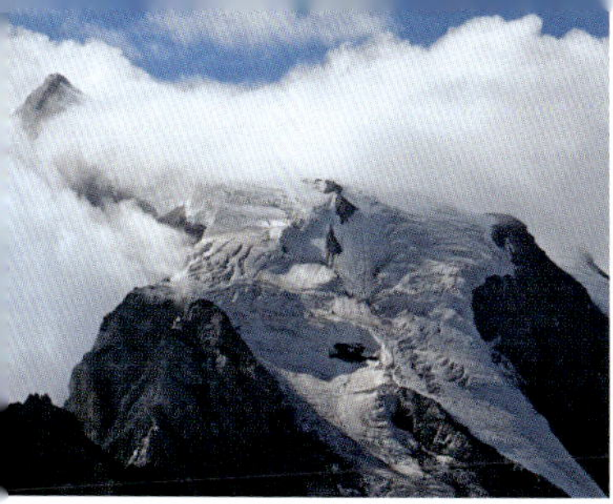

König Ortler kämpft mit den Wolken, die seinen Gipfel umspielen.

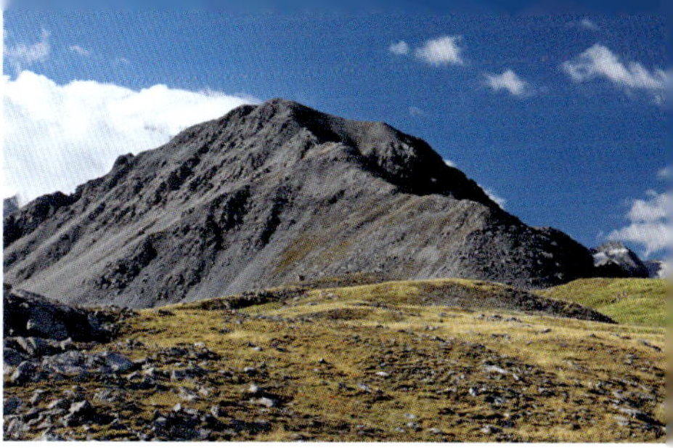

Der Nordgrat der Hochleitenspitze lässt keine größeren Hürden erwarten.

gen Serpentinen aufwärts. Man trifft auf einen Zugang (Nr. 19) aus dem vorderen Ortsbereich, den man etwas umständlicher ebenfalls nutzen könnte und folgt den relativ komfortabel angelegten Windungen durch den Bergwald. Kurz bevor man aus diesem heraustritt, verlassen wir bei einer Gabelung die Hauptroute und wenden uns nach links ❷, ca. 2075 m. Es sind nun nacheinander drei leicht abschüssige Gräben zu kreuzen, ehe wir die **Obere Schäferhütte**, 2167 m, passieren. Hinter dem nächsten Graben kommt der **Herrensteig** von Gomagoi dazu ❸. Unsere Trasse quert jetzt etwas dürftiger auf den Stierberg hinaus, steigt allmählich wieder merklich an und führt um ein markantes Eck ins Gebiet von **Zumpanell**, wo früher Knappen zugange waren. Genau am Geländeeck ❹, ca. 2350 m, sollte man den Pfad verlassen und weglos am Nordrücken aufsteigen. Dieser flacht bald zu einem lieblichen Grasplateau ab, wo normalerweise Schafe grasen und eventuell auch Herdenschutzhunde das Regiment führen. Man sei also in Obacht. Wo der brüchige Dolomitschutt ansetzt, steilt unser Kammrücken deutlich auf. Es helfen aber immer Steigspuren über die folgenden Aufschwünge, die mit teils grobem Blockschutt zum Gipfel der **Hochleitenspitze** ❺, 2798 m, aufschließen.

Für den Abstieg kommt folgende Option in Betracht: Zunächst am Südostgrat gegen das nahe **Hochleitenjoch**, 2681 m, dann westseitig in die Karmulde hinein. Am besten hält man sich so weit rechts wie augenscheinlich möglich und sinnvoll. Linksseitig tritt das grobe Geröll nämlich bald flächig auf und ist ziemlich scheußlich zu begehen, während wir rechts auch kleine Zungen mit feinerem Material und sogar Andeutungen von Pfadspuren nutzen können. Ganz ohne größere Steine gelangt man allerdings nicht zum Weg Nr. 19 hinunter ❻, ca. 2360 m. Dieser ist nun bestens in Schuss. Mit ein paar Kehren zunächst in Latschengassen tiefer, bevor wir mit Eintritt in den Wald auf die vom Aufstieg her bekannte Route treffen ❷ und mit ihr binnen einer guten Stunde weiter nach **Trafoi** ❶ absteigen.

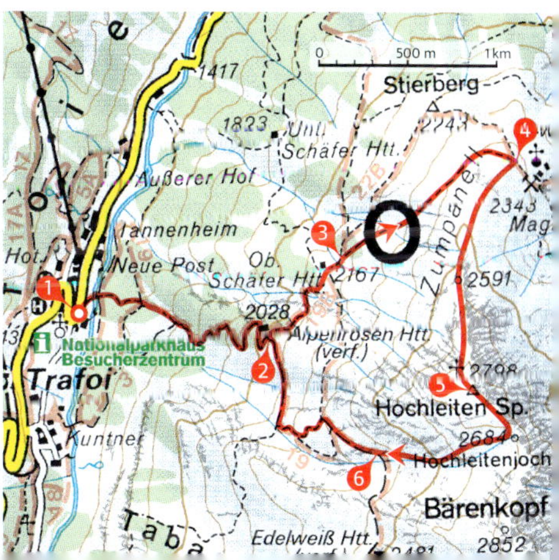

18 Stieralm und Kälberalm, 2248 m

Vom Gasthaus Waldruhe bei Außersulden

2.45 Std. | 6,8 km | ↗ 450 m | ↘ 450 m

Beschauliche Almrunde auf halber Höhe

Suldens Bergwelt ist an Ausstrahlung kaum zu überbieten – vor allem das mächtige »Dreigestirn«, bestehend aus Ortler, Zebrù und Königsspitze, wird einfach jeden Bergfreund emotional fesseln. Eine besonders vorteilhafte Perspektive nimmt man naturgemäß auf der gegenüberliegenden Talseite ein. Dort liegt im Bereich der Waldgrenze eine nette kleine Einkehrstation: die Kälberalm (in Karten oft als Kälberhütte eingetragen). Eine stille Alternative zum üblichen Aufstieg von Sulden bietet die Runde über den Stieralmkessel im Razoital. Vor allem der Verbindungsweg durch aufgelockerte Zirbenbestände – das Ortlereis wunderbar im Blick – ist von malerischer Schönheit ...

Talort: Sulden, 1857 m, am Ortler.
Ausgangspunkt: Gasthaus Waldruhe, 1858 m. Zufahrt von der Suldener »Nebenstraße« (Provinzstraße 107), Parkmöglichkeit in Nischen davor. Nächstgelegene Haltestelle der Buslinie 271 vom Bahnhof Spondinig Richtung Sulden bei »Laganda«, von dort 25 Min. Aufstieg zur Waldruhe.
Anforderungen: T2. Mittelsteile Waldsteige im Auf- und Abstieg; Verbindung zwischen Stier- und Kälberalm größtenteils sehr bequemer Hangweg auf Grasnarbe. Nur ein Halbtagespensum.
Einkehr: Kälberalm, 2248 m, Juni bis September, Tel. 39 340 0940594. Hotel Restaurant Waldruhe, 1858 m, Tel. +39 327 6607876.
Karte: Tabacco 1:25.000, Blatt 08.

Die Kälberalm besitzt einen feinen Logenplatz.

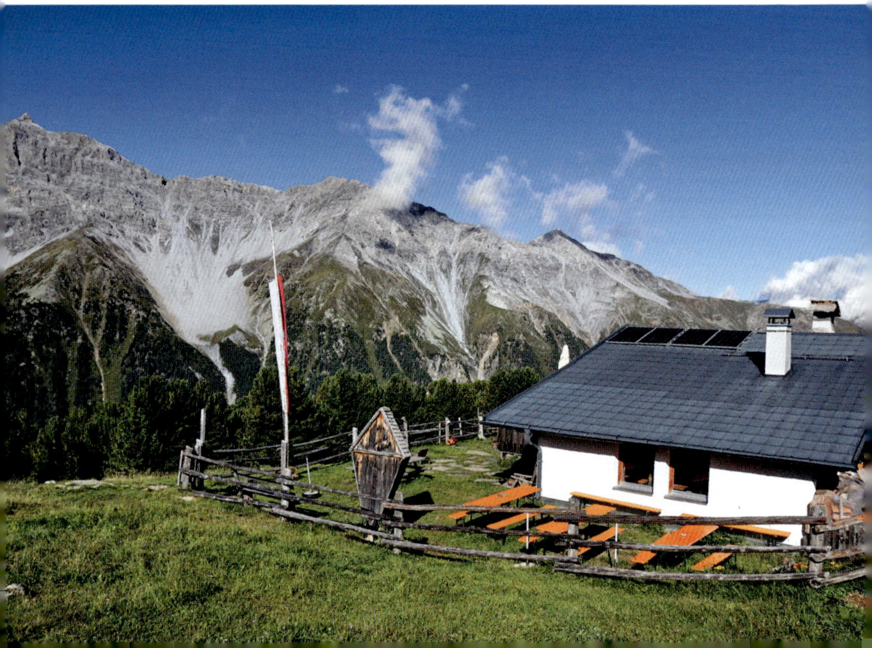

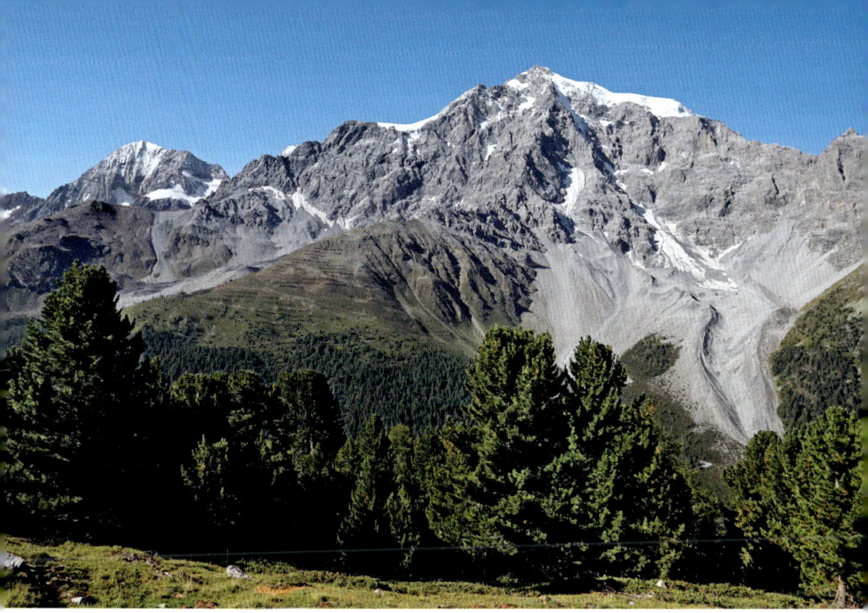

Aus Höhe der Waldgrenze wirkt der Ortler ebenso imposant wie harmonisch. Links daneben die ebenmäßige Königspitze.

Von der **»Waldruhe«** ❶ geht es mit Nr. 6 zunächst ein Stück weit quer durch den Waldhang Richtung Valnairalm, bis Nr. 17 bergwärts abzweigt. Nun teils recht kräftig steigend, immer durch urwüchsigen Bergwald, der sich zwischen 2100 und 2200 Metern allmählich lichtet. Wir kommen ins Weidegelände der **Stieralm** ❷ voran und treffen dort auf einen Wegweiser, der uns mit Nr. 18 nach rechts lotst. Die nicht touristisch ausgerichtete Almhütte liegt indes fünf Gehminuten entfernt nach links auf einer kleinen Anhöhe. Uns erwartet jetzt der wunderschöne Flankenweg, zunächst ein Weilchen schräg aufwärts bis zu einem markanten Geländeeck. Hier wird aus dem eher schmalen Steig eine breite, komfortable Trasse. Mit Traumblicken auf Ortler und Co. wandert man quer durch den Hang gen Süden – allmählich leicht abwärts Richtung **Kälberalm** ❸, 2248 m. Der Rundenschluss lässt sich auf Weg Nr. 24 vollziehen – ähnlich wie zuvor beim Aufstieg, tendenziell eine Nuance besser ausgebaut. Der Wald wird derweil wieder dicht, und wir kommen direkt bei der **»Waldruhe«** ❶ heraus.

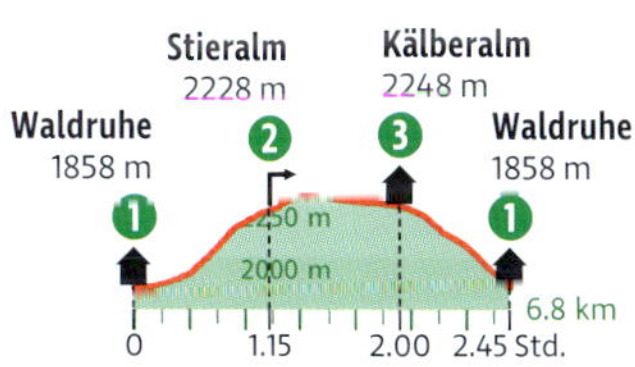

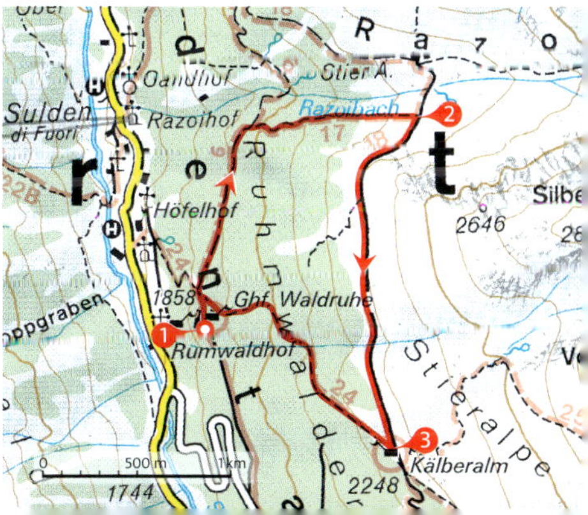

19 Taitschroi, 3139 m

Über Obere Laaser Alm und Tschenglser Scharte

9.00 Std. | 20,3 km | ↗1650 m | ↘1650 m

Langwieriger Aufstieg auf einen Aussichtsthron hoch über dem Vinschgau

Der Name Taitschroi klingt eigenartig fremd, er dürfte aus der Zeit stammen, als der Vinschgau noch unter rätoromanischem Einfluss stand. Später hieß der Berg auch Laaser-Wand-Spitze oder Deutsch-Roy-Spitze bzw. Deutsche Ruhewand, aus der die italienischen Faschisten dann sogar eine Cima Tedesca machten, doch hat sich heutzutage glücklicherweise wieder der ursprüngliche Name eingebürgert. Wobei man wohl ohnehin keinen allzu hohen Bekanntheitsgrad annehmen darf, denn die Taitschroi ist für Bergsteiger gleichsam ein Geheimtipp geblieben. Dabei steht sie durchaus prominent in erster Reihe über dem Vinschger Talboden bei Eyrs bzw. Laas und überragt diesen um stattliche 2300 Meter. Was natürlich erst einmal abschreckend klingt. Immerhin lässt sich ein Drittel davon motorisiert bewerkstelligen und die Obere Laaser Alm gegebenenfalls auch als Stützpunkt nutzen. Doch gute fünf Stunden reine Aufstiegszeit sind natürlich kein Pappenstil und einem durchschnittlichen Bergwanderer vielleicht auch kaum schmackhaft zu machen. Wer den Versuch wagt, wird freilich feststellen, dass sich die geländebedingten Anforderungen tatsächlich in Grenzen halten, und vor allem begeistert sein vom Landschaftsszenario, etwa der Umrahmung des Laaser Tals und natürlich der krönenden Gipfelperspektive. Eine tolle Tour!

Talort: Laas, 869 m, im mittleren Vinschgau.
Ausgangspunkt: Parkplatz Kaltboden, ca. 1540 m. Zufahrt von Laas über Parnetz und eine Forststraße, ohne Busanschluss in der Nähe.

Hier wird das Laaser Tal abgeriegelt.

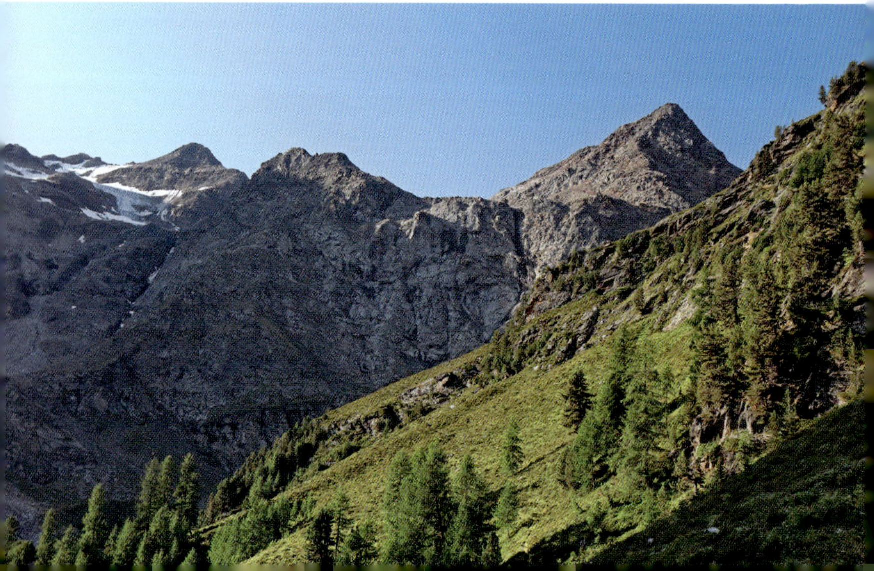

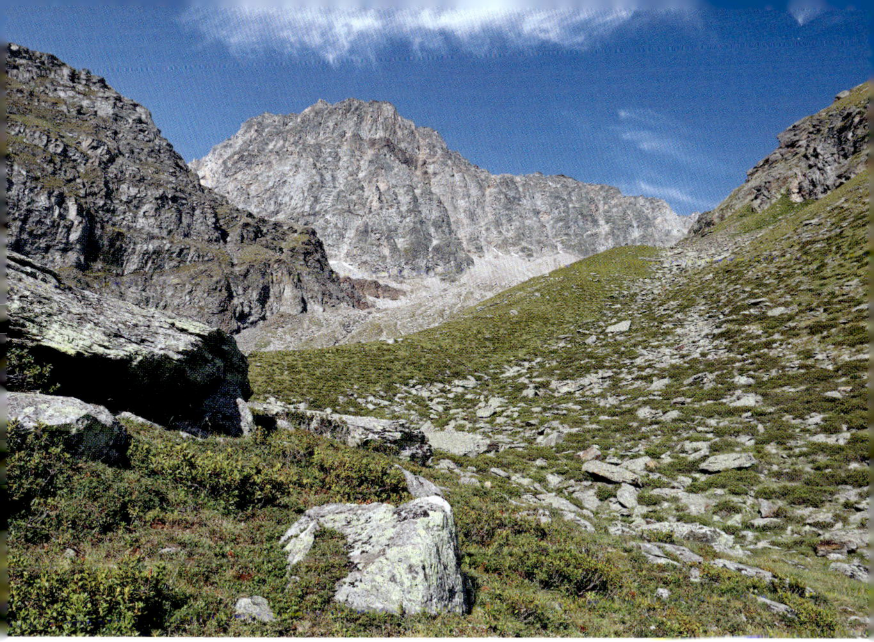

Wer sich voll auf die großartige Landschaft einlässt, erlebt einen zwar langwierigen, aber niemals langweiligen Gipfelaufstieg.

Anforderungen: T3+. Durchgängig markierter, bis zum Gipfel nirgends besonders schwieriger Anstieg, allerdings als Tagestour ausgesprochen lang. Streckenweise Ziegen- und Schafweiden, nach oben hin Blockschutt, nur zwischendurch mal steilere Abschnitte. Trittsicherheit und gute Kondition obligatorisch, außerdem die Höhenlage hinsichtlich der Verhältnisse beachten.
Einkehr: Obere Laaser Alm, 2047 m, Mitte Juni bis Mitte September, danach evtl. an Wochenenden, 14 Schlafplätze, Tel. +39 349 8347605, laas.alpenverein.it.
Varianten: 1. Etwas leichter und schneller ist der Saurüssel, 2727 m, zu haben; ca. 2.00 Std. Aufstieg ab Laaser Alm.
2. Vom Talort Laas aus würde man eher Route Nr. 5 ins Hochtal bis zur Unteren Laaser Alm wählen, anschließend mit Nr. 13 zum Stützpunkt der Oberen Laaser Alm hinauf.
Karte: Tabacco 1:25.000, Blatt 045.

Vom Parkplatz **Kaltboden** ❶ geht es mit Nr. 14 auf breitem Waldweg aufwärts, bei einer Gabelung unweit der Jägerhütte links, kurzfristig aufsteilend und zur Einmündung in die Forststraße ❷, die an der Flanke des

Dieses Gipfelkreuz erreichen wohl nur ausdauernde Berggeher …

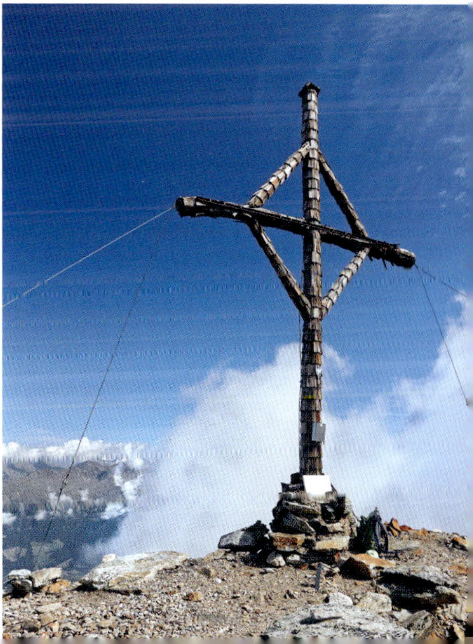

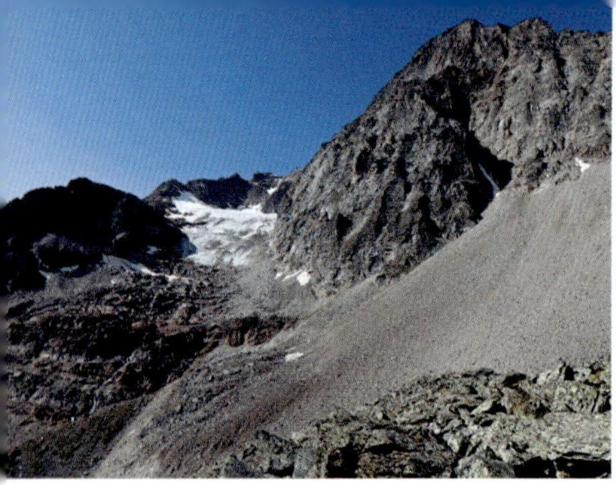

Vom Schutt heimgesucht: der Ofenwandferner unter der Hochofenwand.

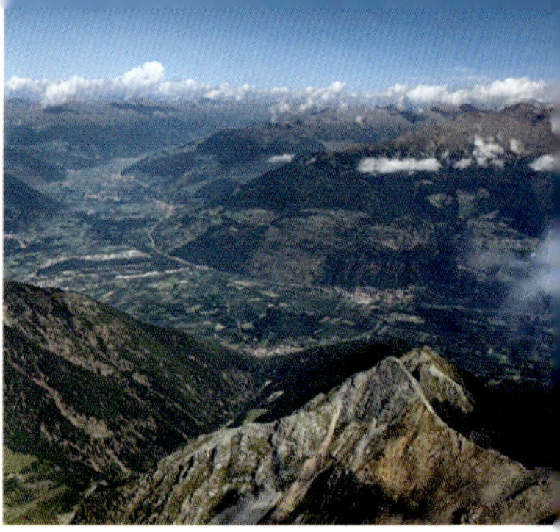

Die Taitschroi als Aussichtskanzel himmelhoch über dem mittleren Vinschgau.

Laaser Tals einwärts zieht. Allerdings wird sie nach einer Weile wieder von einem Steig abgelöst. Insgesamt leicht aufwärts querend erreichen wir die große Freifläche mit der **Oberen Laaser Alm ❸**, 2047 m, wo man sich einquartieren könnte.

Für den Weiterweg ist der Hinweis zum Zayjoch maßgebend, die Taitschroi fehlt. Ohne wesentlichen Höhengewinn geht es vorerst auf leicht verwachsenem Pfad durch die Flanken einwärts. Nachdem die eine oder andere Runse gekreuzt ist, gabelt sich die Route. Wir wenden uns rechts aufwärts, gelangen über ein kurzes Band auf die Wiesenhänge unterhalb der **Schäferhütte ❹**, ca. 2280 m, die bald darauf schon tiefer zurückbleibt. Nach einigen Windungen gewinnt man einen Geländeabsatz, kreuzt dahinter einen Bacheinschnitt und ersteigt den nächsten Hang. Bei einem Felsblock gewahren wir zwei Pfeile links und rechts, wobei für uns letzterer gültig ist. Abermals wird das Gelände zwischenzeitlich steiler. Wir halten uns zunächst an den Hang zur Rechten und schließen nach einem Bogen im Zickzack zu einer Karschwelle auf. Hier öffnet sich die »Ötzstatt«. Unser Weg sucht den geringstmöglichen Widerstand, holt ein Stück nach rechts aus, absolviert einige Blockschuttpassagen und führt zu einer weiteren Verzweigung unmittelbar unterhalb der **Tschenglser Scharte ❺**. An dieser Stelle lassen wir den Übergang via Zayjoch links abziehen und entdecken erstmals einen Hinweis »Taitschroi« am Fels. Rechts hinauf lassen sich flache bis mäßig geneigte Blockschuttfluren – je nach Jahreszeit mit Schnee-

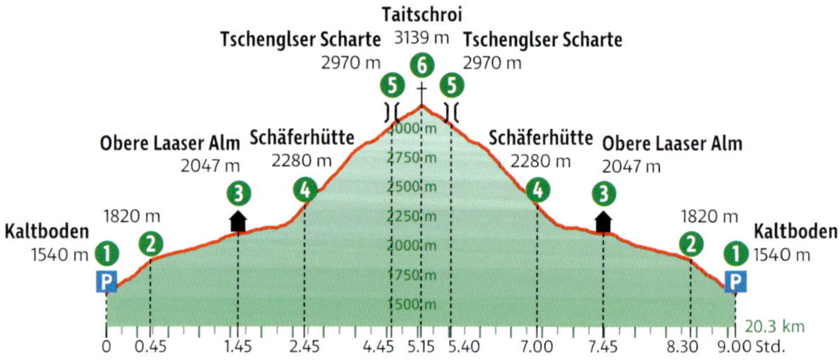

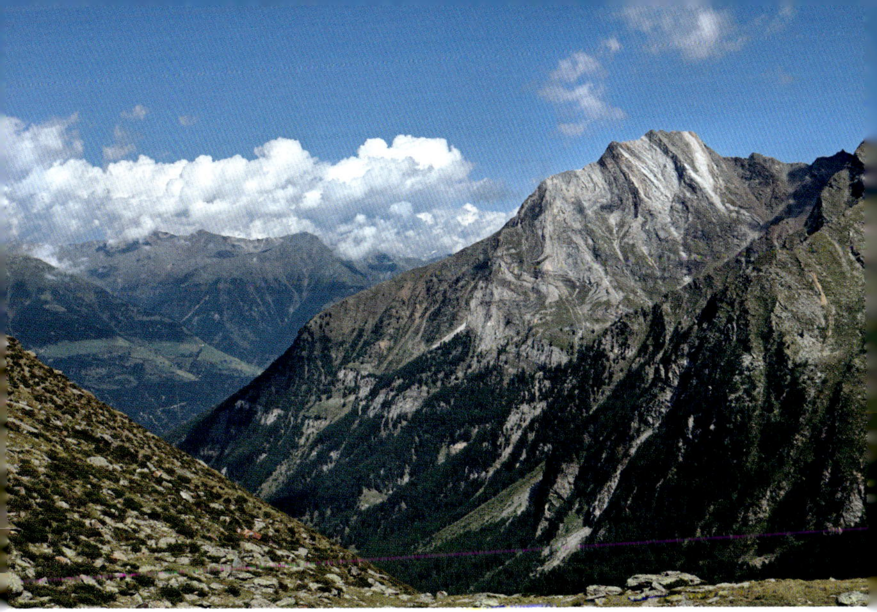

Die Jennwand zeichnet ein prägnantes Profil über dem Laaser Tal.

feldern durchsetzt – im Allgemeinen problemlos begehen. Allenfalls der finale Hang fällt vergleichsweise etwas unwegsamer aus. Gewöhnlich bildet das Kreuz auf der **Taitschroi** **6**, 3139 m, das erklärte Ziel. Ohne nennenswerten Erlebnisgewinn kann der höchste Punkt (P. 3180) von Unermüdlichen über steileren Blockschutt zusätzlich erklommen werden. Der Abstieg erfolgt auf derselben Route.

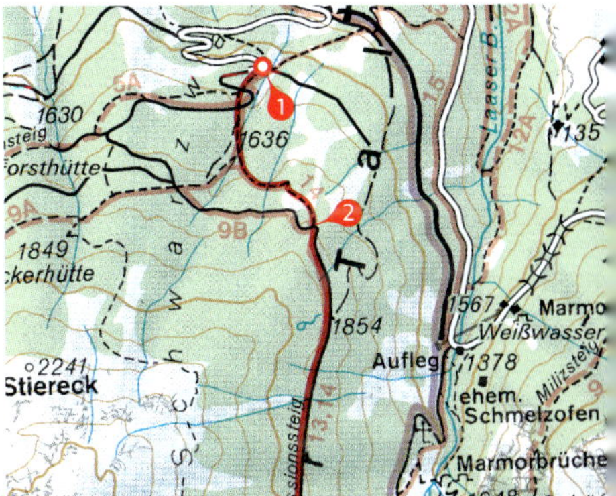

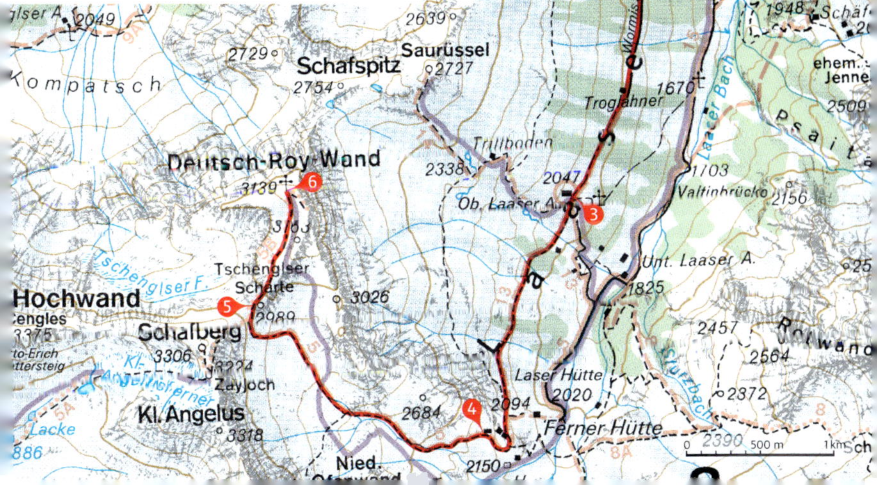

20 Göflaner See, 2519 m, und Jennwand, 2962 m

Über die Göflaner Alm ins Seeloch

8.00 Std. | 15,3 km | ↗1600 m | ↘1600 m

Auf einen Charakterberg des Mittelvinschgau

Die Jennwand ist zwar deutlich niedriger als die Orgelspitze, aber jener zum Vinschgau hin wie ein Thron vorgelagert und formmäßig sogar die spannendere Erscheinung. Dazu trägt auch das helle Marmorgestein bei, das im nahen Mitterwandbruch abgebaut wird. Stets bewundert, wenn ich in der Gegend war, dünkt mir die Jennwand als ideales Ziel für unsere Auswahl. Der übliche, aber keineswegs allzu häufig absolvierte Aufstieg führt über die idyllische Göflaner Alm und am Marmorbruch vorbei ins Seeloch, über dem sich der Göflaner See verbirgt. Bereits bis hierher keine ganz einfache Angelegenheit, zumal ein Felsriegel klettersteigartig überwunden werden muss. Die offizielle, in den Karten eingetragene Route endet beim Göflaner See, doch tatsächlich setzen sich Markierung und Steigspuren gipfelwärts fort. Einen undeutlichen Hinweis gibt es zwar auch Richtung Ostgrat, doch am einfachsten kommen wir durchs Kar und über den oberen Südgrat zum Ziel. Und dieses darf uns wirklich mit Begeisterung und Stolz erfüllen – das Panorama ist gigantisch!

Bereits der Göflaner See erweist sich als lohnendes Ziel.

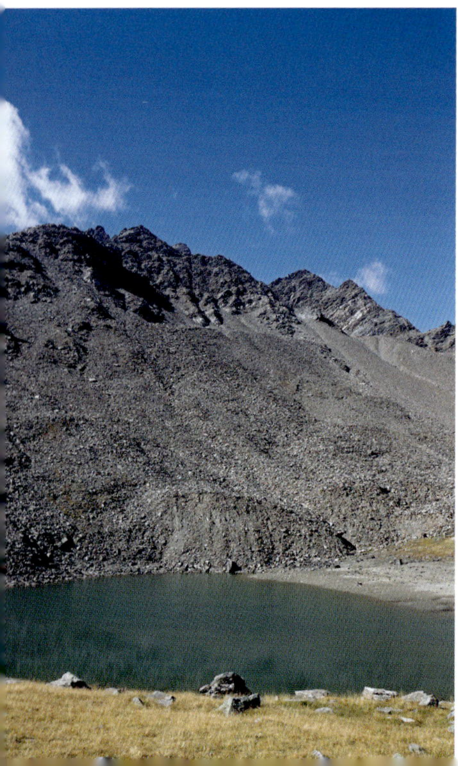

Talort: Laas, 869 m, im mittleren Vinschgau.
Ausgangspunkt: An der von Laas ausgehenden Tarneller Bergstraße, entweder bei Platzeng, ca. 1360 m, oder etwas weiter beim Fahrverbot, 1390 m, oberhalb des Weilers.
Anforderungen: T4-. Bis zum Gipfel markierte Route, beschildert jedoch nur bis zum See. Davor bereits eine mit Ketten gesicherte Steilstufe (T3–4), gipfelwärts zumindest noch steigähnlich, dabei zunehmend steileres, geröllbedecktes Terrain, nur ganz vereinzelt Händeunterstützung nötig, aber sehr gute Trittsicherheit. Konditionell fordernde Tour für Erfahrene.
Einkehr: Göflaner Alm, 1826 m, Anfang Juni bis Mitte Oktober, Tel. +39 335 7669967, goeflaneralm.jimdofree.com.
Variante: Zur Göflaner Alm kann man auch den Milizsteig nutzen. Dazu steigt man vom Ende der öffentlichen Straße nach Hinweis »Laaser Marmorbruch« auf einem Waldsteig höher, kreuzt zweimal die für LKW ausgebaute Marmorstraße und später den Graben des Purgontals. Wo man auf einen

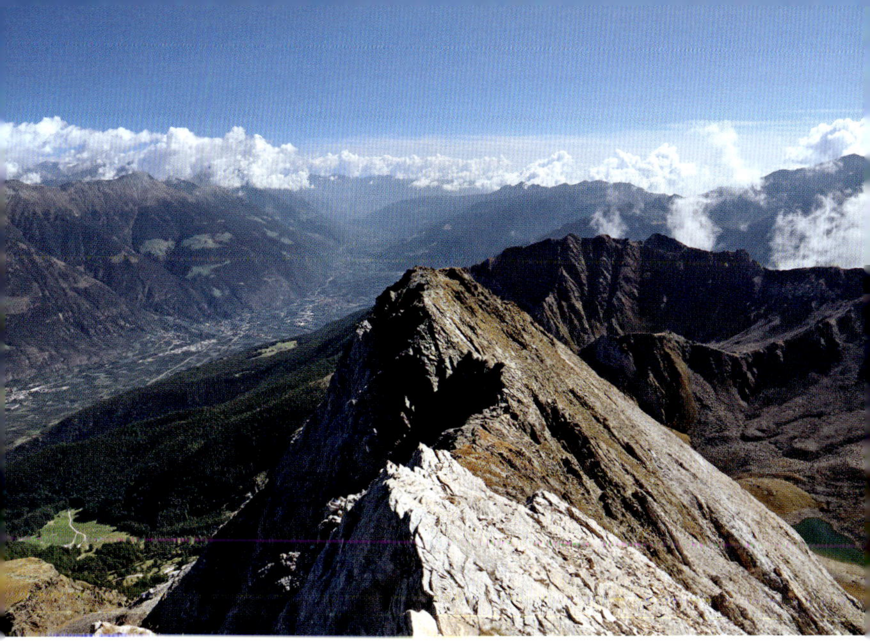

Blick von der Jennwand über ihren Ostgrat auf die Berge beidseits des Untervinschgau.

breiteren Weg stößt, kurz nach rechts und dann wenige Meter oberhalb auf dem Milizsteig (Nr. 9) weit nach links quer durch den Hang zur Vereinigung mit Route Nr. 10. Bis zur Göflaner Alm 2.10 Std. Eine andere Möglichkeit gibt es vom Haslhof (Zufahrt von Göflan) über Weißkaser und Kohlplätze, ca. 1.45 Std.

Karte: Tabacco 1:25.000, Blatt 045.

Von der Infotafel bei **Platzeng ➊** starten wir mit Nr. 10 im Tarneller Wald und wandern zunächst auf einem grasigen Karrenweg, bald auf einem Waldsteig mit kurzem Zwischenstück auf einer Forststraße schräg links aufwärts. Später stellen sich eher querende Abschnitte ein, ehe die Route wieder kräftig anzieht und ins freie Weidegelände der **Göflaner Alm ➋**, 1826 m, leitet. Hier lässt sich auf dem Rückweg wunderbar einkehren. Nun mit Nr. 3 über Waldweiden relativ sachte höher. Mehrmals wird die »Marmorstraße« tangiert – beim dritten Mal befindet sich die »Kaserne«, etwas höher die **Wandhütte ➌**, 2126 m. Rechts um ein Marmorlagerplatz herum steigen wir weiter gegen das zwischen Jenn-

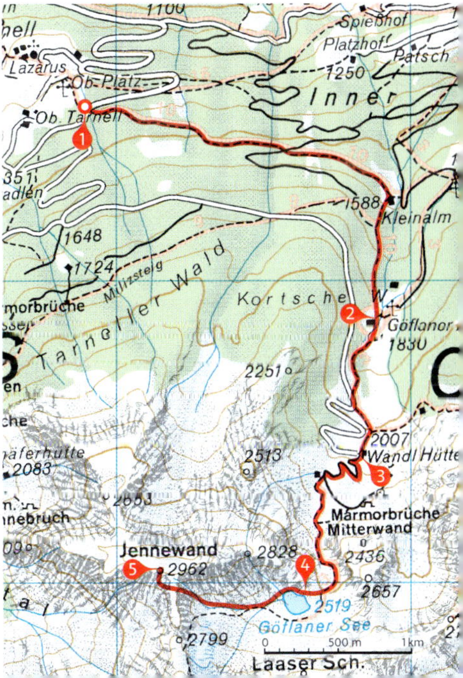

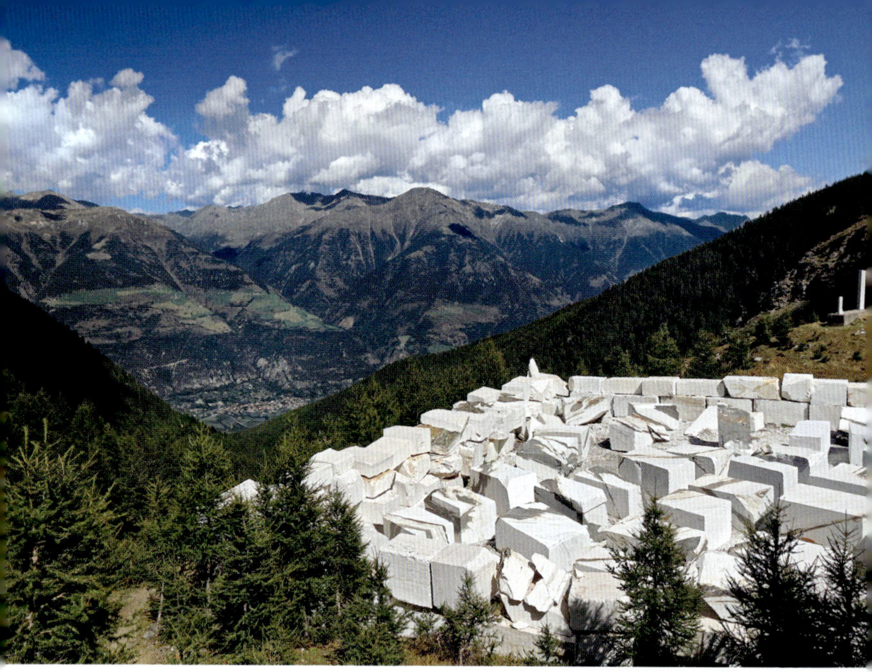

An der Mitterwand wird seit Langem Marmor gebrochen.

wand-Ostgrat und Hörnele eingelagerte **Seeloch** auf. Von Wiesen zu Schutt wechselnd nähert man sich einer felsigen Barriere, die mithilfe von Ketten in einer nach links ausholenden Schleife überwunden wird. Oberhalb über ein etwas unwegsames Blockfeld nach rechts und über die Geländeschwelle zum **Göflaner See** ❹, 2519 m. Farbzeichen lotsen uns am blockigen Nordufer entlang und dann vorerst sanft weiter ins Kar. Grober Schutt übernimmt die Vorherrschaft. Während die Psoischarte, 2799 m, links bleibt, ersteigen wir auf der Seite der Jennwand windungsreich den aufsteilenden, schütter begrünten Hang, wobei die Spur selbst eher sandig ist. Damit gewinnt man den markanten Absatz am Südgrat und bewältigt das letzte Stück zum Gipfel der **Jennwand** ❺, 2962 m, meist links neben der Kante in ziemlich steilem, felsdurchsetztem Geröll. Der Abstieg wird prinzipiell identisch vollzogen.

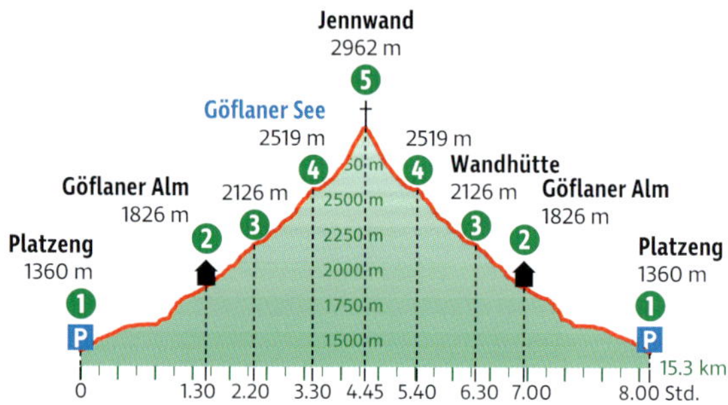

Plattenspitze, 3422 m, und Schildspitze, 3461 m

Aus dem Marteller Talschluss durchs Pedertal

8.15 Std. | 14,8 km | ↗1520 m | ↘1520 m

Rekordhöhe in diesem Tourenführer

Das Martelltal und hier insbesondere die Gegend rund um den Talschluss ist ein wahres Paradies für ambitionierte Bergwanderer und Bergsteiger. Die Dreitausender stehen ringsum quasi in Reihe und locken zu Ausflügen ins oberste Stockwerk der Ortler-Alpen. Kein Wunder, dass hier die höchste aller in diesem Band vorgestellten Touren stattfindet – ein Gipfelduo, das schon an der 3500-Meter-Marke kratzt. Durch das sekundäre Pedertal finden wir die Zugänge Richtung Plattenspitze und Schildspitze, die sich über ihre bezeichneten Normalrouten erstaunlich unkompliziert ersteigen lassen, obschon sich die Wege ordentlich ziehen. Eine Verlockung, beide zu kombinieren und damit sozusagen in einem Aufwasch abzuhandeln! Knackpunkt der Geschichte ist der Gratübergang, ein Balanceakt an hochalpiner Blockschneide, welcher aber mit Routine und Instinkt durchaus zu meistern ist. Ein wenig betrüblich mag die Erkenntnis wirken, wie viel Eis aus den – speziell nordseitigen – Hochkaren mittlerweile schon entschwunden ist und sich in herbe Schuttlandschaften verwandelt hat. Freilich schmälert dies unser Erlebnis nicht grundsätzlich, wenn man die unermesslichen Fernblicke über das vielgipflige Reich der Ortlergruppe und weit darüber hinaus bedenkt. Ein Tipp noch: Wer sich die Kraxeleinlage am Grat nicht zutraut, ziehe als Einzelziel eher die Plattenspitze vor. Sie gibt sich insgesamt weniger ruppig als die Schildspitze.

Der Rosimferner mit der Schildspitze im Mittelpunkt.

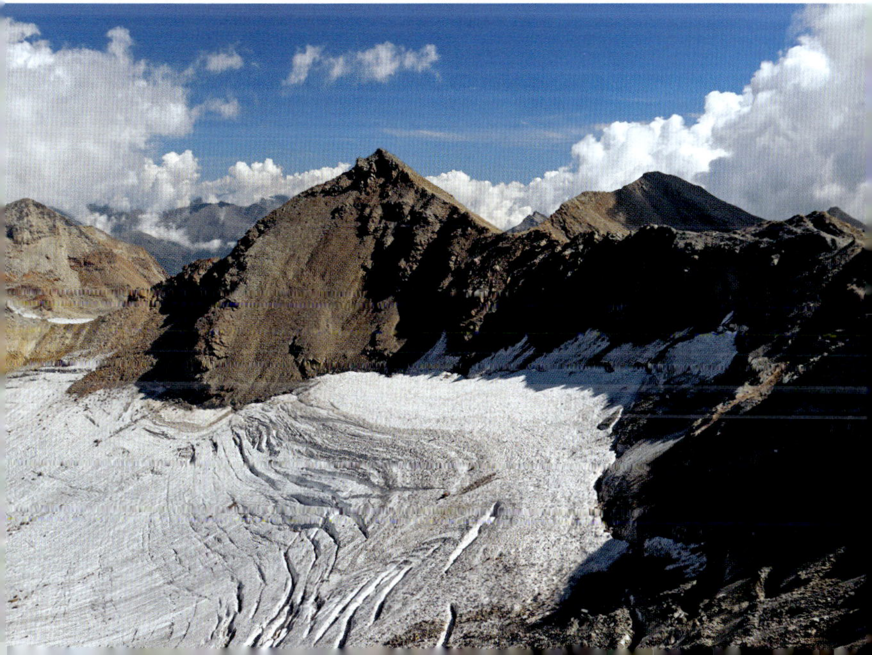

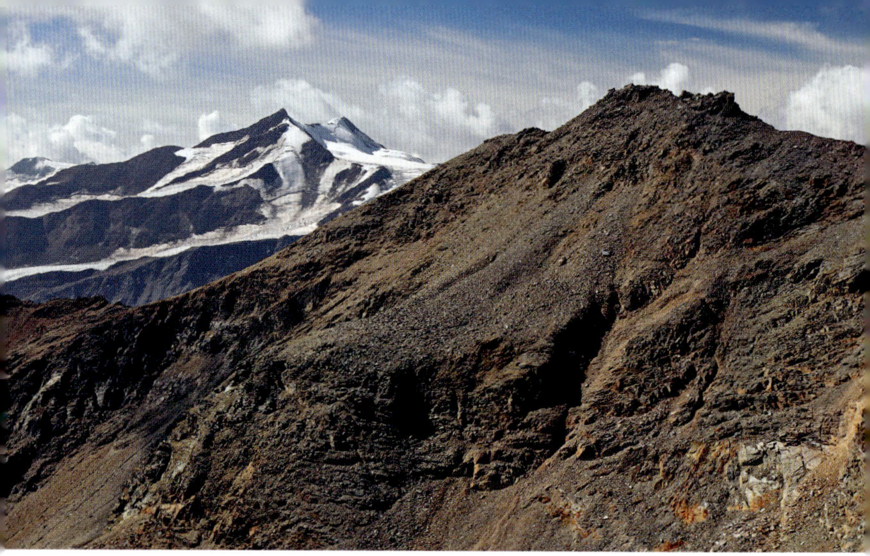

Die schuttbeladene Innere Pederspitze kontrastiert zum eisbewehrten Cevedale.

Talort: Gand, 1267 m, im Martelltal.
Ausgangspunkt: Bei der Enzianhütte, 2051 m, im Marteller Talschluss. Gebührenpflichtige Parkplätze und Endhaltestelle der Busverbindung (Linie 262 und 264) vom Bahnhof Goldrain.

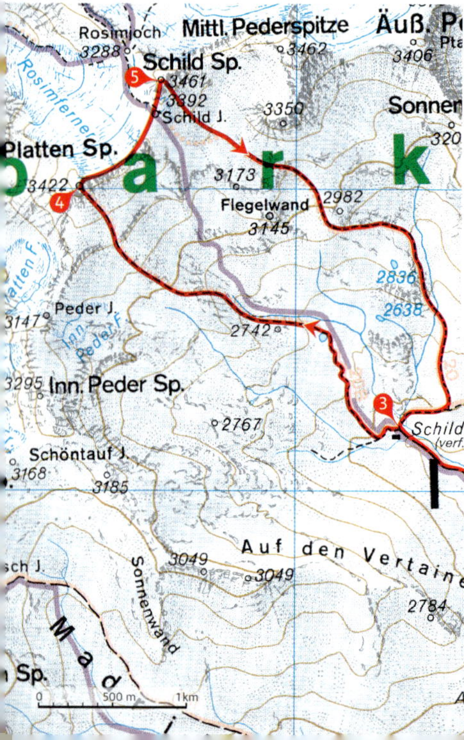

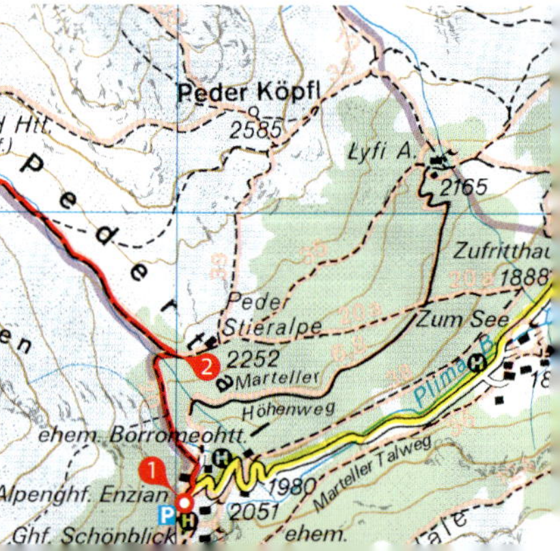

Anforderungen: T3 bis zur Plattenspitze, T5 beim Gratübergang und T3–4 für die Schildspitz-Normalroute. Hochalpine Zwei-Gipfel-Tour mit problemlosen Steigen bis in mittlere Lagen, viel Schutt und Blockwerk spätestens ab der 3000-Meter-Marke. Die Route auf die Plattenspitze ist besser gefügt als jene auf die Schildspitze. Am weitaus anspruchsvollsten ist der teils ausgesetzte Blockgrat zwischen den Gipfeln, hier keine Markierung, bei geschickter Linie Kletterstellen nur im I. Grad, andernfalls auch bis II. Große Tour, die Ausdauer, Trittsicherheit und Geschicklichkeit im Fels verlangt.
Einkehr: Nur am Ausgangspunkt (Gasthöfe Enzianhütte und Schönblick).
Karte: Tabacco 1:25.000, Blatt 045.

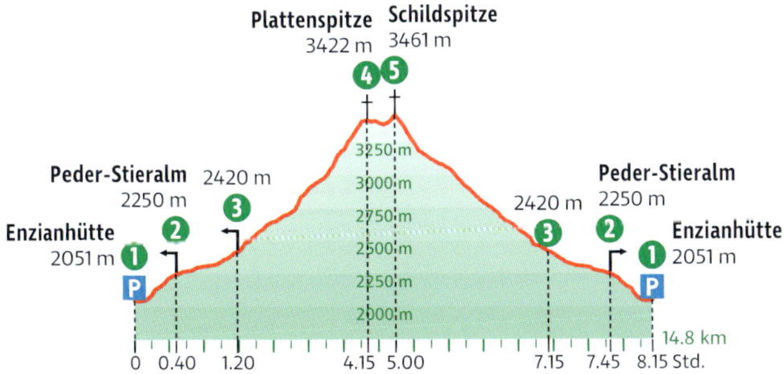

Von den Parkplätzen ❶ an der **Enzianhütte** vorbei kurzzeitig auf der Straße zurück, dann links zur nahen Enzianalm und hier auf den Steig Nr. 20. Wir steigen in dem für das Martell typischen blockdurchsetzten Zirben-Lärchen-Wald an, kreuzen den Bachlauf auf einer Holzbrücke und kommen unweit der Peder-Stieralm zu einer Verzweigung ❷, ca. 2250 m. An dieser Stelle scharf links und damit ins bald offene **Pedertal** einwärts. Linker Hand zweigen zweimal Verbindungen zur Zufallhütte ab, bei der zweiten setzen wir nochmals über einen Bach und treffen sofort auf die wichtige Gabelung der Routen Nr. 20 (Richtung Schildspitze) und Nr. 20B (Plattenspitze) ❸, ca. 2420 m. Wir gehen links, absolvieren wechselweise mittelsteile und flachere Passagen im meist noch grasbewachsenem Gelände und halten vorübergehend auf die Innere Pederspitze zu. Wo es karger wird, zieht auch die Route mal deutlich steiler an. Man erreicht einen ausgeprägten Absatz und dahinter eine seichte Mulde. Aus dieser heraus wird der Gipfelhang der Plattenspitze erstiegen – immerhin noch 400 Höhenmeter, die aber dank des gut beschaffenen Kehrensteiges nicht allzu beschwerlich ausfallen. Zuoberst rechts haltend zum Gipfelkreuz der **Plattenspitze** ❹, 3422 m – weiter links liegt ein markantes Plateau auf nahezu gleicher Höhe.

Die Fortsetzung folgt vom Kreuz aus dem Grat Richtung Nordosten. Dabei erweisen sich die anfänglichen Blockschutt- und Felspassagen noch als unschwierig. Vor dem Schildjoch tauchen jedoch eine Reihe schrofferer Felstürmchen auf, die nach Augenmaß entweder direkt überklettert oder manchmal auch

Solch ein Gelände kennzeichnet typischerweise die Marteller Hochtäler.

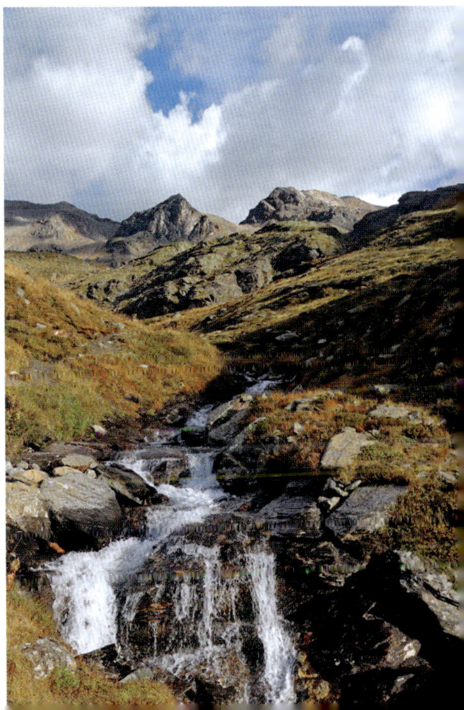

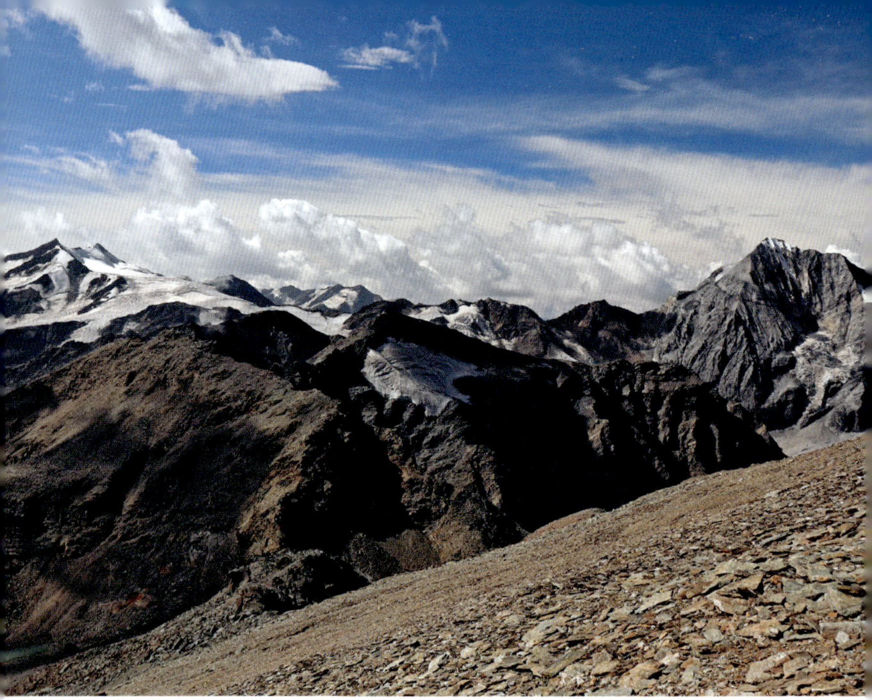

Im Gipfelstockwerk hat sich die Aussicht über die Ortler-Alpen immens erweitert.

einfacher knapp seitlich traversiert werden. Dies gibt den Ausschlag, ob wir letztlich mit Stellen I. Grades durchkommen. Doch in jedem Fall Obacht: Es handelt sich oft um ineinander verkeilte Blöcke, teils auch mit Schuttauflage und dazu durchaus exponiert! Aus dem Schildjoch fällt der Gegenanstieg dann wieder unproblematisch aus. Wir stoßen auf die Markierung der Normalroute und erreichen in wenigen Minuten die **Schildspitze** ❺, 3461 m.

Manche Kartendarstellungen zeigen einen Routeneintrag am obersten Ostgrat sowie durch die steile Kesselmulde auf der Seite der Mittleren Pederspitze. Dies entspricht nach aktueller Eruierung aber nicht den tatsächlichen Gegebenheiten einer optimalen Linienführung. Vielmehr steigen wir anhand der Farbzeichen über die Schuttflanke weiter westlich ab, zwischen eingelagerten Felsen manchmal etwas unübersichtlich. Tiefer im Kar zieht man nach links hinüber und befindet sich damit auf der in den Karten verzeichneten Linie. Es wird eine Blockschutthalde überschritten. Hinter der Karschwelle folgen ein kurzer Abhang und eine wichtige Traverse entlang eines etwas unangenehmen Blockhangs nach links. Anschließend bessert sich die Pfadspur, bleibt vorläufig aber relativ steil. Wir gelangen auf erste größere Rasenpassagen links von einer Mulde, überschreiten eine weitere Schwelle und steigen dann mehr oder weniger beständig südwärts ab, bis wir auf den Verbindungsweg Nr. 33 zur Lyfialm stoßen. Hier aber nicht in diese Richtung, sondern rechts haltend in die nahe Weidemulde mit der Gabelung ❸, die uns schon vom Aufstieg her bekannt ist. Durchs Pedertal geht es schließlich zurück zum Ausgangspunkt ❶.

Flimseen und Kleineben, 2816 m

Vom Flimtal hinüber ins Soytal

22

7.00 Std. | 13,5 km | ↗1500 m | ↘1500 m

TOP

Authentisches Flair der Marteller Bergwelt

Martell besitzt viele stille Bergwinkel; die Gipfel versprechen fast immer ausgewachsene Bergtouren, die dem durchschnittlichen Südtirol-Urlauber meist vorenthalten bleiben. Und manchmal muss es gar kein richtiger Gipfel sein, um sein Bergglück zu finden. Wenn wir die an der Marteller Schattseite befindlichen Einschnitte des Flimbachs und des Soybachs miteinander verbinden, gilt es die Schwelle von Kleineben (lokal unter den Namen »Raubweiden« bekannt) zu überschreiten, die eine Höhe von immerhin 2800 Metern aufweist. Und die Aussicht ist jener eines Gipfels durchaus ebenbürtig, denn die Marteller Bergwelt liegt bis hinein zum Cevedale gleichsam wie auf dem Präsentierteller. Dazu kommen die Kleinode der beiden Flimseen während des Aufstiegs und die authentisch-friedvolle Einkehrmöglichkeit auf der Soyalm beim Abstieg. Der hauseigene Käse ist bereits erfolgreich bei der bekannten Galtürer Almkäse-Olympiade angetreten. Mmmh, mit frischen Vinschgerlen ein purer Genuss ...

Talort: Gand, 1267 m, im Martelltal.
Ausgangspunkt: Abzweig der Route Nr. 2A, rund 700 Meter taleinwärts hinter der Kreuzung in Gand. Die nächste Bushaltestelle liegt im Ort (Linie 262 vom Bahnhof Goldrain).
Anforderungen: T3. Weitgehend passable, ordentlich markierte Bergsteige, obschon streckenweise ziemlich steil, jedoch ohne schwierige Passagen. Trittsicherheit und bei einem Pensum von 1500 Hm vor allem auch gute Kondition erforderlich.
Einkehr: Soyalm, 2072 m, Anfang Juni bis Ende September, Tel. +39 333 7485605. Café Hölderle, 1457 m, Tel. +39 0473 744642.
Karte: Tabacco 1:25.000, Blatt 045.

Beim Oberen Flimsee; hinten schaut die Orgelspitze hervor.

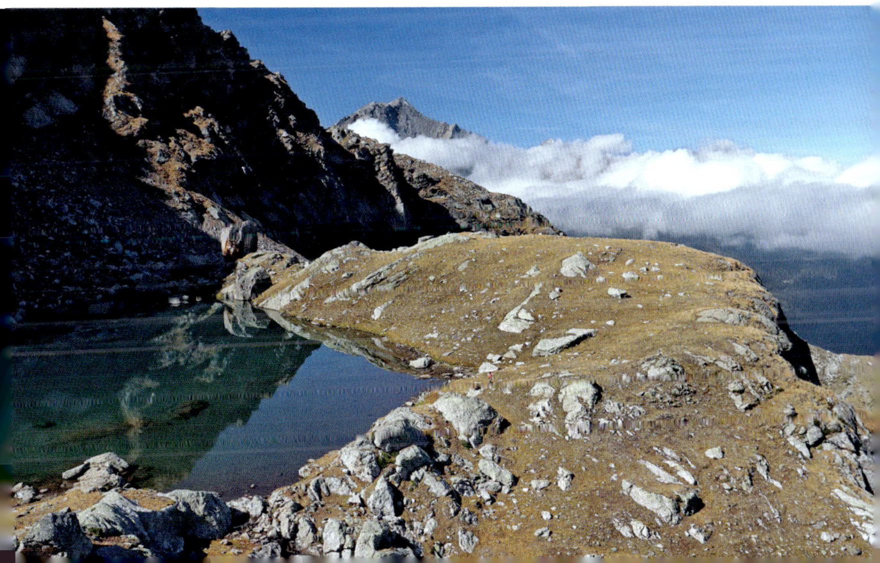

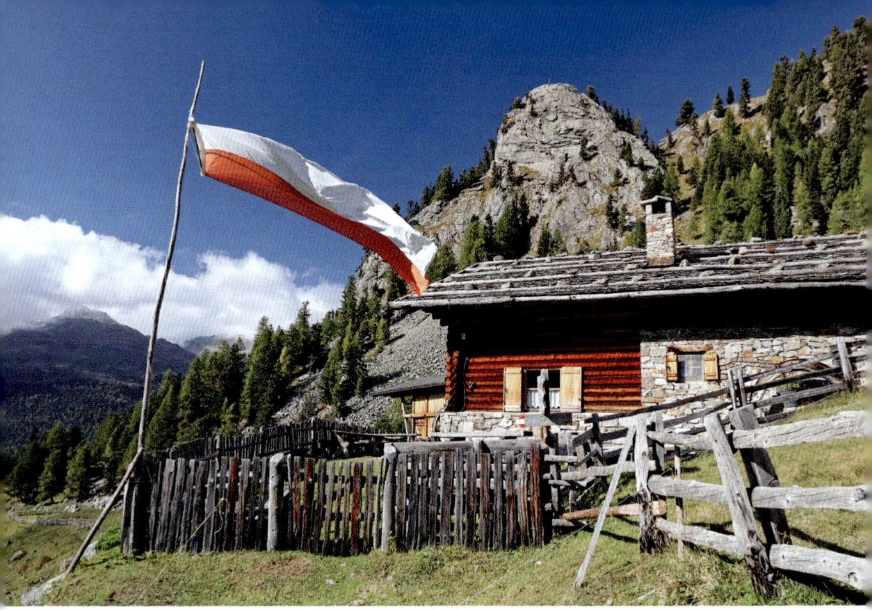

Auf der idyllischen Soyalm.

Im Martelltal hinter **Gand ❶** nehmen wir linksseitig die Route Nr. 2A auf und schreiten alsbald kräftig bergwärts. Etwas links haltend zu einem Wetterkreuz, das einen schönen Blick auf die Ortschaften Gand und Martell bietet, dann weiter schräg bergauf zu einer abschüssigen Passage, die mittels Holztreppe gangbar gemacht wurde. Nachdem ein Steig Richtung Tairmühl abgezweigt ist, nähern wir uns dem Einschnitt des Flimtals und stehen jenseits der Bachbrücke vor der **Unteren Flimalm ❷**, ca. 1860 m. Bald darauf wechselt man wieder auf die rechte Seite und steigt im Zickzack durch eine Art Rinne steil zur Höhe des Bärensteins empor. Dort flacht die Route deutlich ab und leitet im sich öffnenden Hochtalkessel zur **Oberen Flimalm ❸**, 2209 m. Wir lassen

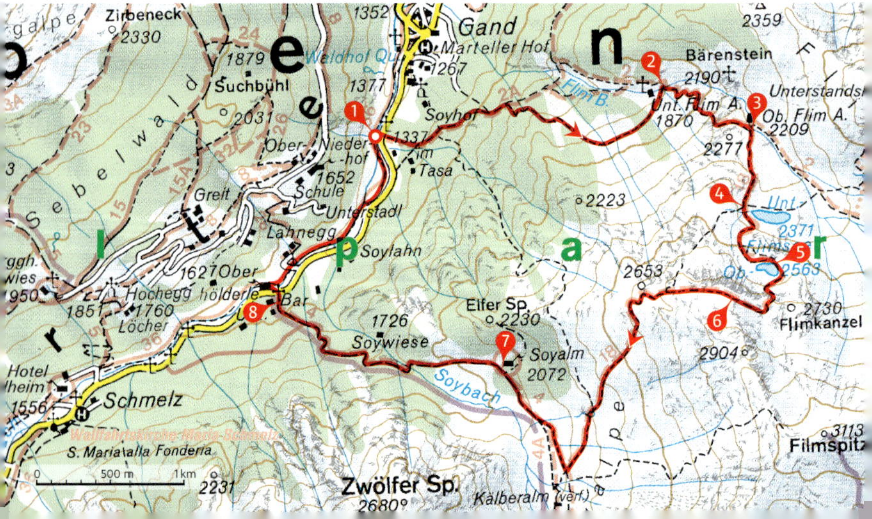

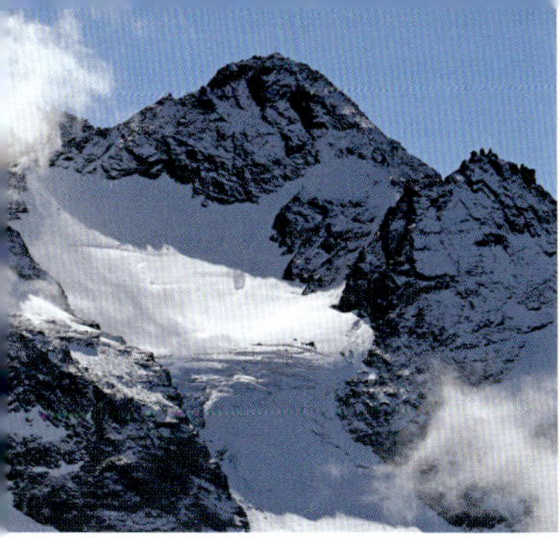

In ihrem Nordkar hütet die Zufrittspitze noch einen Hängegletscher.

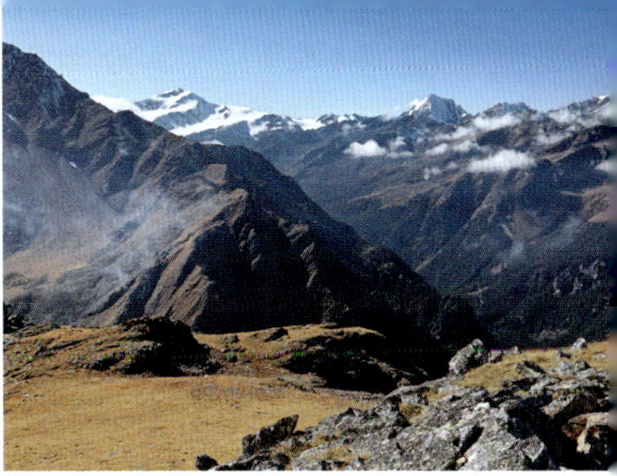

Auf Kleineben sollten wir uns Zeit für den Panoramagenuss nehmen.

jetzt Nr. 2 links Richtung Flimjoch abziehen und folgen Nr. 18 über den nächsten Geländeaufschwung zum **Unteren Flimsee** ❹, 2371 m. Etwas blockig geht es rechts daran vorbei, erneut mit einigen Kehren am nördlichen Hang höher und dann links eindrehend auf den Absatz beim **Oberen Flimsee** ❺, 2563 m. Man passiert direkt das Nordufer und setzt den Aufstieg dahinter fort. Dabei wechselt unser Kurs von Ost über Süd in Westrichtung, wo eine Hochmulde durchschritten wird. Wir gelangen auf die Böden von **Kleineben** (»Raubweiden«) und sollten unbedingt den P. 2816 ❻ knapp abseits des Weges aufsuchen, denn von dort bietet sich die beste Aussicht, sogar hinaus in den Vinschgau.

Gegen Westen wird nun der Abstieg eingeleitet. Es wechseln Hangpartien mit Absätzen, ehe sich unsere Route Nr. 18 deutlich nach links wendet und diagonal durch die Flanke in den Kessel des Soytals hinunterzieht. Auf einem kleinen Moränenrücken biegen wir talauswärts in Nr. 4 ein und wandern mit Blick auf den markanten Elferspitz gemütlich Richtung **Soyalm** ❼, 2072 m, die uns für eine Rast natürlich willkommen ist. Über die Wiesen im oberen Teil ist der Almweg noch gut, nach der Bachquerung erschien er jüngst durch den Bau einer neuen Forststraße aber in Mitleidenschaft gezogen, weshalb man stets auf die korrekte Fortsetzung achten sollte. Das Soytal senkt sich recht steil hinab ins Martelltal, wo wir beim Café **Hölderle** ❽, 1457 m, herauskommen. Wenige Schritte taleinwärts versetzt können wir dann den Talwanderweg Nr. 36 einschlagen, um weitgehend abseits der Straße zurück Richtung **Gand** ❶ zu wandern.

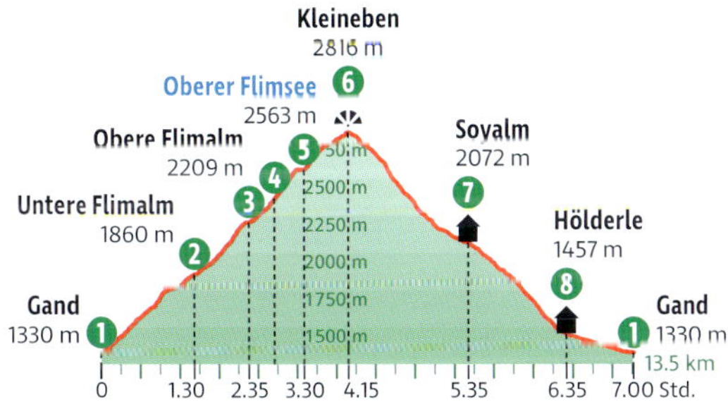

23 Allitzer Seen und Weiße Riepl, 2950 m

Von den Troghöfen bei Allitz

8.30 Std. | 21,4 km | ↗1580 m | ↘1580 m

Ein entlegener Bergkessel und der Gipfelansatz des Gadria-Murkegels
Die Allitzer Seen liegen tief verborgen in einem Bergkessel des Saldurkammes und werden nur selten zum Ziel einer Bergwanderung erklärt, obwohl diese nicht besonders anspruchsvoll ausfällt, dafür umso typischer für die Gegend. Eigentlich war am Tag meiner Erkundung gar nichts Aufwendigeres geplant, doch als ich bei den Seen Rast hielt, erschien mir eine Gipfelzugabe nicht nur machbar, sondern auch interessant und bereichernd. So kam auch die Weiße Riepl in dieses Buch, eine im Umfeld von Litzner und Hochalt eher nebensächliche Erhebung, der topografisch aber doch Bedeutung zugestanden werden kann. Die Südflanke bricht nämlich trichterförmig ins Gadriatal ab, aus dem der große Schwemmkegel an der Schwelle vom mittleren zum unteren Vinschgau resultiert. Auf der Talstraße zwischen Kortsch und Laas fährt man direkt daran vorbei. So lernt man wieder einige landschaftliche Zusammenhänge kennen und genießt obendrein ein fantastisches Panorama, das eine Etage tiefer bei den Allitzer Seen bedeutend eingeschränkter wäre. Und über den ausschweifenden Westrücken gibt es für den Abstieg auch noch eine lohnende Option extra ...

Talort: Laas, 869 m, im mittleren Vinschgau.
Ausgangspunkt: Bushaltestelle »Putz« bei P. 1430 an der Provinzstraße 109 zwischen Allitz und Tanas. Viermal täglich Kleinbus von Laas; Parkmög-

Die einsamen Gratkämme (hier Richtung Hochalt zuhinterst) bestehen in diesem Gebiet zumeist aus Blockschutt.

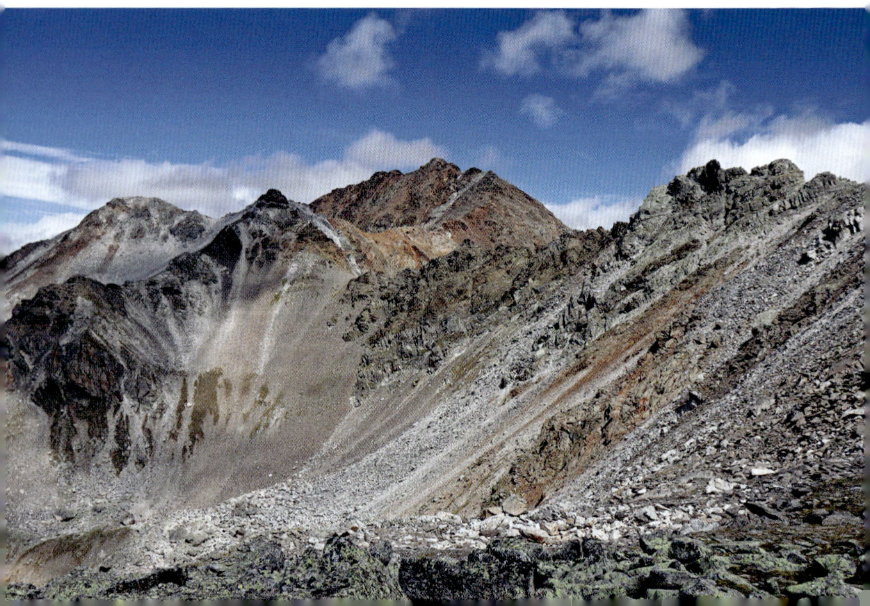

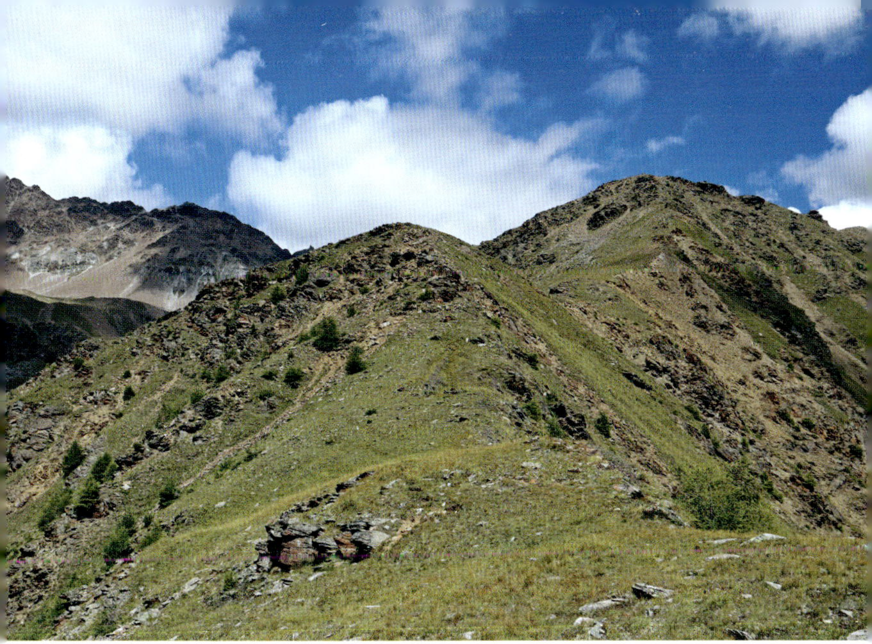

Etwas tiefer kann sich aber schon eine spärliche Vegetation behaupten.

lichkeit vorhanden. Alternativ kann man auch beim Schranken des Allitzer Almweges oberhalb der Troghöfe parken; Anfahrt bis zum höher gelegenen Strimmhof hingegen nur auf eigenes Risiko (die Straße ist nicht kollaudiert).
Anforderungen: T3–4 (bis Allitzer Seen T2+). Bis zu den Seen weitgehend problemlose, höchstens mal mittelsteile Fahr- und Bergwege, stets ausreichend markiert, auch wenn sich die Pfadspur im Hochtal etwas auflöst. Weiter zur Weißen Riepl ebenso wie beim Abstieg am Westrücken weglöses Gelände mit steileren Abschnitten, jedoch ohne Kletterstellen. Deshalb vom Gelände her streng gesehen fast noch »rot«, doch angesichts der Gesamtanforderung an Trittsicherheit, Routengespür und Ausdauer besser »schwarz« deklariert. Gipfelbesteigung bei schlechten Sichtverhältnissen nicht empfehlenswert.
Einkehr: Keine.
Variante: Bis zu den Allitzer Seen 1240 Hm, hin und zurück 7.00 Std., ab Strimmhof auf 5.20 Std. reduziert.
Karte: Tabacco 1:25.000, Blatt 044.

Von der Straße bei **»Putz« ❶**, 1430 m, beachten wir die Zufahrt zu den Troghöfen und wandern mit Nr. 19 am Mittleren vorbei nach Platzlfoar, wo die Straße von einem nicht asphaltierten Fahrweg abgelöst wird. Nach rund einer Stunde erreichen wir den einschichtigen **Strimmhof ❷**, 1754 m, und setzen den Aufstieg auf einem Wanderweg (weiterhin Nr. 19) fort. Nahe am Strimmbach entlang geht es über manchmal feuchte

Die Litzner Alm im Hochtal, auch als Allitzer Schäferhütte bezeichnet.

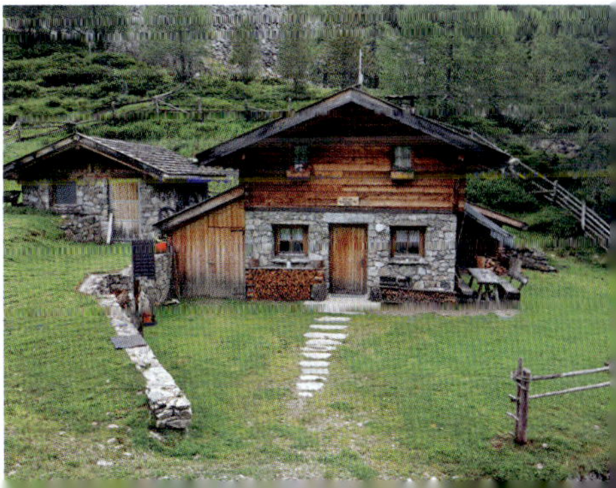

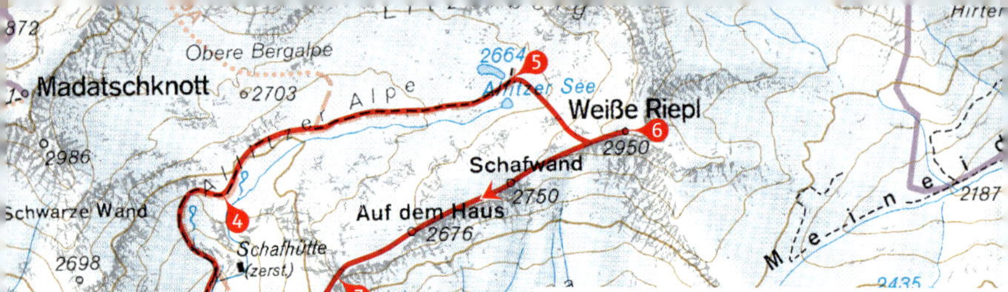
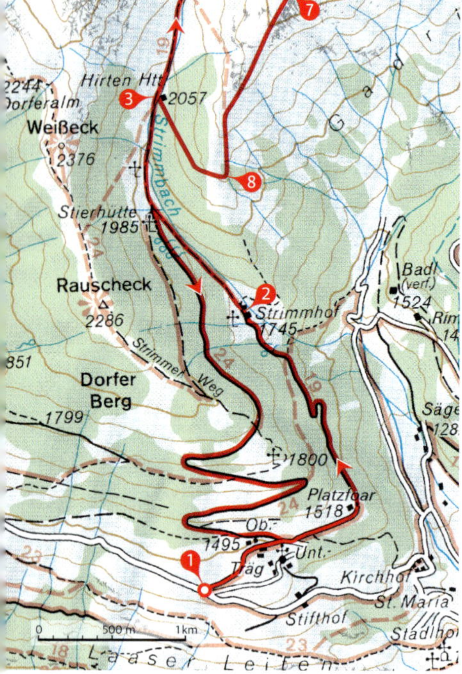

Waldlichtungen, später in den breiten Allitzer Almweg einmündend und auf diesem binnen 15 Minuten zur **Litzner Alm ❸**, 2057 m. Wir können gleich geradeaus auf der linken Seite bleiben. Weiter hinten geht die breite Trasse wieder in ei-

Im Allitztal verläuft ein Karrenweg.

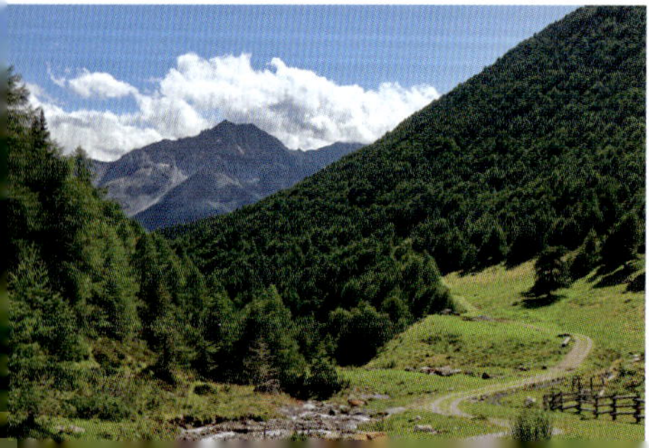

nen Steig über, der dem felsdurchsetzten Geländeriegel links aufwärts ausweicht. Oberhalb gelangt man in ein weitläufiges Hochweidenareal, passiert gleich vorn eine **Hirtenhütte ❹** und orientiert sich an den Farbzeichen entlang des Bachlaufs. Auf rund 2500 Metern ist nach links der mächtige Litzner ausgewiesen – die Route trägt aber kaum offiziellen Charakter. Wir kommen indes ohne irgendwelche Hindernisse in den Hintergrund des Kessels voran, wo die beiden **Allitzer Seen ❺**, 2664 m, auftauchen.

Nun sind wir der Markierung entbunden und können gipfelwärts unser Routengespür unter Beweis stellen. Hinter dem südlichen See geht man den Hang am besten dort an, wo kein Blockschutt liegt. Die kräftige Steigung animiert womöglich zu einem Zickzackkurs, obgleich dieser ohne Begehungsspuren natürlich nicht zwingend ist. Jedenfalls schließen wir zum Westkamm auf und folgen diesem nur selten blockig bis auf die **Weiße Riepl ❻**, 2950 m. Es ist jener Punkt, wo von Süden ein anderer Grat aufschließt und eine Fortsetzung ostwärts offensichtlich grimmiger würde.

Im Abstieg soll der großzügig abdachende Westrücken auf längerer Strecke begangen werden. Der obere Teil ist oft flach und nur von kürzeren Steilstellen unterbrochen – ab und zu steht mal ein Steinmännchen, während Begehungsspuren äußerst spärlich ausfallen. Von einer markanten Kanzel mit **Wetterkreuz**

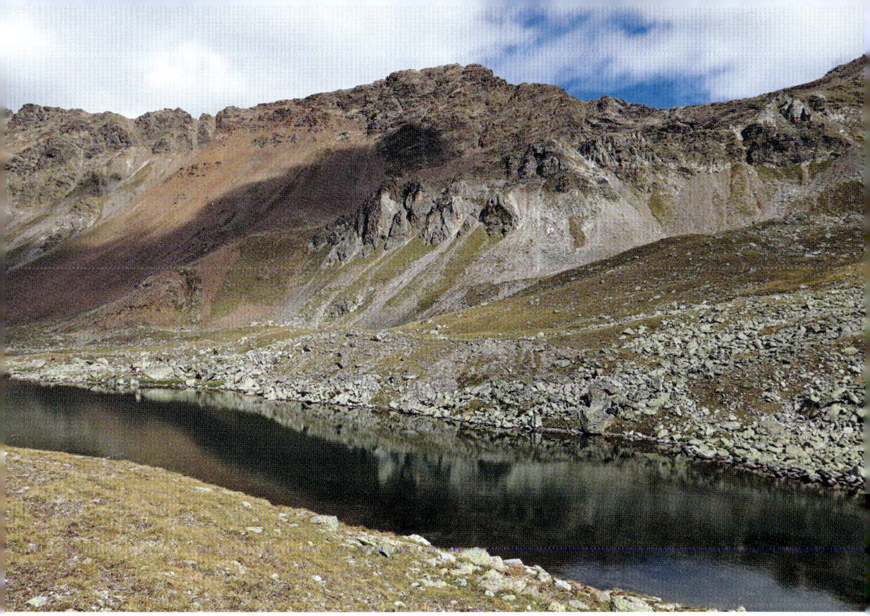

Wirkt auf diesem Bild fast wie ein kleiner Fluss: einer der beiden Allitzer Seen mit seiner herben Bergumrahmung.

7 fällt das Gelände jedoch stärker ab (wer sich unsicher ist, kann vorher weglos ins Hochtal abdrehen). Am folgenden Abschwung sind freilich Steigspuren nützlich, dergleichen hinter der Kuppe P. 2509. Im weiteren Verlauf gesellen sich eine Mauer und schließlich ein Zaun als Leitlinie dazu, während sich der Pfad nun teilweise deutlich ausprägt. Beim Hinweis »Schafknott« taucht sogar eine Markierung auf. Wir setzen den Abstieg am Kamm noch bis zum **Edelweißbichl** 8 fort und biegen mit den Farbzeichen dann markant nach rechts ab. Die Abwärtstraverse führt durch lichten Wald Richtung **Litzner Alm** 3 und kommt wenige Meter unterhalb bei der Bachbrücke an. Nun entweder wieder über den Strimmhof retour oder etwas länger, aber bequemer zu gehen über den Fahrweg (kurz Nr. 17B, dann Nr. 24). Dieser quert eine Weile am Hang entlang und führt schließlich mit einigen weit ausholenden Serpentinen hinunter zu den Troghöfen unweit von **Putz** 1.

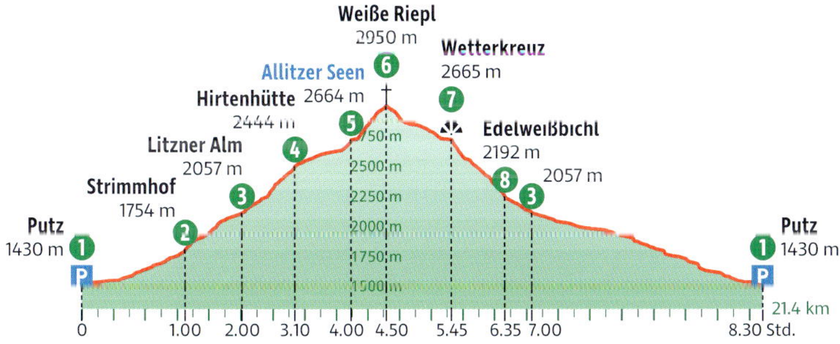

24 Forrawaal und Neuwaal

Zur Schlanderser Alm

3.00 Std. | 9,7 km | ↗ 270 m | ↘ 270 m

Traditionelle Bewässerungsgräben am Vinschger Sonnenberg
Waale sind ein Relikt archaischer Lebensweise im Vinschgau, wo Bewässerung seit jeher eine Herausforderung war. Viele sind im Laufe der Zeit verfallen, einige aber noch intakt und zu touristischen Zwecken ausgebaut worden. Marlinger oder Algunder Waalweg bei Meran etwa gelten als Paradebeispiele einer Genusswanderroute. Bei Forra- und Neuwaal im Schlandrauner Hochtal darf man indes weder einen komfortablen Ausbau erwarten noch einen Massenauflauf befürchten. Die Routen ziehen vergleichsweise schmal durch abschüssige Hanglagen und verlangen etwas Aufmerksamkeit. Ihr paralleler Verlauf prädestiniert sie für Hin- und Rückweg. Zielpunkt ist die bewirtschaftete Schlanderser Alm, die kürzlich einen Umbau erfahren hat.

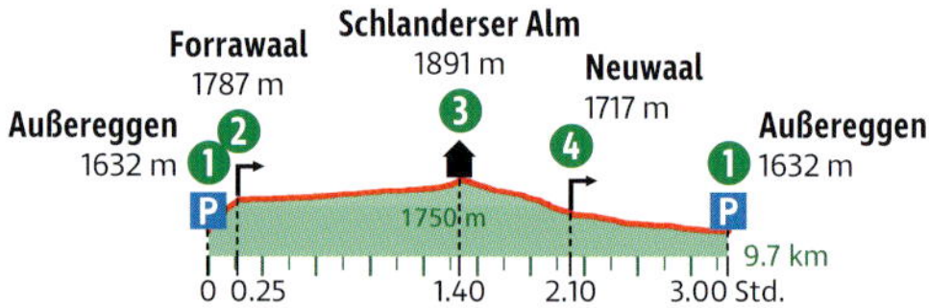

Talort: Kortsch, 775 m, bzw. Schlanders, 738 m, im Vinschgau.
Ausgangspunkt: Außereggen, 1632 m; Zufahrt von Kortsch über eine Höfestraße am Sonnenberg (ohne Busverkehr).
Anforderungen: T2–3. Die Waalwege verlaufen naturgemäß fast eben, aber recht schmal am abschüssigen, oft bewaldeten Hang entlang. Elementare Trittsicherheit schadet nicht. Durchs Hochtal führt ein Fahrweg. Moderate Halbtagestour.
Einkehr: Schlanderser Alm, 1891 m, Mitte Juni bis Anfang Oktober, Tel. +39 0473 730799.
Karte: Tabacco 1:25.000, Blatt 04.

Wolkenstimmung über dem Vinschgau mit Blick Richtung Hasenöhrl.

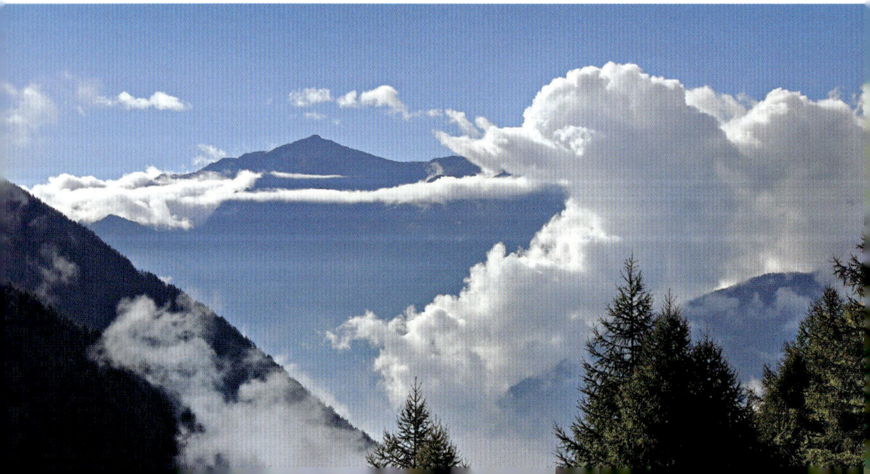

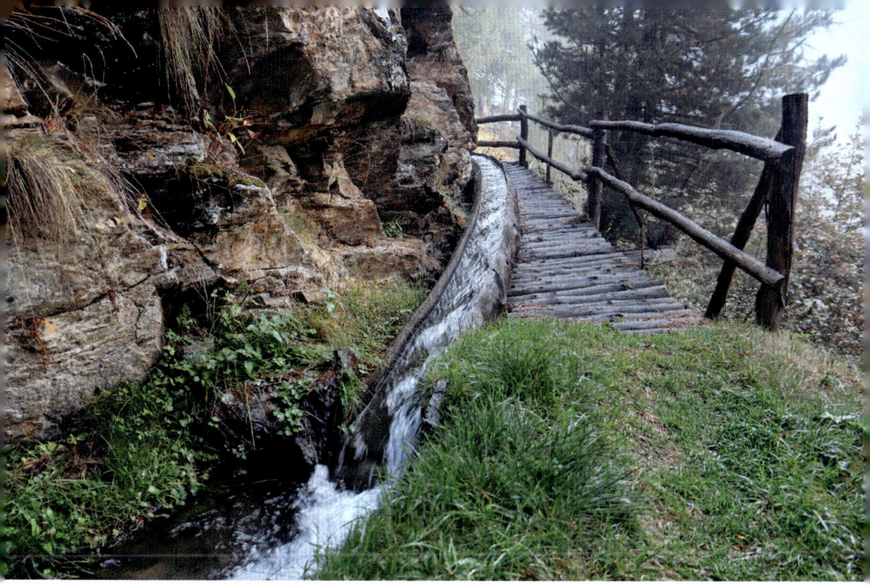

Typische Stelle am Forrawaal.

Kurz vor **Außereggen** ❶, 1632 m, steigen wir in den Hang ein und stoßen nahezu in Falllinie ein Stück weiter oben auf den **Forrawaal** ❷. Jetzt kann man praktisch nicht mehr fehlgehen, denn der Waal gibt die Linie ja eindeutig vor. Es müssen natürlich alle Strukturen der Hänge mitvollzogen werden, um den typischen nahezu horizontalen bzw. gegen die Fließrichtung minimal ansteigenden Verlauf zu halten. Weiter einwärts schmiegt sich die Route fast dem Hochtal an. Wenige Gehminuten hinter der Wasserfassung erreichen wir die bewirtschaftete **Schlanderser Alm** ❸, 1891 m.

Für den Rückweg wählen wir zunächst den breiten Güterweg und wandern nach dem anfänglichen Bogen eine ganze Weile talauswärts, bis hinter einem Gatter auf gut 1700 Metern der **Neuwaal** ❹ abzweigt. Dieser führt auf etwas tieferer Linie als der Forrawaal – aber in ähnlicher Manier – quer durch die Flanke. Eine Stelle ist mit künstlichen Steighilfen aus Holz entschärft. Allmählich wandern wir um den Hang herum ins offenere Gelände oberhalb von Talatsch und quasi eben hinüber nach **Außereggen** ❶.

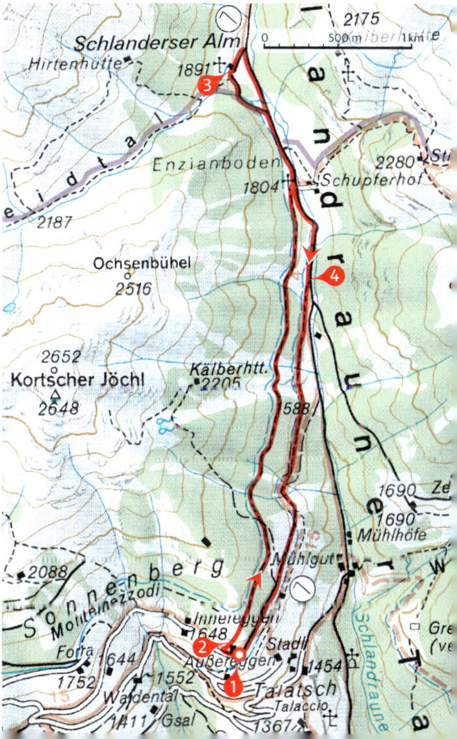

25 Schönputz, 2311 m, und Zerminiger, 3109 m

Von Tappein über den Südrücken

TOP | 8.45 Std. | 15,6 km | ↗ 1740 m | ↘ 1740 m

Abgestufte Aussichtsbalkone am Vinschger Sonnenberg

Am Zerminiger bekommt man einmal mehr die gewaltigen Dimensionen des Vinschgau zu spüren. Sonnseitig baut sich der Berg fast zweieinhalb Kilometer über der Talsohle auf und selektiert auf natürliche Weise die Anwärter auf einen Gipfelsturm. Am gebräuchlichsten ist wohl noch der Aufstieg von St. Martin im Kofel, zumal in diesem Fall mithilfe der Seilbahn von Latsch die wenigsten Höhenmeter zu bewältigen sind (1400 werden es trotzdem und meistens wird eh die Vermoispitze vorgezogen ...). Wer halblegal ins Schlandrauner Tal fährt, kann von dort über die Westseite aufsteigen. Von Schnals durchs Penaudtal zieht es sich beachtlich. Wir wollen es mit dem direkten Südanstieg versuchen, bei arger Sommerhitze wohl kein reines Vergnügen, zum Herbst hin aber eine Tour von großer Ausstrahlung, die mit dem Schönputz als durchaus eigenständigem Ziel eine Option auf Halbierung des Pensums bereithält. Von der idyllischen Waldgrenze aus bietet die ausladende Schulter am Schönputz nämlich bereits tolle Eindrücke und kann als pfiffige Rundwanderung mit leicht pfadfinderischem Bergauf via Vetzaner Alm und Abstieg via Tappeiner Alm ausgestaltet werden. Der Zerminiger ist freilich eine Konditionsaufgabe! 800 Höhenmeter noch vom Schönputz bis zum Gipfel, doch welch ein Panorama als Lohn! Beim vorgeschobenen Kreuz ist der Tiefblick sogar besser; der Bergsteigerstolz wird uns aber letztlich wohl bis zum höchsten Punkt tragen ...

Auch auf dieser Tour lässt das Vinschgau-Panorama keine Wünsche offen.

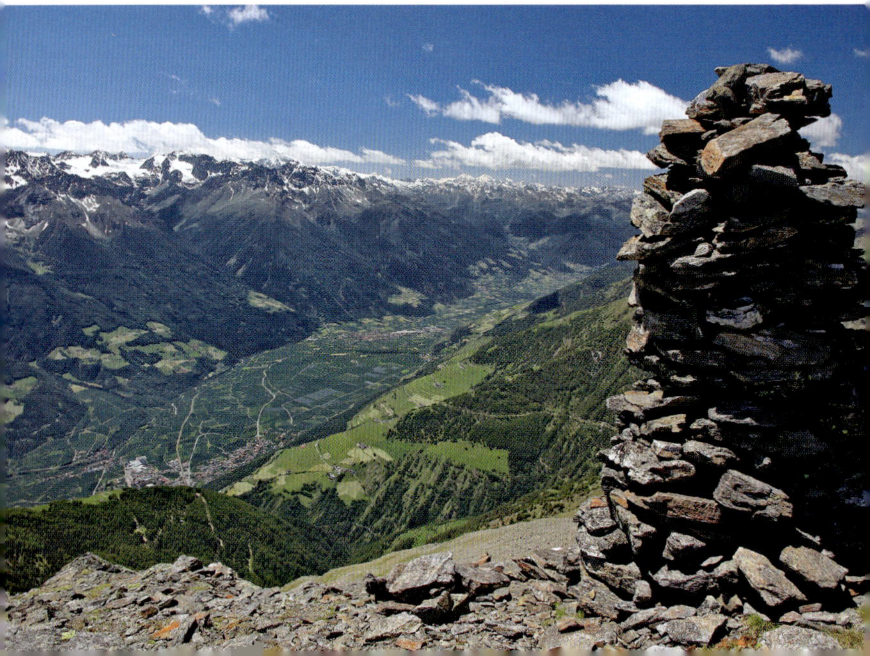

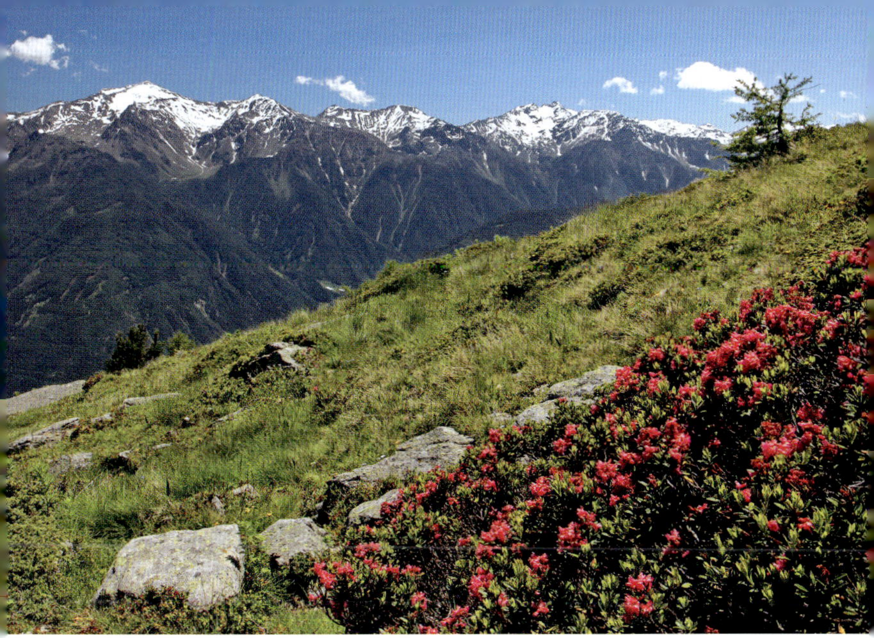

Gegen Ende Juni setzen die Alpenrosen intensive Farbtupfer.

Talort: Vetzan, 729 m, bzw. Schlanders, 738 m, im Vinschgau.
Ausgangspunkt: Tappein, 1397 m, Höfegruppe am Sonnenberg oberhalb von Schlanders. Die Zufahrt kommt aber von Vetzan, etwas Parkraum in der letzten Linkskehre, ca. 1380 m, vor Tappein. Kein Busverkehr.
Anforderungen: T3+ (Zerminiger) bzw. T2–3 (Schönputz). Im Aufstieg nicht bezeichnete, aber gut zu verfolgende Route bis zur Vetzaner Alm, weiter zum Schönputz nur noch unterbrochene Steigspuren in lichtem Wald (guter Orientierungssinn nötig). Am Südrücken des Zerminiger wie auch auf der gesamten Abstiegsroute markiert, bis oben gut gangbares Gelände mit relativ wenig Fels oder Blockwerk (Trittsicherheit obligatorisch). Bis zum Gipfel sehr lange, bis zum Schönputz hingegen konditionell moderate Tagestour (in dieser Form 4.30 Std. bei 940 Hm).
Einkehr: Keine, allenfalls einfacher Ausschank auf der Tappeiner Alm.
Variante: Zur Vetzaner Alm gelangt man auch, indem man von der Straßenkehre zunächst dem breit trassierten Vinschger Höhenweg (lokal Nr. 11) ostwärts Richtung Patsch folgt und ca. 500 m dahinter bergwärts ausschert. Von der Materialseilbahn mit etlichen Kehren hinauf nach Mittereben und weiter wie beschrieben.
Karte: Tabacco 1:25.000, Blatt 04 oder 045.

Bei **Tappein** ❶ wählen wir zunächst Route Nr. 7, zweigen oberhalb der Höfe in einer Linkskehre des Forstweges aber rechts ab und folgen einem unbezeichneten, breiten Grasweg. Dieser vollzieht eine ansteigende Traverse gen Osten und wandelt sich nach einer Weile zum schmalen Steig, bleibt jedoch gut

Fernblick zum Großen Angelus, einem der Hochgipfel der Ortler-Alpen.

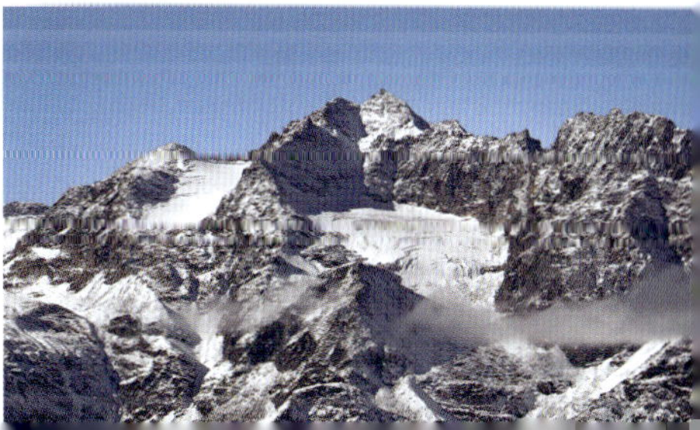

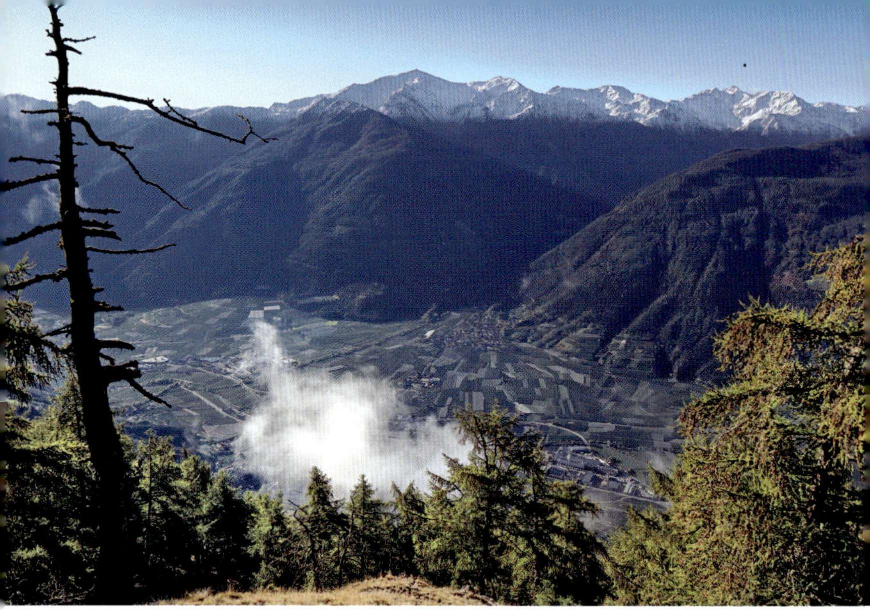

Das Hasenöhrl in voller Größe über dem Vinschgau bei Goldrain und Morter.

gangbar. Zwischendurch muss mal eine Rinne ausgegangen werden. Durch urwüchsigen Lärchenwald kommen wir Richtung **Mittereben** ❷, ca. 1750 m, voran, queren am hier offenen Hang knapp oberhalb eines Speicherteichs ums Eck und gewinnen mit einigen Schleifen an Höhe. Schließlich weiter rechts haltend aufwärts zur **Vetzaner Alm** ❸, 1990 m. Noch wenige Minuten querend, erfolgt hinter einem Brunnen ein scharfer Linksknick zum Geländerücken hin. Mit zielführenden Pfadspuren kann man jetzt vorübergehend nicht mehr rechnen, doch steigt man vorteilhaft an der stumpfen Rückenstruktur – vorerst noch durch lichtes Gehölz, weiter oben schon freier – bis zu einem Absatz auf und gelangt letztlich von Süden hinauf zur plateauartigen Schulter am **Schönputz** ❹, 2311 m. Hier ergibt sich bereits ein toller Vinschgaublick und der Zerminiger bäumt sich nun mächtig vor uns auf.

Einige große Steinmänner zeichnen die Linie vor. Die steilsten, teils

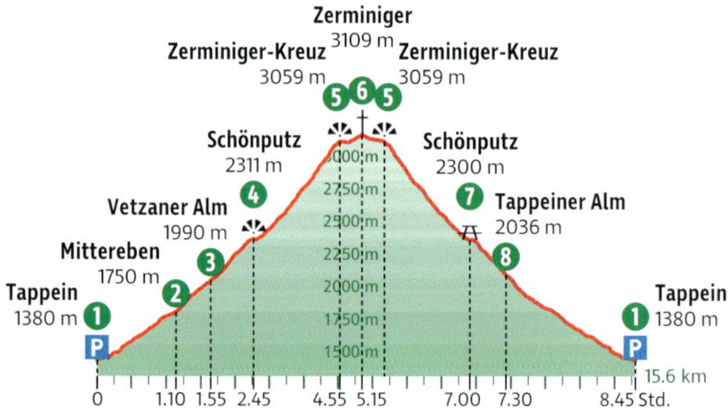

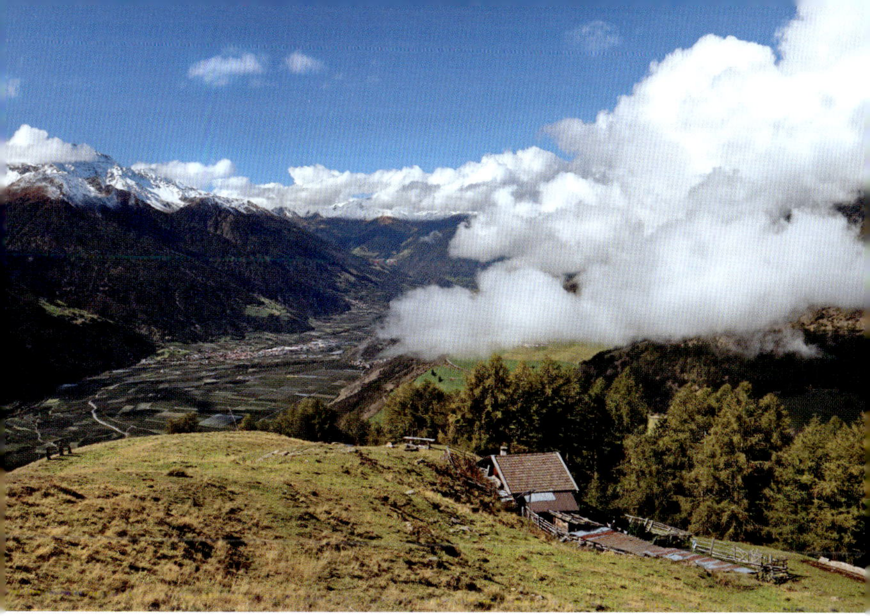

Auf der urigen Tappeiner Alm, die beim Abstieg berührt wird.

schrofigen oder blockigen Passagen, erwarten uns zwischen etwa 2550 und 2750 Meter Höhe, wobei man kurzzeitig auf die linke Kammseite ausweicht, um Kletterei zu vermeiden. Über kargeren Untergrund schließt die Route gegen die große Verflachung auf, wo von rechts der Zugang von St. Martin im Kofel einmündet und ein paar Meter weiter am Vorgipfel das **Zerminiger-Kreuz** **5**, 3059 m, nebst ein paar Steinmännern steht. Der höchste Punkt am **Zerminiger** **6**, 3109 m, ist hier noch ein Stück entfernt, über den nordostwärts leitenden Blockgrat jedoch ohne besondere Hürden zu erreichen.

Im Abstieg wenden wir uns am **Schönputz** respektive bereits kurz davor zu einem nahen Rastplatz **7** und folgen der Route Nr. 7 in den lichten Wald hinein. Sie laviert hinab zu einem sanften Wiesenrücken, an dem die **Tappeiner Alm** **8**, 2036 m, liegt. Unterhalb können wir zunächst noch Abkürzungen nutzen, ehe uns schließlich doch der breite Güterweg aufnimmt. Durch den westseitigen Gampenwald lassen wir die Tour im beständigen Gefälle Richtung **Tappein** **1** auslaufen.

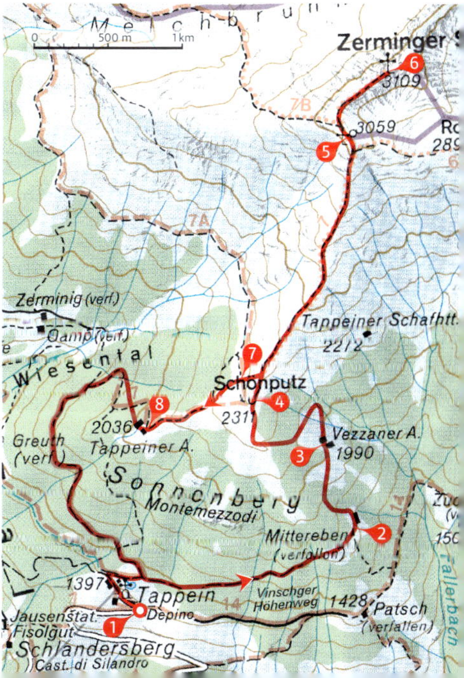

26 Ratschill, 1285 m
Von Goldrain über Annenberger Böden und Lottersteig

3.45 Std. | 9,1 km | ↗ 640 m | ↘ 640 m

Im unteren Stockwerk des Sonnenbergs

Auch die talnahen Lagen haben im Vinschgau attraktive Wanderungen zu bieten, wobei »talnah« in diesem Fall relativ verstanden werden sollte, denn bis zum Ratschillhof, der als Buschenschank Gäste empfängt, sind immerhin gut 600 Aufstiegsmeter zu leisten. Eine gemütliche Bummelei sieht sicherlich noch anders aus. Doch eine gewisse Beschaulichkeit ist ebenso Kennzeichen dieser Tour, die uns die charakteristische Landschaft und Steppenvegetation am trockenen Sonnenberg nahebringt. Reizvoll erscheinen die kleinen Wege, die sich durch das meist lichtbewaldete Gelände schlängeln, etwa die Traverse zum Balkon der Annenberger Böden oder der im Bergab begangene Lottersteig.

Talort: Goldrain, 672 m, im Untervinschgau zwischen Latsch und Schlanders.
Ausgangspunkt: Parkplatz in der Graf-Hendl-Straße, ca. 660 m (in den Straßen weiter oben kaum adäquate Parkmöglichkeiten). Der Bahnhof Goldrain der Vinschgerbahn von Meran liegt etwas südlich des Ortskerns auf der anderen Etschseite.
Anforderungen: T2, stellenweise vielleicht eine Nuance höher. Recht urwüchsige Steige der unteren Hanglagen, durchaus mal recht steil und gelegentlich steindurchsetzt, aber mit elementarer Trittsicherheit gut zu begehen (Absturzgefahr nicht gänzlich auszuschließen). Nicht besonders lange Wanderung, doch kann es tagsüber recht warm werden und damit anstrengend.
Einkehr: Jausenstation Ratschill, 1285 m.
Karte: Tabacco 1:25.000, Blatt 04 oder 045.

In **Goldrain** ❶ orientieren wir uns zunächst zum Schloss, gehen hier rechts im Tisserweg weiter und dann auf dem Steig Nr. 5, welcher auch

Auf dieser auch für zweifelhaftes Wetter geeigneten Tour bleibt die Talsohle nicht ganz so tief unter uns. Bei Goldrain erspähen wir Schloss Annenberg.

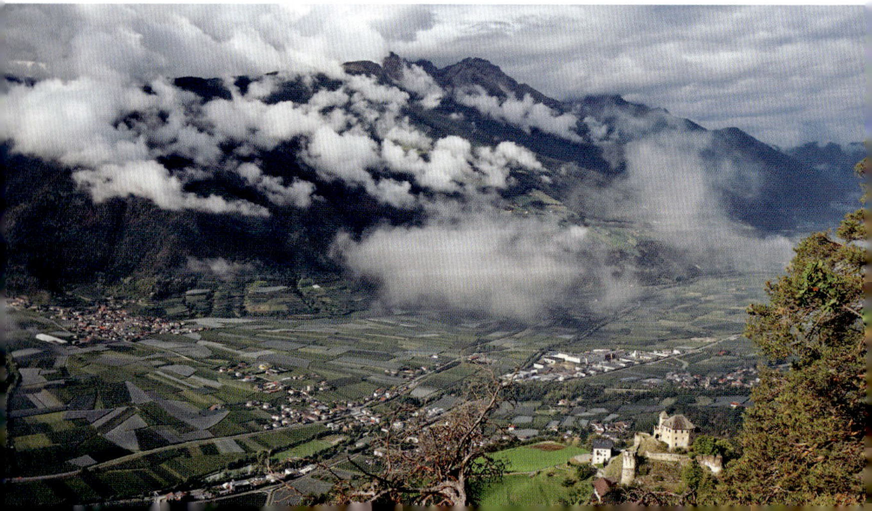

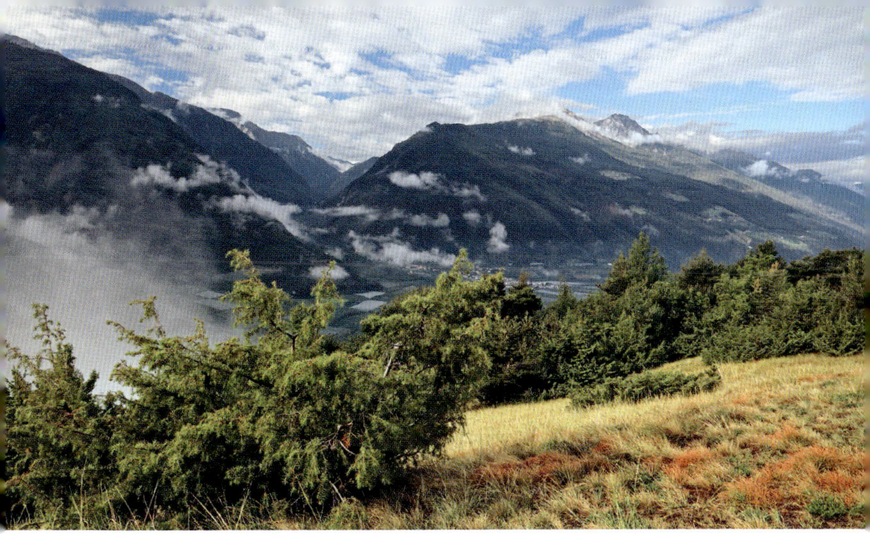

Von den Annenberger Böden blickt man sehr schön ins Martelltal.

noch einen Zugang von Tiss aufnimmt. Bei zwei Gabelungen halten wir uns jeweils rechts und überschreiten den **Tissbach** ❷, 857 m, auf einer kleinen Hängebrücke. Quer durch die Hanglagen führt die oft aussichtsreiche Route eine ganze Weile geringfügig ansteigend gen Osten bis zu den **Annenberger Böden** ❸, 1029 m, wo sich eine kleine Pause anbietet. Kurz vor dem Rastplatz schwenkt man ansonsten scharf links und wandert nun mit der von Latsch kommenden Nr. 7 meist durch lichten Kiefernwald mitunter durchaus recht steil aufwärts Richtung **Ratschill** ❹, 1285 m.

Beim Hofschank nehmen wir die Route Nr. 6A auf: zunächst ein Grasweg, der sich später im Gehölz in den tief eingeschnittenen Tissgraben absenkt. Auf der anderen Seite verlieren wir nach kurzer Traverse weiter an Höhe und beachten dann den Abzweig des **Lottersteigs** (Nr. 15) ❺. Dieser zieht in diagonaler Linie zunächst ein gutes Stück nach Westen (zwischendurch der Abzweig einer steilen Abkürzung) und schwenkt in der Nähe von Goldgruben markant nach links hinunter zu einer Forststraße ❻. Wir folgen ihr nach rechts, kürzen zum Fallerhof ab und laufen zwischen Obstplantagen in **Goldrain** ein. Dort via Tschanderleweg in die Auergasse und aus der Schlossstraße schließlich in die Graf-Hendl-Straße ❶.

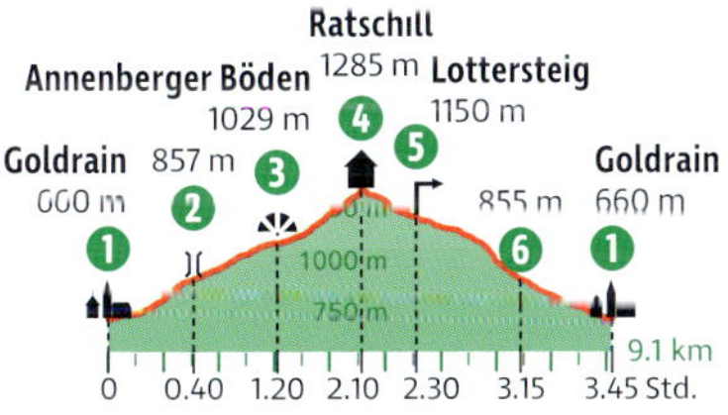

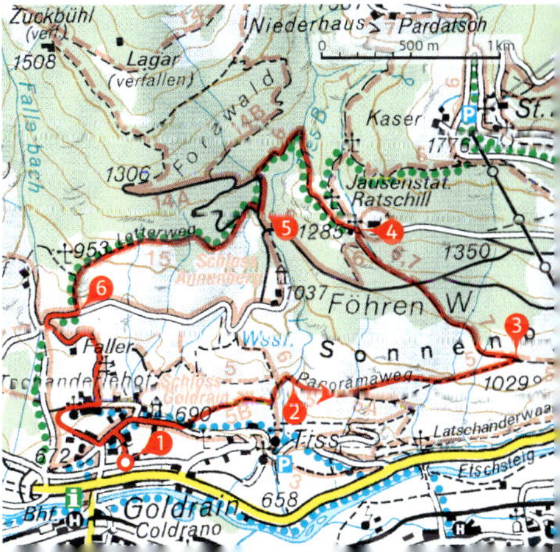

27 Kortscher Schafberg, 3115 m
Über Tascheljöchl und Hungerschartenseen

TOP | 7.45 Std. | 16,2 km | ↗1400 m | ↘1400 m

Eine verlorene Hütte und ein vergessener Weg
Die Erschließung der Berge schreitet angeblich immer weiter voran. Dass es auch mal anders laufen kann, beweist diese Tour! Im Jahr 1910 war nämlich am Tascheljöchl über dem inneren Schnalstal die Heilbronner Hütte errichtet worden. 20 Schlafstellen hat der Stützpunkt damals geboten. Durch die Blockschuttfluren zum Kortscher Schafberg legte man einen Steig an, sodass der Gipfel für geübte Bergwanderer recht attraktiv wurde. Doch die Geschichte brachte kurz darauf einen Krieg, danach die Enteignung aller Alpenvereinshütten auf nunmehr italienischem Hoheitsgebiet und 1932 das endgültige Aus für die Heilbronner Hütte, nachdem sie einem Brand zum Opfer gefallen war. Als Ersatz wurde später nur ein biwakartiger Notunterschlupf eingerichtet. Und der Kortscher Schafberg geriet allmählich in touristische Vergessenheit, obwohl die alte Route bis heute noch gut genutzt werden kann. Man mag ihn als »Schutthaufen« despektierlich behandeln, doch ergibt sich hier eine interessante Perspektive quasi aus dem inneren des Gebirges heraus und man lernt die topografischen Zusammenhänge in dem als »Saldurkamm« bezeichneten Gebiet der südwestlichen Ötztaler Alpen wunderbar kennen. Übers Tascheljöchl und mit Blick zum Vernagtsee kann beim Rückweg noch die malerische Berglalm einbezogen werden, wo man bestens verköstigt wird. Eine reizvolle Tour, die eigentlich nicht in Vergessenheit geraten sollte!

Talort: Vernagt, 1698 m, bzw. Unser Frau in Schnals, 1517 m.
Ausgangspunkt: Koflhöfe, ca. 1940 m, im hinteren Schnalstal, ca. 1 km vor der Hotelsiedlung Kurzras. Parkmöglichkeit und Bushaltestelle der Linie 261

Blick am wuchtigen Schlandrauner Schafberg vorbei in die Ortler-Alpen.

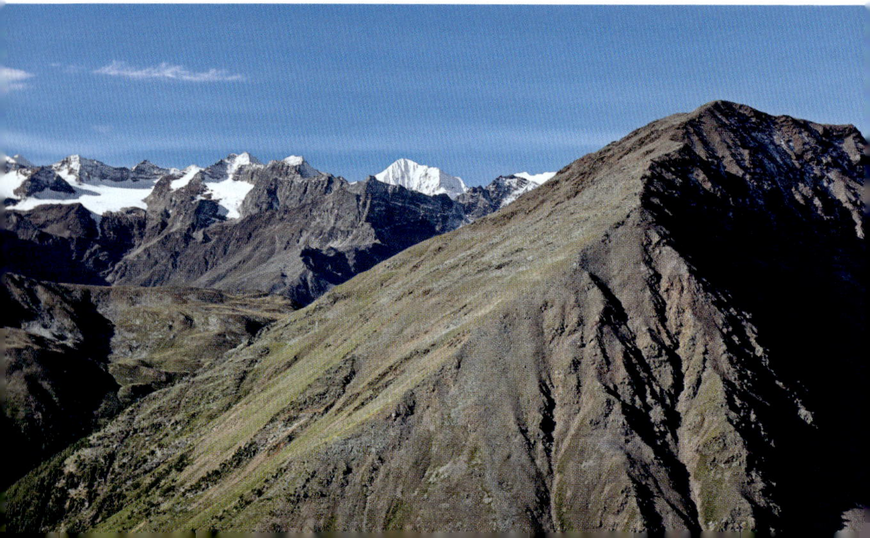

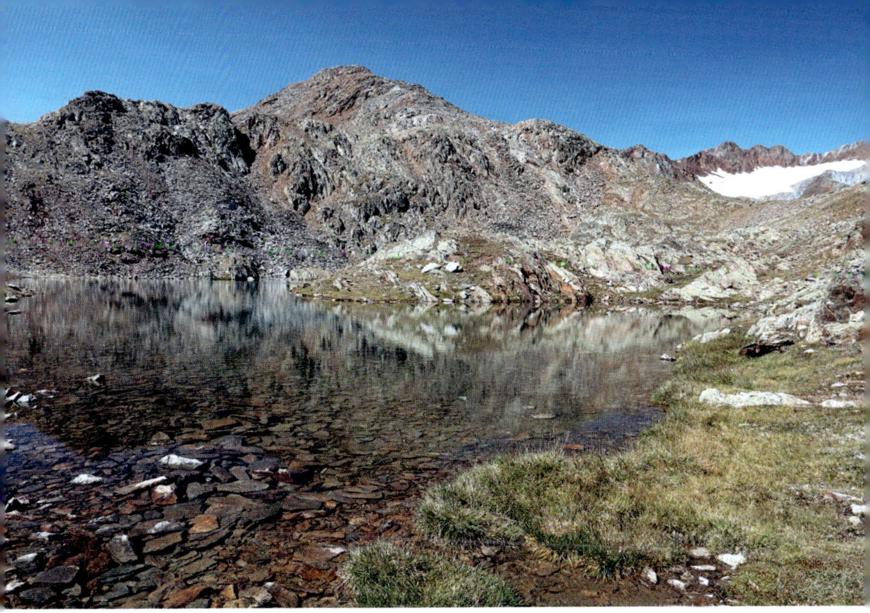

Unser Berg erhebt sich über dem Oberen Hungerschartensee.

vom Bahnhof Naturns.

Anforderungen: T3 (nur übers Tascheljöchl T2–3). Bis zur Biwakhütte beidseits normale, markierte Bergwege, die Gipfelroute ist ebenfalls deutlich gepfadet und in Blockschuttbereichen oft noch in ihrer einstigen Anlage nutzbar, allerdings nicht ausgeschildert oder mit Farbe markiert (nur Steinmännchen). Vom Gelände her meist nicht allzu steil und auch ohne größere Hindernisse. Elementare Trittsicherheit und vor allem Ausdauer für eine längere Tagestour obligatorisch.

Einkehr: Berglalm, 2214 m, Anfang Juni bis Anfang November, Tel. +39 339 3816482, bergl-alm.com.

Varianten: 1. Alternativer Start etwas weiter vorn im Schnalstal beim Hotel Gerstgraser Hof, 1767 m, und mit Nr. 13 in gut 1 Std. zum Hangweg hinauf.
2. Man kann auch von Süden, aus dem Schlandrauner Tal über den Kortscher See Richtung Tascheljöchl aufsteigen (Markierung Nr. 4). Die Straße von Kortsch ins Hochtal ist aber nicht kollaudiert, d.h. sie ist für den öffentlichen Verkehr eigentlich gesperrt, obgleich eine Zufahrt auf persönliches Risiko geduldet wird (abschnittsweise sehr steil!).

Karte: Tabacco 1:25.000, Blatt 04.

Gegenüber den **Koflhöfen** ❶ beginnt ein Weg (Nr. 5) zwischen Wiesen hindurch Richtung Wald, in welchem wir dann schräg links an Höhe gewinnen. Man nähert sich dem **Lagauntal**, wo sich die Route direkt hinter der Bachbrücke ❷, 2170 m, gabelt. Während links der Hangweg zur Berglalm weiterführt, orientieren wir uns jetzt mit Nr. 4 nach rechts Richtung Tascheljöchl (auf Wegweisern auch »Taschenjöchl«). Wir lassen die letzten Bäume bald unter uns, überwinden einen kleinen Rücken und steigen anschließend längere Zeit im Bereich einer recht steilen Hangmulde höher, nach oben hin in kargem Blockschutt. Mit Erreichen der Kammregion trifft man auf eine steinerne Biwakhütte neben den Resten der ehemaligen **Hellbronner Hütte** ❸, 2772 m. Das eigentliche

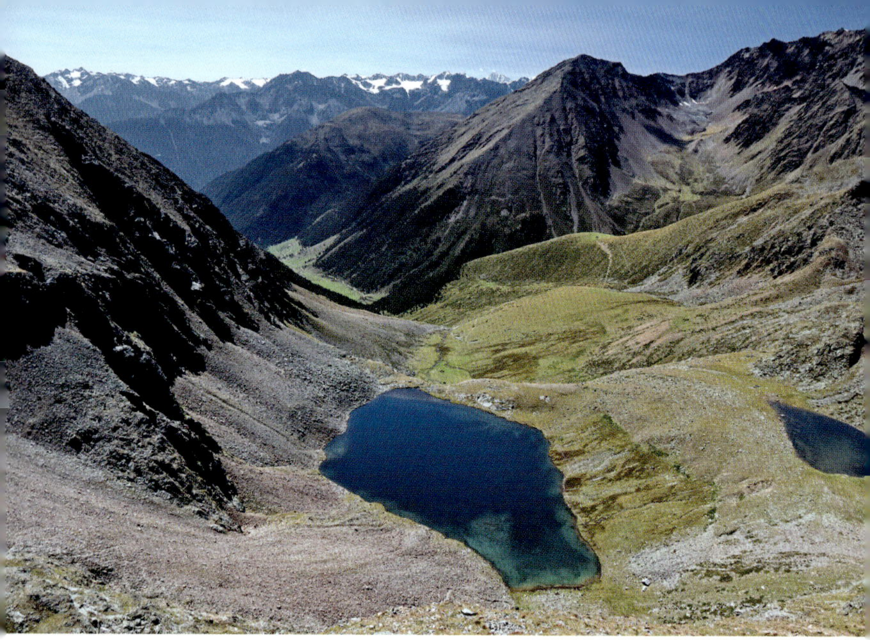

Eine Etage tiefer entdecken wir den Kortscher See im inneren Schlandrauner Tal.

Tascheljöchl liegt fünf Gehminuten östlich und wird erst beim Rückweg berührt. Auch der ins Schlandrauner Tal hinunterführende Weg bleibt unbeachtet – vielmehr halten wir uns rechts und nutzen die auffällige horizontale Trasse, die um ein markantes Eck herumzieht. Es tut sich ein Tiefblick auf den Kortscher See auf. Im weiteren Verlauf geht es quer durch den abschüssigen Hang (gemauert), ehe zum **Unteren Hungerschartensee** einige Meter verloren werden. Dort links am Ufer entlang und über einen Schutthang hinauf zum größeren **Oberen Hungerschartensee** ❹, 2778 m, der rechts passiert wird. Im Sattel P. 2813 setzt nun der Ostrücken unseres Berges an. Deutlich gepfadet laviert die Route überwiegend im Blockschuttgelände höher. Nach oben hin verbreitert sich der Rücken und wird etwas unübersichtlich, sodass man nicht sicher ist, wo genau eigentlich das Gipfelziel liegt. Rechter Hand taucht ein Köpfel mit Kreuz auf, doch befindet sich der höchste Punkt des **Kortscher Schafbergs** ❺, 3115 m, erst dahinter auf einer geräumigen Kuppe.

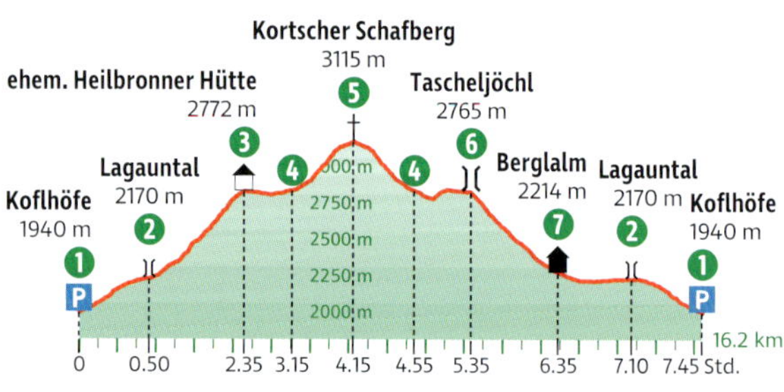

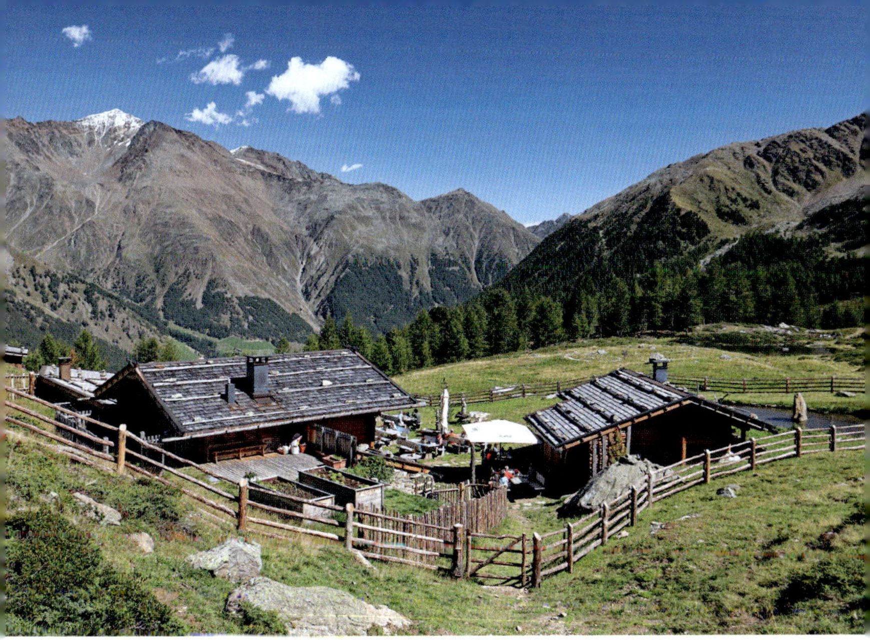

Die Berglalm lädt zur gemütlichen Rast ein.

Der Abstieg bringt uns zunächst wieder zurück in die Nähe der **Heilbronner Hütte** ❸ und von dort hinüber ins nahe **Tascheljöchl** ❻, 2765 m. Mit dem Vernagtsee im Schnalser Panorama führt Weg Nr. 5 von hier nordostseitig bergab, beschreibt einige elegante Kurven und kommt aus dem Blockschuttgelände wieder in grasige Umgebung. Nach einer Stunde ab Joch laufen wir bei der bewirtschafteten **Berglalm** ❼, 2214 m, ein und können uns dort eine Stärkung oder Erfrischung gönnen. Der Hangweg am urwüchsig mit Zirben-Lärchen-Wald bestandenen Gerstgrasberg vermittelt anschließend in leichtem Auf und Ab die Verbindung zurück ins **Lagauntal** ❷ – also nicht vorher talwärts abbiegen. Die letzte gute halbe Stunde Richtung **Koflhöfe** ❶ verläuft dann auf bekannter Strecke.

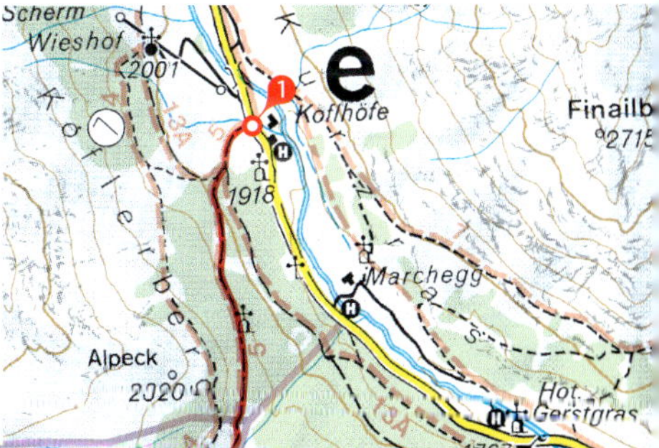

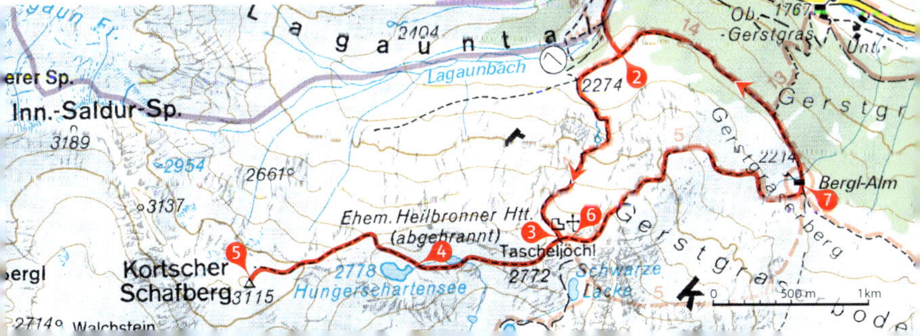

28 Schröfwand, 2809 m
Überschreitung vom Vernagt-Stausee

5.30 Std. | 12,5 km | ↗ 1180 m | ↘ 1180 m

Die Schnalser Bergwelt im perfekten Überblick

Mit der Schröfwand besteigt man einen der besten Schnalser Aussichtspunkte – die hohen Berge im Kranz sowie herrliche Talblicke, zum Vernagt-Stausee und Richtung Talschluss schon beim Aufstieg, ins vordere Schnalstal dann vom Gipfelkreuz sowie auf der alternativen Abstiegsroute. Auch die windungsreichen Steige sind reizvoll zu begehen, schmiegen sie sich doch optimal dem steilen Grasgelände an und bieten eine Idealtour im mittleren Schwierigkeitslevel. Auch der konditionelle Anspruch passt in diesen Rahmen – nicht zu langwierig, aber inklusive einer ausgiebigen Gipfelrast durchaus tagfüllend. Eigentlich verwunderlich, dass die Schröfwand nicht häufiger Besuch erhält.

Talort: Vernagt, 1698 m, bzw. Unser Frau in Schnals, 1517 m.
Ausgangspunkt: Parkplatz nahe der Staumauer, 1695 m, bzw. die Bushaltestelle in Vernagt (Linie 261 vom Bahnhof Naturns) ein paar Schritte ortseinwärts.
Anforderungen: T3. Auf beiden Seiten eher schmale Steige in ziemlich abschüssigem Grasgelände, aber durch die vielen Windungen effektiv nicht besonders steil angelegt. Nr. 18 im Auf-

Rechts: Beim Aufstieg haben wir den stattlichen Vernagt-Stausee voll im Blick, dahinter das Massiv von Lagaun- und Saldurspitze.
Unten: Mit ihrer rinnenzerfurchten Südwestflanke macht die Schröfwand Eindruck. Das Kreuz befindet sich links auf der Schulter.

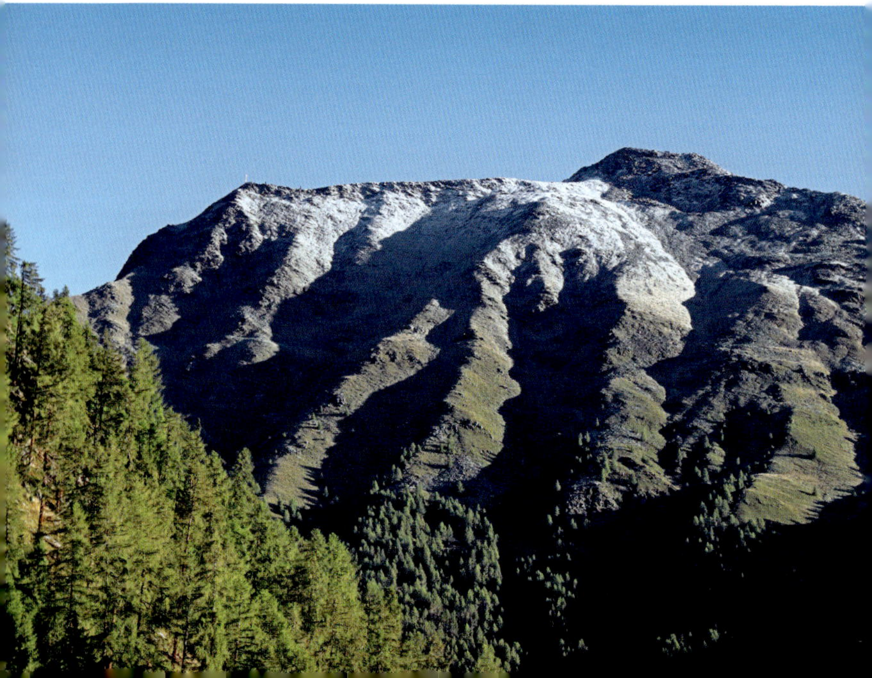

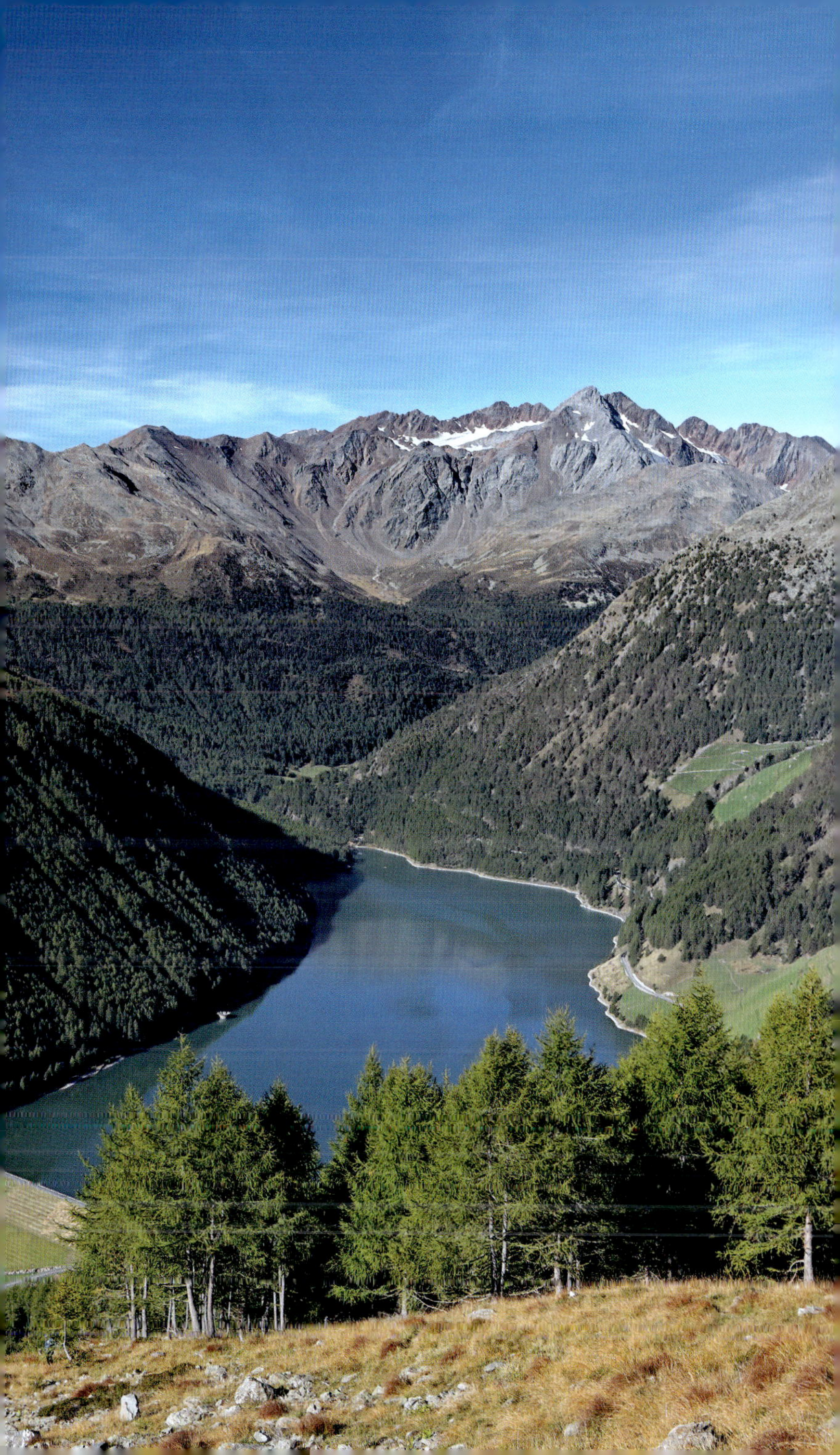

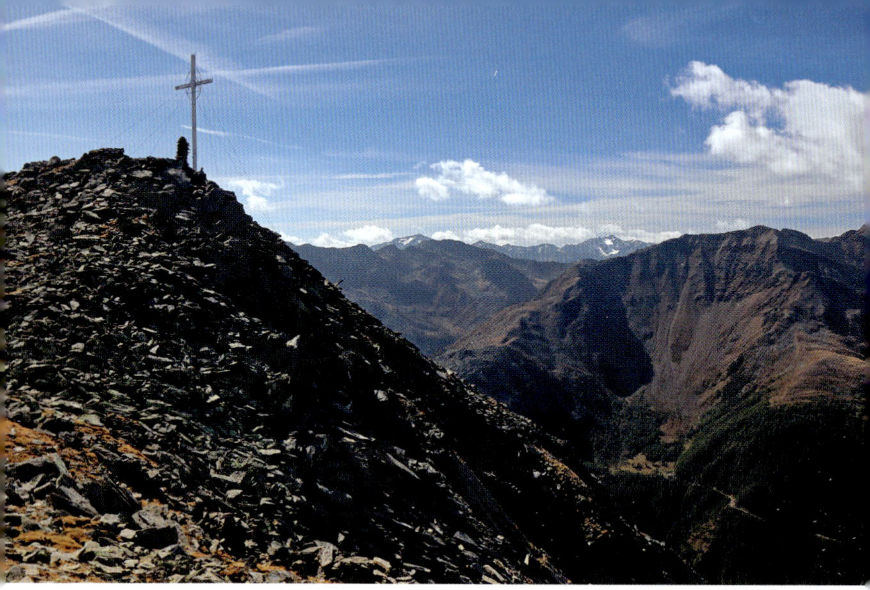

Nur noch ein paar Schritte bis zur Aussichtskanzel der Schröfwand ...

stieg ist etwas besser ausgetreten als die eine Nuance anspruchsvollere Nr. 18A, vom Charakter her jedoch ähnlich. Bei Nässe ist erhöhte Vorsicht geboten; Blockschutt nur im Gipfelbereich. Neben elementarer Trittsicherheit Ausdauer für eine normale Tagestour nötig.

Einkehr: Keine am Weg, ggf. in der Ortschaft Vernagt.

Karte: Tabacco 1:25.000, Blatt 04.

In **Vernagt ❶** begeben wir uns auf das zum oberhalb gelegenen Tisenhof führende Sträßchen, zweigen aber schon in der Linkskurve mit Nr. 18 nach rechts ab. Jenseits des Vernagtbachs wird der Wirtschaftsweg verlassen. Nach angenehmem Aufstieg durch gebietstypischen Lärchenwald lichtet sich dieser zwischen 2100 und 2200 Metern – vereinzelte Bäume sind in den Grasflanken am »Samberg« sogar noch bis 2400 Meter hinauf zu finden. Der gute Steig schraubt sich – mal mehr links, mal rechts – ziemlich gleichmäßig in die Höhe und schmiegt sich dem Gelände perfekt an. Bei P. 2733 erreichen wir den Kammbereich mit einer ausgeprägten, eventuell mit Wasser gefüllten Mulde. Nun teils im Blockschutt rechts an dieser vorbei bis zum großen Kreuz auf der **Schröfwand ❷**, 2809 m, das genau genommen am westlichen Vorsprung

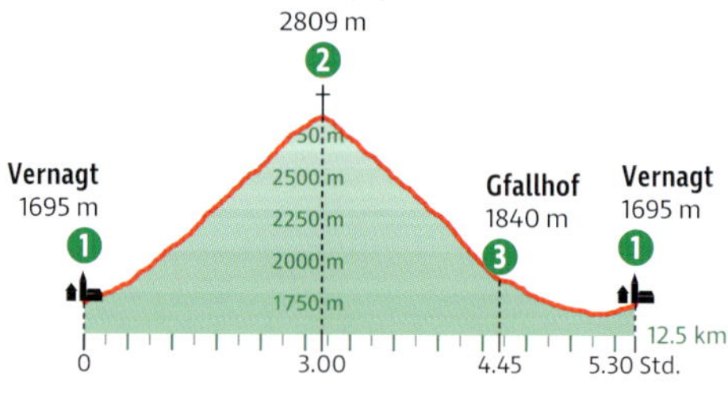

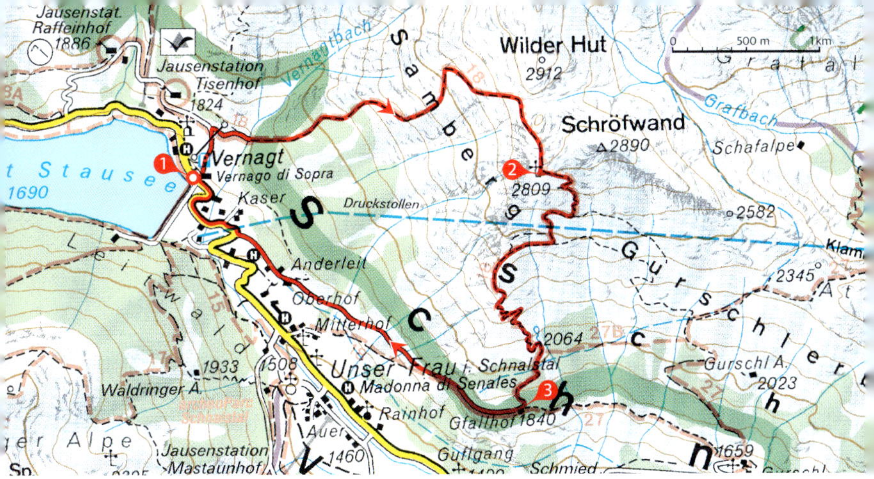

postiert ist. Der mit 2890 Metern kotierte höchste Punkt wird nicht vom Weg berührt, kann allerdings je nach Lust und Laune binnen einer Viertelstunde mitgenommen werden.

Für den Abstieg achten wir nun auf die Farbzeichen der Route Nr. 18A, die rasch über die Geländekante in die südseitigen Grasflanken am sogenannten »Gurschlerberg« abtaucht. Dort zuerst markant nach links, dann in vielen Schleifen tiefer und vorübergehend zum ausgeprägten Südrücken hin, wo sich auf ca. 2340 Metern eine kleine Almhütte befindet. Von dieser halten wir uns eher wieder nach links, treten in lichten Bergwald ein und folgen den zahlreichen Kehren hinunter zum **Gfallhof ❸**, 1840 m. Von dort nutzen wir die Zufahrt, zweigen nicht auf den Steig nach Unser Frau ab, sondern folgen dem Anrainersträßchen am Hof Anderleit vorbei bis zur Hauptstraße. Zum Schluss wird leider noch ein Gegenanstieg fällig, wobei man die letzte Kehre hinauf zum **Vernagt-Stausee ❶** abschneiden kann.

Das Gelände schwingt sich zum Similaun auf, rechts die Zunge des Grafferners.

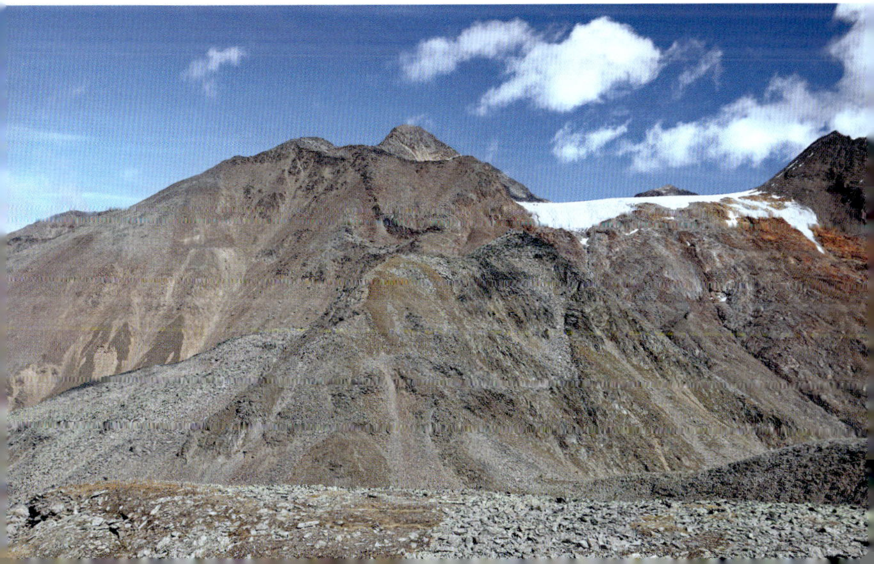

29 Mastaunpichl (Lafetzberg), 2285 m
Zwischen Lafetzalm und Mastaunalm

3.45 Std. | 8,1 km | ↗820 m | ↘820 m

Kompakter Rundkurs oberhalb von Unser Frau in Schnals
Neben der alteingesessenen Mastaunalm, die im gleichnamigen Hochtal früher vermutlich mal ein ganzjährig bewohnter Hof war, ist auch die unweit gelegene Lafetzalm vor ein paar Jahren zu einer Jausenstation ausgebaut worden. Von Unser Frau in Schnals aus kann man beide zu einer hübschen Runde zusammenlegen, die ein wenig über das Almniveau hinausgeht, allerdings noch keine wirklich stramme Bergtour bedeutet. Höhepunkt ist – abgesehen von der leckeren Marende natürlich – die Aussicht vom Mastaunpichl, der in manchen Karten als Lafetzberg oder Lafetzeck eingetragen ist: ein Logenplatz vor den Gipfeln rund ums Schnalstal!

Talort: Unser Frau in Schnals, 1517 m.
Ausgangspunkt: Parkplatz und Bushaltestelle beim ArcheoParc in Unser Frau. Buslinie 261 vom Bahnhof Naturns ins Schnalstal.
Anforderungen: Mindestens T2–3. Normale Bergsteige bis in den Bereich der Waldgrenze, im Aufstieg höchstens mittelsteil, beim Abstieg vom Mastaunpichl sogar ziemlich steil (elementare Trittsicherheit; ggf. auch umgekehrt begehen). Nicht ganz mühelos, aber kein volles Tagesprogramm.
Einkehr: Lafetzalm, 2015 m, Juni bis Mitte Oktober, Tel. +39 333 6973512, lafetz-alm.com. Mastaunalm, 1810 m, Mai bis Oktober, Tel. +39 339 7180319.
Karte: Tabacco 1:25.000, Blatt 04.

In der Ortschaft **Unser Frau in Schnals** ❶ orientieren wir uns zum Tonzhaus, einem gehobenen Hotelbetrieb, und nehmen beim Durchgang den Weg Nr. 19 auf. Dieser quert zunächst eine Weile am Hangsockel,

Unser Frau in Schnals ist der Ausgangspunkt dieser Tour.

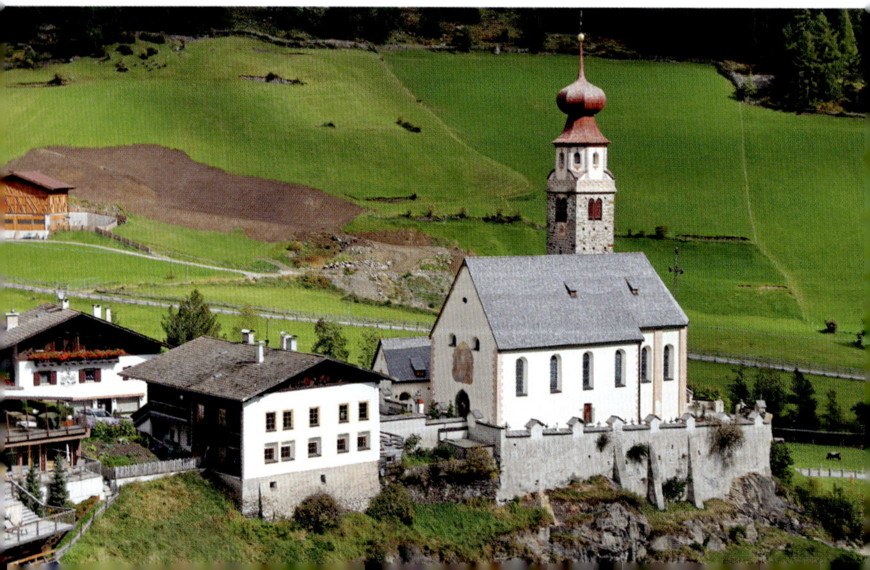

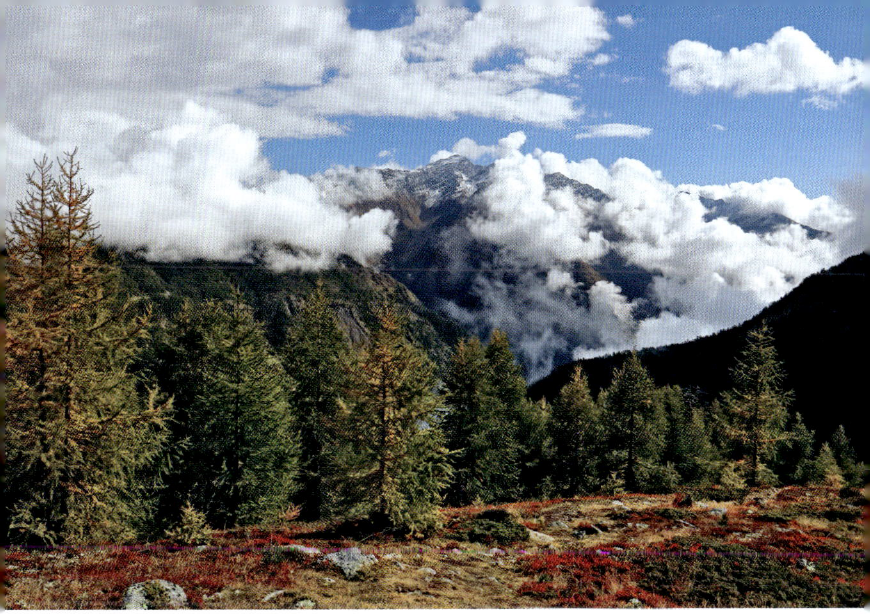

Quellwolken umspielen die Gipfel der Texelgruppe jenseits des Schnalstals.

trennt sich dann von der Talwanderroute nach Karthaus und zieht deutlich bergauf. Nur kurzzeitig wird mal eine Forststraße genutzt. Auf dem Steig schräg empor bis gegen den Einschnitt des Lafetzbachs und zum Geländeabsatz mit der **Lafetzalm** ❷, 2015 m. Wir bleiben der Nr. 19 treu und folgen etwas oberhalb dem scharfen Rechtsschwenk (während der Penauder Höhenweg links weiterführt). Durch lichten Lärchenwald gewinnt man am Gamseck eine Höhe von rund 2300 Metern und quert noch ein Stück bis zum Kreuz am **Mastaunpichl (Lafetzberg)** ❸, 2285 m: ein herrlicher Rastplatz! In den schattseitigen Hängen über dem Mastauntal wird es sofort recht steil. Unser Steig ist jedoch in Kehren gut angelegt und läuft schließlich durch eine Schneise in den wunderschönen Talanger aus. Weiter vorn empfängt uns auf der linken Bachseite die bewirtschaftete **Mastaunalm** ❹, 1810 m. Der letzte Abschnitt führt durchs Hochtal hinaus, am Mastaunhof vorbei und mit Nr. 17A rasch hinunter nach **Unser Frau** ❶.

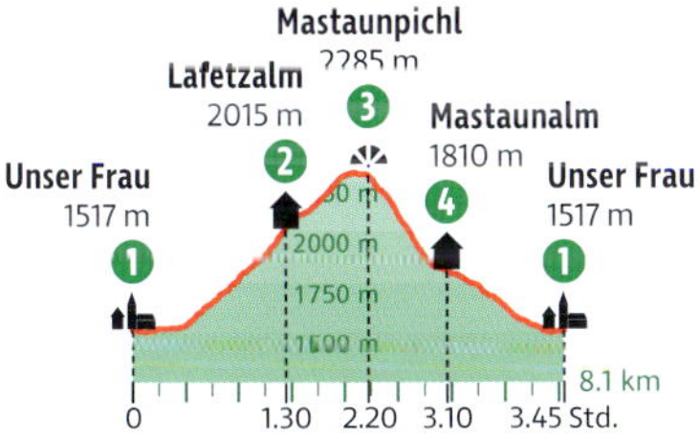

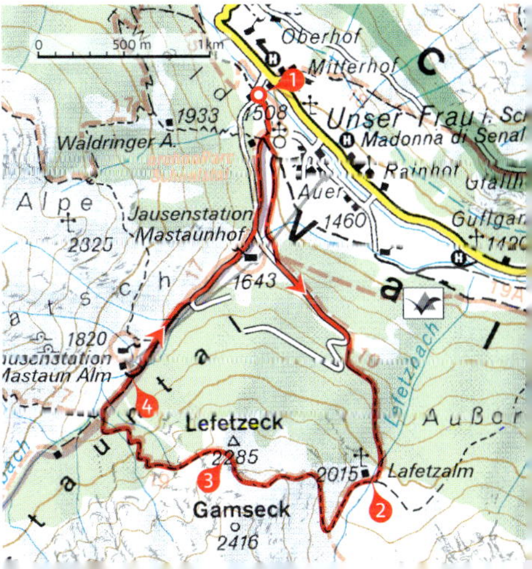

30 Trumser Spitze (Gamsegg), 2912 m

Von der Penaudalm zur Klosteralm

8.00 Std. | 17,7 km | ↗1680 m | ↘1680 m

Große Überschreitung im Zwickel zwischen Schnals und Untervinschgau

Von der Mündung des Schnalstals zieht eine Kammstruktur über Juval zum Tscharser Wetterkreuz am Trumsboden hinauf und kulminiert schließlich in der Trumser Spitze, die vor Ort auch als Gamsegg bezeichnet wird: ein weiteres Beispiel für die beachtlichen Dimensionen zwischen Tal und Berg, wie sie den Vinschgau auszeichnen. Angesichts einer Höhendifferenz von fast 2300 Metern wird dieser Linie kaum jemand in einem Zug folgen wollen – eher startet man schon etwas höher aus dem Bereich des Höfeweilers Trumsberg. Oder man nähert sich der Trumser Spitze von der anderen Seite, vom Klosterort Karthaus im Schnalstal, wo sich zwei Routen zu einer großartigen Überschreitung verbinden lassen. Währenddessen gewinnen wir Einblick ins weitläufige Penaudtal mit einer der höchsten Sennalpen Südtirols, lassen unsere Augen einmal mehr über eine unglaubliche Gipfelflur schweifen und entdecken mit dem Saxalbsee auch noch eine stille Perle hoch über dem Schnalstal. Kondition und Wetterbedingungen müssen natürlich stimmen für diese stattliche Tour.

Talort: Karthaus, 1327 m, im Schnalstal.
Ausgangspunkt: Karthaus, Parkplatz und Bushaltestelle der Linie 261 vom Bahnhof Naturns im Ort. Mit dem Auto kann man auch noch bis zum Waldparkplatz, 1520 m, bei Wegpunkt 2 hinauffahren; man spart sich fast 200 Höhenmeter bzw. in der Gesamtgehzeit 45 Min.
Anforderungen: T3. Im Penaudtal langwieriger Fahrweg, anschließend spärlich gepfadete, aber zuverlässig

Gebietstypische Alpinlandschaft beim Aufstieg aus dem Penaudtal.

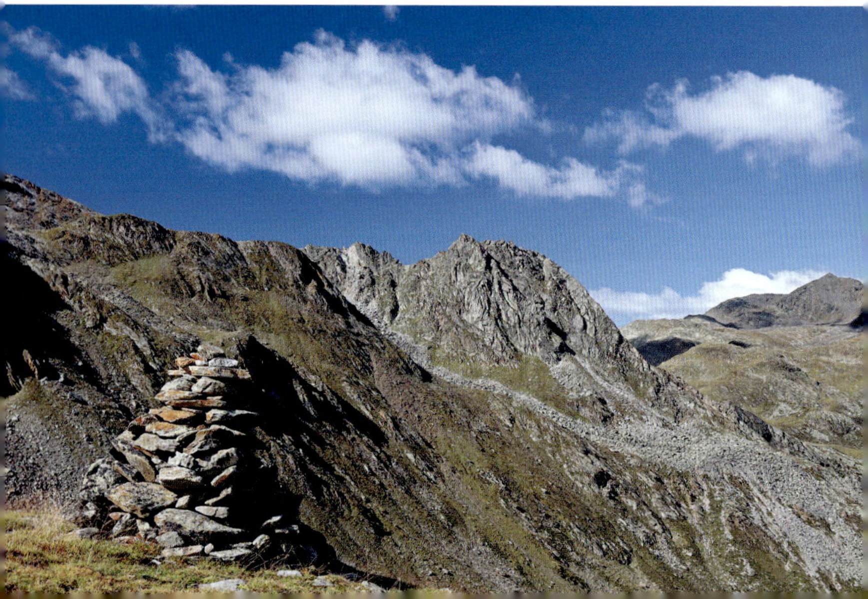

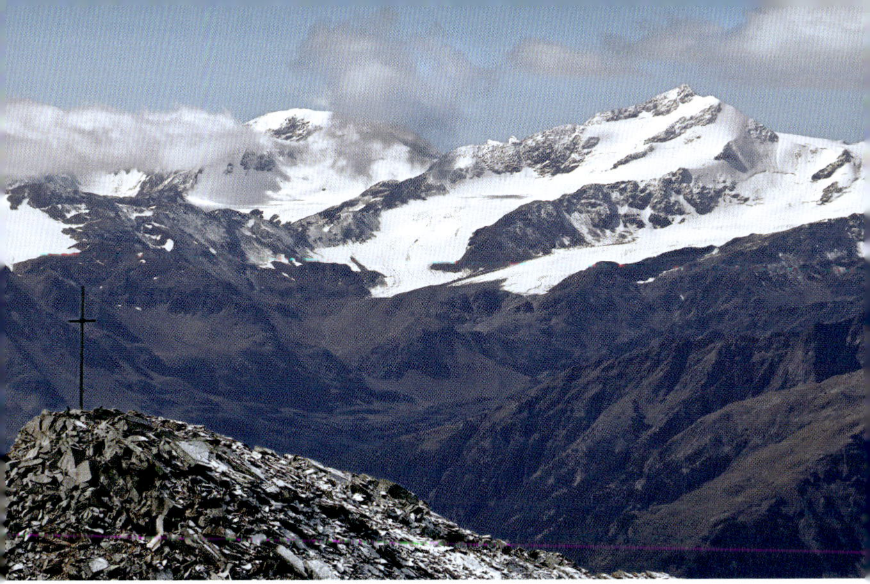

Über das Gipfelkreuz der Grubenspitze blicken wir – durchs Teleobjektiv optisch verkürzt – bis zu den Gletscherbergen der Ortler-Alpen.

markierte Route über alpine Rasen bis in erdiges und felsdurchsetztes Gelände. Im Abstieg zwischendurch abschüssige Grasschrofen, ab Klosteralm normaler Waldsteig. Verschiedene Abschnitte erfordern solide Trittsicherheit, die ganze Tour eine beachtliche Kondition (ggf. in einer der Almen Quartier nehmen; auch die umgekehrte Richtung kann erwogen werden).
Einkehr: Penaudalm, 2323 m, Ende Mai bis Anfang Oktober, Übernachtung auf Anfrage, Tel. +39 329 1410567, penaudalm.com. Klosteralm, 2152 m, Mitte Juni bis Anfang September durchgängig, sonst an Wochenenden, Übernachtungsmöglichkeit, Tel. +39 329 5647323, ossiundmagda.com.
Varianten: 1. Vom Sattel am Saututt mit Abstieg zum Saxalbsee rechts um den Kopf herum und auf Route Nr. 23 zur Klosteralm (etwas länger).
2. Vor der Klosteralm kann auch die Kreuzspitze, 2576 m, noch überschritten werden: ein toller Aussichtspunkt. Abzweig (Nr. 23B) auf rund 2400 m in der Wiesenhangmulde, Abstieg später zuerst gegen Norden, am vorgeschobenen Kreuz markant nach rechts eindrehend. Bewertung T3, Mehraufwand von 180 Hm, ca. 1.00 Std.
3. Vom Ortlhof, 1567 m, am Trumsberg

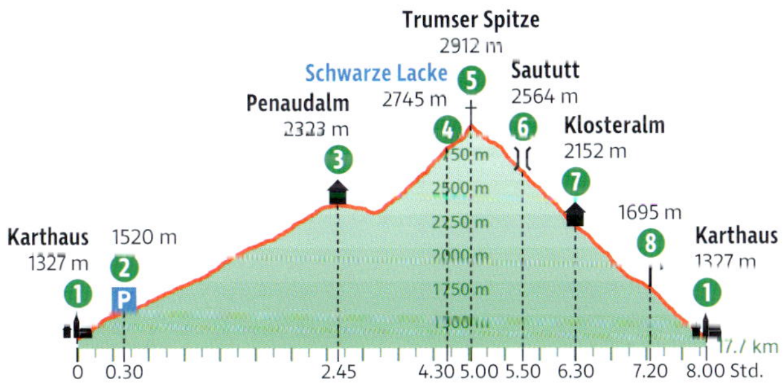

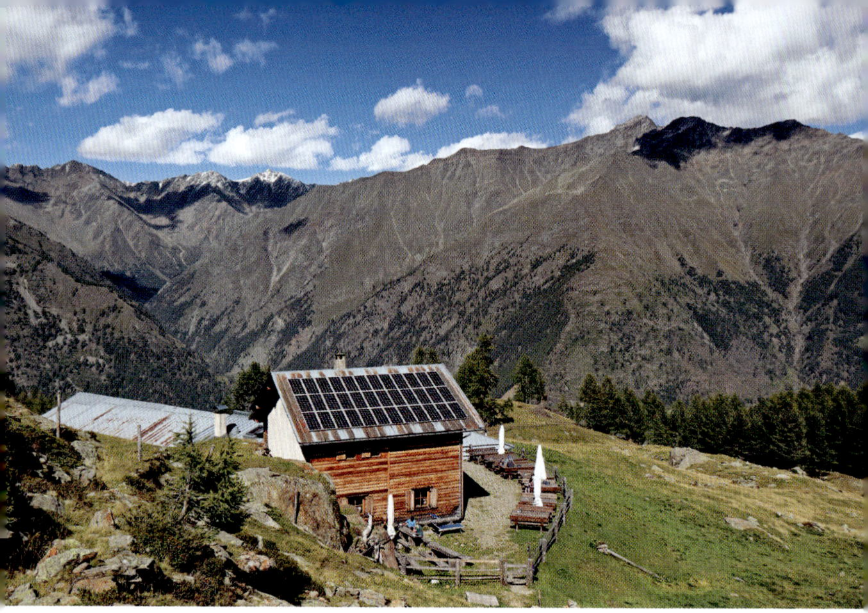

Nach der Gipfelüberschreitung können wir in der Klosteralm einkehren.

(Zufahrt von Kastellbell) ließe sich die Route via Stierbergalm und Tscharser Wetterkreuz am Trumsboden (Nr. 4) mit jener über die Grubenspitze und das Trumser Albl (Nr. 8B bzw. 8) kombinieren – ebenfalls eine große Unternehmung.

Karte: Tabacco 1:25.000, Blatt 04.

Im Klosterort **Karthaus** ❶ nehmen wir die Wege Nr. 20 und 23 auf, die sich oberhalb im Wald gabeln. Wir halten uns rechts, kommen auf die Forststraße und zu einem vorgeschobenen **Parkplatz** ❷, ca. 1520 m. Nun um den Hang herum ins Penaudtal und dort mitunter recht kräftig ansteigend. Auf rund 2000 Metern öffnet sich ein Boden, anschließend mit einer Reihe von Kehren höher. Nach Erreichen der nächsten Geländeschwelle taucht hinter einer Biegung die **Penaudalm** ❸, 2323 m, auf. Die Fortsetzung gipfelwärts (Nr. 14) zweigt allerdings bereits gut 300 Meter davor ab. Man überquert die von Rinnsalen durchzogenen Böden, verliert blockdurchsetzt ein wenig an Höhe und steigt dann links haltend über Gras- und Zwergstrauchhänge aufwärts, später an einem stumpfen Rücken nur noch über alpine Rasen. Oberhalb von 2600 Metern kommen felsdurchsetzte Passagen mit Schutt dazu. Nach zwei Aufschwüngen verzweigt sich die Route beim kleinen Seeauge (der **Schwarzen Lacke**) ❹ Richtung Grubenspitze rechts und Gamsegg links (auf Wegweisern meist so bezeichnet). Nun im Schrägaufstieg zum Südwestgrat und an diesem – zunächst flach, dann über ein felsiges Steilstück mit Drahtseil und gegen Ende in gutmütigem Blockschutt – bis zum Gipfel, der in Karten normalerweise als **Trumser Spitze** ❺, 2912 m, eingetragen ist.

Der Abstieg verläuft an der rechtsseitigen Abdachung des Nordgrates über mäßig steile Blockschuttfluren (Nr. 29). Man dreht nach rechts ein und kommt zu einer Geländeschwelle, hinter der unser Pfad parallel zu einer schrofigen Schneide plötzlich abschüssig verläuft. Unten schimmert der Saxalbsee, doch überschreiten wir den Sattel vor dem **Saututt** ❻ vorteilhaft auf die linke Seite und steigen – zwischendurch nochmals über Blockfelder – in die Wiesenhangmulde ab. Während linker Hand der Gipfelaufbau der Kreuzspitze flankiert (siehe Variante), senkt sich das Kar gegen die **Klosteralm** ❼, 2152 m, ab. Weg Nr. 23 zieht weiter in den Wald, später um ein Eck herum und zum Anschluss an eine Forststraße. Da die Originalroute wegen Windbruch verlegt wurde, bleibt man etwas länger auf dieser (und vollständig, wer am Waldparkplatz ❷ gestartet ist!), bis ein Hinweis »Karthaus« nach rechts weist ❽. Damit schräg hinab zum Originalweg und mit einigen Kehren hinunter nach **Karthaus** ❶.

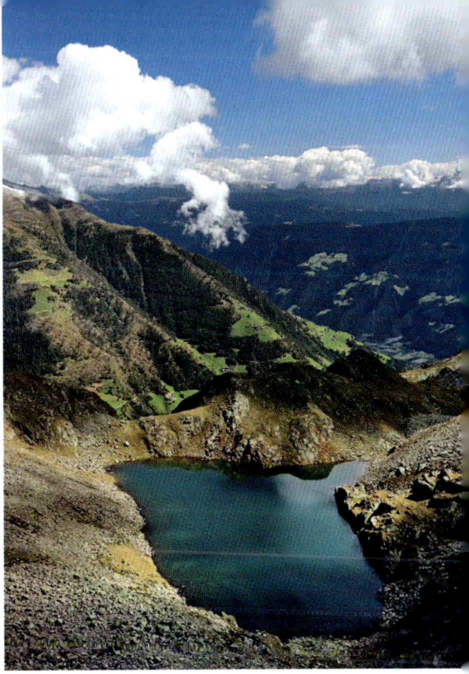

Perle der Schnalser Bergwelt: der Saxalbsee.

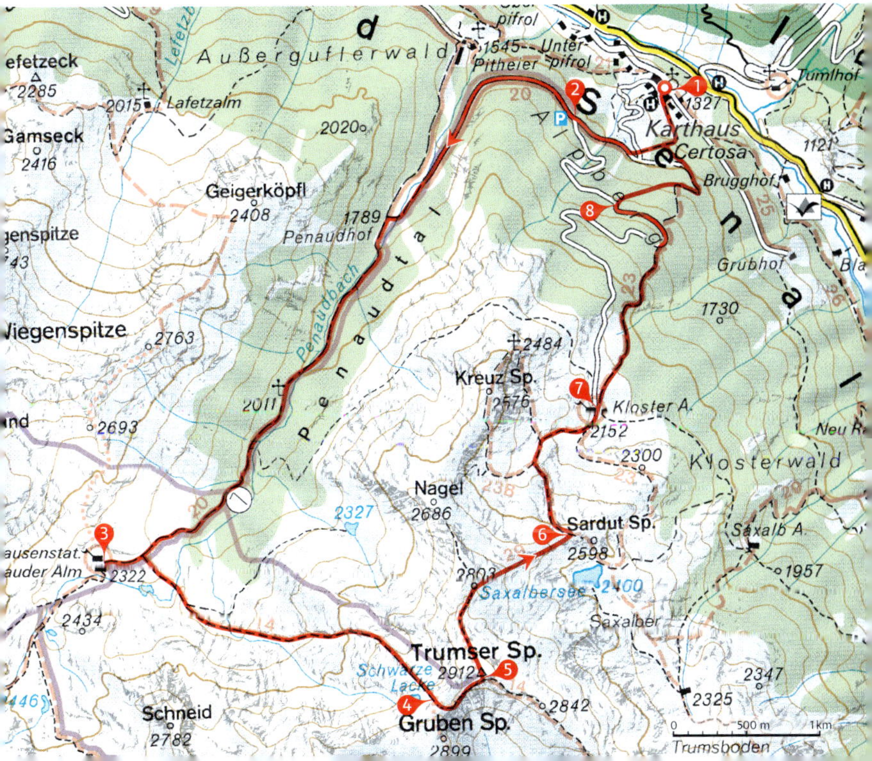

31 Kirchbachkreuz, 2951 m

Große Überschreitung am Naturnser Sonnenberg

TOP | 8.15 Std. | 14,2 km | ↗1650 m | ↘1650 m

Himmelwärts am Südwesteck der Texelgruppe

Die Texelgruppe wird gern als »hochalpine Schatzkammer Merans« geadelt, was sicherlich auch ihrem facettenreichen Erscheinungsbild geschuldet ist. Mit den typischen Eigenheiten des Vinschgau präsentiert sich die steile Südfront, wobei wir am Naturnser Sonnenberg recht ausgedehnte Areale bergbäuerlicher Bewirtschaftung finden und damit auffällig sattgrüne Inseln in den mittleren Hanglagen. Darüber schwingen sich die Gipfelflanken mächtig auf. Ganz am Südwesteck der Texelgruppe kann das sogenannte Kirchbachkreuz, ein Ableger der etwas höheren Kirchbach- und Lahnbachspitze, auf zwei markierten Routen erreicht werden – zum einen direkt über die »zache« Südseite, andererseits durchs moderatere Westkar, wo es erst weit oben etwas unwegsamer wird. Eigentlich ziemlich klar, wie eine Überschreitung angelegt werden sollte, wenn man üblicherweise den höheren Anspruch ins Bergauf legt. Nach vier Stunden strammen Aufstiegs vom Schnatzhof können wir vom Kirchbachkreuz ein gewaltiges Panorama abnehmen und haben für den Rückweg mindestens nochmal so viel Zeit zu veranschlagen, da schließlich ja noch der halbe Berg umrundet werden muss.

Talort: Naturns, 529 m, im Untervinschgau.
Ausgangspunkt: Schnatzhof, 1537 m. Zufahrt von Naturns über die kurvenreiche, aber gut ausgebaute Straße am Sonnenberg. Alternative Parkmöglichkeit beim unterhalb gelegenen Pirchhof.

Der Schnatzhof liegt am Wiesenhang bereits volle 1000 Meter über Naturns.

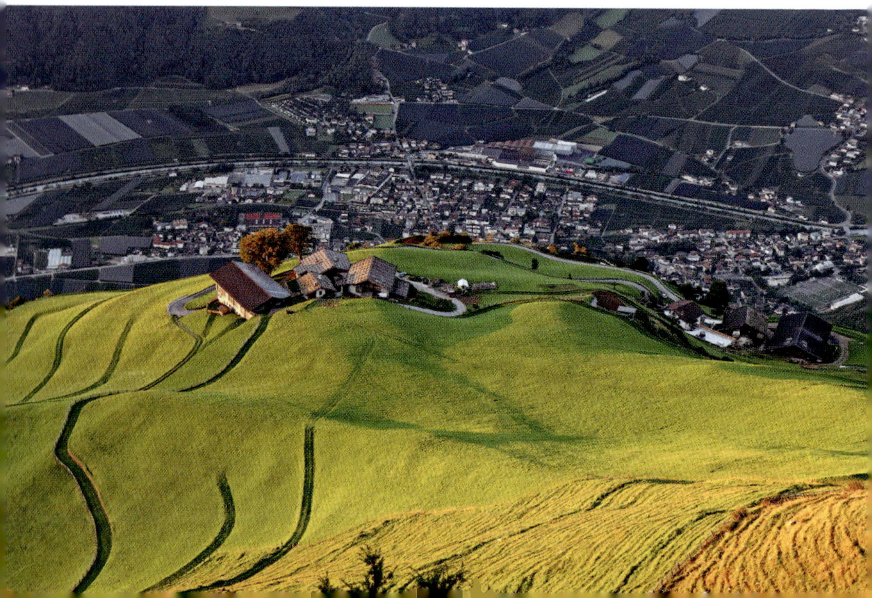

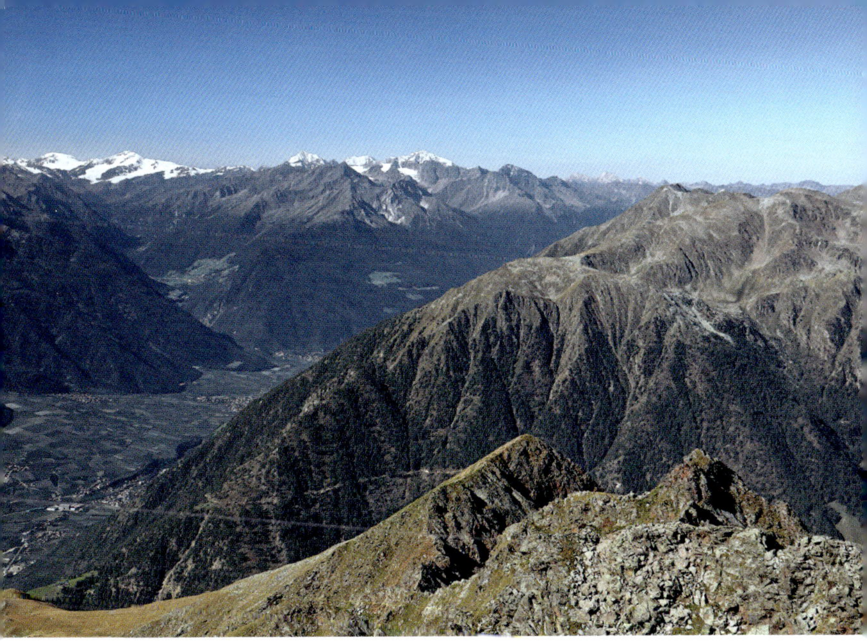

Gipfelblick vom Kirchbachkreuz: hinter dem Vinschgau einmal mehr die Ortler-Alpen, rechts erhebt sich die Trumser Spitze.

Anforderungen: T4 (Aufstieg), T3–4 (Abstieg). Auf der Südseite anhaltend steiler Pfad in abschüssigen Graspleisen sowie nach oben hin vermehrt Schrofen. Solide markiert, aber teils relativ spärlich ausgetreten, dabei anstrengend, zumal sehr der Sonne ausgesetzt (früher Start anzuraten!). Trittsicherheit und Schwindelfreiheit unerlässlich! Die Abstiegsroute ist nur oben im steilen Schutt- und Blockgelände anspruchsvoll, später gutmütig auslaufend, es folgt aber noch ein weiter Rückweg über die Höfe am Meraner Höhenweg (zuletzt mit Gegensteigung). Daher auch beachtliche Ausdauer vonnöten.

Einkehr: Moaralm (Obere Mairalm), 2095 m, Tel. +39 339 3889895. Dicker Alm, 2060 m, zuletzt geschlossen. Jausenstation Dickhof, 1709 m, Tel. +39 0473 679192. Linthof, 1464 m, Übernachtungsmöglichkeit, Tel. +39 349 3786678, linthof.com. Jausenstation Galmein, 1384 m, Tel. +39 0473 668117.

Varianten: 1. Bei identischem Abstieg auf der Südroute kommt man mit 1420 Hm und 6.45 Std. Gesamtgehzeit aus.
2. Mit öffentlichen Verkehrsmitteln ließe sich in Naturns die Seilbahn nach Unterstell, 1282 m, nutzen. Von dort gut 1 Std. nach Schnatz, dafür beim Rückweg etwas kürzer, sodass die Tour prinzipiell praktikabel bleibt, allerdings mit dem Nachteil eines relativ späten Aufbruchs (erste Bergfahrt um 8 Uhr).
3. Die Westroute besitzt Straßenanschluss bis zum Dickhof, 1709 m. Dies als Hinweis für alle, die sich einen »Abhol-Service« organisieren können.

Karte: Tabacco 1:25.000, Blatt 04 oder 011.

Die Route durchs westliche Kar bietet sich für den Abstieg an.

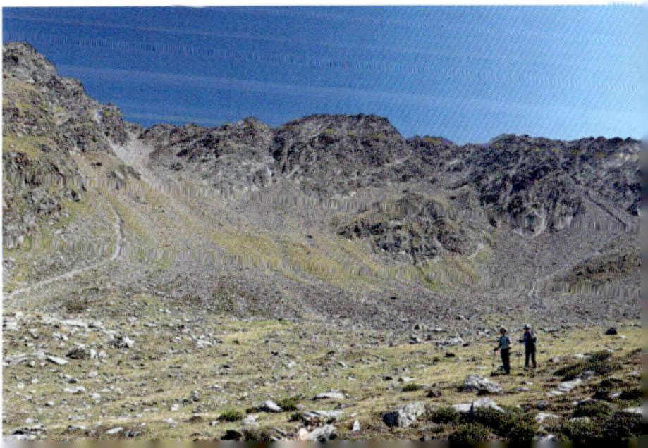

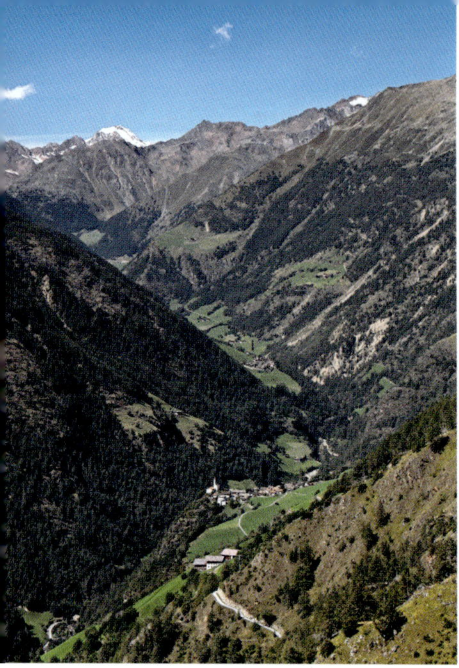

Diese herrliche Perspektive zeigt das Schnalstal mit der exponierten Ortschaft Katharinaberg auf einer Geländenase.

Vom **Schnatzhof** ❶, 1537 m, geht es geradeaus über die Wiese hoch, bis ein richtiger Pfad einsetzt. Durch mehrere Gatter in den lichten Wald, teils schon recht steil und an einem Aufschwung dann links vorbei. Im weiteren Verlauf wird vom Gratrücken sogar noch stärker abgewichen, womit man sich stets in abschüssigen Grashängen bewegt. Über eine kurze Felsstelle hilft ein Seilstrick. Ein gutes Stück höher erreichen wir auf einem Miniabsatz eine **Schäferhütte** ❷, ca. 2225 m. Nun schließen wir zum Südgrat auf, an dem sich der obere Teil des Aufstiegs vollzieht. Unser Pfad laviert mal links, mal rechts oder zuweilen auch direkt auf dem schrofigen Gratrücken und ist abgesehen von kleinen Absätzen anhaltend steil. Vor allem das Finale bis zum **Kirchbachkreuz** ❸, 2951 m, verlangt uns nochmal alles ab.

Im Bergab kurz in die östlich gelegene Einsattelung und von dort auf die Nordseite. Der folgende Abhang erweist sich als blockreich und ziemlich abschüssig, weshalb wir uns mit Vorsicht anhand der Markierung tiefer tasten. Allmählich mindert sich die Neigung und im »Gfall« läuft die Route bereits gutmütig aus. Sie dreht links in das weitläufige, nach Westen offene Kar ein. Allmählich kommen wir vom Schutt auf grasigen Untergrund und hinunter zu den Hochweiden der Moaralm. Bevor das Gelände einen Trichter ausbildet, halten wir uns am Waldrand links, queren ein Stück und stoßen auf die rustikale **Moaralm** ❹, 2095 m, wo im Sommer normalerweise ausgeschenkt wird. Mit einer viertelstündigen Hangquerung ist auch die (zuletzt allerdings geschlossene) **Dicker Alm** ❺, 2060 m, bald erreicht. Von

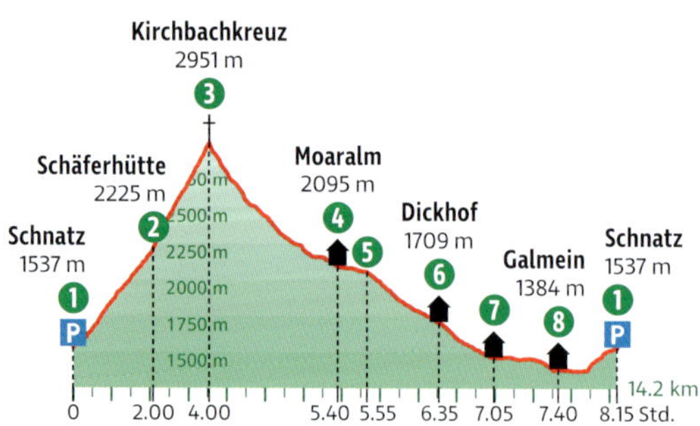

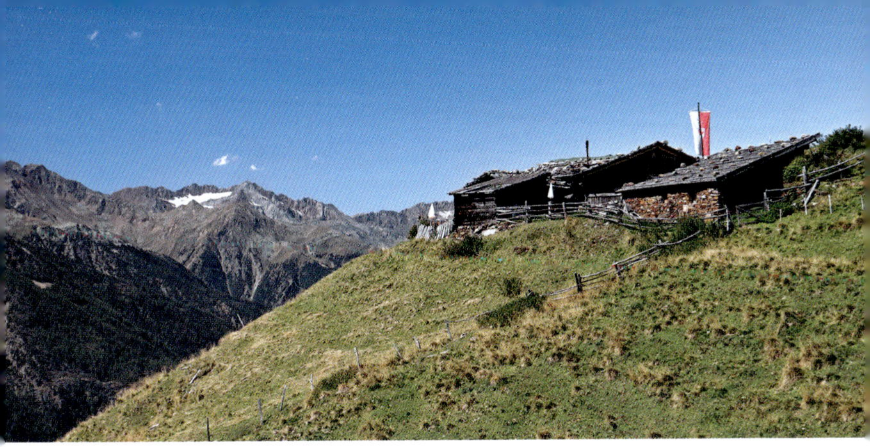

Die rustikale Moaralm gegen die Schnalser Berge.

dort nehmen wir weiterhin mit Nr. 10 die Abkürzungen der Zufahrt und tauchen in sturmgebeutelten Wald ein. Wieder in offener Umgebung leitet der Schrägabstieg über den **Dickhof** ❻, 1709 m, allmählich in die Südflanke einschwenkend, zum stattlichen **Linthof** ❼, 1464 m. Dort befinden wir uns am Meraner Höhenweg (Nr. 24). Auf einem urwüchsigen Abschnitt quer durch die Flanke – die große Röhre einer Druckleitung kreuzend – hinüber nach **Innerforch**, 1480 m, und mit merklichem Höhenverlust zur Jausenstation **Galmein** ❽, 1384 m. Dahinter geht es über eine Hängebrücke zum Grubhof und zu jener Straße, über die wir vor der Tour heraufgefahren sind. Wir achten auf die Bezeichnung der Nr. 6 (»Kirchbachspitz«) und kürzen beim Gegenanstieg zweimal deutlich ab, ehe wir mit der letzten Schleife am **Schnatzhof** ❶ eintreffen.

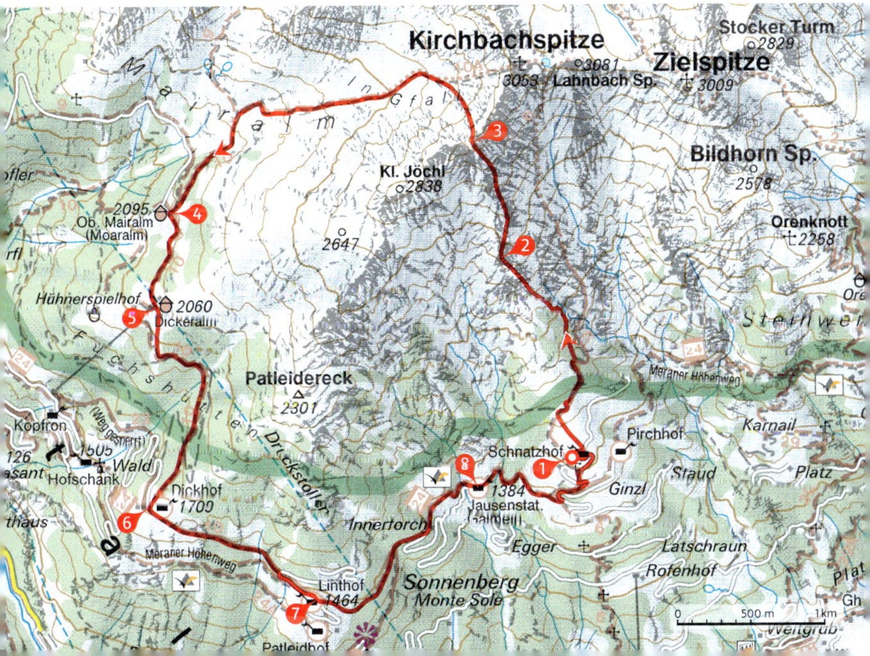

32 Orenknott, ca. 2220 m
Rundtour von der Texelbahn

4.15 Std. | 7,9 km | ↗850 m | ↘850 m

Auf den Südbalkon der mächtigen Zielspitze
Zu den auffälligsten Berggestalten über dem unteren Vinschgau gehört die Zielspitze, die auf zwei markierten Routen recht anspruchsvoll überschritten werden kann. Gemäßigtere Bergwanderer kommen in den Genuss eines bestechenden Panoramas aber auch schon am Orenknott, wo von einem markanten, häufig schafbevölkerten Geländeabsatz der Südostgrat der Zielspitze seinen Aufschwung nimmt. Ob Orenknott oder Ohrnknott, darüber sind sich die Kartografen übrigens nicht einig ... Jedenfalls kann man die Tour vorteilhaft mithilfe der Texelbahn angehen und nach lediglich zweistündigem Aufstieg die Augen von der Südlehne der Texelgruppe über den Vinschgau schweifen lassen. Die beschriebene Abstiegsalternative erlaubt zudem eine abwechslungsreiche Rundtour, bei dem auch ein schöner Abschnitt des beliebten Meraner Höhenwegs begangen wird. Am Orenknott geht es aber vergleichsweise ruhig zu.

Talort: Partschins, 618 m, bzw. Rabland, 525 m, im Untervinschgau.
Ausgangspunkt: Talstation der Texelbahn an der Straßenverbindung zwischen Rabland und Partschins (hier auch Bushaltestelle). Die Seilbahn verkehrt von Anfang Mai bis Anfang November täglich zwischen 8 und 19 Uhr (Do und So bereits ab 7 Uhr) hinauf zur Bergstation, 1544 m, nahe dem Giggelberghof.
Anforderungen: Maximal T3. Auf beiden Routen häufig schmale, aber mit grundlegender Trittsicherheit gut beherrschbare Bergwege, zuverlässig markiert. Mit Seilbahnunterstützung moderates Pensum.

Almhütte in urtümlichem Gelände am Südhang der Zielspitze, ...

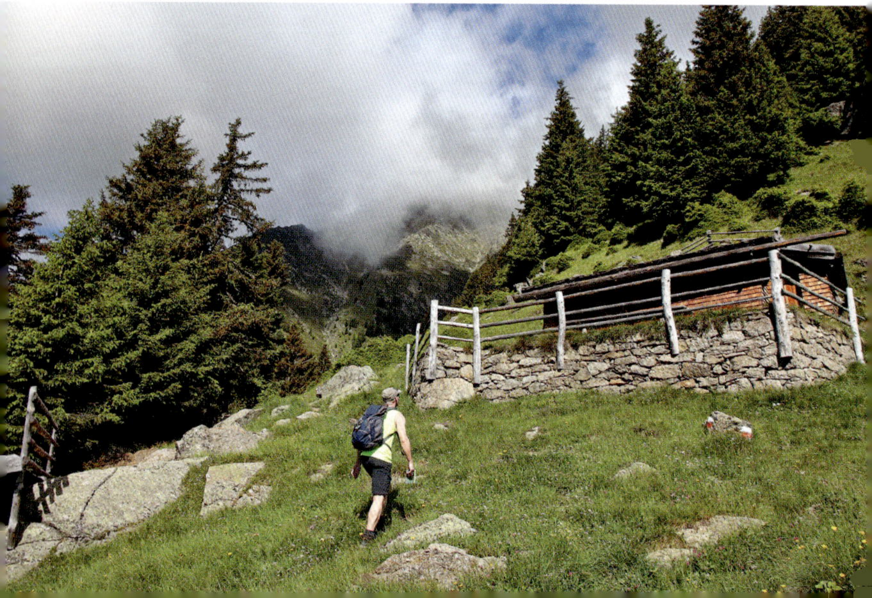

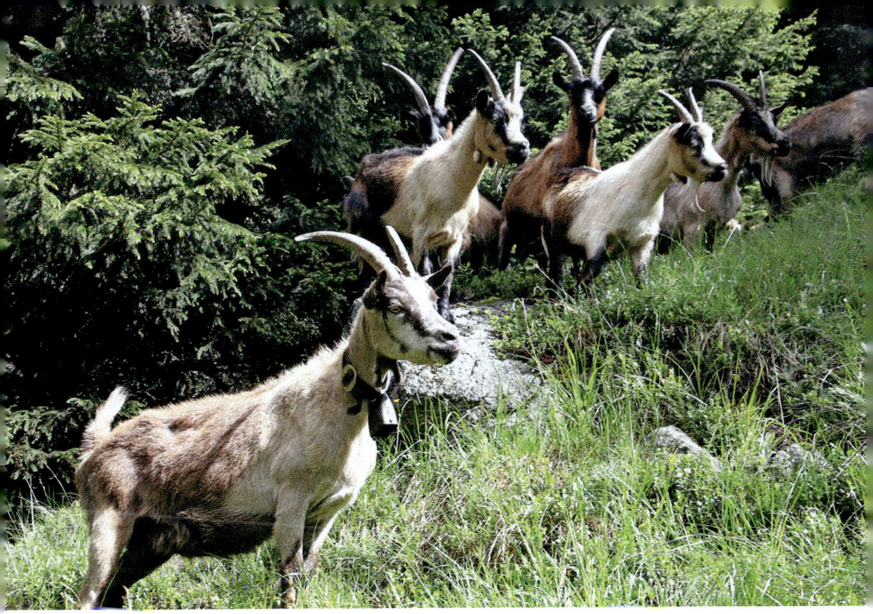

… wo sich auch die Ziegen wohlfühlen.

Einkehr: Gasthaus Giggelberg, 1565 m, März bis November, Übernachtungsmöglichkeit, Tel. +39 0473 967566 oder +39 338 5998953, giggelberg.com.
Variante: Wer die Zielspitze, 3009 m, besteigen möchte, arbeitet sich im Bereich des Schindeltals bzw. rechts davon höher und dreht weit oben durch die Hochkarmulde gegen den Südostgrat ein. Kurz davor über Bänder und gestufte Absätze in die Steilflanke hinein und zuletzt am Grat von Nordosten her zum Gipfel. Bewertung T4, Aufstieg ab Texelbahn 4.30 Std. Markierter Übergang zur Lodnerhütte, 2259 m, im oberen Zieltal möglich.
Karte: Tabacco 1:25.000, Blatt 011 oder 04.

Von der **Bergstation der Texelbahn** ❶ sind wir mit wenigen Schritten beim Gasthaus **Giggelberg** ❷, 1565 m, und wenden uns hier mit Nr. 2 über Wiesen schräg aufwärts. An einem Speicherteich vorbei taucht man in den Wald ein, passiert zwischenzeitlich eine »Adlerhorst« genannte Alm und nähert sich allmählich dem breiten Graben des **Schindeltals** ❸, 1946 m. Aspiranten auf die Zielspitze müssten sich jetzt

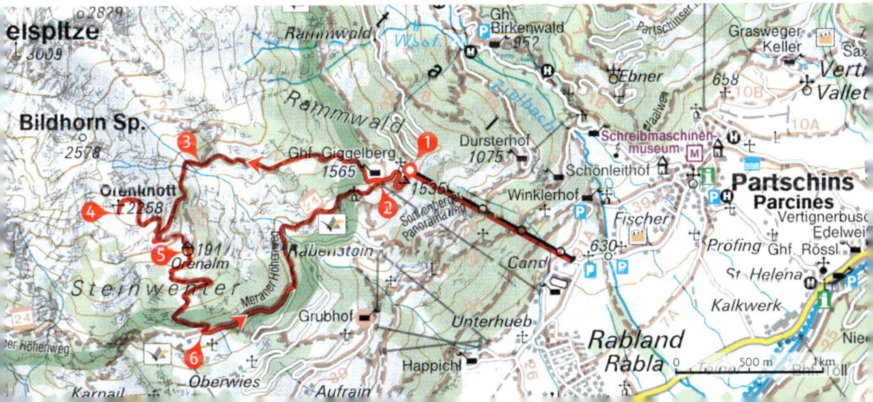

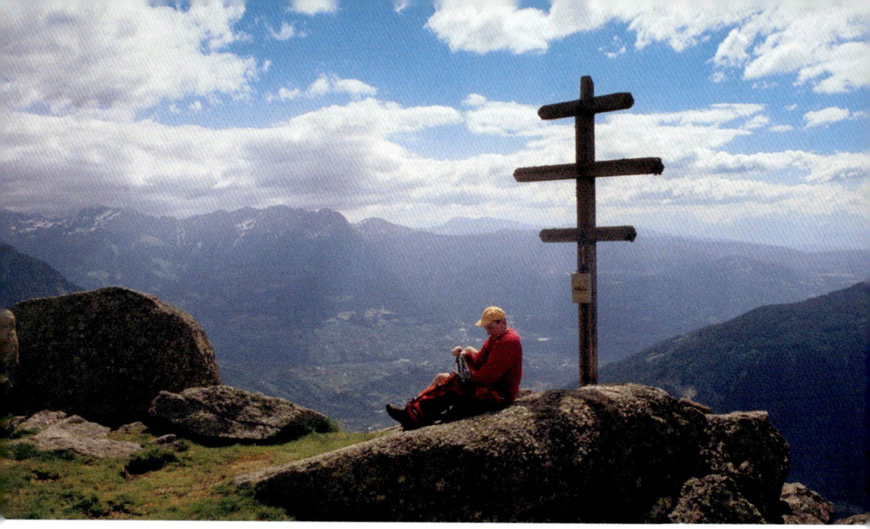

Kein Gipfel, aber nicht minder reizvoll: Rast am Orenknott.

noch auf über 1000 beschwerliche Höhenmeter durch eben dieses Hängetal einstellen, während es links haltend zum Orenknott wesentlich gemütlicher vonstatten geht. Wir gehen die große Runse aus und steigen im noch lichtbewaldeten Gelände zum sogenannten **Samesegg**, 2003 m, an. Hier rechts hoch und geschickt zwischen steileren Felspartien hindurch lavierend zum plateauartigen Sattel hinter dem **Orenknott** ❹, ca. 2220 m, dessen Kanzel mit Wetterkreuz in Kürze erreicht ist. Achtung, das Gelände bricht von der Kante südseitig steil ab. Für den Rückweg zunächst wieder gut 100 Höhenmeter auf der Ostseite hinab, bis man rechts abbiegen kann und mit einer ausgeprägten Schleife zu den Ställen der **Ohrnalm** ❺, 1951 m, gelangt. Rechts hinunter leitet ein angenehmer Wiesenpfad zu einem Hüttchen mit schönem Vinschgau-Blick, ehe uns typische Trockenrasenvegetation und lichte Waldbestände bis in die Nähe von **Hochforch** ❻, 1555 m, begleiten. Auf der Route des quer verlaufenden Meraner Höhenwegs (Nr. 24) geht es anschließend zuerst ein Stück mit der asphaltierten Hofzufahrt, danach über einen gut ausgebauten Wanderweg – die Schindelbachrunse zurückkreuzend – mit ein bisschen Gegenanstieg hinüber nach **Giggelberg** ❷ und zur **Texelbahn** ❶.

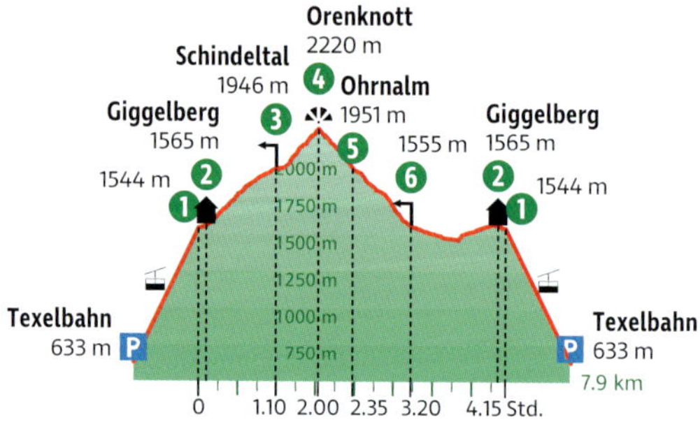

Kofelraster Seen, 2407 m

Von der Freiberger Säge über die Latschiniger Alm

5.30 Std. | 10,9 km | ↗1080 m | ↘1080 m

Eine typische Tour am Nörderberg

Auf der Höhe zwischen Untervinschgau und Ultental befinden sich die beiden Kofelraster Seen, die zu den schönsten Bergseen der Region, vielleicht sogar ganz Südtirols zählen. Man kann sie von beiden Seiten erwandern, weshalb an dieser Stelle auch bereits auf Tour 36 hingewiesen werden soll. Wer über die Nordseite aufsteigt, lernt das typische Flair des waldreichen Vinschger Nörderbergs kennen. Zwei gut kombinierbare Routen bringen genug Abwechslung ins Spiel, mit Almrodungen in den mittleren Hanglagen, herrlichen Ausblicken, die sich oberhalb der Waldgrenze einstellen, und einem urtümlichen, von Hochmulden geprägtem Terrain im Kammbereich.

Talort: Latsch, 642 m, bzw. Kastelbell, 577 m, im Untervinschgau.
Ausgangspunkt: Parkplatz »Freiberger Säge« (auch: »Alte Säge«), 1480 m. Zufahrt von Latsch/Tarsch oder von Kastelbell über den Weiler Freiberg, zuletzt auf geschotterter Forststraße. Öffentliche Verkehrsmittel nur im Tal.
Anforderungen: T2–3. Überwiegend normale Bergwege durch Wald und Zwergstrauchgelände bis in steinigere Gefilde, streckenweise zumindest mittelsteil, elementare Trittsicherheit angezeigt. Ein Teilstück in der Muttegrub ist unmarkiert und bis zum Anschluss an eine Pfadspur kurzfristig weglos (bei Nebel problematische Orientierung, sonst leicht). Durchschnittliches Tagespensum.
Einkehr: Latschiniger Alm, 1936 m, im Sommer einfach bewirtschaftet, Tel. +39 333 9013729. Marzoner Alm, 1595 m, Anfang Mai bis Ende Oktober,

Typische Wetterlage im Untervinschgau: Sonnenfenster über dem Tal, während sich die Gipfel der Texelgruppe einige Wolken einfangen.

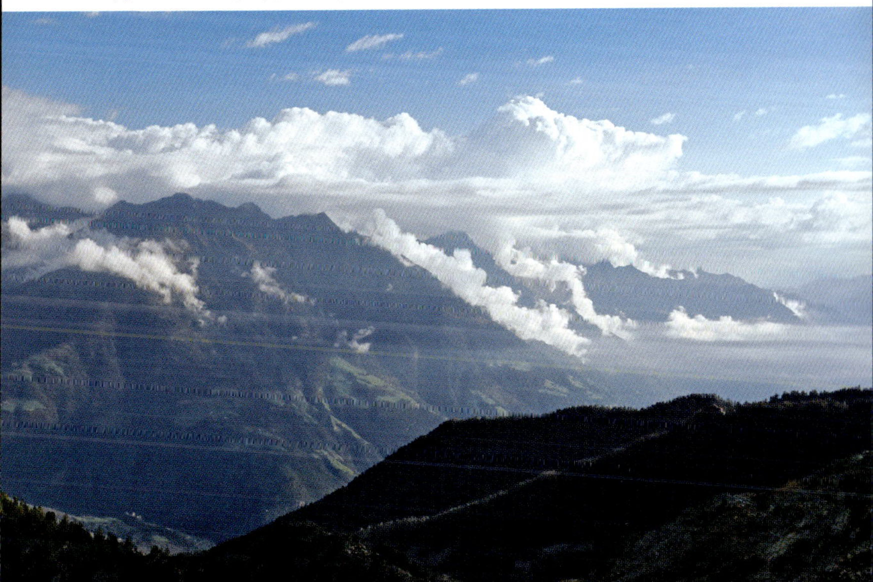

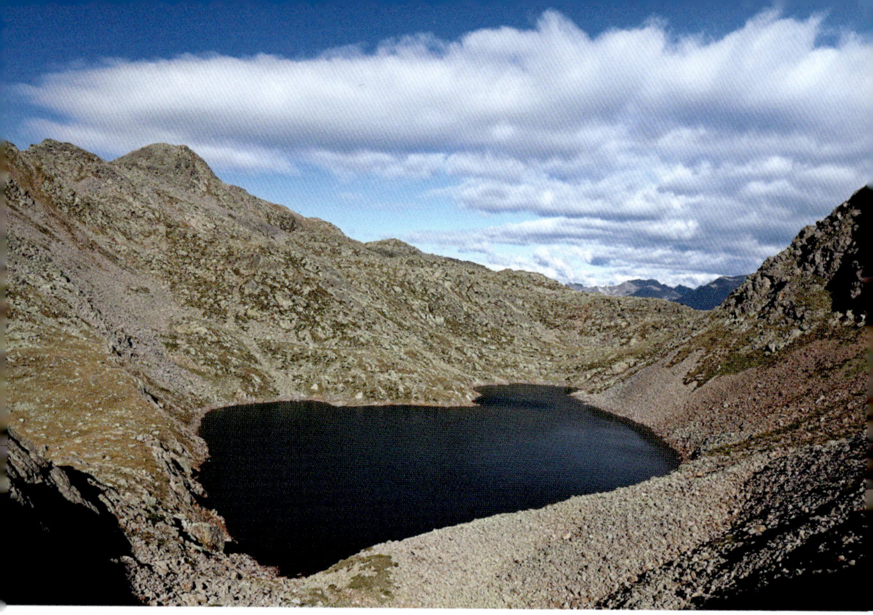

Die tiefblauen Kofelraster Seen sind ein zauberhaftes Fleckchen Erde.

Tel. +39 335 5605862, marzoneralm.it.
Variante: Um den weglosen Abschnitt zu vermeiden, kehrt man bis knapp unterhalb des Rontscher Jochs zurück und schlägt dann rechter Hand den Weg Nr. 9 ein.
Karte: Tabacco 1:25.000, Blatt 04 oder 042.

Vom Parkplatz **»Freiberger Säge« ❶** gehen wir kurz zur Kurve beim Schlumsbach und zweigen dort mit Nr. 3 bergwärts ab. Unser Waldsteig zieht kräftig an, mit einigen Kehren nicht weit vom Graben entfernt. Nach Kreuzen des Almweges bei P. 1706 über eine Lichtung etwas nach links ausholend und im Zickzack bis ins Gebiet der **Latschiniger Alm ❷**, 1936 m. Hier geht es auf der rechten Seite weiter, allmählich aus dem Wald heraus. Zwergstrauchheiden mit letzten Lärchen und auch schon einigen Blöcken prägen nun die Umgebung. Ab und zu über ein Bächlein hinweg schließen wir in den oberen Bereich des Hangeinschnitts auf. Kurz nachdem Nr. 9 dazukommt, erreichen wir das Rontscher Joch und dahinter den nördlichen der beiden **Kofelraster Seen ❸**, 2407 m. Wir passieren ihn rechts und achten noch auf der Schwelle vor dem zweiten See auf den Abzweig von Route Nr. 7 (Hinweis »Rontscher«).

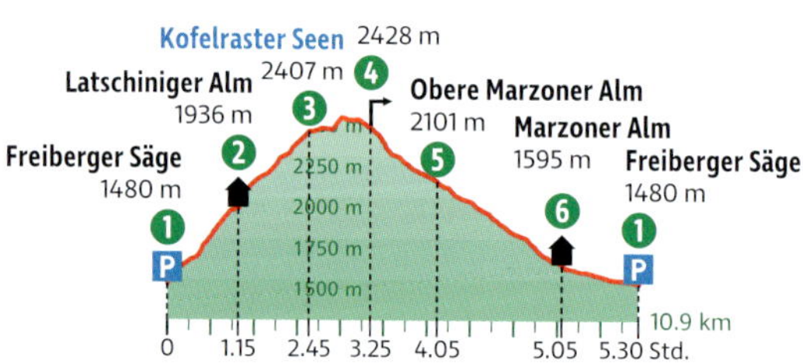

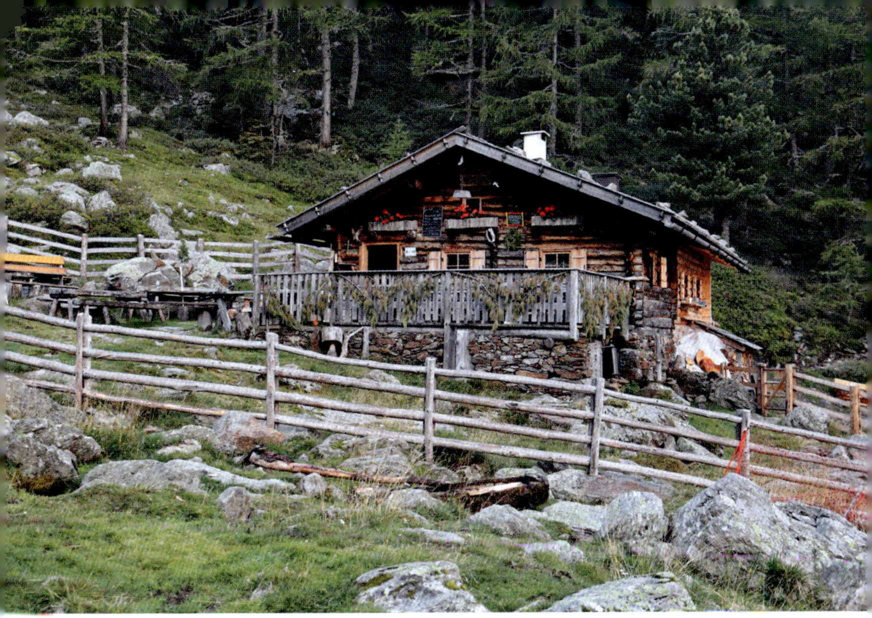

Auf einer Waldlichtung am Nörderberg empfängt uns die Latschiniger Alm.

Ein Schutthang bringt uns hinauf zu einer Verebnung, hinter der sich die Muttegrub öffnet. Hier Obacht: Wo Nr. 7 nach rechts aufwärts schwenkt, wandern wir am westlichen Rand der grasigen Hochmulde entlang, drehen derweil nach links ein und erhalten um die Kuppe herum Anschluss an einen unmarkierten Pfad, der links am Hang leicht abwärts zieht und sich schließlich mit der signalisierten Route Nr. 9 verbindet **4**. Man nutze also unbedingt diese Spur und begebe sich nicht weglos in den Steilhang hinab. Bis in den Marzoner Kessel begleitet uns noch relativ steiniges Gelände. Nach kurzer Rechtstraverse sachte abwärts zu den ersten Böden unweit der »Schwarzen Lacke«. Über einzelne Rinnsale taucht man in lichten Wald ein, passiert die **Obere Marzoner Alm 5**, 2101 m, und gelangt in mäßigem Gefälle über zwei weitere Böden tiefer, beim Leger rechts haltend. Bei der nächsten Gabelung links und etwas deutlicher bergab zu einer Forststraße, die in Richtung der **Marzoner Alm 6**, 1595 m, führt. Die beliebte Jausenstation ist perfekt für eine Schlusseinkehr, denn auf der Zufahrt verbleibt nur noch eine knappe halbe Stunde zurück zum Wanderparkplatz **1**.

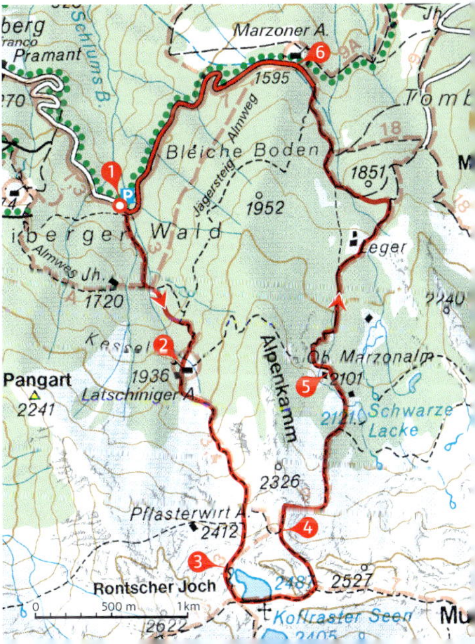

34 Zirmtalalm, 2114 m

Vom Schartegg über die Altalm

3.30 Std. | 7,7 km | ↗700 m | ↘700 m

Hinauf zum malerischen Zirmtalsee

Die Zirmtalalm wurde vor einigen Jahren schon einmal zur schönsten Alm Südtirols gekürt. Ausschlaggebend für diese Wertschätzung ist – neben dem rustikalen Flair – sicherlich die romantische Lage am zauberhaften, von Lärchen umkränzten Bergsee. Wie meistens im Vinschgau liegt dieser herrliche Fleck ziemlich weit vom Tal entrückt, aber die Möglichkeit, an den monotonen Waldflanken bis auf knapp 1500 Meter Höhe hinaufzufahren, rückt das Ziel sogar in den Aktionsradius einer beschaulichen Familienwanderung.

Talort: Tschars, 598 m, im Vinschgau.
Ausgangspunkt: Parkplatz »Schartegg«, 1483 m. Zufahrt von Tschars Richtung Tomberg und weiter auf der Forststraße bis zum Fahrverbot. Öffentliche Verkehrsmittel nur im Tal.
Anforderungen: T2–3. Meist mittelsteile Bergwege in mehrheitlich bewaldetem Gelände. Abschnittsweise elementare Trittsicherheit erforderlich, konditionell eher moderat.
Einkehr: Altalm (Tomberger Alm), 1841 m, im Sommer einfach bewirtschaftet, Tel. +39 0473 624193. Zirmtalalm, 2114 m, Anfang Juni bis Mitte Oktober, Tel. +39 0473 426105.
Karte: Tabacco 1:25.000, Blatt 04 oder 042.

Vom **Schartegg** ❶ beginnen wir die Tour auf dem Fahrweg (Nr. 4) Richtung Tablander Alm und zweigen nach rund einem Kilometer mit Nr.

Der Vinschgau zwischen Tschars und der Mündung des Schnalstals. Gut erkennbar die grünen Inseln zahlreicher Höfe, etwa bei Juval.

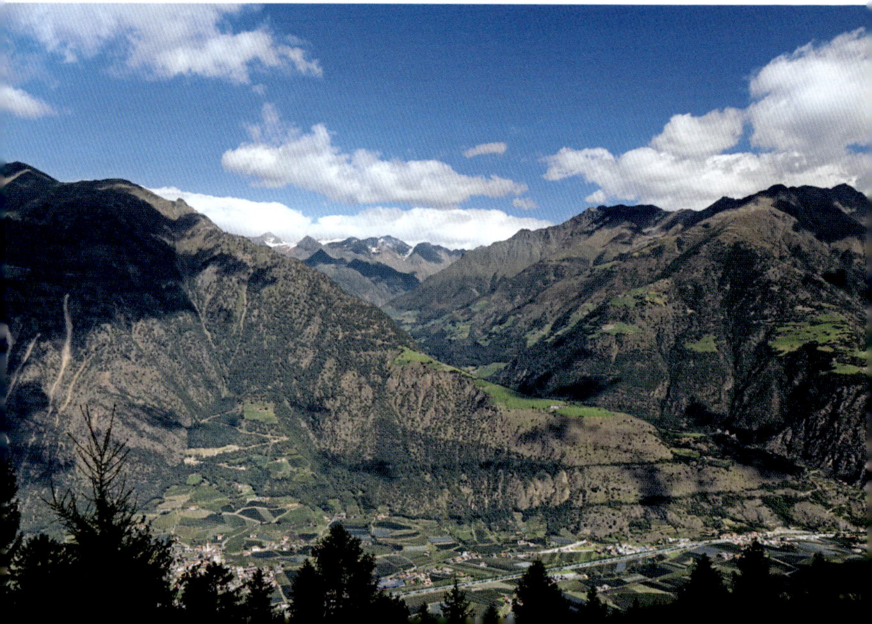

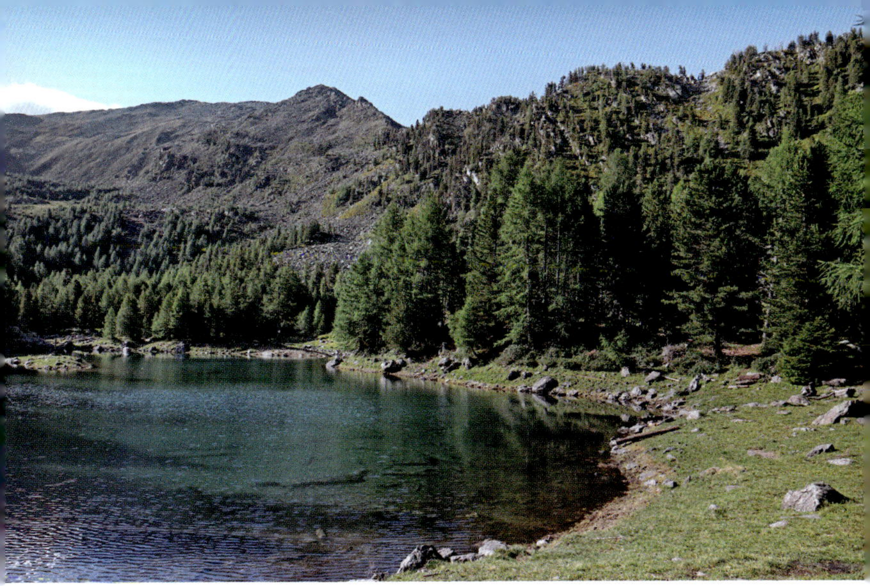

Landschaftliches Highlight der Wanderung ist der malerische Zirmtalsee.

18A rechts aufwärts ab. Der Waldsteig kreuzt ein paarmal die Zufahrt und erreicht mit dieser bald die **Altalm 2**, 1841 m. Von der Lichtung führen einige Schleifen gegen den Bergrücken hinan, wobei das lichtbewaldete Gelände nun schon eine etwas alpinere Note bekommt. Eine Stunde lang geht es relativ steil bergauf, ehe wir den Gratausläufer des Moarkuck überschreiten und mit einem Bogen ins Zirmtal hineinlaufen. Dort am lauschigen See vorbei zur **Zirmtalalm 3**, 2114 m, die über dem Westufer liegt.

Ein gut angelegter Bergweg (Nr. 18) führt am nordseitigen Waldhang tiefer manchmal an kleinen Bachläufen vorbei. Beim **Schweinstall 4**, 1806 m, trifft man auf eine Forststraße, der man nach rechts folgt, um dann unmittelbar den abzweigenden Weg Nr. 9 zu wählen. Dieser schneidet im Verlauf einige Schleifen ab, muss aber später wieder nach rechts verlassen werden, um zuletzt mit Nr. 4A zurück zum **Schartegg 1** zu gelangen – der »Almenweg« wird derweil nur kurzzeitig berührt und das Schlussstück leitet im Bereich des Geländerückens abwärts.

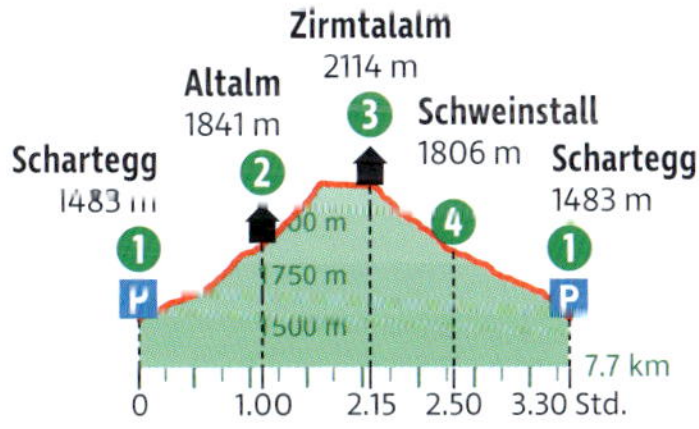

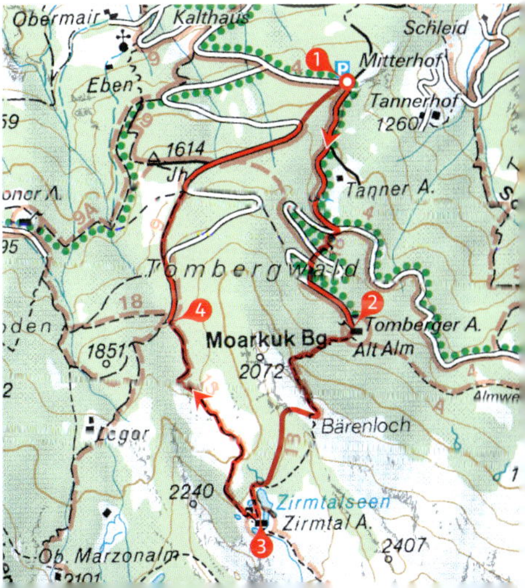

35 Partscheilberg und Platzgum, 1256 m

Rundtour von Naturns

3.45 Std. | 8,9 km | ↗750 m | ↘750 m

Höferunde im unteren Teil des Nörderbergs

Während am Naturnser Sonnenberg oft reger Wanderverkehr herrscht, bleibt der gegenüberliegende Nörderberg in weiten Bereichen ziemlich einsam. Für uns gerade ein Anlass zur genaueren Eruierung! Auch wenn man dort längere Zeit im Wald unterwegs ist, ergeben sich doch immer wieder reizvolle Ausblicke über den Vinschgau. Die Bergwelt vis-à-vis, wo Kirchbach- und Zielspitze die Talsohle gewaltig überragen, ist eigentlich sogar imposanter anzuschauen als die Gegenrichtung.

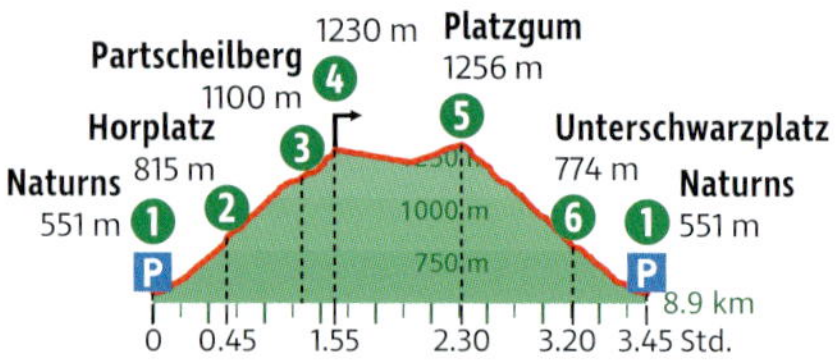

Talort: Naturns, 529 m, im Untervinschgau.
Ausgangspunkt: Sportzone Naturns, 551 m, in der Bahnhofstraße oder mit etwas Mehraufwand beim Bahnhof selbst.

Anforderungen: Maximal T2–3. Auf beiden Seiten phasenweise steile Waldwege, auf freien Wiesenflächen manchmal spärlich ausgetreten. Die Querung des Kellerbachgrabens ist auf eine Forststraße vollkommen unproblematisch. Gutes Halbtagespensum.
Einkehr: Die in manchen älteren Karten eingetragenen Jausenstationen Platt, Platzgum und Unterschwarzplatz sind offenbar eingestellt (ggf. Anfrage beim Tourismusbüro).
Karte: Tabacco 1:25.000, Blatt 011 oder 04.

So blickt man von Partscheilberg in den unteren Vinschgau.

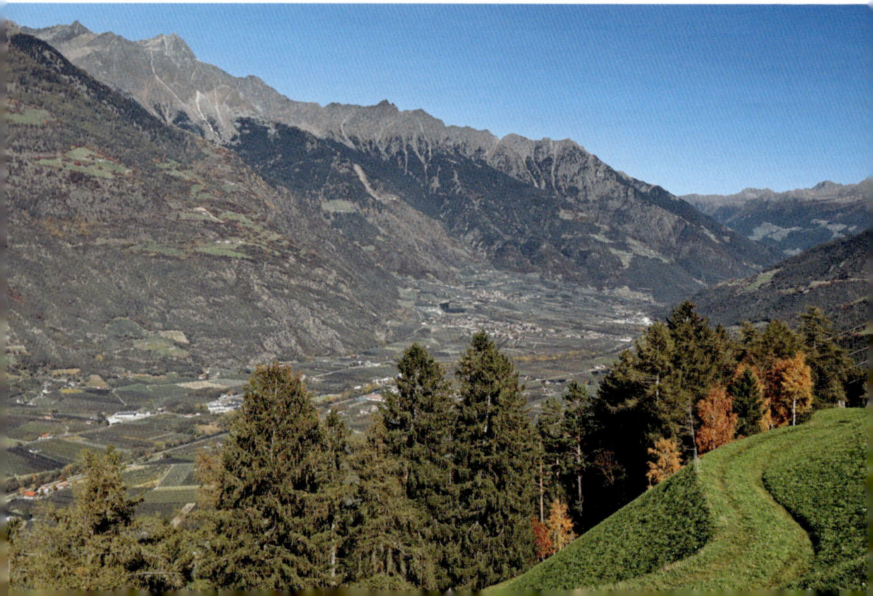

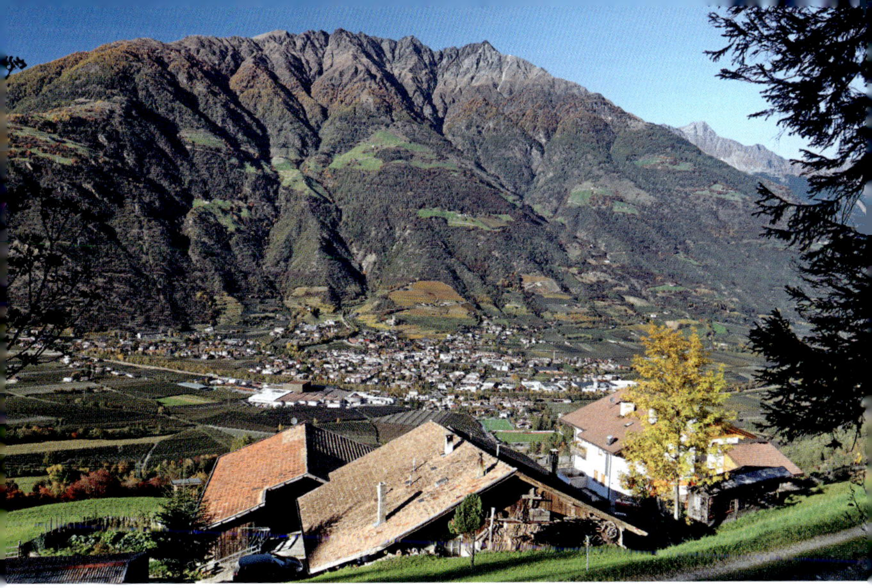

Unterschwarzplatz schaut hinab auf Naturns und hinüber zum Sonnenberg.

Von der Sportzone in **Naturns** ❶ folgen wir dem Bergsträßchen und orientieren uns an der Bezeichnung »Partscheilberg« (Nr. 30). Ein Stück weit begeht man nun auch den Besinnungsweg (Jesusweg), ehe über die Lichtung von **Horplatz** ❷, 815 m, sowie einen Waldsteig die Höfe am **Partscheilberg** angesteuert werden. Zuerst kommt man dort nach Niederst ❸, ca. 1100 m, passiert anschließend den Platterhof und achtet auf einen undeutlichen Wiesenpfad mit verblasster Markierung. Damit steil und gerade aufwärts zum Waldrand und leicht links haltend durch ein Gatter zu einer Forststraße ❹, ca. 1230 m. Diese führt uns nun mit Zwischenabstieg quer durch den großen Grabeneinschnitt des Kellerbachs nach **Platzgum** ❺, 1256 m. Kurz vor dem Hof beginnt der Abstiegsweg Nr. 5. Unterhalb der ersten Wiesen holt die Route nach links aus, knickt dann scharf rechts ab und leitet kehrenreich nach Ober- und **Unterschwarzplatz** ❻, 774 m. Etwas tiefer stoßen wir wieder auf den Besinnungsweg und schließen den Kreis Richtung **Naturns** ❶.

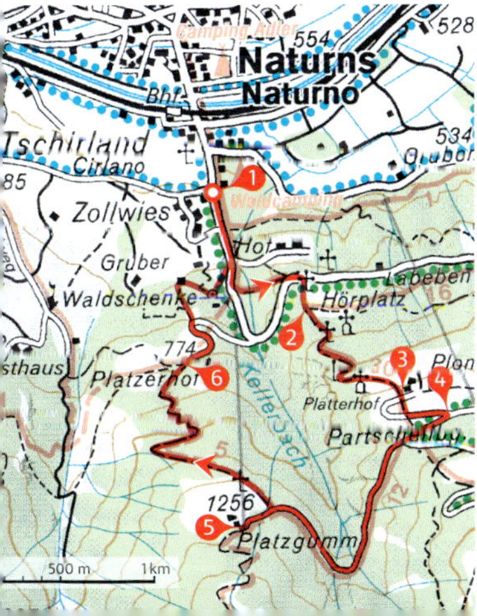

Der Herbst entfaltet seine volle Farbenpracht.

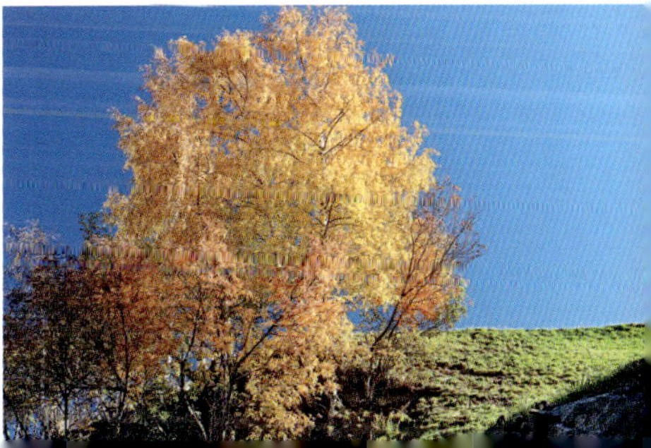

36 Muttegrubspitze, 2736 m, und Peilstein

Gipfelrunde auf der Ultener Sonnseite

TOP | 7.00 Std. | 16,2 km | ↗ 1280 m | ↘ 1280 m

Am Ultner Nordkamm zwischen Kofelraster Seen und Drei Seen

Die nördliche Gipfelkette des Ultentals besitzt ihren Ansatzpunkt an der Lorchenspitze und zieht quasi bis zum Vigiljoch als letztem Ausläufer der gesamten Ortler-Alpen über dem Meraner Talbecken. Die Gipfelhöhen nehmen Richtung Nordosten sukzessive ab. Im Mittelfeld liegen als wenig Namhafte – obgleich zwischen Kofelraster Seen und Drei Seen eigentlich sehr attraktiv – Muttegrubspitze und Rontscher Berg, die wir zusammen mit dem bekannteren, gegen das Ultental vorgeschobenen Peilstein in eine Überschreitung packen wollen. Diese Unternehmung weist keine größeren Hürden auf, verspricht aber großartige Ausblicke und verschiedene Landschaftsfacetten. Wunderbar beispielsweise auch das Flair auf den Almhorizonten, wobei das stilvoll errichtete Riemerbergl eine besondere Erwähnung wert ist.

Talort: St. Walburg, 1131 m, Hauptort im Ultental.

Ausgangspunkt: Parkplatz am Larchberg, ca. 1700 m, kurz vor dem Hof Sirmian. Zufahrt von St. Walburg (Zoggler Stausee) oder von Kuppelwies, weiter oben gemeinsam. Buslinie 245 von Meran bzw. Lana nur im Tal.

Anforderungen: T3+. Meist normale, teils steindurchsetzte Wege mit einzelnen Block- oder Felspassagen, gelegentlich abschüssiges, größtenteils jedoch gutmütiges Gelände. Trotz durchgängiger Markierung im oberen Bereich manchmal unterbrochene Pfadspuren. Trittsicherheit, etwas Orientierungsvermögen und Ausdauer für eine längere Tagestour nötig.

Einkehr: Riemerberglalm, 2049 m, Anfang Juni bis Mitte Oktober, Tel. +39 348 7930398. Marschnellalm, 2212 m, Mitte Juni bis Mitte September, Tel. +39 348 9183459.

Variante: Von der Marschnellalm lässt sich über eine aussichtsreiche Hangschulter (P. 2242) in 45 Min. wieder das Riemerbergl erreichen.

Karte: Tabacco 1:25.000, Blatt 042.

Der Lange See (südlicher Kofelraster See) unterhalb der Muttegrubspitze.

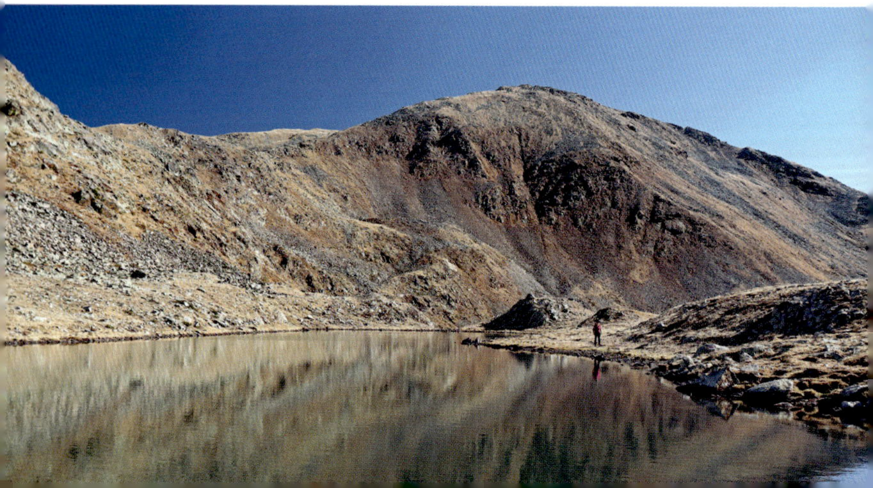

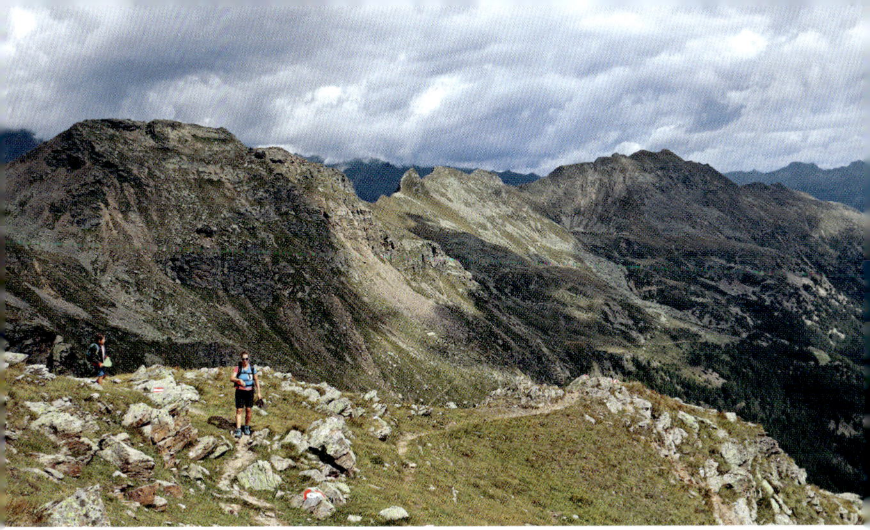

Am Peilstein ist meist etwas mehr los. Im Hintergrund zieht der Gipfelkamm über Schwarzer und Dreihirtenspitze zur Naturnser Hochwart (rechts).

Kurz vor dem Sirmlanhof am **Larchberg** ➊ nehmen wir die Route Nr. 4 auf, am Waldhang zuerst auf einem Wirtschaftsweg, bald schon auf dem abkürzenden Steig, der weiter oben wieder in die fahrbare Trasse einmündet. Durch aufgelockerte Lärchenbestände nähern wir uns der urigen **Riemerberglalm** ➋, 2049 m. Nun über die Weiden in Schleifen rund 10 Minuten aufwärts zu einer Verzweigung. Wir orientieren uns weiterhin mit Nr. 4 nach links und queren die anfangs noch bewaldeten, später offenen Flanken über dem Kofelraster Tal. Dabei wird nur ganz allmählich an Höhe gewonnen. Nach der Vereinigung mit dem Zugang von unten (via Kühberghütte) erreicht man die Hirtenhütte auf der **Kofelrastalm**, 2312 m, wo übrigens auch eine höhere Verbindung (Nr. 10B) zur Marschnellalm abzweigt. Als Nächstes überschreiten wir die Schwelle zum Langen See, dem südlichen der beiden **Kofelraster Seen** ➌, 2405 m. Am Ufer entlang am Abzweig der Gipfelroute auf den Hohen Dieb vorbei und zu einer seichten Anhöhe, wo man den nördlichen See erblickt. Hier mit Nr. 7 (»Rontscher«) rechts abzweigend zu einem steilen Hang, der im Zickzack erstiegen wird. Wir gelangen an den Rand der Muttegrub und halten uns im Wesentlichen an den Rücken rechts davon. Dieser schwingt sich – meist grasig, zuweilen aber auch von Blö-

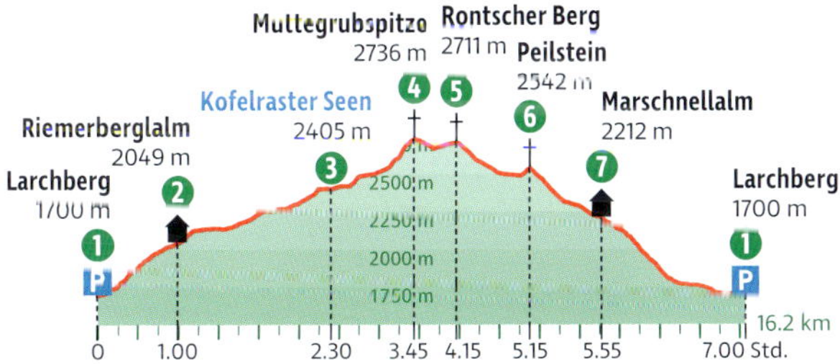

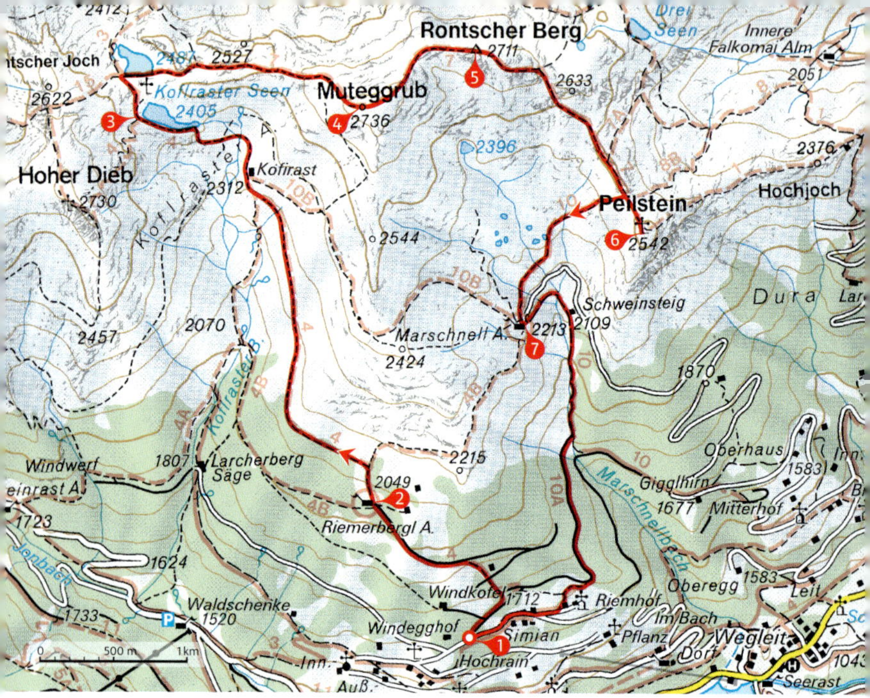

cken durchsetzt – von Westen her zum Gipfel der **Muttegrubspitze** ❹, 2736 m, auf.

Die Fortsetzung führt über das ostseitige Plateau in die Senke P. 2656. Anschließend leiten die Pfadspuren im Gras und Schutt, kurzzeitig auch über blockigen Fels, auf den **Rontscher Berg** ❺, 2711 m. Der Südostgrat weist eine kleine Zwischenerhebung auf; dahinter rückt man allerdings von der Schneide ab und bewegt sich in der schrofigen oder schuttbedeckten Flanke. Etwas lästig ist die Traverse eines Blockfeldes; im Anschluss an diesen anspruchsvollsten Abschnitt bessert sich die Pfadspur aber wieder. Wir passieren die Abzweigung zu den Drei Seen und jenseits eines Höckers den kreuzenden Weg zwischen Marschnellalm und Falkomaialm, um noch rasch zum **Peilstein** ❻, 2542 m, aufzusteigen (Wechsel von Nr. 7 zu Nr. 10). Das letzte Stück fällt freilich nicht mehr wirklich unter die Kategorie »Stille Pfade«.

Der Abstieg beginnt vom Sattel mit ein paar mittelsteilen, sandigen Passagen, die in harmloses Almgelände auslaufen. Von der bewirtschafteten **Marschnellalm** ❼, 2212 m, scharf links in den Einschnitt des gleichnamigen Bachs und dort gut 300 Höhenmeter tiefer, ehe man von der linken auf die rechte Seite wechselt und sich auf einer Forststraße davon entfernt. Um einen Hangrücken herum zu den Höfen von Riem und Sirmian respektive zum Parkplatz am **Larchberg** ❶.

Später freuen wir uns über die Einkehrmöglichkeit in der Marschnellalm.

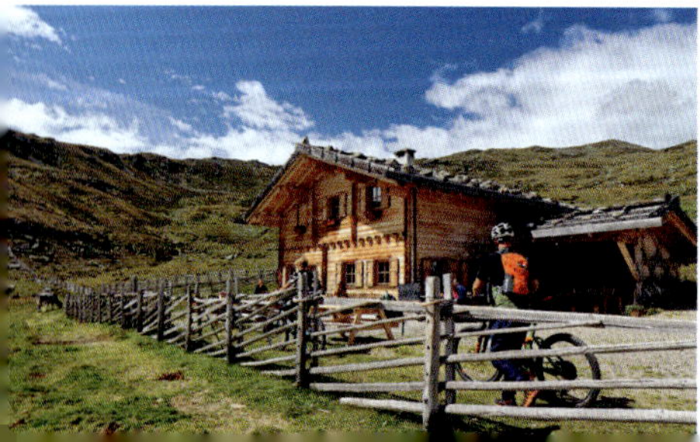

Hasenöhrl, 3257 m

Über den Kaserberg hinauf, durchs Flatschbergtal retour

8.00 Std. | 15,8 km | ↗ 1570 m | ↘ 1570 m

Stattlicher Berg mit lustigem Namen

Der Name »Hasenöhrl« (in Karten mitunter auch als ausgewachsenes »Hasenohr«) hat die Etymologen schon zu verschiedenen Theorien veranlasst, doch sein Ursprung muss bis heute offen bleiben. In jedem Fall handelt es sich bei der ziemlich ebenmäßig geformten östlichsten Dreitausender-Landmarke im langen Zufrittkamm der Ortler-Alpen um eine einprägsame Berggestalt, besonders über dem Vinschgau. Die beiden schmückenden Gletscher kommen dem Hasenöhrl allerdings leider allmählich abhanden. Ein breites Spektrum langer, kaum unter vier Stunden zu bewältigender, im alpinistischen Sinn jedoch noch nicht besonders schwieriger Routen zeichnet unser Gipfelziel aus. Die meisten Besteigungen erfolgen über die sogenannte Blaue Schneid, den Nordostgrat, wobei wahlweise von der Tarscher Alm (Sessellift) oder von der Kuppelwieser Alm ausgegangen werden kann. Die Ultner Seite hat mindestens noch drei weitere praktikable Routen zu bieten: den Südostrücken via Steinberg, den weglosen Südrücken via Kaserberg (beide treffen im oberen Bereich zusammen) sowie das Flatschbergtal als Zugang zum Westgrat. Mir persönlich hat es besonders der direkte Südanstieg angetan: eine Erinnerung an ein sturmgepeitschtes Gipfelerlebnis vor 20 Jahren, die kürzlich unter wesentlich freundlicheren Rahmenbedingungen mal wieder aufgefrischt wurde …

Talort: St. Gertraud, 1519 m, im Ultental.
Ausgangspunkt: Parkplatz »Bleasegg«, ca. 1770 m, bei den Flatsch(berg)höfen im inneren Ultental. Zufahrt von St. Gertraud Richtung Weißbrunn und bei der Bushaltestelle »Unterjochmeyr« (bis dort kann in der Saison ein Wan-

Das stolze Hasenöhrl von Nordosten, mit dem Kuppelwiesferner in der Gipfelflanke.

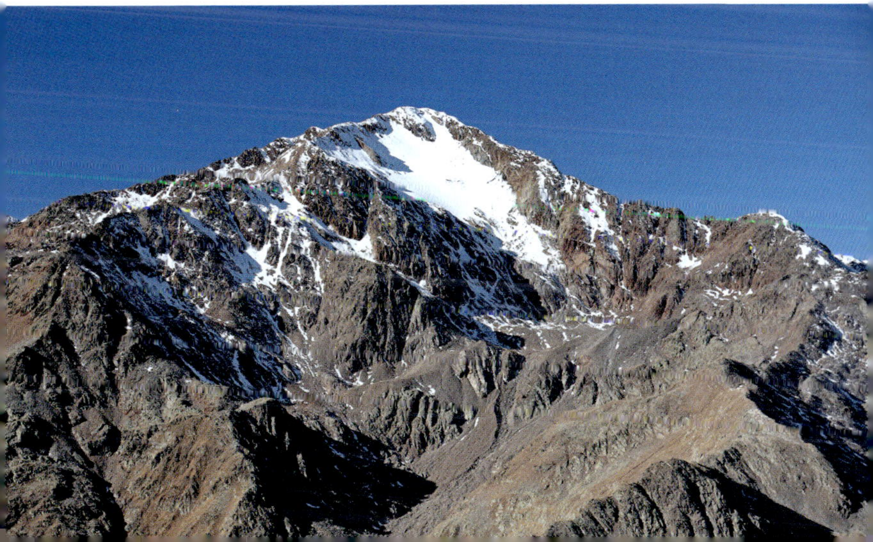

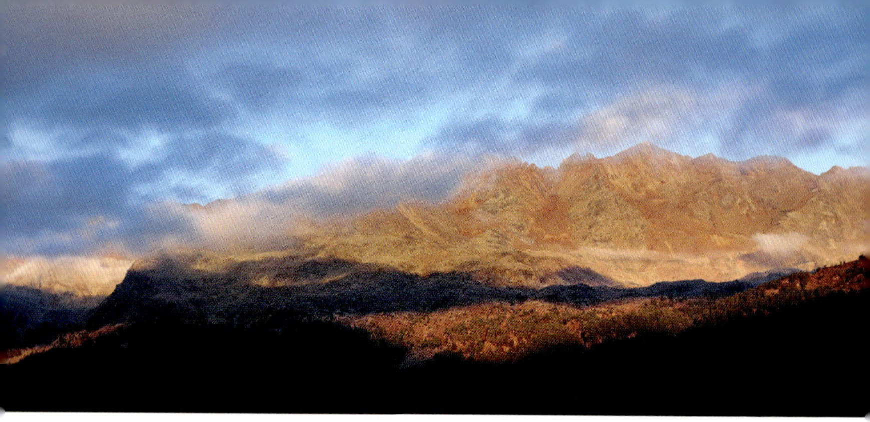

Mystische Morgenstimmung über dem Ultner Talschluss.

derbus im Anschluss an den Linienbus von Lana/Meran genutzt werden) rechts abzweigend.

Anforderungen: T4 (via Kaserberg) bzw. T3–4 (Abstiegsroute). Recht anspruchsvolle und anstrengende Gipfelüberschreitung für erfahrene Bergwanderer. Bis zur Schusterhütte guter Bergweg, anschließend wegloser Aufstieg am zunächst grasigen Südrücken, später vermehrt über Blockwerk; hier nur ab und zu Steinmänner (entsprechende Feinorientierung notwendig). Im sehr steinigen oberen Teil wie auch auf der gesamten Abstiegsroute markiert, ab Rossalm wieder problemloses Gelände. Ausgeprägte Trittsicherheit und gute Kondition sind unbedingte Voraussetzungen.

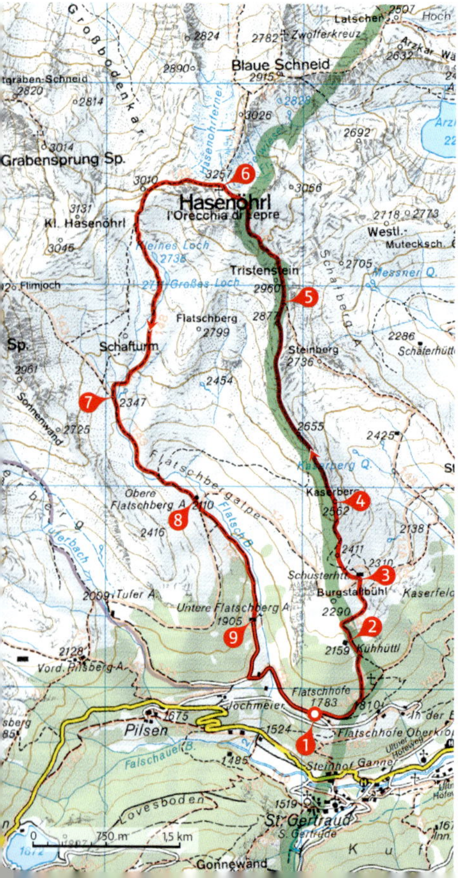

Einkehr: Schusterhütte, 2310 m, im Sommer einfach bewirtschaftet. Obere und Untere Flatschbergalm, 2110/1905 m, Juni bis September, Tel. +39 347 7183521.

Variante: Wer unbezeichnete Routen lieber meidet, kann weiter östlich ausholend zum Steinberggrat aufsteigen und über diesen bei Wegpunkt 5 Anschluss an die näher beschriebene Route gewinnen.

Karte: Tabacco 1:25.000, Blatt 042 oder 045.

Vom Parkplatz **»Bleasegg« ❶** gehen wir schräg rechts hoch zu einer Forststraße, die oberhalb der Flatschhöfe entlangführt. Man folgt dem Steig Nr. 146 in den Bergwald und hält sich bei einem Gatter mit Nr. 147 links. Nach Durchschreiten des Waldgürtels kommen wir zunächst zum **Kuhhüttl ❷**, 2159 m, und eine knappe halbe Stunde später über die nächs-

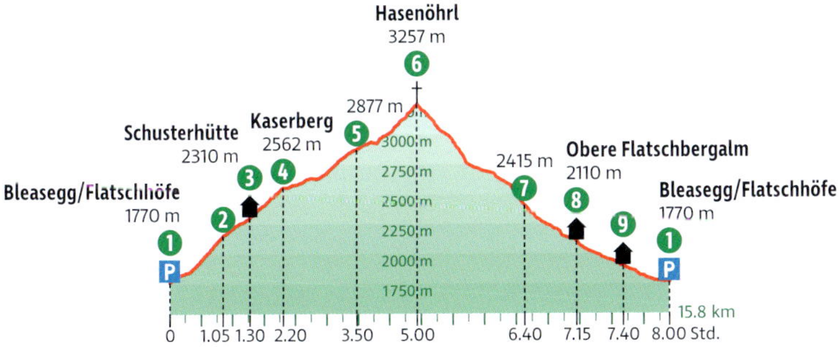

te Geländeschwelle zur **Schusterhütte** ❸, 2310 m, eine der kleinsten Jausenstationen weit und breit. Hier verlassen wir nun die offiziellen Wege und orientieren uns zum Bergrücken direkt oberhalb, am besten zunächst linksseitig ausholend, um das vorteilhafte Grasterrain zu nutzen. Mit unterschiedlicher Steigung kommt man zum **Kaserberg** ❹, 2562 m, voran. Dahinter wird es durch grobes Blockwerk augenblicklich unwegsamer. Auch wenn vereinzelt Steinmännchen stehen, müssen wir die günstigste Linie meist nach Augenmaß eruieren. Bei vorerst schleppendem Höhengewinn (gelegentlich sogar ein paar Meter abwärts) wechseln Blockgestein und grasige Abschnitte – jedoch deutlicher aufsteilend, bevor wir bei P. 2877 ❺ auf die von rechts kommende markierte Route Nr. 14 treffen. Beim Getristeten Stein geht es nochmals leicht abwärts, dann über grobe Blockfelder in die Mulde südöstlich unseres Gipfels. Blockschutt dominiert den Weiterweg hinauf zum Ostgrat, über den wir das **Hasenöhrl** ❻, 3257 m, schlussendlich erreichen.

Knapp westlich des Kreuzes verzweigen sich die Blaue Schneid (Nr. 2)

Steinmänner – zuweilen auch sehr große Exemplare – weisen die Richtung am Südgrat über den Kaserberg.

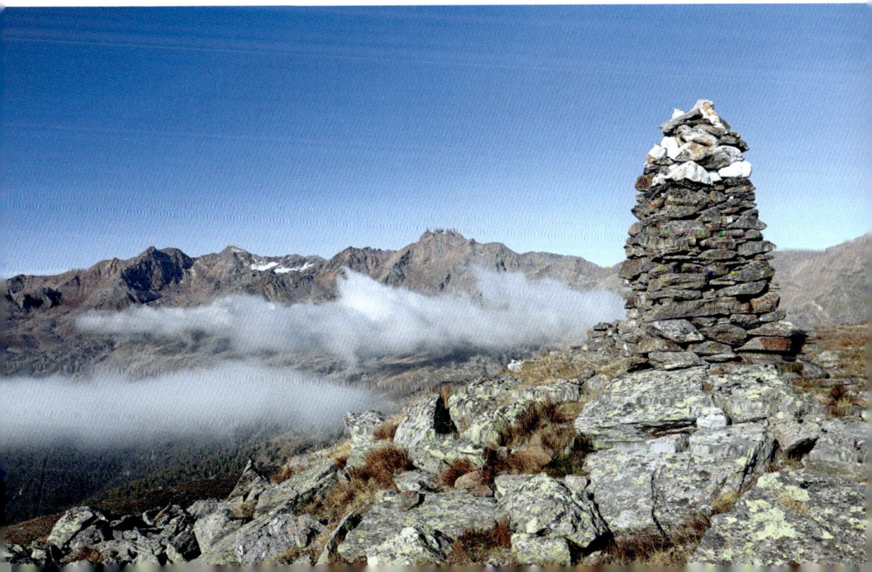

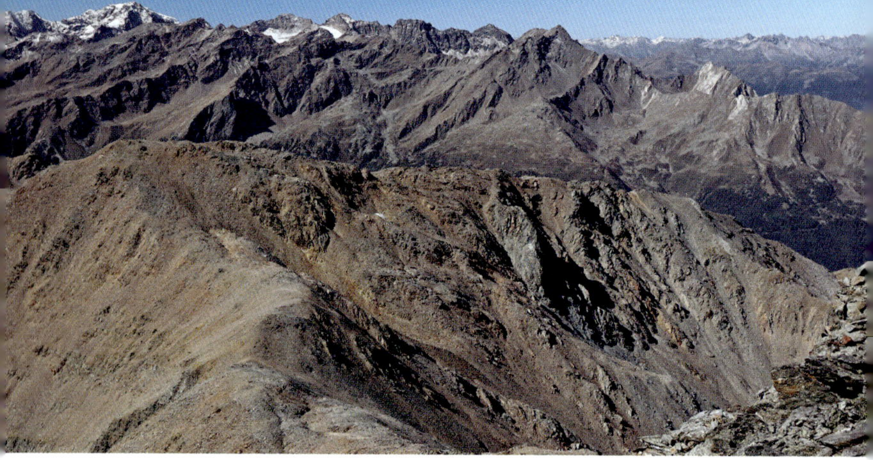

Vom Gipfel ermessen wir die Dreitausenderflur der Ortler-Alpen.

und der Westgrat (Nr. 14B), an dem wir nützliche Steigspuren vorfinden. So gelangt man trotz des felsigen und sehr abschüssigen Geländes sicher tiefer und dreht schon vor dem Sattel links in den Hang ab, um dort an einer schwach ausgeprägten Rückenstruktur noch ziemlich steil bis auf die Schuttfelder der Rossalm abzusteigen. Hinter der seichten Schwelle gibt sich das Gefälle eine Weile mäßig, später rechts haltend nochmals etwas stärker bis zur Vereinigung mit der Route übers Flimjoch ❼, ca. 2415 m. Wir begleiten den Wildbach linksseitig, wechseln über eine Brücke zur **Oberen Flatschbergalm** ❽, 2110 m, und folgen nun einem Güterweg schnurstracks talauswärts zur **Unteren Flatschbergalm** ❾, 1905 m. Unterhalb wird nach einer Linkskehre abermals der Bach gekreuzt, ehe wir wenige Minuten später beim Parkplatz **»Bleasegg«** ❶ einlaufen.

Im Hochtal treffen wir auf die Obere Flatschbergalm.

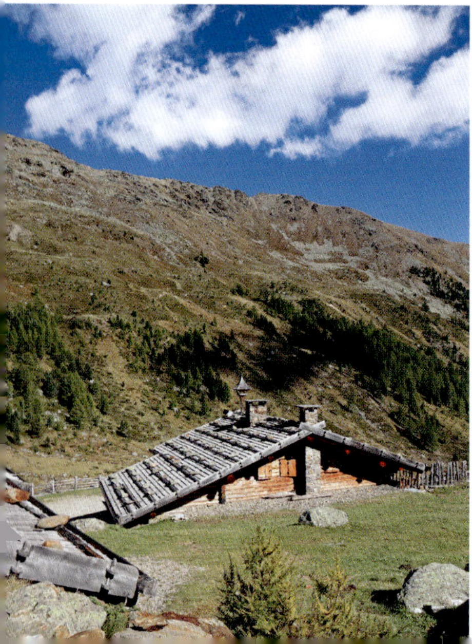

Szenerie im innersten Flatschbergtal.

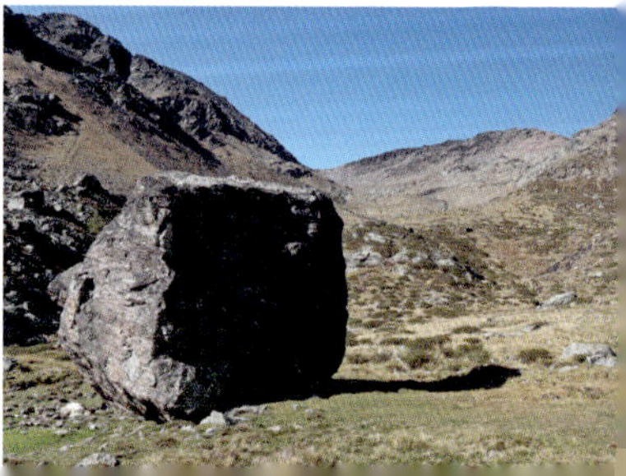

Welscher Berg (Cima Trenta), 2636 m

Aus dem Klapfbergtal

6.30 Std. | 16,1 km | ↗ 1240 m | ↘ 1240 m

Eine stille Kammer der südlichen Ultner Berge

Das Klapfbergtal ist eines jener Ultner Hochtäler, die südwärts einen Übergang ins Trentino vermitteln. Die flankierenden Berge sind im regionalen Vergleich gleichsam der »Mittelklasse« zuzuordnen, also durchaus nicht zu verachten und zum Teil auch mit markierten Routen erschlossen, wovon allgemein aber nicht allzu emsig Gebrauch gemacht wird. Somit können sich Liebhaber stiller Touren hier noch ordentlich austoben. Dieser Vorschlag zielt auf einen Gipfel namens Welscher Berg bzw. Cima Trenta ab, dessen höchster Punkt nur einen Steinwurf von der Provinzgrenze entfernt liegt. Die Annäherung erfolgt über einen reizvollen Höhenweg, der Rückweg dann am einfachsten direkt durchs Klapfbergtal. Für weniger tüchtige Wanderer wäre auch die gipfellose Variante schon eine Empfehlung wert – sie reduziert das Pensum auf fünf Stunden Gehzeit.

Talort: St. Nikolaus, 1271 m, bzw. St. Gertraud, 1519 m, im Ultental.
Ausgangspunkt: Beschränkte Parkmöglichkeit beim Fahrverbot knapp unterhalb des Klapfwieshofs, ca. 1450 m. Die Zufahrt zweigt im inneren Ultental ca. 1,5 km vor St. Gertraud ab. Mit Öffis muss man an der Talstraße starten (Haltestelle »Falschauern«; 20 Min. bis zum Wegpunkt 1).
Anforderungen: T4 (Schlüsselpassage), sonst maximal T2–3. Am Gipfelaufbau steile, sandige Spur mit kurzer Kletterpassage (I. Grad), welche allein die Einstufung »schwarz« bedingt. Auf der Almrunde ordentliche Steige ohne besondere Schwierigkeiten (»rot«), im Klapfbergtal Fahrweg. Für Berggewohnte ein tagfüllendes Pensum.
Einkehr: Londeialm, 2084 m, und Klapfbergalm, 1944 m, beide von Mitte Juni bis Mitte September einfach bewirtschaftet.
Karte: Tabacco 1:25.000, Blatt 042.

Fernblick von der Cima Trenta an der Cima Binasia vorbei bis in die Dolomiten.

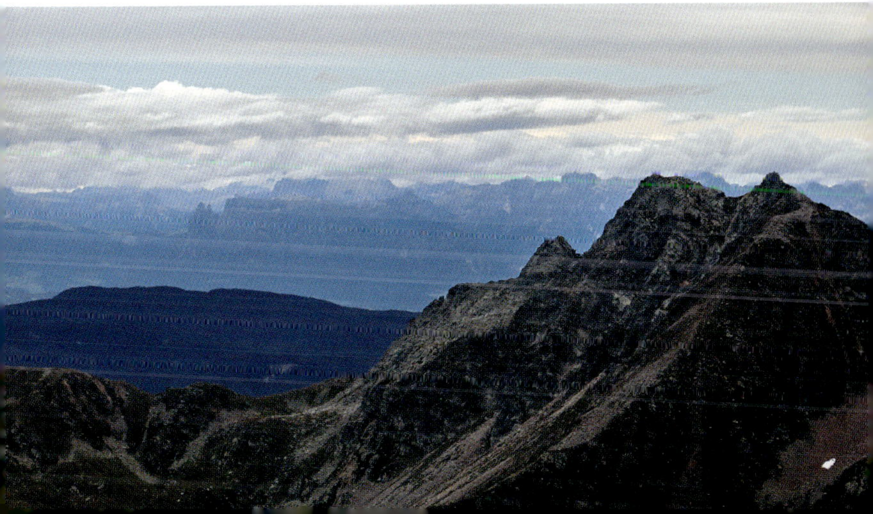

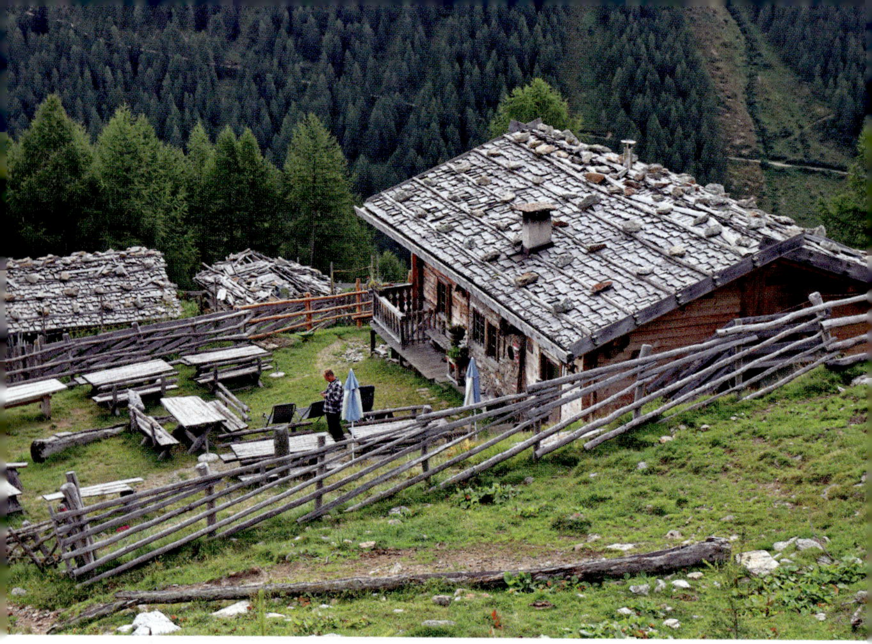

Schindeldächer wie auf der Londeialm sieht man in Ulten noch häufig.

Unterhalb des Hofes **Klapfwies** ❶ beginnt die Forststraße ins Klapfbergtal mit einer Schleife. Anschließend wandern wir schnurstracks einwärts, bis rechter Hand der Steig Nr. 16A zur Londeialm abzweigt ❷. Im Bergwald kräftig ansteigend, zwischendurch mal die Zufahrt kreuzend und im Weidegelände immer schräg hinan Richtung **Londeialm** ❸, 2084 m. Wenige Schritte oberhalb achten wir bei einer Gabelung auf den Hinweis »Hinter die Mahder« (Nr. 15). Nun ein Stück weit durch verwachsenes Terrain und aus einer Mulde nochmals deutlich bergauf bis in freie Hanglagen. In diesen wandert man jetzt eine Weile leicht auf und ab gen Süden, eine kleine Bucht ausgehend und später sachte ansteigend bis **»Hinter die Mahder«** ❹, 2323 m, wo bei einer abgebrannten Almhütte die Gipfelroute (Nr. 12) abzweigt. Über freies, harmloses Wiesengelände steuern wir den Sattel P. 2502 ❺ zwischen Welschem Berg und Kachelstube an – auch ein möglicher Übergang ins Kirchbachtal. Der Nordgrat präsentiert sich zwar recht steil, aber weithin mit

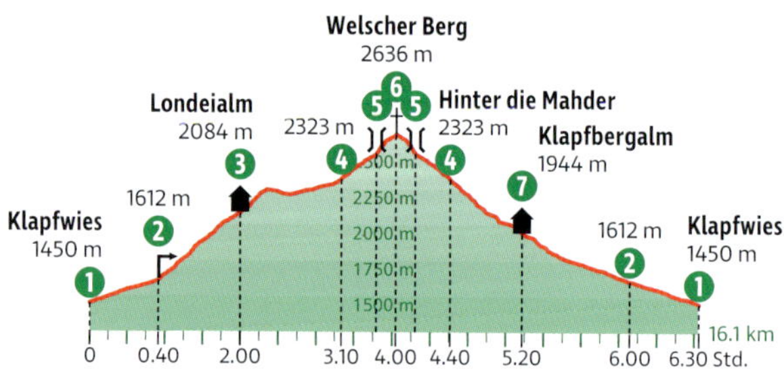

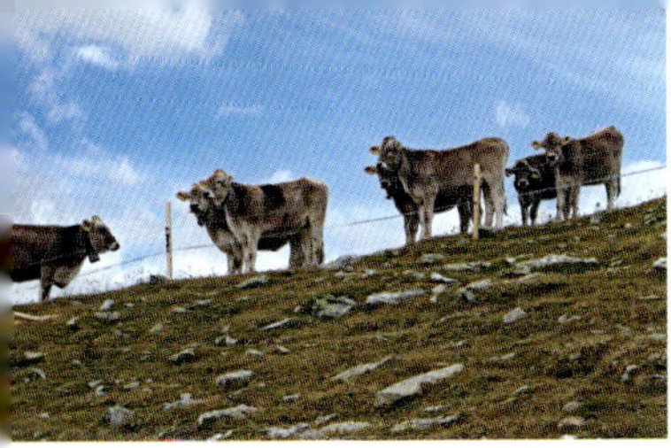

Gell, do schaugst …

passabler Spur. Kurz vor dem Gipfel legt sich allerdings eine felsige Barriere in den Weg, die leichte Kletterei erfordert. Anschließend noch ein paar Minuten entlang der Schneide zum höchsten Punkt am **Welschen Berg (Cima Trenta)** ❻, 2636 m. Zurück bei P. 2323 ❹ folgen wir weiterhin der Nr. 12 zur Vereinigung mit dem übers Klapfbergjoch führenden Hauptweg Nr. 16. Etwas tiefer kreuzen wir den Bach und erreichen auf einer breiten Trasse die **Klapfbergalm** ❼, 1944 m. Der Güterweg vermittelt anschließend den Rückweg talauswärts, wobei sich dieser bis zum Ausgangspunkt ❶ noch fast 5 Kilometer zieht und somit etwas Gleichmut erfordert.

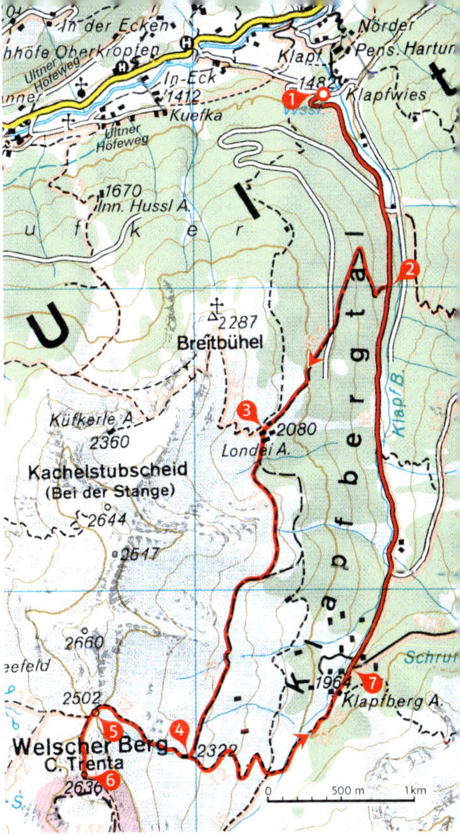

Leckerer Kaiserschmarrn auf der Klapfbergalm.

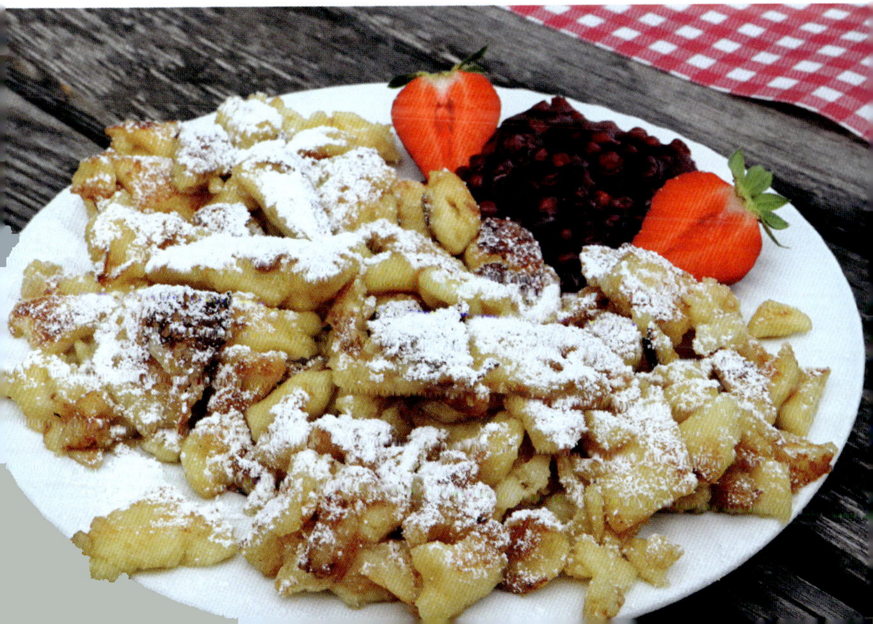

39 Ilmenspitze, 2656 m

Vom Einertal ins Auerbergtal

7.40 Std. | 16,3 km | ↗ 1550 m | ↘ 1550 m

Spannender Grenzgipfel zum Trentino

In der Reliefbeschreibung der Ortler-Alpen trägt die südlich des Ultentals aufragende Gipfelkette den Namen Ilmenkamm – abgeleitet von der Ilmenspitze, die für ausdauernde Berggeher ein feines, kaum überlaufenes Ziel darstellt. Zwei Ultner Seitentäler eröffnen Zugänge, zum einen das bei St. Nikolaus ausmündende Auerbergtal mit der gängigsten Route via Seefeldsee, zum anderen das Einertal, welches weiter östlich zum Korjöchl aufschließt. Dort nimmt man die Trentiner Route aus dem Tal von Rumo auf und müht sich durch die steile Südostflanke. Als Grenzgipfel bietet die Ilmenspitze ein interessantes Panorama zwischen Südtirol und dem Trentino – auch wenn bei meiner letzten Gipfelrast davon einiges verborgen blieb. Enttäuscht war ich darüber nicht, denn verantwortlich war nur eine Hochnebeldecke auf rund 2300 Metern, was wiederum eine ganz besondere Stimmung zauberte …

Talort: St. Walburg, 1131 m, bzw. St. Nikolaus, 1271 m, im Ultental.
Ausgangspunkt: Bei der Bushaltestelle »Trein«, ca. 1160 m, hinter Kuppelwies im Ultental. Über die nahe Bachbrücke (bei Jaisten) hinweg besteht Parkmöglichkeit; Buslinie 245 von Meran über Lana ins Ultental.
Anforderungen: T3+ (Aufstieg) bzw. T3 (Abstieg). In den Hochtälern jeweils längere Abschnitte auf Güterwegen, Richtung Korjöchl normaler Steig, oberhalb steiler Anstieg auf geröllig-sandiger Spur. Im Abstieg bis auf das oberste Stück besserer Steig im Mattengelände. Neben der obligatorischen Trittsicherheit gute Ausdauer unabdingbar.
Einkehr: Auerbergalm, 1644 m, Anfang Juni bis Ende September, Tel. +39 339 4366192.
Karte: Tabacco 1:25.000, Blatt 042.

Eine Ziegenherde genießt ihre Bergfreiheit …

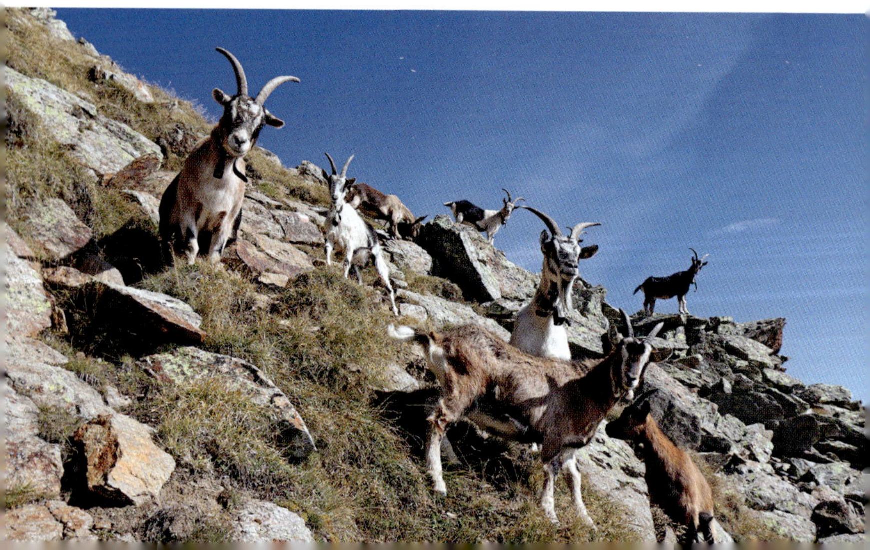

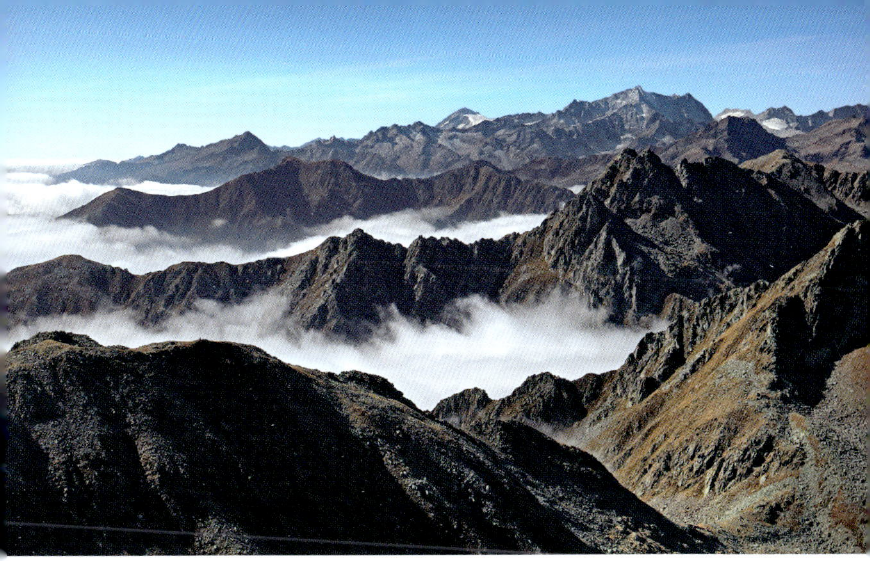

Blick entlang der südlichen Ausläufer der Ortler-Alpen auf Trentiner Seite. Das überragende Massiv in der Ferne ist die Presanella.

Von der Ultner Straße bei **Trein** bzw. **Jaisten** ❶ zum Anwesen Hirnstoan, über eine Wiese zum Waldrand und zur Einmündung in die Forststraße (Nr. 19), die ins Einertal hineinführt. Sie zieht auf der linken Seite des Bachs zeitweise recht kräftig an. Ohne nennenswerte Besonderheiten kommt man nach rund anderthalb Stunden – mittlerweile in offenem Gelände – zur neuen **Einertalalm** ❷, die rechts vom Bach errichtet wurde (in Karten ist oft noch der alte Standort, 1720 m, verzeichnet). Der breite Wirtschaftsweg setzt sich mit einigen Schleifen fort und wird erst kurz vor der **Maritscher Bergalm** ❸ auf einen Steig verlassen. Damit in Kürze rechts haltend und hinauf zu einem Boden, anschließend durch eine Art Gasse und ohne weitere Hindernisse ins **Korjöchl** ❹, 2252 m, auf dem Trentiner Wegweiser als Passo Termen de Val bezeichnet. Dieser lotst uns auf einen Quergang, bevor es an einem grasdurchsetzten Steilhang auf gerölligem bzw. sandigem Pfad zunächst schräg, später mit vielen Kehren gegen den Gipfel hinaufgeht (Nr. 113 bzw. 19). Fast schon oben angekommen schwenkt man nach links und absolviert die letzten

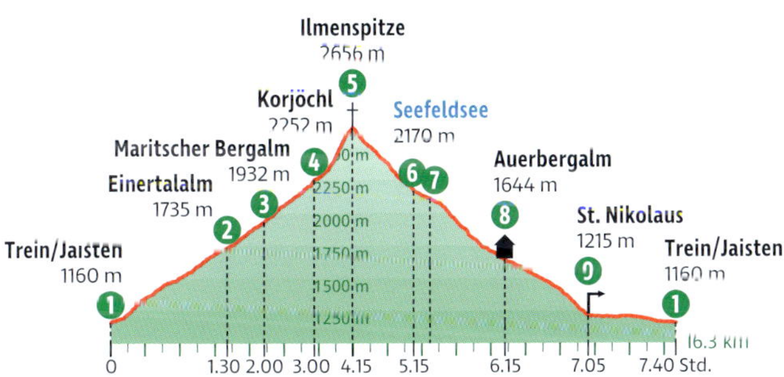

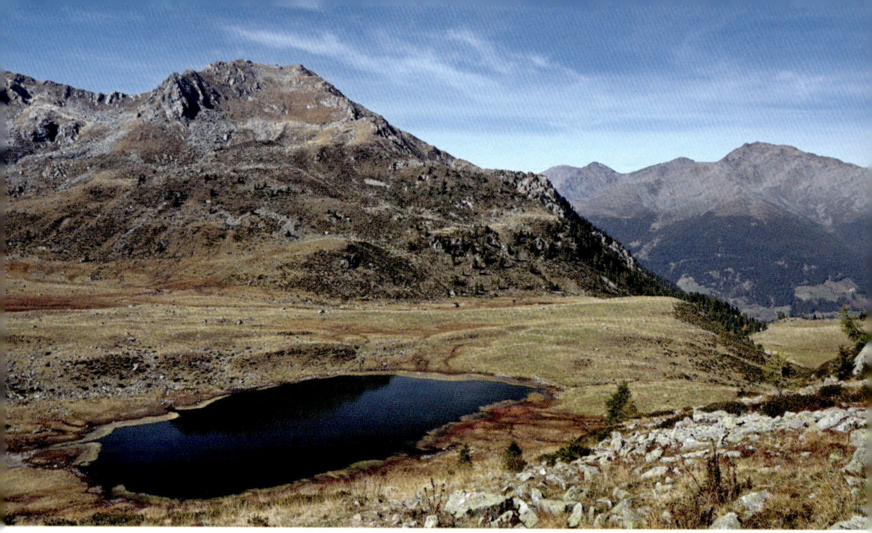

Seefeldsee gegen Büchelberg.

Schritte gemeinsam mit Nr. 18 zum großen Kreuz auf der **Ilmenspitze** ❺, 2656 m.

Der Abstieg verläuft an der Südwestseite zunächst im steilen Zickzack, bald schon gemäßigter und teils entlang der Geländekante. Eine Abzweigung zum Passo Cemiglio bleibt unbeachtet. Weiter unten drehen wir rechts zum **Seefeldsee** ❻, ca. 2170 m, ab und stoßen zehn Minuten später auf den langen Stall der **Seefeldalm** ❼, 2110 m. Nun senkt sich unser Weg ins Auerbergtal, dabei bald nach rechts über eine Art Rampe ausholend und im Talgrund auf den Güterweg, der zur bewirtschafteten **Auerbergalm** ❽, 1644 m, hinauszieht. Etwa einen Kilometer weiter verlässt man diesen und nimmt geradeaus den direkteren, teilweise recht steilen Fußweg hinunter nach **St. Nikolaus** ❾. Noch vor der Falschauer geht es mit dem Ultner Höfeweg nach rechts. Stets abseits der Talstraße zum Albl, kurz darauf die Straße tangierend, aber weiterhin rechts verbleibend durch Wiesen- und Waldbereiche zurück zum Ausgangspunkt ❶.

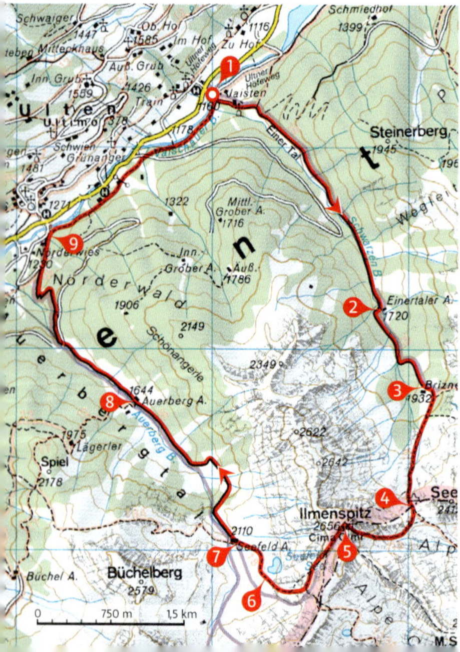

Mystische Stimmung ...

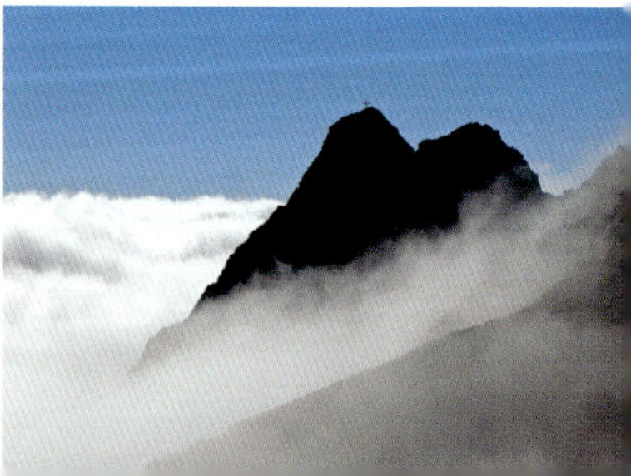

Kornigl und Schöngrubspitze, 2459 m

Vom Hofmahdjoch Richtung Clozner Loch

5.00 Std. | 9,7 km | ↗980 m | ↘980 m

Drei auf einen Streich

Diese interessante Drei-Gipfel-Tour liegt im Einzugsbereich des Deutschnonsberges, historisch-kulturell mindestens seit dem Mittelalter zu Tirol gehörig, wenn auch geografisch betrachtet eher nur mit losem Anschluss. Bis zur Eröffnung des Hofmahdtunnels waren die Gemeinden Proveis und Laurein faktisch sogar eine Südtiroler Exklave im Trentino. Vom Südportal aus können wir unser Trio vorteilhaft angehen. Es gruppiert sich kompakt um den kleinen Karkessel des Clozner Lochs und wird über die relativ hindernisarmen Verbindungsgrate abgeschritten. Tolle Ausblicke über die Ultner Bergwelt sowie weit hinein ins Trentino dürften Anreiz genug sein, hier mal auf Erkundungsstreifzug zu gehen.

Talort: Proveis, 1422 m, im Deutschnonsberg.
Ausgangspunkt: Parkplatz am Hofmahdjoch, ca. 1690 m, unmittelbar südlich des Scheiteltunnels zwischen Ulten und Deutschnonsberg (auch Bushaltestelle der Linie 244 nach Laurein).
Anforderungen: T3+. Im unteren Bereich harmloses Almgelände, nach oben hin teils erdige Pfade in Schrofen, praktisch durchgängig markiert und gepfadet, zwischen Spitzner Kornigl und Schöngrubspitze aber nur spärlich. Steilste Passagen am Südgrat des Spitzner Kornigl (eventuell etwas Händeunterstützung, sonst überall Gehgelände). Mit guter Trittsicherheit beherrschbar, konditionell höchstens durchschnittlich.
Einkehr: Malga Cloz, 1732 m, Anfang Juni bis Mitte September täglich, sonst an Wochenenden, Tel. +39 340 5993647 oder +39 349 2484637. Einige Minuten entfernt liegt die Malga Revo, 1734 m, Tel. +39 348 2124868.
Karte: Tabacco 1:25.000, Blatt 042.

Der Kamm zwischen Schöngrubspitze (Standpunkt) und Spitzner Kornigl.

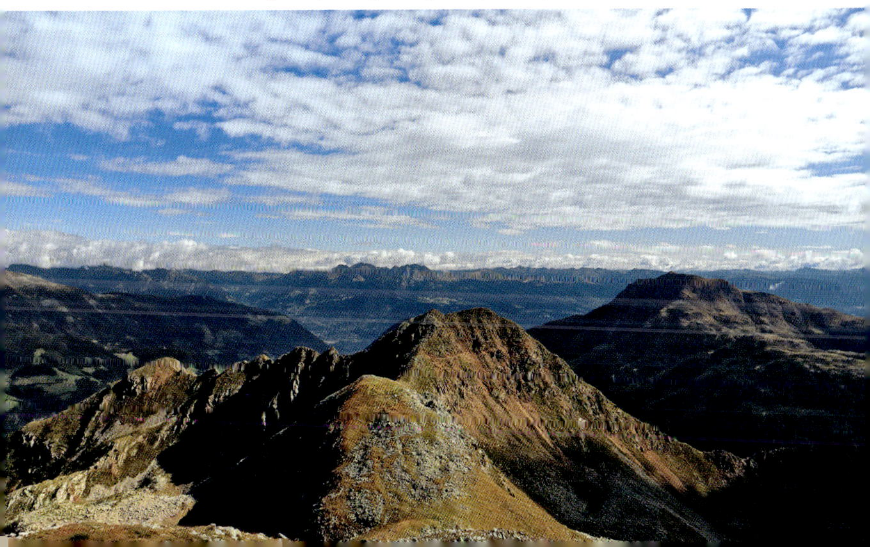

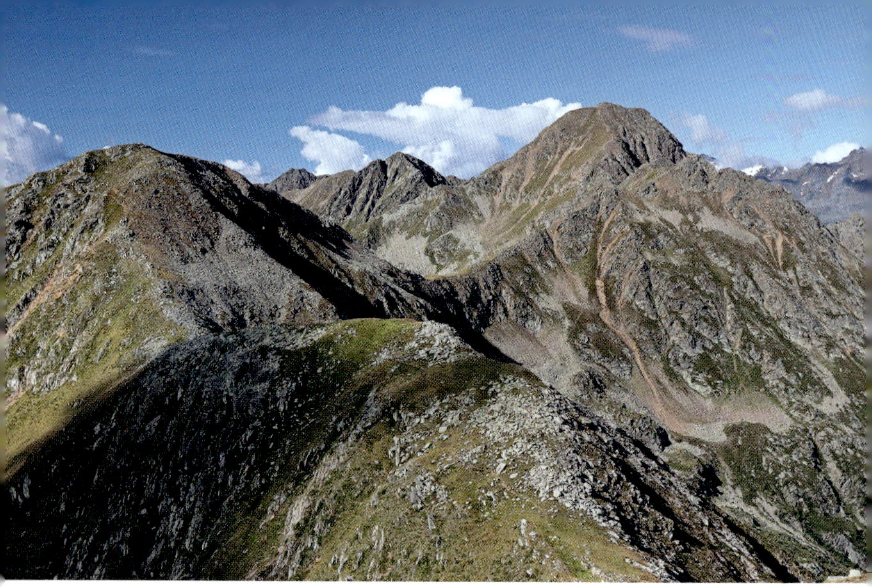

Am Spitzner Kornigl mit Blick zu Schöngrubspitze (links) und Ultner Hochwart.

Vom Parkplatz **»Hofmahd«** ❶ orientieren wir uns mit Nr. 8 nordwärts zu den gleichnamigen Wiesen, biegen hier links haltend in den Sentiero Bonacossa (Nr. 133) ein und erreichen hinter einem Baumbestand mit geringfügigem Zwischenabstieg die aufgelassene **Obere Alm** (auch Weissalbl, Proveiser Alm bzw. Malghet genannt) ❷, 1894 m. Rund 200 Höhenmeter weiter oben verzweigen sich am Rande des **Clozner Lochs** ❸ die Routen Nr. 10 zur Schöngrubspitze und Nr. 7 zu den beiden Kornigln. Wir steigen auf der deutlicheren Spur nach rechts auf und geraten allmählich in etwas mürbe und abschüssigere Hänge, schließlich leicht felsdurchsetzt auf den Gipfelgrat. Ein Abstecher zum **Kleinen Kornigl** ❹, 2311 m, ist nun rasch vollzogen. Zurück am Verzweigungspunkt gehen wir den deutlich steileren Südgrat des **Spitzner Kornigl** ❺, 2418 m, an und bewältigen hier die schwierigsten Passagen der Tour, wobei eine sandige Spur freilich immer noch dienlich ist. Allenfalls kurz werden auch mal die Hände benötigt. Vom zweiten Gipfel geht es nach Südwesten hinab, kurzzeitig über Blockgestein, dann wieder grasig über P. 2390 in die tiefste Kammsenke P. 2359 und mit hindernislosen 100 Metern Gegensteigung bis auf die **Schöngrubspitze** ❻, 2459 m. Die in manchen Karten eingetragene Route am Südostgrat existiert – ob-

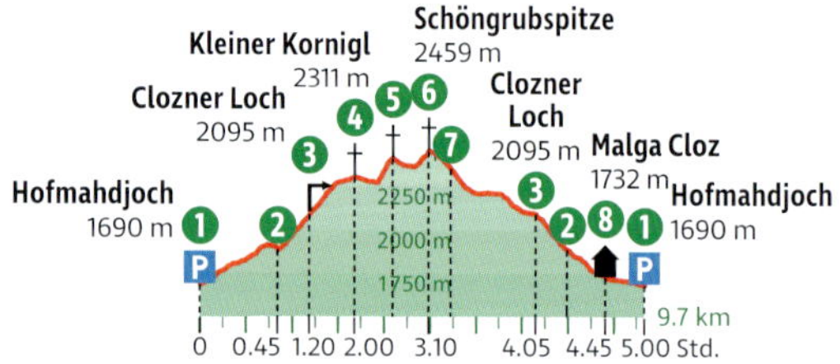

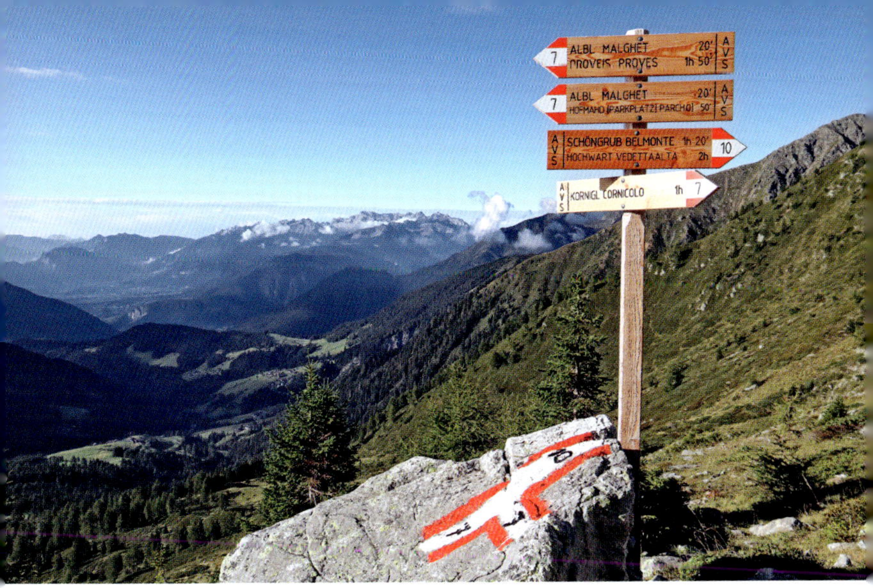

Bei Wegpunkt 3 trennen sich die beiden Gipfelzugänge.

gleich für Geübte gangbar – in dieser Form nicht. Also folgen wir besser dem anfangs harmlosen Westrücken, der später noch etwas steiler wird und ein paar Blöcke präsentiert, aber keine größeren Schwierigkeiten. Im Sattel P. 2356 **7** schweift man mit Nr. 10 südseitig ab und setzt im Bereich einer Hangverflachung zu einer Traverse an, die wieder zum Südostrücken leitet. An diesem ein bisschen tiefer, dann links ins Clozner Loch hinein und zur bekannten Verzweigung **3**. Vom Standort der **Oberen Alm** **2** wandern wir diesmal mit Nr. 7 gerade über mit lockeren Baumgruppen bestandene Weiden hinunter zur **Malga Cloz**, 1732 m. Über einen Fahrweg ist von dort rasch wieder der Parkplatz beim **Hofmahdjoch** **1** erreicht.

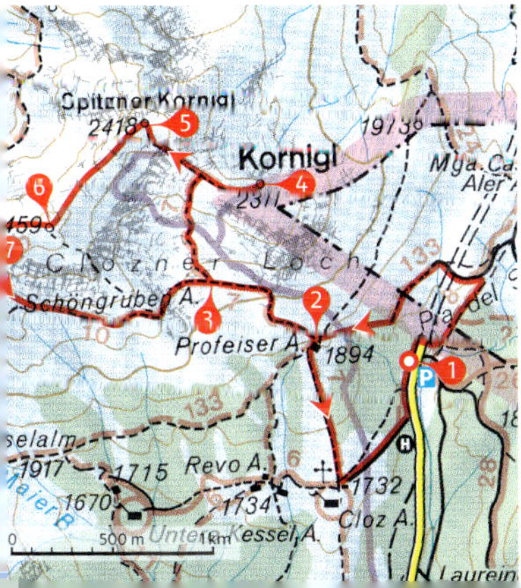

Die Deutschnonsberger Ortschaft Proveis vor der Kulisse der Brenta.

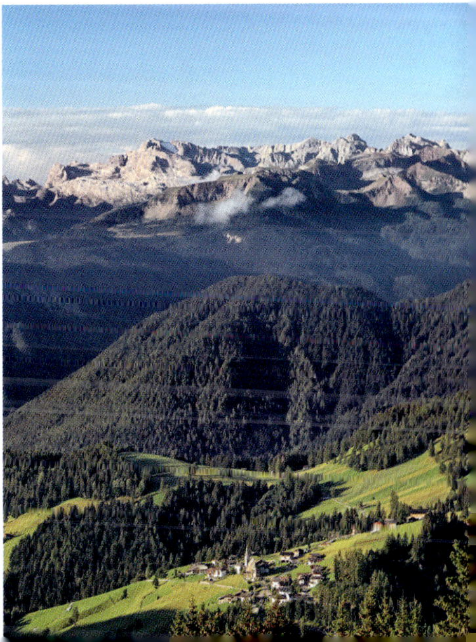

41 Von St. Pankraz nach Guggenberg

Hangwanderung in Außerulten

3.15 Std. | 8,4 km | ↗700 m | ↘650 m

Ein Streifzug durch Bergwälder und bäuerliche Kulturlandschaft

Das Gefüge der Ultner Streuhöfelandschaft – insbesondere in den steilen, verwinkelten Hängen – ist durchaus interessant zu erkunden. Auch wenn man bei dieser Tour keine nennenswerten Höhenlagen erreicht, geht es bei der Traverse des Hagelgrabens durchaus ein wenig wild angehaucht zu. Und wo namhafte Ziele fehlen, bleibt uns auf jeden Fall auch ein stilles Unterwegssein garantiert.

Talort: St. Pankraz, 730 m, im vorderen Ultental.

Ausgangspunkt: Verschiedene Parkmöglichkeiten in St. Pankraz, etwa an der Durchgangsstraße (hier auch Bushalt der Linie 245 von Meran bzw. Lana) oder etwas höher beim kleinen Sportplatz im Widumanger, ca. 760 m.

Endpunkt: Alpreid (bzw. Altbreid), ca. 775 m, ebenfalls Bushaltestelle an der Linie von Meran ins Ultental.

Anforderungen: Stellenweise T3-, oft leichter. Wechsel von befestigten Trassen und Naturwegen, welche mitunter schmal am Steilhang verlaufen. Besonders im Bereich des Hagengrabens etwas Trittsicherheit erforderlich. Konditionell nur ein Halbtagespensum.

Einkehr: Keine am Weg. In St. Pankraz gibt es das Gasthaus Weißes Rössl und eine Pizzeria.

Variante: Fortsetzung auf der Route Nr. 10 von Guggenberg nach Pawigl. Die kleine Seilbahn ist jedoch seit 2022 außer Betrieb. Die Mittelstation der Vigiljochbahn liegt 300 Meter höher.

Karte: Tabacco 1:25.000, Blatt 042 oder 046.

Feuersalamander in den Bergwäldern.

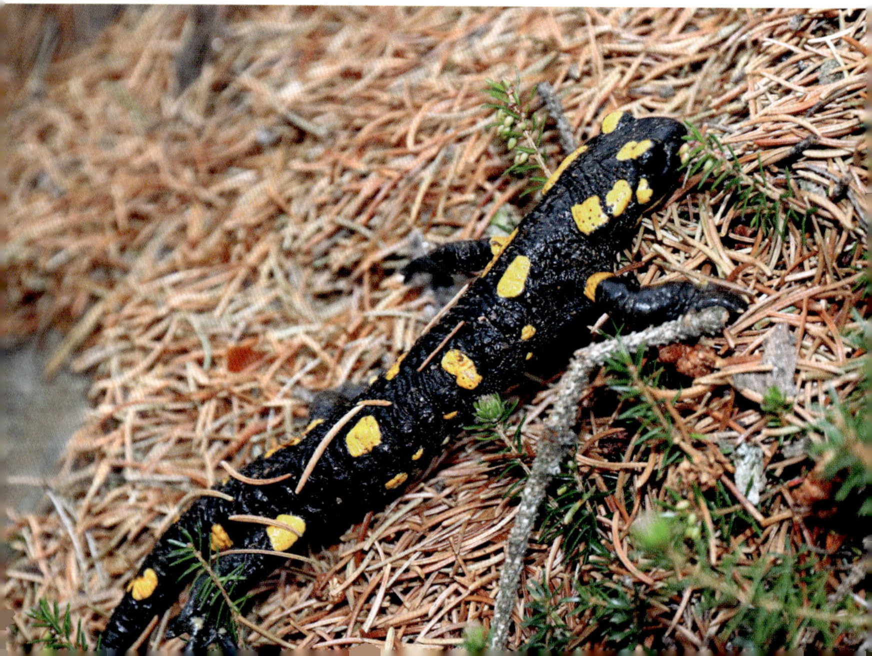

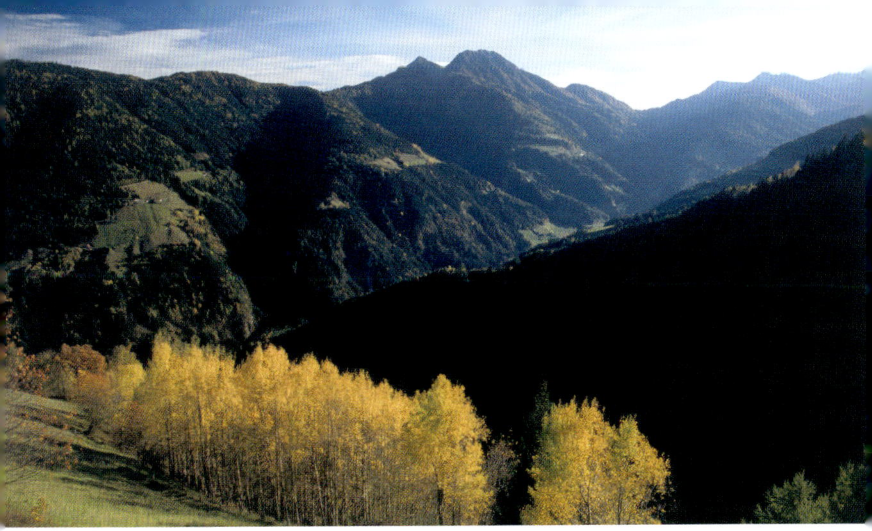

Herbststimmung bei Guggenberg über dem Ultental.

In **St. Pankraz** ❶ wenden wir uns im Widumanger aufwärts und folgen anfangs den Routenbezeichnungen 3, 5 und 10 auf der linken Seite des Kirchbachtals. Während Nr. 3 weiter einwärts zieht, schwenken wir bei Stegmühle mit Nr. 10 nach rechts. Kurz vor einem versteckten Hof achte man rechts auf jenen Steig, der am Waldhang sukzessive Richtung **Mittereben** ❷, ca. 1075 m, hinaufleitet. Oberhalb des Holzner Grabens kommen wir mit einer Wiesenquerung nach **Farm** ❸, ca. 1142 m, gehen hier links hoch und mit einem Bogen via Tratt zur Höfestraße. Bei Bergmann erfolgt mit einem zwischenzeitlichen Gefälle der Einstieg in den Hagengraben, wo es ziemlich verschlungen wird. Der schmale Pfad laviert mit etwas Auf und Ab durch das Grabensystem und führt dahinter rechts hinaus in den Streuweiler **Guggenberg** ❹, ca. 1300 m. Etwas unterhalb an der Zufahrt finden wir den Linksabzweig von Nr. 10 Richtung Pawigl, bleiben aber bis über die nächste Rechtskehre auf der Bergstraße und nehmen dann die Abkürzungen (Nr. 2) zum Grubhof. Bei einem weiteren Hof etwas tiefer gabelt sich der Talabstieg: Da es rechter Hand zum P. 770 gegenüber von Schloss Eschenlohe wegen Bauarbeiten zuletzt zu Sperrungen und Umwälzungen kam, orientiert man sich am Ende besser nach **Alpreid** ❺.

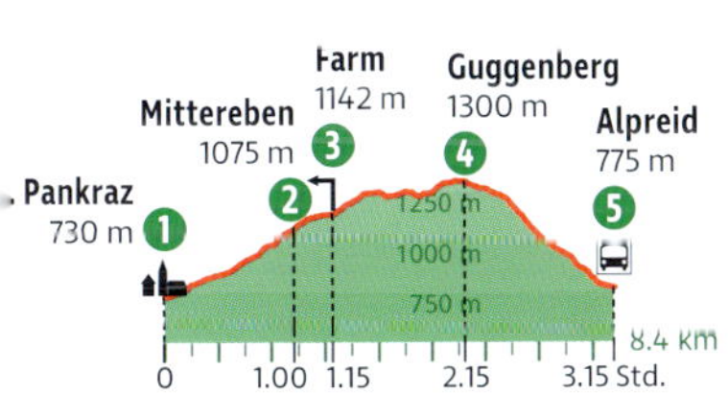

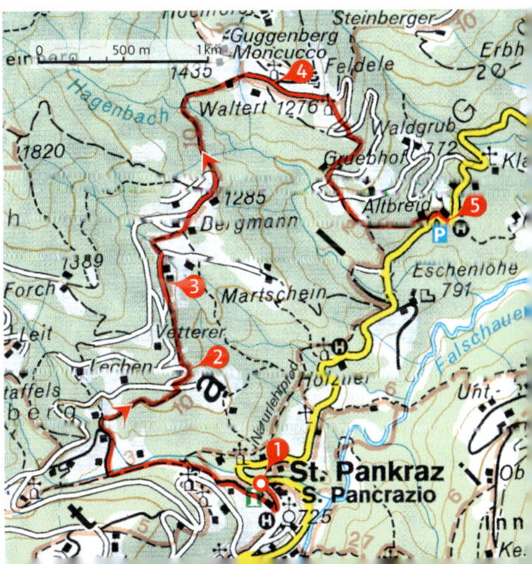

42 Laugenspitze, 2434 m

Von Platzers über die Gfrillner Alm

TOP | 7.15 Std. | 14,9 km | ↗ 1420 m | ↘ 1420 m

Ein Modeberg auf die individuelle Art

Die Laugenspitze unter den »Stillen Pfaden«? Was vorderhand wie ein Missverständnis anmutet, denn der einprägsame Doppelgipfel über dem Meraner Becken ist sicher kein einsames Ziel, hat durchaus seine Berechtigung. Denn die meistgewählten Routen vom Gampenpass oder Unsere liebe Frau im Walde bleiben hier außen vor. Wir nähern uns indes vom malerischen Weiler Platzers, queren von der kleinen Gfrillner Alm hinüber zum Kitzerbichl und gehen den Großen Laugen über seine düstere Nordseite an. Dort zieht eine wenig frequentierte Route pfiffig durchs Steilgelände empor, sodass man vermutlich erst im Gipfelbereich in rege Gesellschaft gerät. Davon abgesehen gibt es ja noch den Nebenschauplatz am Kleinen Laugen, wo die Aussicht zwar nicht ganz so umfassend ist wie am Hauptgipfel, die Siesta dafür wiederum ruhiger ausfällt. Tatsächlich kann man auch an bekannten Bergen oft sein ganz individuelles Erlebnis generieren ...

Talort: Tisens, 613 m, im Burggrafenamt westlich oberhalb der Etsch.
Ausgangspunkt: Platzers, 1278 m, Bergweiler abseits der Gampenpass-Nordrampe. Abzweig von der Hauptstraße hinter einer Linkskehre oberhalb von Bad Gfrill (dort Bushaltestelle der Linie 246 von Meran nach Fondo).

Anforderungen: T4- (über Kitzerbichl), sonst T3. Streckenweise steile Bergwege, vor allem auf der Route vom Kitzerbichl, dort nach oben hin vermehrt felsiges Gelände, das Trittsicherheit und Schwindelfreiheit erfordert. Dies gilt tendenziell auch noch für die Abkürzung zum Laugensee, ansonsten ist

Aus den Lärchenwäldern am Kitzerbichl nähern wir uns dem Gipfelstock.

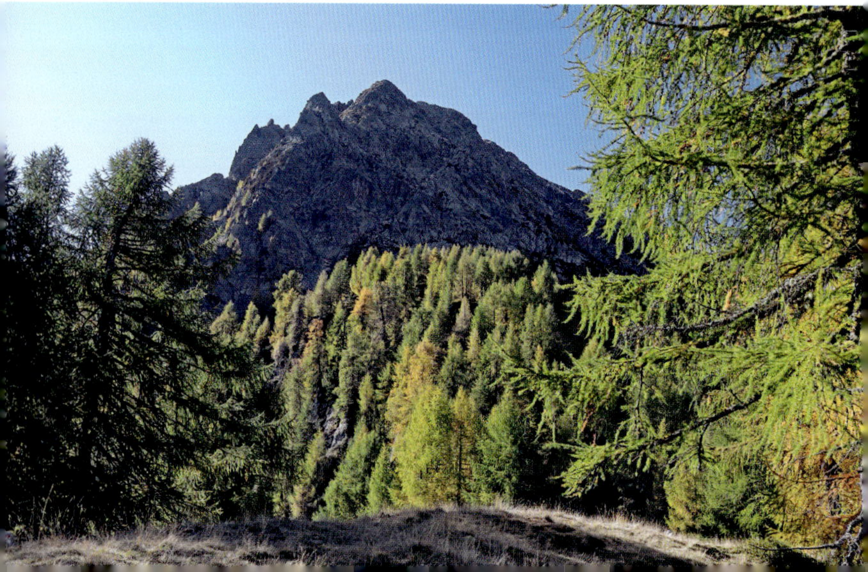

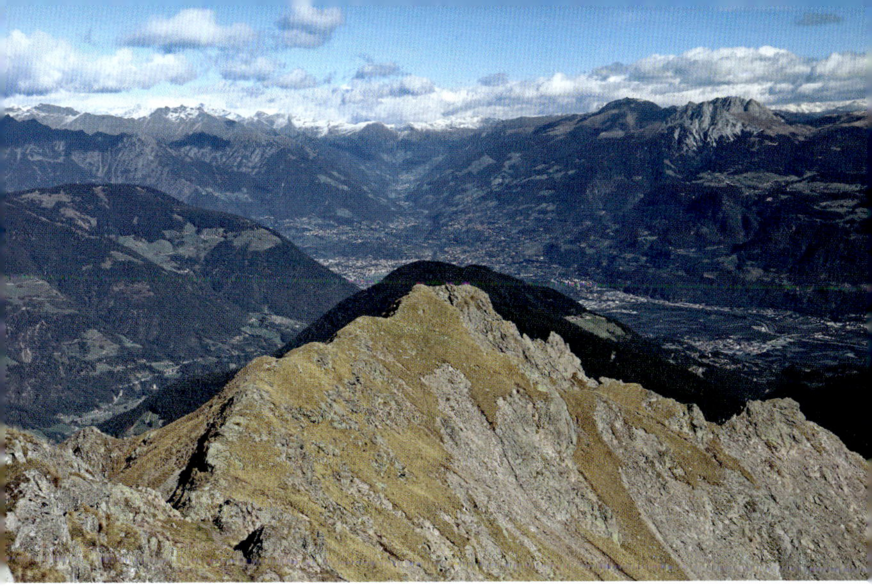

Der Große Laugen verspricht eine gewaltige Aussicht, hier Richtung Meran und Passeier.

der Abstieg eine Nummer leichter. Tagfüllendes Programm für Ausdauernde.
Einkehr: Gfrillner Alm, 1835 m, Mitte Juni bis Oktober einfach bewirtschaftet. Berggasthof Natz in Platzers, Tel. +39 0473 920938.
Varianten: 1. Kürzester Zustieg zur Gfrillner Alm von der Gampenstraße, wo bei der Flurbezeichnung »Perlklaring« eine Forststraße beginnt.
2. Zustieg zum Kitzerbichl komplett über Weg Nr. 28 vom Weiler Buchen (Zufahrt aus dem Ultental via Mitterbad).
3. Vom Gipfel kann auch über den Südostgrat (Nr. 10) zum Laugensee abgestiegen werden.
Karte: Tabacco 1:25.000, Blatt 046 oder 042.

In **Platzers** ❶ nehmen wir Weg Nr. 10 auf, der nach einer Weile in eine nordwärts führende Traverse übergeht. Bei P. 1519 unweit des Platzer Jöchls biegen wir nach links ab ❷ und gewinnen bald deutlich an Höhe. Man folgt zunächst noch Forstwegen, später dann vorteilhaft dem alten Steig am Innerberg. Bei Kreuzungen mit dem Fahrweg jeweils gut achtgeben. Nach längerer Wanderung im Wald öffnet sich schließlich das Gelände der **Gfrillner Alm** ❸, 1835 m.

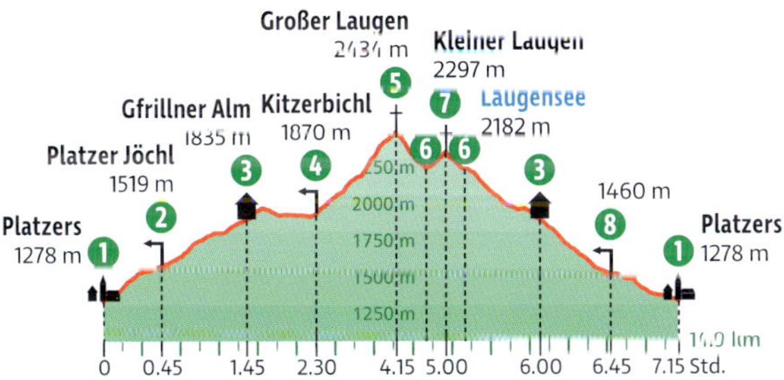

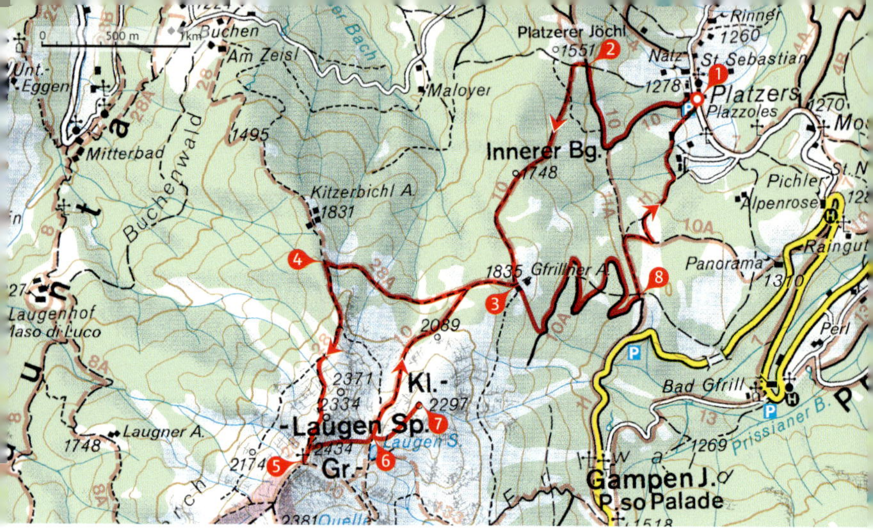

Von dort rechts hinauf und durch lichte Lärchenbestände zu einer Gabelung. Jetzt verlassen wir die Route Nr. 10 und queren mit Nr. 28A (Wegschild »St. Pankraz«) die nordseitigen Geländebuchten im Bereich Stubeben. Mit etlichen Kurven und ein wenig Auf und Ab gelangen wir hinüber Richtung **Kitzerbichl ④**, ca. 1870 m, wo wir knapp oberhalb der Almlichtung auf den aus dem Ultental heraufkommenden Steig Nr. 28 stoßen. Damit nun bergwärts! Man erreicht den Absatz des nördlichen Kammausläufers, weicht im Folgenden jedoch rechtsseitig aus. Zwischen Lärchen und Strauchwerk ist der Steig etwas verwachsen. In der Flanke des wenig eigenständigen Mittleren Laugen geht es im

Ein feines Plätzchen ist auch die Gfrillner Alm. Der Fernblick schweift über den Bozner Talkessel bis in die Dolomiten.

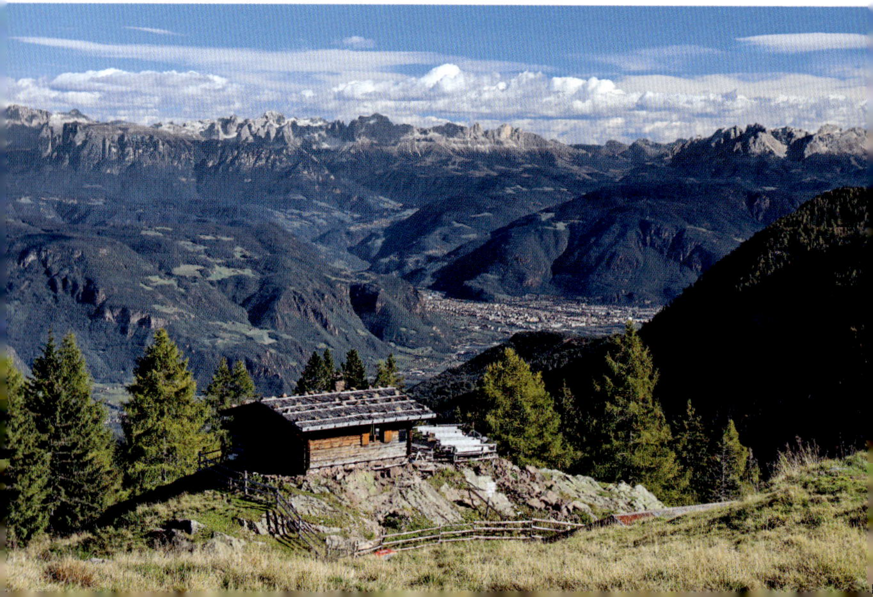

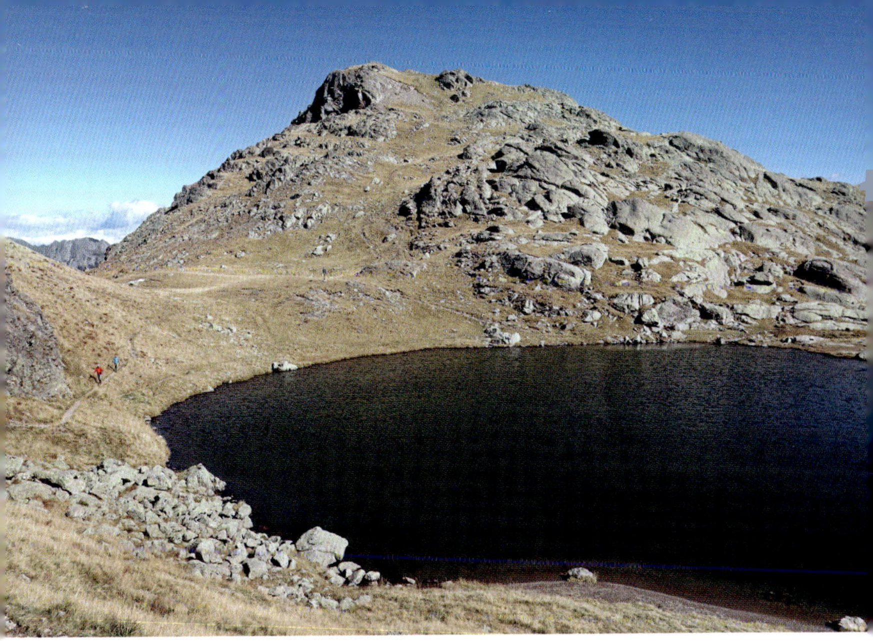

Vom sagenumrankten Laugensee lässt sich gleich noch der Kleine Laugen mitnehmen.

Wechsel mit Traversen sukzessiver höher, im Bereich einer Rippe felsdurchsetzt und steiler, dann wieder rechts zur nächsten wenig ausgeprägten Rippe, wo erneut etwas gekraxelt werden muss, und schließlich schräg rechts gegen den Nordgrat hinauf. Im finalen Abschnitt kommt von links die Zickzackspur vom Laugensee dazu, bevor wenige Minuten später der Gipfel des **Großen Laugen** **5**, 2434 m, gewonnen ist.

Im Abstieg kurz am Nordgrat zurück, um dann ohne Beschilderung dem direkten Steig durch die oben noch steile ostseitige Flanke hinunter zum **Laugensee** **6**, 2182 m, zu folgen. Wir passieren den hübschen Bergsee linksseitig zum Sattel P. 2190 und können nun noch den – zuvor bereits gut einsehbaren – Gegenanstieg zum **Kleinen Laugen** **7**, 2297 m, wahrnehmen: ein Abstecher von kaum 20 Minuten entlang einer unschwierigen Pfadspur im Rasengelände. Anschließend wenden wir uns vom Sattel in die nordseitige, schuttbedeckte Karmulde, orientieren uns auf die rechte Seite und müssen später – schon im Lärchenwald – ein paar blockdurchsetzte Passagen bewältigen. Man gelangt wieder auf die Böden bei der bekannten Gabelung und rechter Hand zur **Gfrillner Alm** **3**.

Um auch für den restlichen Abstieg noch etwas Abwechslung zu haben, folgen wir jetzt dem Hinweis »Gfrill« (Nr. 10A) in den Schlatwald. Der breite Schotterweg ist dort phasenweise überraschend steil und nicht unbedingt sehr angenehm. Nach einigen Schleifen wenden wir uns am Rande einer Lichtung mit Nr. 11 nach links **8**. Bald wird auch »Platzers« ausgewiesen. Man umgeht eine sumpfige Wiese, bewältigt nochmals ein etwas steileres Stück und quert zuletzt einige kleine Gräben, auch an einem Hof vorbei, zurück zum Ausgangspunkt **1**.

43 Schönegg, 1772 m
Rundtour von Grissian

5.15 Std. | 11,4 km | ↗ 1050 m | ↘ 1050 m

Steilpfade an den Flanken des Mendelkamms
Der fast 40 Kilometer Mendelkamm beginnt im Norden mit dem Schönegg, einem fantastischen Aussichtspunkt über dem Etschtal. Leicht zugänglich ist dieser über die sanft abdachende Westseite, während die Anstiege von Grissian und Obersirmian in sehr steiles Waldgelände führen und auf jeden Fall eine ordentliche Portion Routine und Trittsicherheit verlangen. Dafür sind sie aber auch exklusiver und vermitteln Facetten, die den vorderhand nicht sonderlich alpin wirkenden Mendelkamm eben auch auszeichnen. Man wird vielleicht verblüfft sein ...

Talort: Prissian, 610 m, im Tisener Mittelgebirge westlich der Etsch.
Ausgangspunkt: St. Jakob, ca. 900 m, beim Bergweiler Grissian. Die Zufahrt erfolgt über Prissian (ohne Busanschluss). Beschränkter Parkraum bei der Kirche, ansonsten auch ausgewiesene Parkmöglichkeit auf Privatgrund in Grissian.
Anforderungen: T4 (Aufstieg) bzw. T3 (Abstieg). In den Flanken ziemlich steile Steige, die auch ein gewisses Absturzpotential in sich tragen, wobei Nr. 12 spärlich ausgetreten und recht verwegen verläuft, Nr. 9 hingegen etwas moderater. Ausgeprägte Trittsicherheit unerlässlich, bei Nässe nicht unbedingt ratsam. Auf den Höhen erstreckt sich ein harmloses Waldplateau. Konditionell durchschnittliches Pensum, allerdings mit anstrengenden Passagen.
Einkehr: Am Berg keine; in Grissian der Schmiedlhof (Di Ruhetag) und der Grissianer Hof (Mi Ruhetag).
Variante: Sehr steiler Abstieg vom Moschen über Weg Nr. 9A, welcher weiter unten mit Nr. 9 zusammentrifft.
Karte: Tabacco 1:25.000, Blatt 046.

So unspektakulär wie hier am Moschen sieht es auf der überwiegend bewaldeten Scheitellinie des Mendelkamms aus.

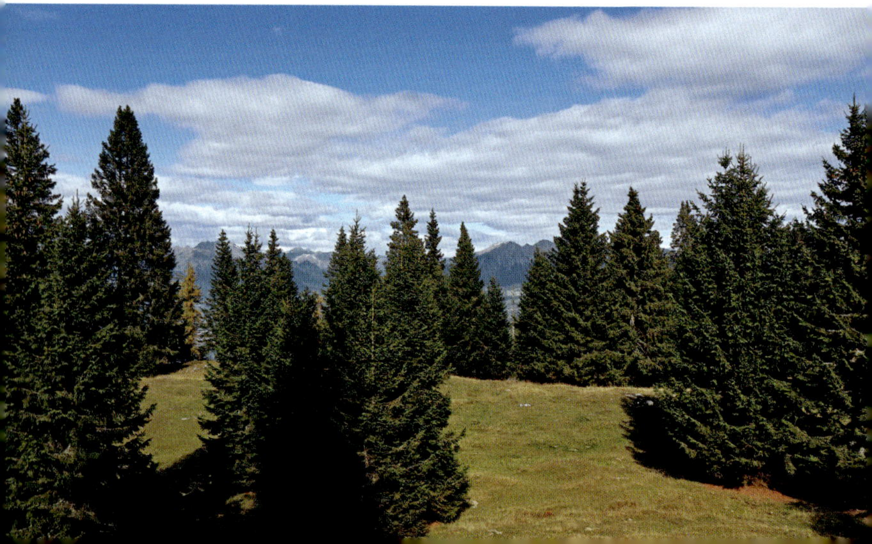

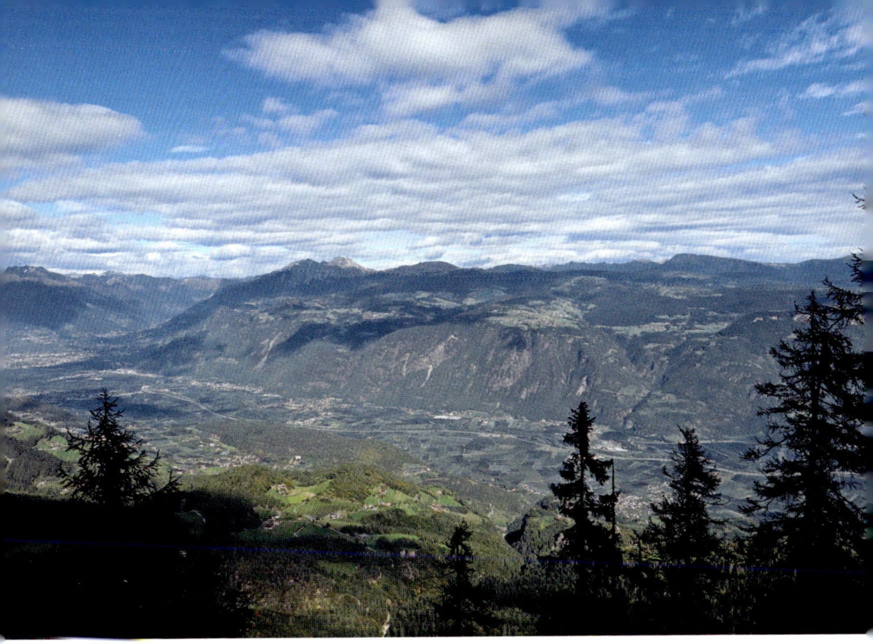

Doch die gelegentlichen Ausblicke über das Etschtal sind aller Ehren wert.

Bei der Wegkreuzung unterhalb von **St. Jakob** ❶ schlägt man die Route Nr. 19 Richtung Schönegg und Tränksteig ein. Der Wald wird durch die Schmiedlwiesen zwischenzeitlich etwas aufgelockert. Dahinter verbindet sich unser Forstweg mit jenem, der die Nr. 12 trägt. Später nutzen wir eine kleine Abkürzung durch eine Art Hohlweg, ehe auf rund 1240 Meter Höhe – wo der Tränksteig links abzweigt – der Steilpfad zum Schönegg ansetzt ❷. Es gilt weiterhin die Nr. 12. Am Nordhang bewegen wir uns zunächst im Bereich einer Schneise, ehe der schmale Pfad oberhalb teilweise noch kräftiger anzieht. Weiter oben wird der Wald wieder dichter und mildert somit das Gefühl der Ausgesetztheit, was uns aber nicht von absoluter Konzentration entbindet. Nach einem Linksschwenk flacht das Gelände zusehends ab. Von rechts gesellt sich Nr. 50 vom Gampenpass dazu – dann ist es nicht mehr weit bis zum **Schönegg** ❸, 1772 m, wo sich ein fulminanter Tief- und Fernblick eröffnet.

Die Plateauwanderung läuft in Grundrichtung Südost recht wellig dahin, anfangs grob geschottert, später wieder naturbelassen. Wir erreichen die Lichtung am **Moschen** ❹, 1748 m, wo Nr. 50 südwärts zur

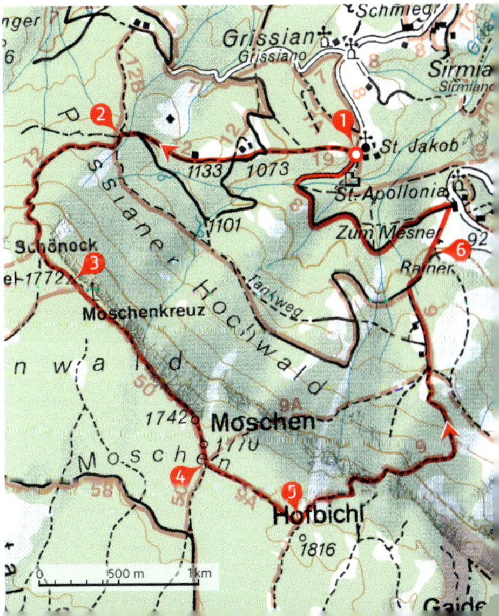

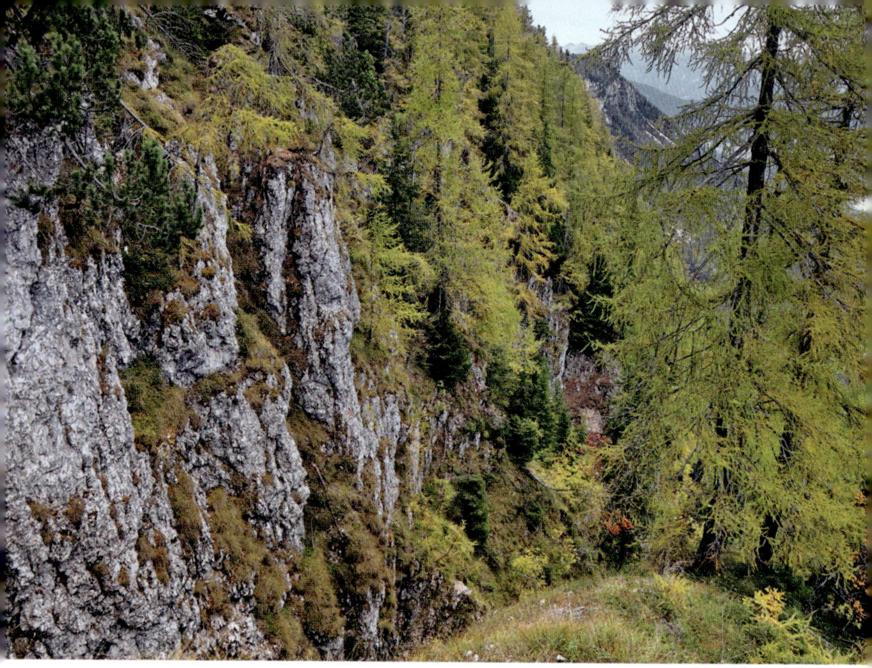

Beim Abstieg durch die Steilflanken.

Felixer Alm abdreht und links der Einstieg in den Steilpfad Nr. 9A erfolgen könnte. Da dieser aber zwischenzeitlich extrem steil wird, bleiben wir besser noch eine Viertelstunde auf der Höhe bis in die Nähe der **Hochkührast ❺** und nehmen dort die Nr. 9 abwärts. Auch diese Route führt durch ziemlich steile Flanken, jedoch nicht ganz so arg wie am Moschen. Eine veränderte Linie lotst uns jetzt weiter nach rechts als früher üblich, wobei eine Rinne etwas einschüchternd wirken kann. Der Pfad ist aber gut angelegt und vollzieht unterhalb mehrere Windungen, quert zwischendurch mal deutlich nach rechts (etwas verwachsen) und wechselt vom Nadelgehölz in angenehmeren Laubwald. Im Bereich der Stocker Böden läuft er dann aus – auch Nr. 9A kommt in der Nähe heraus. Gemeinsam über einen Forstweg noch recht steil hinab bis kurz vor den Ranerhof ❻. Man kürzt über die Wiese etwas ab, verlässt die Bezeichnung »St. Apollonia« und folgt dem Verbindungsweg nach **St. Jakob ❶**, welcher sich in leichtem Auf und Ab durch das System des Grissianer Grabens schlängelt.

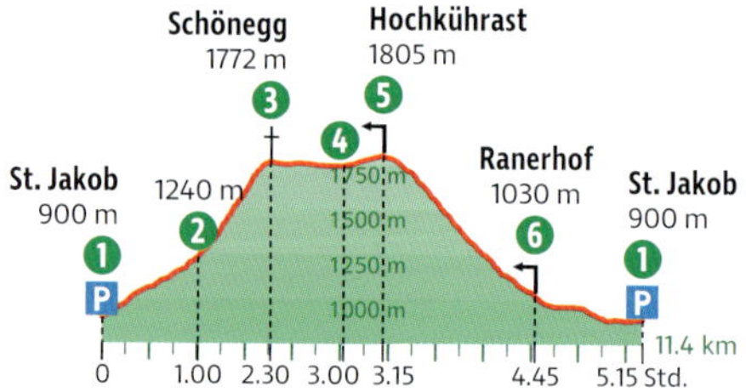

Lauwandspitze, 2251 m

Vom Schennaberg über den Westrücken

44

5.15 Std. | 11,5 km | ↗ 1050 m | ↘ 1050 m

Vorposten des mächtigen Ifingers

Das Ifingermassiv gehört zu den alpinen Wahrzeichen des Meraner Landes, sein schroffer Granitaufbau macht aus bestimmten Perspektiven eine überaus schneidige Figur. Da geht die vorgelagerte Lauwandspitze fast unter, sie verschmilzt scheinbar mit dem großen Ifinger, obgleich die Ifingerscharte dazwischen schon eine markante Bresche schlägt. Diese Position stempelt die Lauwand zu einem interessanten Ziel: Zur einen Seite schwingt sich der übermächtige Nachbar gleichsam respektheischend auf, zur anderen ist der Horizont vollkommen offen und gewährt ein prächtiges Panorama der Gegend um Meran. Beim Aufstieg über den gutmütigen Westrücken meint man womöglich zweimal, sein Ziel schon erreicht zu haben, doch handelt es sich jeweils nur um Wetterkreuze auf den Geländeabstufungen. Der eigentliche Gipfel liegt noch etwas dahinter. Beim Rückweg können wir in der behaglichen Ifingerhütte einkehren oder eine Etage tiefer beim Egger.

Talort: Schenna, 600 m, nordöstlich oberhalb von Meran.
Ausgangspunkt: Öffentlicher Parkplatz, ca. 1265 m, kurz vor dem Rieserhof an der Bergstraße von Schenna zum Taser. Gegebenenfalls kann auf einer beim Schnuggerhof abzweigenden Forststraße noch weiter bis kurz vor den Eggerhof gefahren werden (dort aber sehr eingeschränkte Parkmöglichkeiten). Bei Anfahrt mit Bus nutzt man am besten die Taser-Seilbahn (Linie 231 von Meran Richtung Verdins bis zur Talstation).
Anforderungen: T3-. Bei Zu- und Abstieg bis Lenzeben gute Wanderwege.

An einem vorgelagerten Wetterkreuz lässt sich bereits vortrefflich rasten.

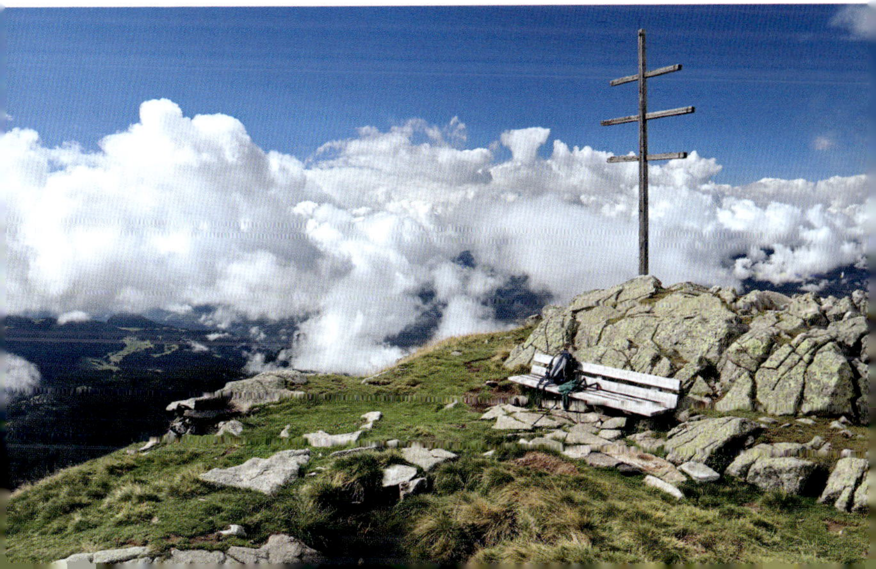

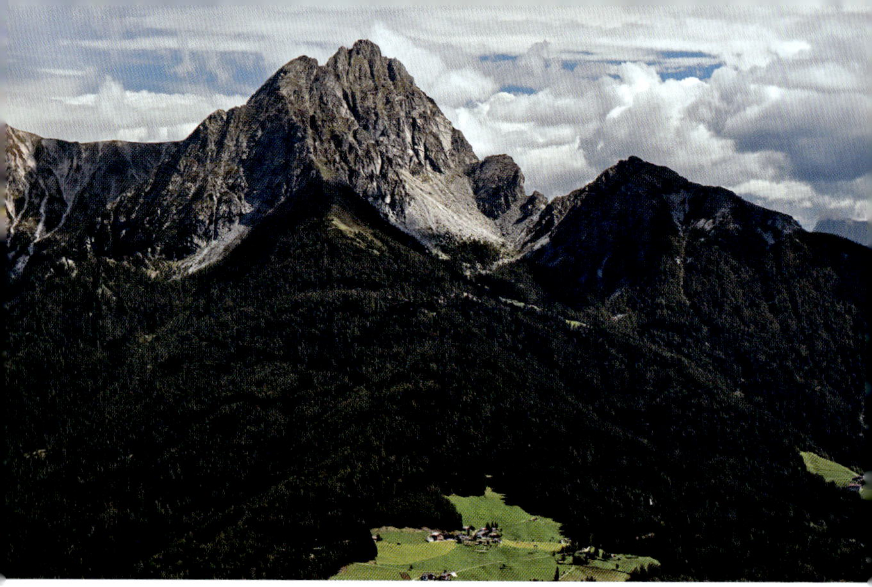

Der formschöne Ifinger mit der nach rechts abgesetzten Lauwandspitze.

Der Gipfelabstecher ist ebenfalls deutlich gepfadet, aber fast ohne zusätzliche Farbzeichen, bei meist grasbewachsenem Gelände ohne besondere Schwierigkeiten, nur auf den letzten Metern abschüssiger (etwas Trittsicherheit vorteilhaft). Konditionell durchschnittliches Tagespensum, ab Egger sogar insgesamt 1 Std. weniger.
Einkehr: Gasthof Egger, 1506 m, Mitte April bis Anfang November, Tel. +39 0473 945555. Ifingerhütte, 1810 m, Anfang Mai bis Anfang November, Übernachtungsmöglichkeit, Tel. +39 334 7960781. Schnuggerhof, 1350 m, Anfang April bis Anfang November, Tel. +39 0473 945859.
Variante: Mit der Seilbahn von Schenna zum Taser, 1450 m, und von dort auf dem Taser Höhenweg in 40 Min. bequemer Wanderung zum Egger.
Karte: Tabacco 1:25.000, Blatt 011.

Vom empfohlenen Parkplatz ❶ entlang der Straße zum **Schnugger**, 1350 m, und auf der Route Nr. 18B Richtung **Egger** ❷, 1506 m, hinauf. Wir fädeln in den Taser Höhenweg (Nr. 40) ein und folgen diesem quer durch die meist bewaldeten Flanken, dabei eine Hangbucht ausgehend zu einer Forststraße, die man rasch wieder verlässt, und weiter bis auf einen

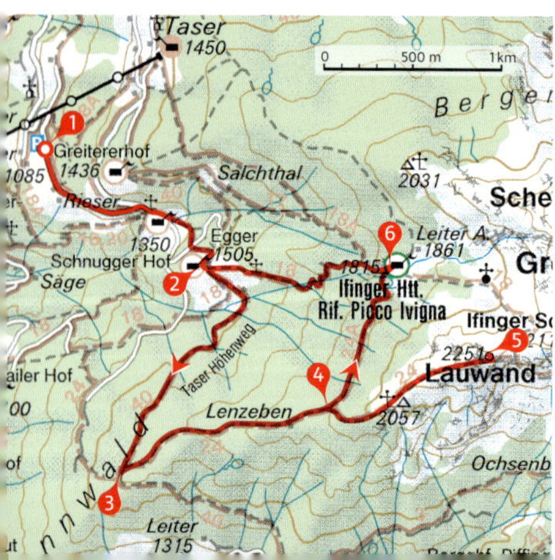

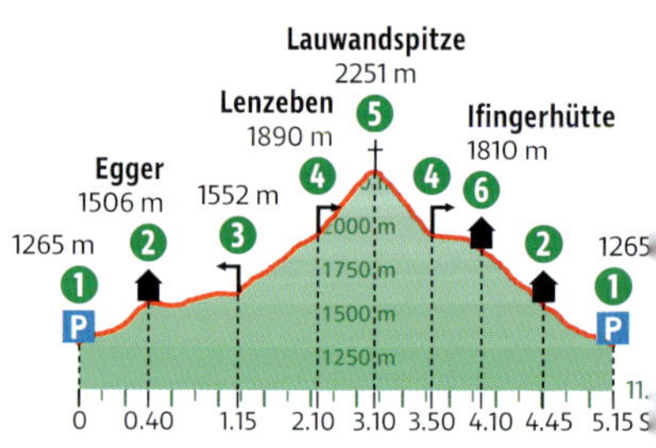

Geländerücken, wo man mit Nr. 24 bergwärts abzweigt **3**. Die erwähnte Rückenstruktur leitet hinauf nach Lenzeben, dort an einer verfallenen Alm vorbei und zur Gabelung **4** von Gipfelroute und Querweg zur Ifingerhütte. Wir halten uns also rechts, treten allmählich aus dem Wald heraus auf erste Wiesenflächen und passieren im weiteren Verlauf zwei Wetterkreuze auf 2057 und 2168 Metern. Im Gipfelbereich der **Lauwandspitze** **5**, 2251 m, werden die Spuren etwas undeutlich – doch erreicht man den höchsten Punkt entweder direkt über Schrofen oder etwas leichter von hinten.

Im Abstieg zurück bis kurz vor **Lenzeben** **4**, dann scharf rechts und mit einer Traverse der Westflanke sowie ein paar Schleifen hinab zur kleinen, idyllisch gelegenen **Ifingerhütte** **6**, 1810 m. In der Wiesenhangmulde nehmen wir Nr. 18 abwärts (Nr. 18A zum Taser zweigt in Kürze ab) und gelangen damit wieder zum **Egger** **2**. Von dort weiter wie gehabt.

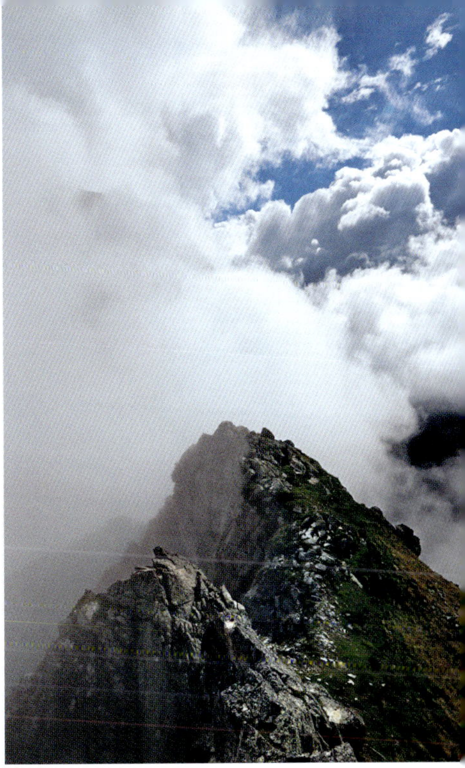

Turbulentes Gewölk verhüllt den nahen Ifinger.

Nach der Gipfelbesteigung steuern wir die Ifingerhütte an.

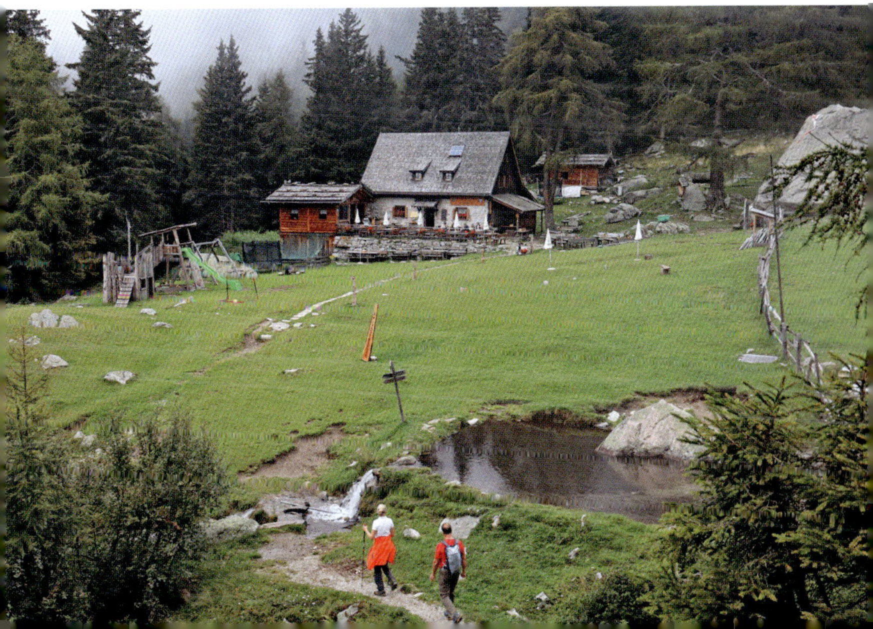

45 Riffianer Hochwart, 2452 m

Von Vernuer über den Pfitschkopf

5.40 Std. | 11,4 km | ↗ 1120 m | ↘ 1120 m

Ein Tummelfeld für Bergziegen, aber auch für Zweibeiner interessant

In der Karte steht nur »Hochwart«, aber da es in unserer Region mehrere Berge mit diesem Namen gibt, erscheint der Vorsatz nach dem Talort Riffian sinnvoll. Es handelt sich – wie der Name schon andeutet – um einen vorzüglichen Aussichtspunkt über dem vorderen Passeier: topografisch quasi ein Pendant zur viel bekannteren Mutspitze, die sich auf der anderen Seite des Spronser Tals näher über dem Meraner Talkessel erhebt. Auf die Riffianer Hochwart führt kein offizieller Weg, aber einerseits eine relativ unkomplizierte Spur aus dem wunderschönen Obisellkessel und andererseits die Möglichkeit, sich direkt über den südostwärts abstreichenden Hahnenkamm zu nähern. Hier bewegen wir uns in typischem »Ziegengelände«, sprich steileren Schrofen, welche absolute Trittsicherheit verlangen. Begehungsspuren helfen dem Routinierten freilich, zielsicher zum Gipfelerfolg zu kommen.

Talort: Riffian, 498 m, im Vorderpasseier.
Ausgangspunkt: Öbersthöfe, 1392 m, im Streuweiler Vernuer. Die Bergstraße zweigt im Passeiertal zwischen Riffian und Saltaus ab; viermal täglich verkehrt ein Kleinbus von Dorf Tirol.
Anforderungen: T4-. Teilweise anspruchsvolles Gelände (felsdurchsetztes Steilgras) am Grat über die Untere Hochwart zum Gipfel; in diesem Bereich nicht offiziell bezeichnet. Trittsicherheit und Schwindelfreiheit, gutes Routengespür sowie trockene Bedingungen wichtig. Ansonsten normale Bergwege ohne schwierige Stellen (siehe auch Variante). Durchschnittliches Tagespensum.
Einkehr: Obere Obisellalm, 2160 m,

Ideales Ziegenterrain ...

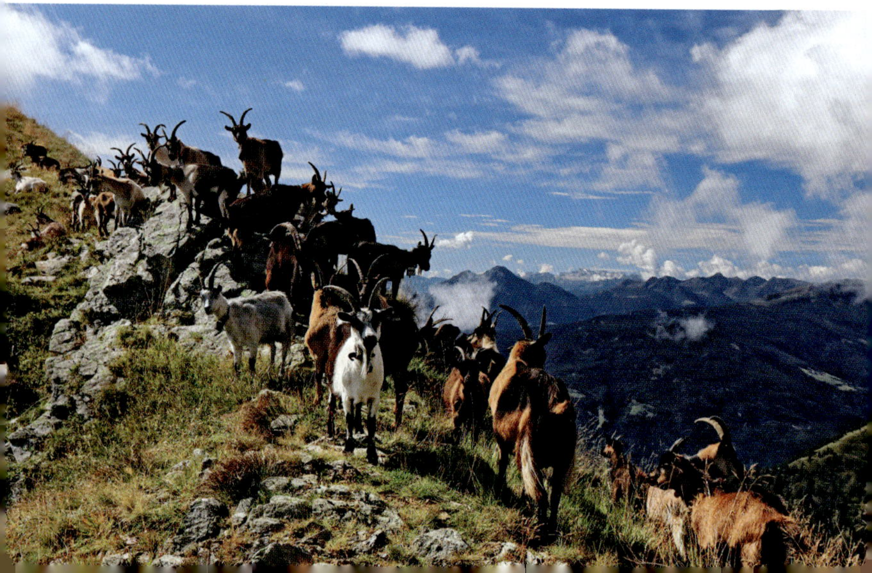

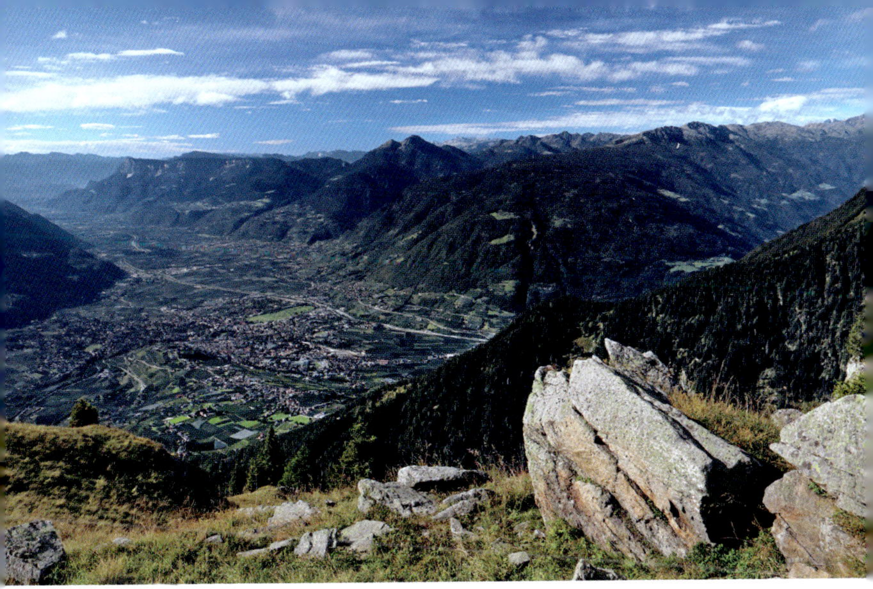

Am Hahnenkamm öffnet sich eine großartige Schau in den Meraner Talkessel.

Mitte Juni bis Mitte Oktober, Tel. +39 371 429199.
Variante: Auf dem Lustige-Kameraden-Steig quer durch die Flanke Richtung Obisellalm. Besteigt man die Hochwart nur über die einfachste Route, geht die Schwierigkeit nicht über T2–3 hinaus.
Karte: Tabacco 1:25.000, Blatt 011 oder 039.

Von **Öberst ❶**, 1392 m, beginnen wir auf einem Karrenweg (Nr. 21A) im Wiesengelände, treten in den Wald ein und berühren mehrmals einen Forstweg, der auf rund 1650 Metern endgültig verlassen wird. Nach Beschilderung »Hahnenkamm« folgen weitere Kehren und zwei Einmündungen von Gfeis – die zweite auf der freien Bergschulter am **Hahnenkamm ❷**, ca. 1915 m. Nächstes Ziel ist die kleine Hahnenkammhütte (mit dem Abzweig der Route Nr. 21 Richtung Obisellalmen), schon dicht unter dem Aufschwung des **Pfitschkopfes ❸**, 2120 m, dessen Wetterkreuz nun rasch erreicht ist.
Die Fortsetzung am Lustige-Kameraden-Steig (Nr. 5A) weicht vom Kamm etwas nach rechts ab. Wo dies deutlicher und mit Höhenverlust geschieht, achten wir auf eine kleine Pfadspur, die höher in den Flanken der Unteren Hochwart bleibt, dort sogar ansteigt. Damit umkurven wir eine erste Geländekante, schließen

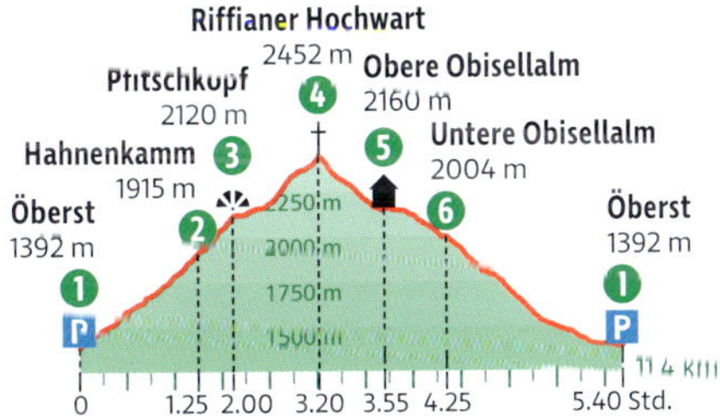

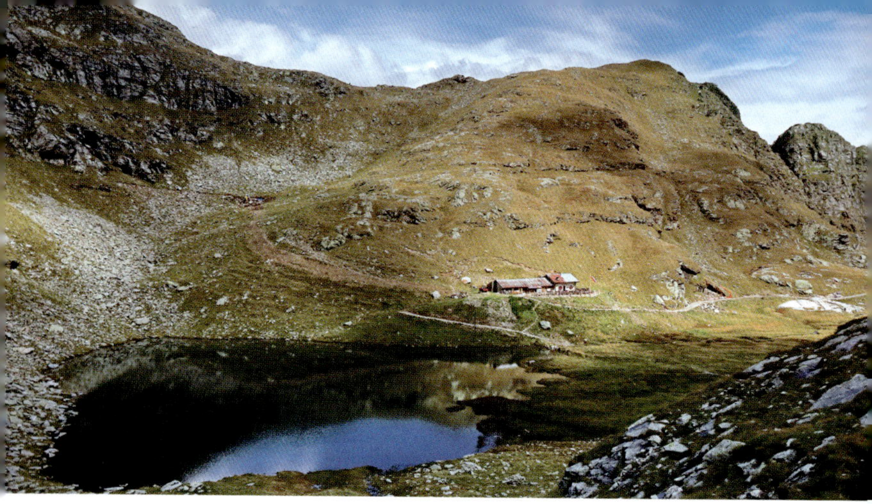

Der Obisellsee mit der bewirtschafteten Oberen Obisellalm.

nach links zum Grat auf, rücken jedoch abermals rechts davon ab und haben dann zwei Möglichkeiten: entweder erneut Richtung Grat und dort auf ausgesetzten Grastritten über einige Felshindernisse (dieser Verlauf ist etwas verschlungen und unübersichtlich) oder in der Flanke verbleibend und später ohne besondere Felsstellen steil empor. Wieder gemeinsam setzt man in der Nordostflanke fort und holt über einen Absatz nördlich des Vorgipfels aus, um die **Untere Hochwart**, 2390 m, möglichst hindernisarm zu gewinnen. Der Übergang zum Hauptgipfel erfolgt dann längs der Gratschneide – nur kurz abwärts, anschließend über einige schmale Felsstellen und zuletzt schrofig zum höchsten Punkt der **Riffianer Hochwart** ❹, 2452 m. Das Bergab führt in den Sattel vor dem höheren Spitzhorn, von dort rechts hinunter auf die ersten Böden und über die Schwelle mit einigen Schleifen zum Obisellsee respektive zur nahen **Oberen Obisellalm** ❺, 2160 m. Von der Jausenstation bringt uns Weg Nr. 5 talwärts – anfangs über den Bach rechts haltend, beim Abzweig von Nr. 5A links schwenkend in die »Lange Bank« und zur kleinen **Unteren Obisellalm** ❻, 2004 m. Unser Weg windet sich tiefer, nähert sich noch zweimal dem Saltauser Bach und vollzieht zwischendrin eine deutliche Rechtstraverse. Schließlich hinüber zur Forststraße und auf dieser zurück zu den **Oberstöfen** ❶.

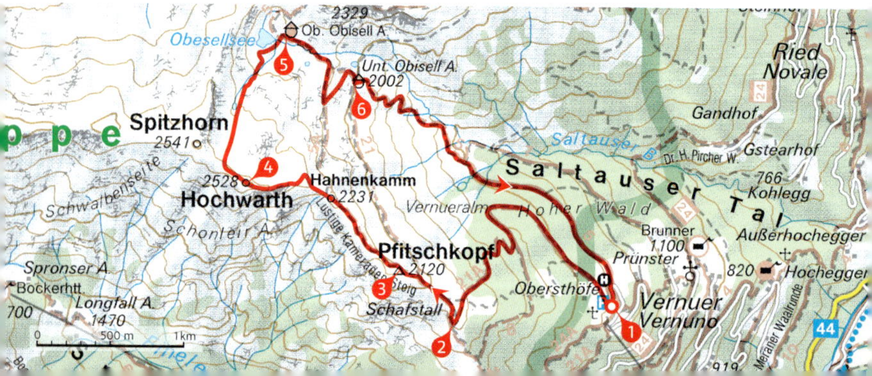

Sattelspitze, 2134 m
Von Magdfeld zur Faglsalm

46

5.00 Std. | 10,0 km | ↗1000 m | ↘1000 m

Ideale »Kennenlerntour« im Passeiertal

Auch die Sattelspitze zählt zu den äußersten Ausläufern der Texelgruppe über dem Passeiertal und bietet somit eine wunderbare Aussicht, kombiniert aus Tiefblicken ins malerische Tal und dem Breitwandpanorama des Westkamms der Sarntaler Alpen. Wir wählen einen verschwiegenen Aufstieg im Bereich des Nordostkamms und wechseln später zur Faglsalm, die auf einer Geländeterrasse über dem Falser Tal liegt und zur urigen Einkehr einlädt.

Talort: St. Martin in Passeier, 595 m.
Ausgangspunkt: Magdfeld, ca. 1140 m. Zufahrt von den Schildhöfen bei St. Martin über die Kalmtal-Höfestraße. Man kann auch den Wanderparkplatz vor den Rappenhöfen, 1285 m, nutzen (1,4 km ab Magdfeld) und von dort Richtung Naserhof aufsteigen. Die Gesamtgehzeit reduziert sich auf 4.30 Std.
Anforderungen: T3. Auf der Route via Fiechtjöchl wechselnde Beschaffenheit, nach oben hin oft nur schmaler Steig und zum Teil auch abschüssiges Gelände. Über die Sattelspitze hinweg wegloser Charakter ohne Markierungen, bei Sicht relativ umkompliziert. Abstieg von der Faglsalm stärker ausgetretener Waldsteig. Trittsicherheit obligatorisch, Ausdauer für eine höchstens durchschnittliche Tagestour.
Einkehr: Faglsalm, 1980 m, Mitte Juni bis Mitte September (an Wochenenden bis Mitte Oktober), Tel. +39 3497627891. Berggasthaus Magdfeld, geöffnet Ostern bis Ende Oktober (Mo Ruhetag), Tel. +39 338 4865021 oder +39 348 7652424.
Varianten: 1. Ohne den weglosen Ab-

Die Faglsalm mit dem Kolbner, der sich jenseits des Falser Tals aufschwingt.

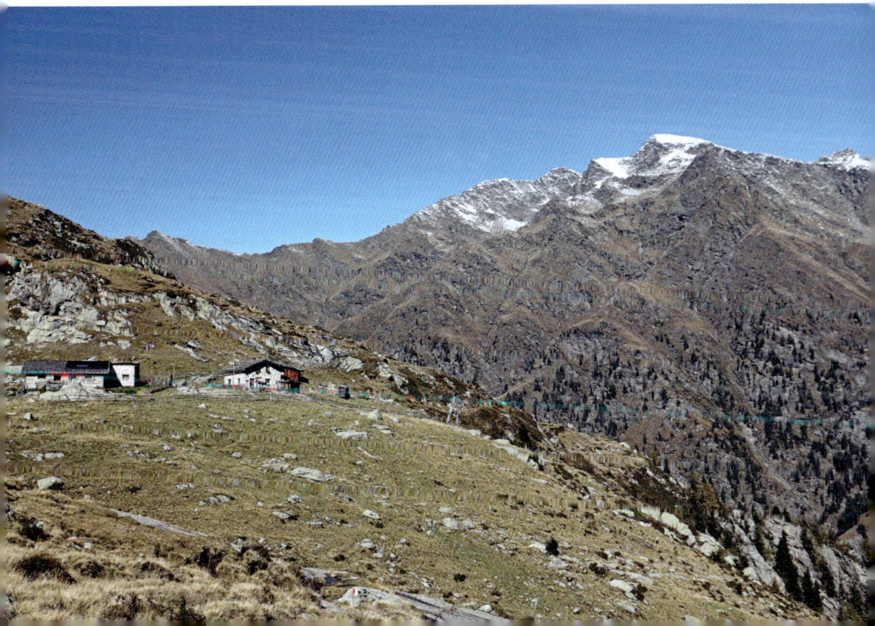

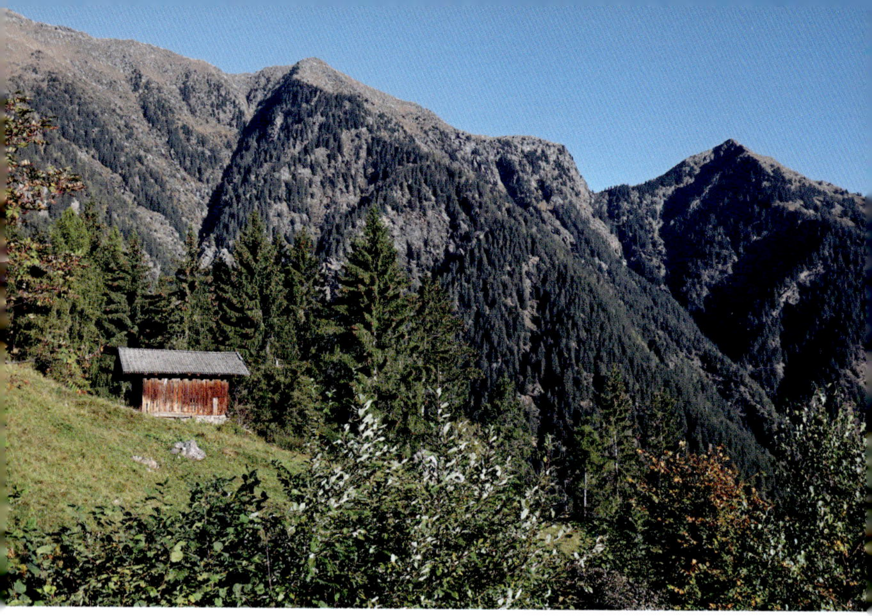

Wildromantische Kulturlandschaft an den Flanken des Passeiertals, …

schnitt über die Sattelspitze spart man ca. 30 Min.
2. Über das Saltauser Joch, 2381 m, ist eine Verbindung in den Obisellkessel gegeben; Kombinationsmöglichkeit mit Tour 45. Dabei kommt man auch am Faglssee vorbei, der von der Alm in kaum 20 Min. zu erreichen ist.
Karte: Tabacco 1:25.000, Blatt 011 oder 039.

Von **Magdfeld** ❶ beginnen wir noch kurzzeitig auf der Bergstraße, bis Nr. 6A links Richtung Naserhof abzweigt. Wir steigen phasenweise am Rand von Wiesenlichtungen auf und lassen die Hofschänke knapp links liegen, biegen in eine Forststraße ein und folgen dieser zur Lichtung »Böden«, 1470 m. Nun wird es wieder steiler, wobei der Wechsel vom Forstweg nach rechts auf einen

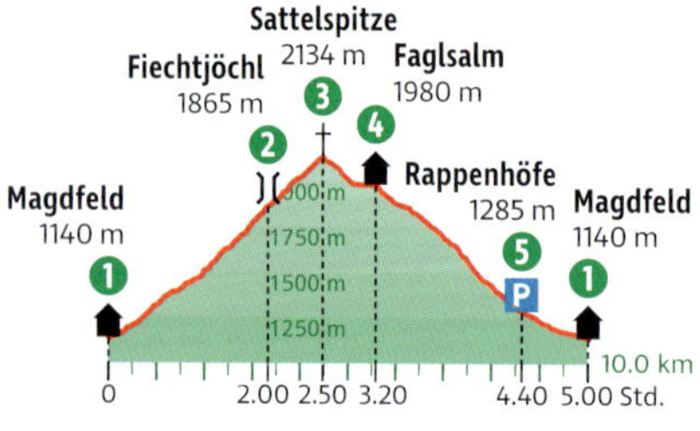

Steig zu beachten ist. Damit zum nahen Bergrücken, in dessen Bereich zunächst weiter aufgestiegen wird. Später jedoch eher wieder in die Flanke und dort in eine zunehmend lichtere Umgebung. In recht abschüssigen Hängen schließt man zum Wetterkreuz am **Fiechtjöchl** ❷, 1865 m, auf. Zwischen letzten Lärchen geht es jetzt am breiten Kammrücken gegen die Sattelspitze hinan, wobei die Markierungen jedoch noch davor einerseits nach rechts zur Faglsalm und andererseits linker Hand in die steile Ostflanke abdrehen. Diese Stelle bei P. 2024 wird manchmal auch als Saltausjoch bezeichnet – nicht zu verwechseln mit dem Saltauser Joch weiter hinten. Zu unserem Gipfelpunkt erkennt man noch ein paar Spuren (möglicher-

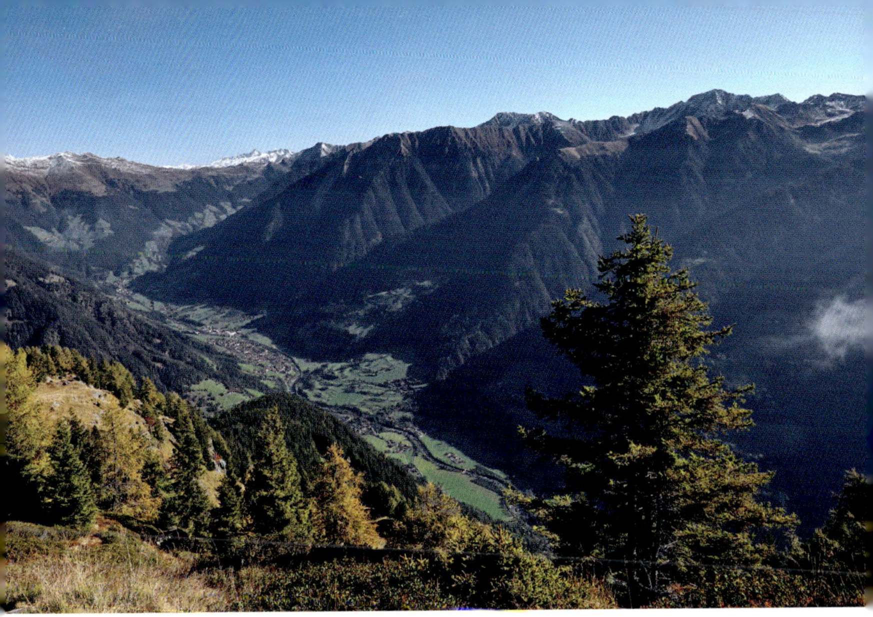

... das man aus der Höhe wunderbar überblickt.

weise von Ziegen), die sich aber verlieren. So gut es geht die Blockfelder meidend, sollten die restlichen 100 Höhenmeter bis auf die **Sattelspitze** ❸, 2134 m, allerdings keine übermäßige Herausforderung darstellen. Ebenfalls frei nach Augenmaß können wir die grasige Kuppe in Westrichtung überschreiten. Vom folgenden Sattel in die von Zwergsträuchern und Gräsern bewachsene Nordflanke hinein und bis zum markierten Weg Nr. 6 hinab. Dieser quert über den Geländebalkon zur längst sichtbaren **Faglsalm** ❹, 1980 m. Deren Hauptzugang (Nr. 4) nehmen wir nun für den Rückweg unter die Sohlen. Über Wiesen gelangt man rasch in den Wald und insgesamt schräg abwärts – obschon auch mit einigen Kehren – zu den **Rappenhöfen**. Ein Stück weiter vorn an der Straßenkehre befindet sich der unter »Ausgangspunkt« erwähnte Parkplatz ❺, ca. 1285 m. Schlussendlich auf dem Sträßchen zurück nach **Magdfeld** ❶.

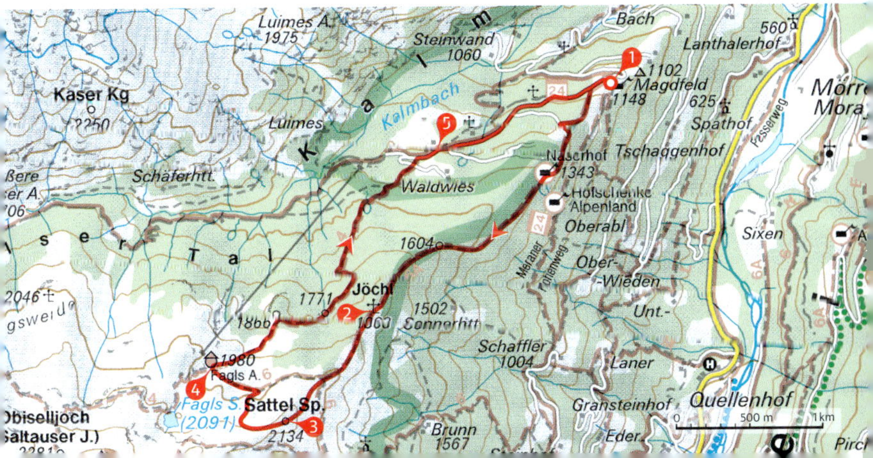

47 Riffelspitze, 2060 m
Überschreitung von der Pfandler Alm

TOP | 4.30 Std. | 8,3 km | ↗ 970 m | ↘ 970 m

Logenplatz hoch über dem Passeiertal
Streng genommen ist die Riffelspitze kein eigenständiger Gipfel, als ausladende Bergschulter jedoch einer der besten Aussichtspunkte über dem Passeiertal. Obwohl der viel begangene E5 zwischen Pfandler Alm und Mahdalm nicht weit entfernt vorbeiführt, nehmen nur relativ wenige Wanderer den Abstecher wahr. Für unser Motto ist ohnehin eher noch eine andere Route von Bedeutung, die man in den einschlägigen Karten vermisst. Denn auch über die Nordseite windet sich ein Steig zum Kamm hinauf, sodass sich eine abwechslungsreiche Überschreitung konzipieren lässt. Da sie nicht allzu lang ausfällt, können wir oben auf der Riffelspitze lange hocken bleiben und das Panorama der Passeirer Bergwelt in uns aufsaugen. Gegenüber liegt die Texelgruppe wie auf dem Präsentierteller und gewährt uns einen prima Überblick für weitere Erkundungen.

Talort: St. Martin in Passeier, 595 m.
Ausgangspunkt: Wanderparkplatz, ca. 1130 m, für die Pfandler Alm, erreichbar von St. Martin über die Prantacher Bergstraße, zwei Kehren am geschlossenen Pfandler Hof vorbei. Die Buslinie 240 von Meran verkehrt drunten im Passeiertal (ca. 2 Std. Zustieg extra).
Anforderungen: T3+. Höchstens dürftig markierter, schmaler Steig beim Nordzugang zur Riffelspitze, dabei recht steiles, etwas verwachsenes lichtes Waldgelände, aber noch passabel zu begehen. Beim Abstieg normaler,

Auf der Riffelspitze liegt uns das Passeiertal quasi zu Füßen. Dahinter erstreckt sich die Texelgruppe bis hin zum Ötztaler Hauptkamm.

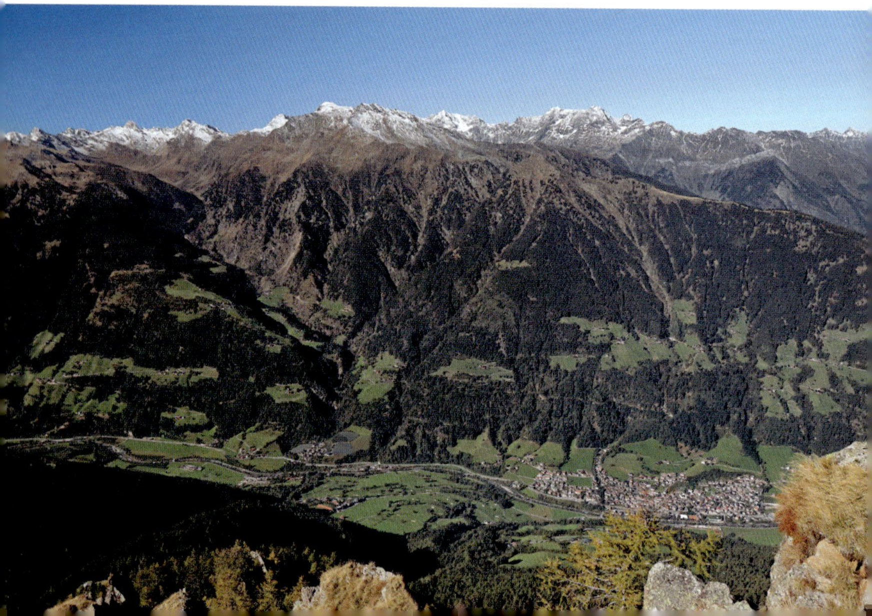

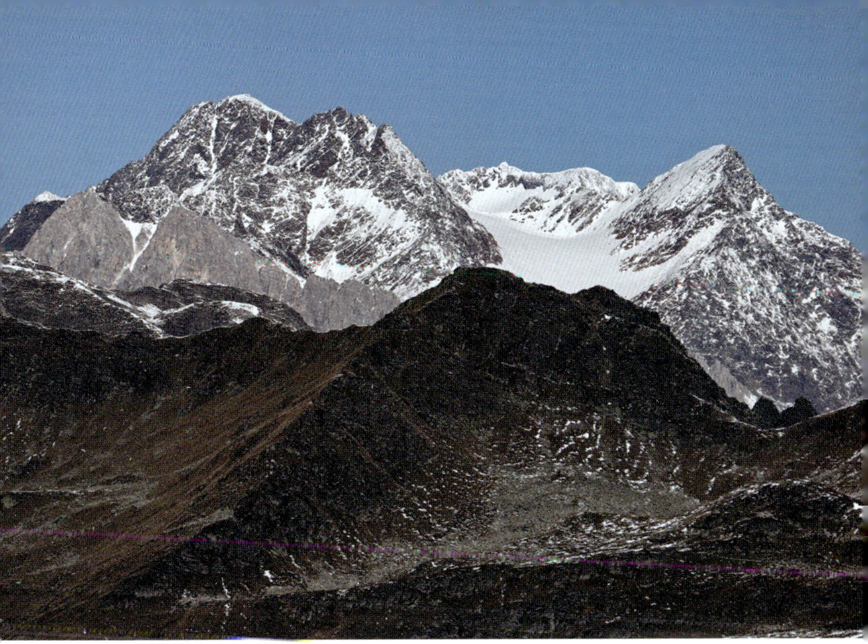

Auch die Gletscherberge am Stubaier Hauptkamm geben sich zu erkennen.

häufiger begangener Bergweg, dabei wegen der manchmal abschüssigen Hänge ebenfalls Trittsicherheit angezeigt. Konditionell relativ gemäßigte Bergtour.

Einkehr: Pfandler Alm, 1332 m, Anfang Mai bis Ende Oktober (Fr Ruhetag), Tel. +39 0473 641841.
Karte: Tabacco 1:25.000, Blatt 039 oder 040.

Vom Parkplatz 1 benötigen wir über den etwas steinigen Waldsteig rund eine halbe Stunde hinauf zur **Pfandler Alm** 2, 1332 m. Etliche Tafeln beleuchten das Leben Andreas Hofers, der hier im Jahr 1810 von den feindlichen Franzosen verhaftet wurde, und zwar in dem etwas abseits am Rand der Lichtung gelegenen Hüttchen, das wir auf dem Weiterweg passieren. In einer Forststraßenkehre 3 trennen sich Nr. 1 (E5) und Nr. 2B (»Felsenweg«). Wir queren nun nordwärts um den Hang herum in die Flanke über dem Fartleistal, wo von der breiten Trasse (Sackgasse) über ein Pfadstück auf eine etwas höher verlaufende gewechselt wird. Diese gilt es jedoch nach rund 200 Metern bergwärts zu verlassen 4, wobei die Abzweigung zwar deutlich erkennbar, aber nicht bezeichnet ist

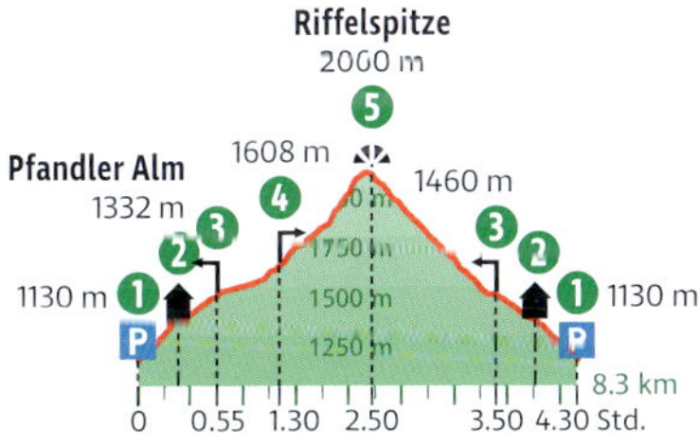

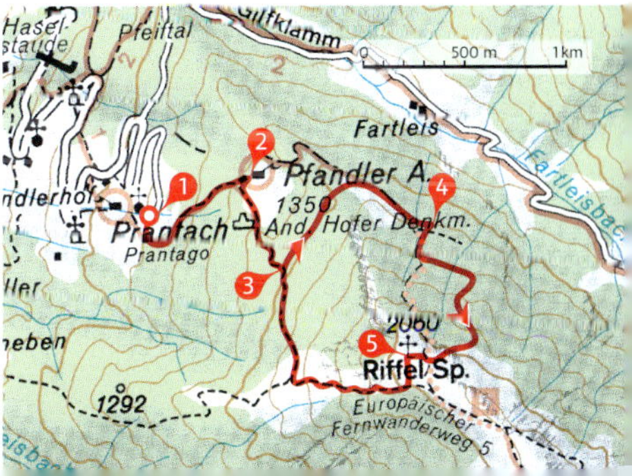

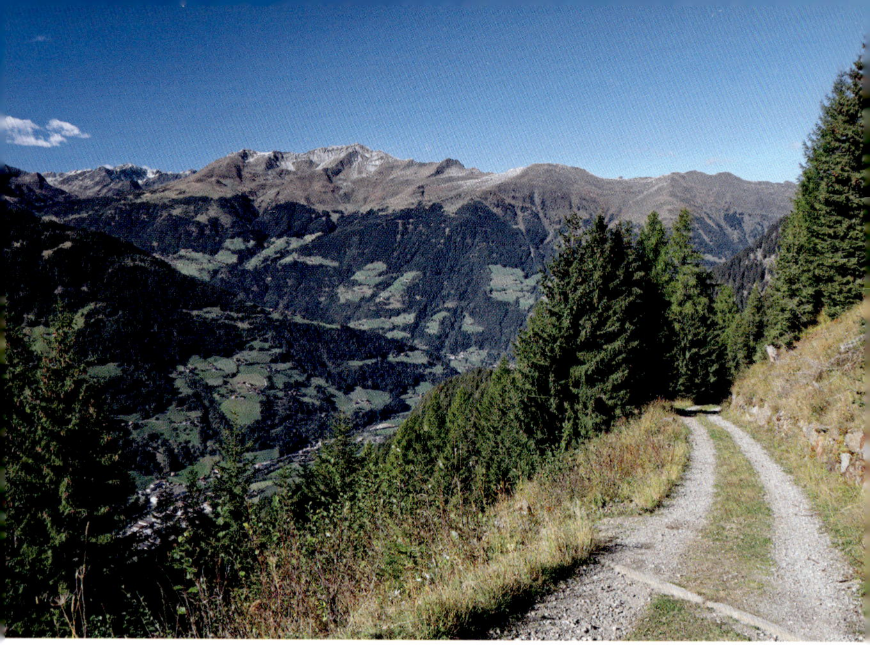

Dieser Karrenweg senkt sich Richtung Pfandler Alm ab. Im Hintergrund der Jaufenkamm mit der Hohen Kreuzspitze.

(es findet sich lediglich ein Schild zur hangparallelen Fortsetzung von Nr. 2B Richtung Fartleisalm). Nach einigen Schleifen folgt eine längere Linksdiagonale. Nach oben hin wird das Gelände tendenziell abschüssiger und der Steig etwas steiler, bleibt aber mit seinen vielen Windungen ordentlich angelegt. Schließlich lassen wir den Wald unter uns und steigen auf den freien Wiesenrücken aus. Dort geht es auf einer Pfadspur leicht abwärts zum Vorsprung der **Riffelspitze** ❺, 2060 m.

Auf der Südseite absteigend stößt man bereits nach 10 Minuten auf die Trasse des E5 (lokale Nr. 1). Zahlreiche Kehren leiten am zunächst offenen Hang bergab, später wieder in Wald eintauchend und über die Lichtung der Prantacher Mahder rechts eindrehend. Wir kreuzen mehrmals einen Wirtschaftsweg und gelangen über die bekannte Gabelung ❸ wieder zur **Pfandler Alm** ❷, wo wir Schlusseinkehr halten können, sowie zurück zum Parkplatz ❶.

Die Pfandler Alm ist in der Gegend sehr bekannt.

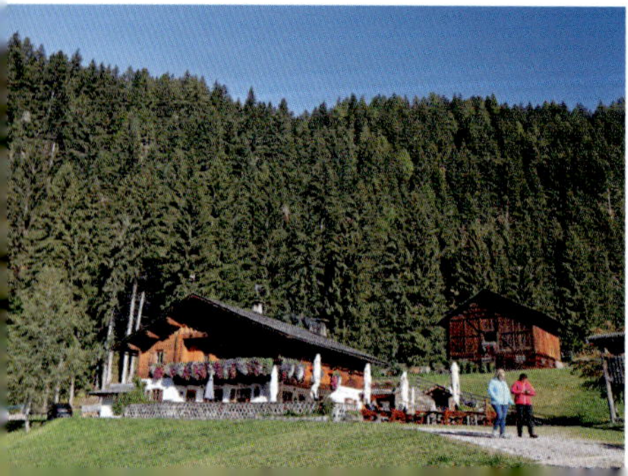

St. Martin in Passeier aus der Vogelperspektive.

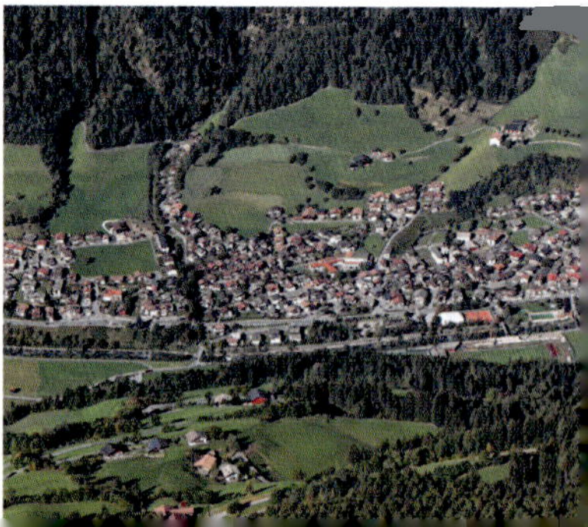

Alplerspitze, 2748 m
Überschreitung aus dem Fartleistal

8.30 Std. | 14,2 km | ↗1700 m | ↘1700 m

Top-Ziel in der Gipfelflur der Sarntaler Alpen

Bei der Alplerspitze, unter Passeirer Einheimischen auch als »Mardatsch« geläufig, handelt es sich um einen respektablen Klotz, nach dem Hirzer sogar um den zweithöchsten Berg der gesamten Sarntaler Alpen. Mehr als Letztgenannter fordert die Alplerspitze aber unsere Standfestigkeit und Kondition heraus. Wer früh am Weg ist, kann beim Zustieg aus dem Fartleistal allerdings noch lange Schatten genießen – zumindest an warmen Sommertagen bei reichlich 1600 Höhenmetern kein zu vernachlässigender Vorteil, wie die Erfahrung lehrt. Verlockend erscheint an diesem Berg natürlich die Möglichkeit zur Überschreitung, denn aus dem Fartleistal führen Routen sowohl zum Nordgrat als auch zum Südgrat hinauf. In einem Fall ist eine grimmige Bröselrinne der Schlüssel zum Erfolg, im anderen die Kraxelstellen am oberen Gratabschnitt. In der Gesamtbetrachtung halten sich die Anforderungen die Waage, aus der Sicht eines reinen Bergwanderers freilich schon anspruchsvoll. Doch für solch ein erhebendes Gipfelgefühl und die immense Aussicht erscheint der physische Einsatz voll gerechtfertigt.

Talort: St. Martin in Passeier, 595 m.
Ausgangspunkt: Parkplatz knapp unterhalb der Höfe von Unterfartleis, 1119 m. Zufahrt von St. Martin über Prantach und in der Kehre P. 1026 links abzweigend ins Fartleistal.
Anforderungen: T4. Große Bergtour auf Steigen unterschiedlicher Beschaffenheit. Im Aufstieg bessere Almsteige als im Abstieg, im oberen Bereich alpi-

Im Fartleistal empfängt uns die gleichnamige Alm, auch Prantacher Alm genannt.

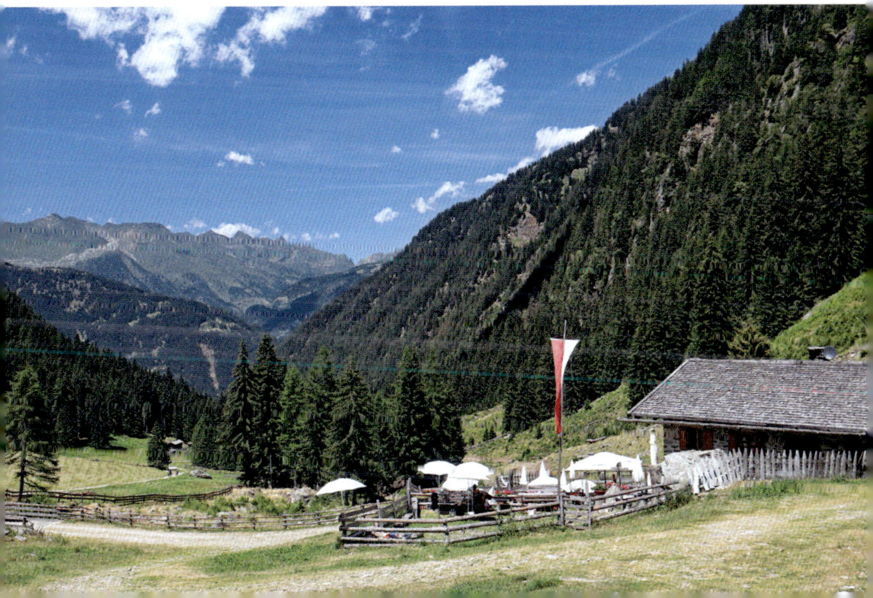

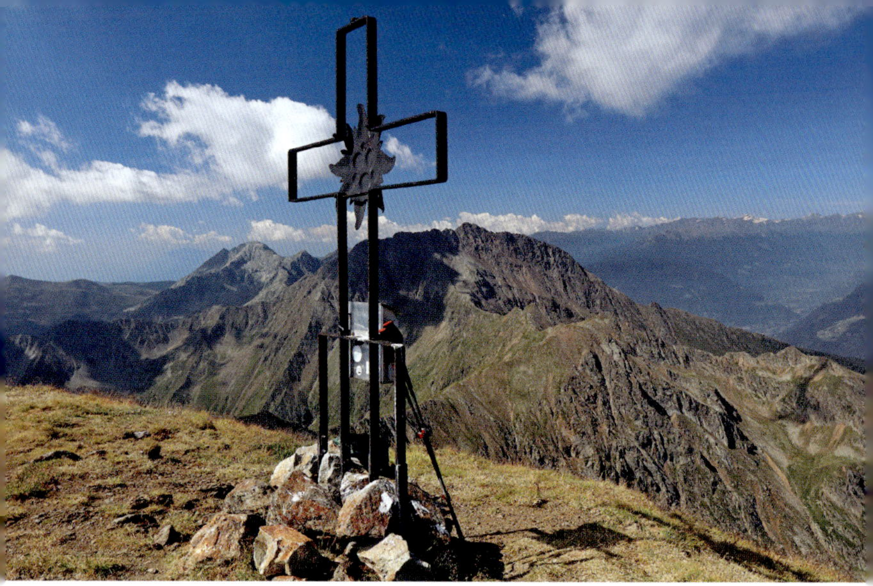

Nach langem Aufstieg kann man die Aussicht aus dem höchsten Stockwerk der Sarntaler Alpen genießen – mit dem Hirzer gleichsam auf Augenhöhe.

nes Gelände mit steiler Geröllrinne zur Nordgratscharte (Steinschlaggefahr!) und etlichen Kletterstellen im I. Grad (vor allem am Südgrat). Insgesamt nur für Erfahrene, die über gute Trittsicherheit, Schwindelfreiheit und tadellose Kondition verfügen.
Einkehr: Prantacher Alm (Fartleisalm), 1460 m, Mitte Mai bis Ende September/Anfang Oktober, Tel. +39 349 7373500.
Karte: Tabacco 1:25.000, Blatt 039 oder 040.

Bei **Unterfartleis ①** nehmen wir Route Nr. 2 auf, zunächst als Karrenweg rechts vom Bach, bald auf dem linksseitig verlaufenden Fahrweg und später wieder rechtsseitig mit zwei Abkürzungen taleinwärts. Wir kommen in den offenen hinteren Bereich des Hochtals voran und dort zur **Prantacher Alm ②**, 1460 m, in den meisten Karten als Fartleisalm eingetragen. Nach diesem Warmlaufprogramm gabelt sich der Weg in Kürze. Wir gehen weiterhin mit Nr. 2 den ausgeprägten Serpentinenkurs am linksseitigen Steilhang an. Der Steig ist relativ gut ausgebaut, führt allmählich in offeneres Gelände, wo er sich eventuell durch wucherndes

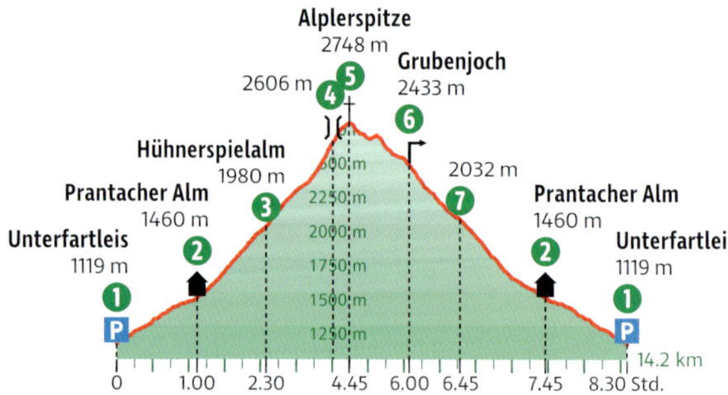

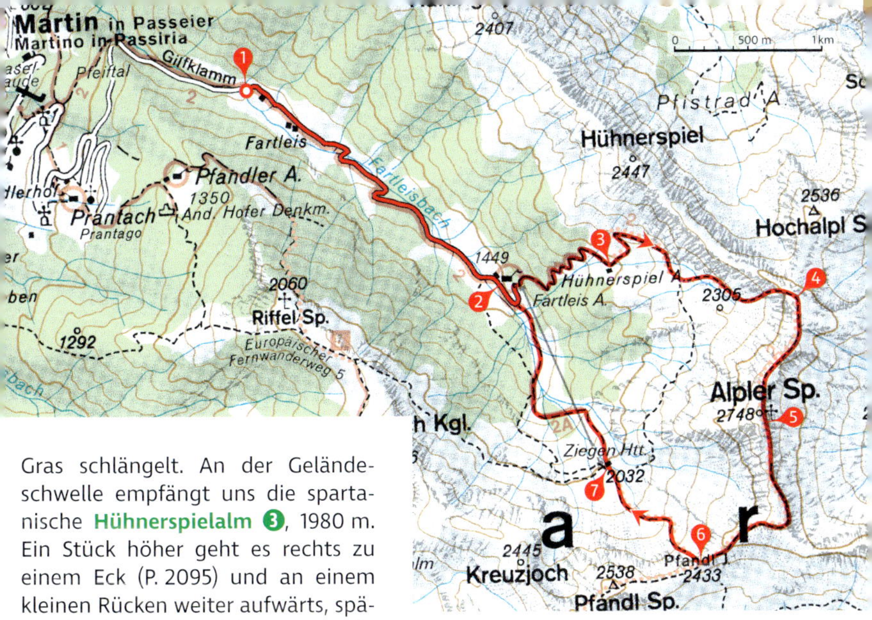

Gras schlängelt. An der Geländeschwelle empfängt uns die spartanische **Hühnerspielalm** ❸, 1980 m. Ein Stück höher geht es rechts zu einem Eck (P. 2095) und an einem kleinen Rücken weiter aufwärts, später eher links haltend ins Kar, wo die Route vorübergehend abflacht. Der Bewuchs dünnt nun aus und macht Geröllfluren Platz, die im Karhintergrund aufsteilen. Von links her nähern wir uns einer auffälligen Rinne, müssen zuvor noch zwei kurze Plattenpassagen bewältigen und uns dann durch den bröseligen Schlauch bis zur Gratscharte bei P. 2606 ❹ emporkämpfen. Eine Steigspur ist dabei nützlich, der Schutt aber ziemlich »nachgiebig«. Vom Ausstieg nach rechts, kurz über geneigte Felsen, im weiteren Verlauf nach links ausbiegend in überraschend einfaches Gehgelände und zuletzt am

In der Gegenrichtung schweift der Blick über den Westkamm der Sarntaler Alpen Richtung Hochwart, ebenfalls ein »Zwei-Siebener«.

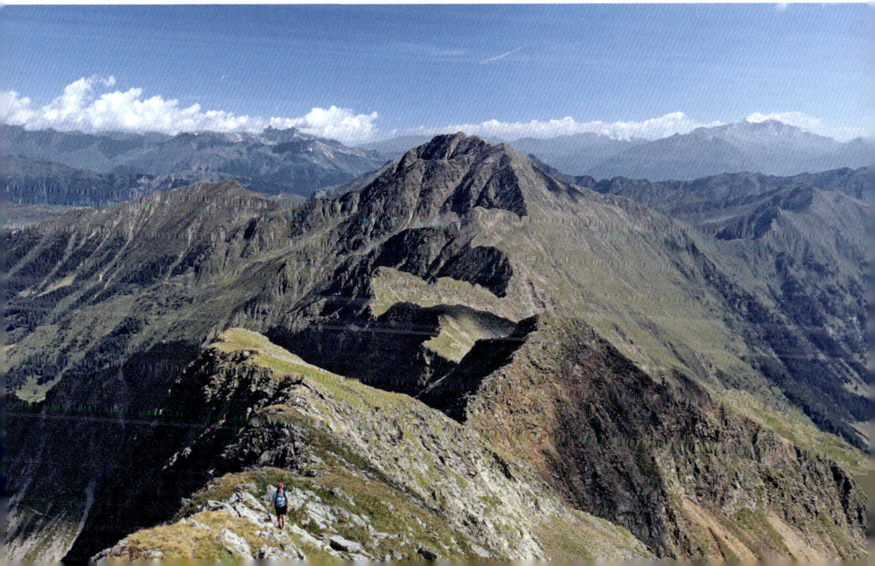

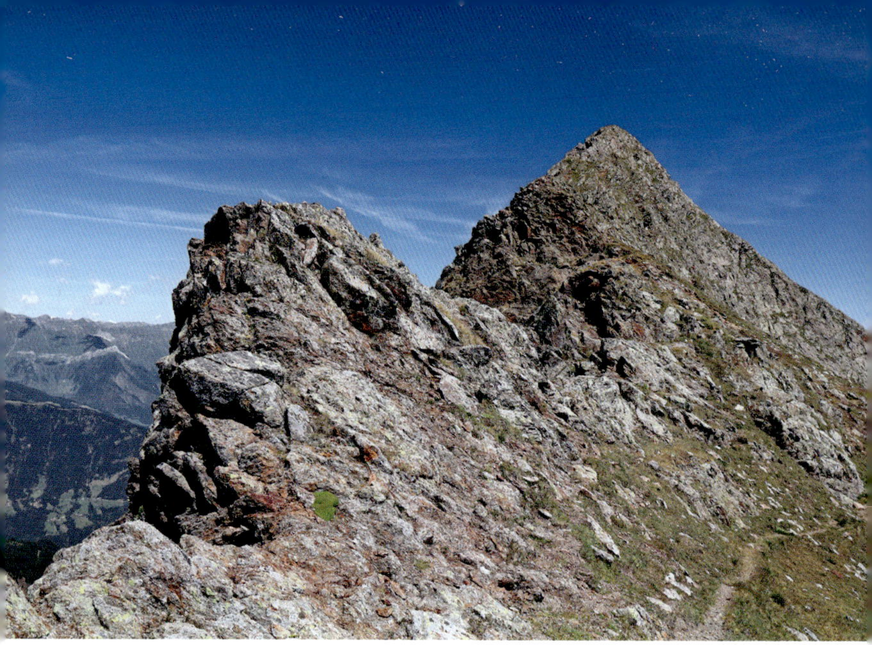

Steile Schrofen am Südgrat der Alplerspitze.

Nordgrat nochmals mit einer Kraxelstelle (Fixseil) bis auf den Gipfel der **Alplerspitze ❺**, 2748 m.

Der Abstieg orientiert sich am Südgrat, welcher einige untergeordnete Köpfe aufwirft. Beim ersten Abschwung und im Bereich einer Zwischenerhebung müssen die Hände zur Hilfe genommen werden (I. Grad), wobei die Route aber selbst in den Steilschrofen zumindest steigähnlich verläuft und aus der Distanz womöglich schwieriger erscheint als sie tatsächlich ist. Mit kurzer Gegensteigung erreichen wir P. 2654, wo der Kamm gen Südwesten abknickt. Bis zum **Grubenjoch ❻**, 2433 m, tauchen noch schmale, etwas ausgesetzte Stellen auf. Im Sattel wenden wir uns mit Nr. 2A rechts in den nordwestseitigen Bergkessel hinab. Das Gelände ist anfangs abschüssig, der Steig mit seinen Windungen aber nicht zu arg. Weiter unten geht es an einer Rüfe entlang und über Grasböden zu einem Ziegenstall ❼, 2032 m. Dahinter kann es bei hohem Bewuchs vorübergehend recht unübersichtlich werden, weshalb man gut auf die Farbzeichen achten sollte. Die Route windet sich etwas hin und her, schwenkt dann deutlich nach links und führt auf einem plötzlich ziemlich breiten Steig gegen das Fartleistal hinunter. Dort auf flachere Böden und rechts vom Bach hinaus zur **Prantacher Alm ❷**. Der finale Abschnitt bis zum Ausgangspunkt ❶ ist vom Hinweg bekannt, wobei man auch komplett den Fahrweg nutzen kann.

Sie genießen den Almsommer auf ihre Weise …

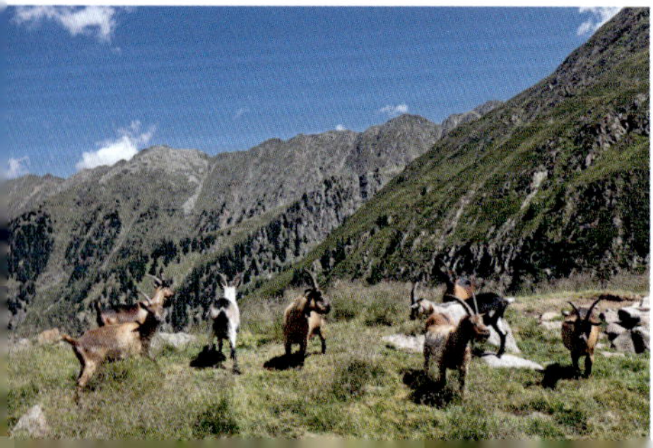

Seespitze, 2434 m

Wannser Runde inklusive Jägersteig

49

5.30 Std. | 10,1 km | ↗ 1120 m | ↘ 1120 m

Einsames Gipfelziel über der Jaufenstraße

Auf einer zügigen Panoramafahrt über den Jaufenpass bekommt man zwar einen netten Eindruck vom Waltental, doch allzu viele Wanderer suchen dort nicht ihre Ziele. Zwischen den sekundären Ästen des Sailer und Wannser Tals erhebt sich die Seespitze (in manchen Karten auch als Seebergspitze eingetragen), die trotz einer markierten Route eher wenig Besuch erhält. Das Gelände ist tendenziell auch nicht sonderlich angenehm und bietet über 700 Höhenmeter kaum eine Verschnaufpause. Dafür kann sich die Aussicht wirklich sehen lassen. Die nördlichen Bereiche der Sarntaler Alpen zeigen sich aus selten geschauter Perspektive und auch die Skyline des Alpenhauptkamms bleibt nicht verborgen. Zwei nette kleine Almen, die über den Jägersteig miteinander verbunden sind, werden auf dieser Tour auch noch berührt.

Talort: St. Leonhard in Passeier, 688 m.
Ausgangspunkt: Wanns, 1419 m, im Waltental. Anfahrt über die Straße zum Jaufenpass und von unten kommend knapp 1 km hinter Walten (Gasthaus Alpenrose) rechts abzweigend bis in den Talschluss. Busanbindung nur bis Walten (Linie 239 von St. Leonhard).

Anforderungen: T3+. Markierte, aber nur schmal gepfadete und etwas verwachsene Gipfelroute, die aufgrund der Steilheit solide Trittsicherheit verlangt (in elementarer Weise auch am Jägersteig). Wirklich schwierige Stellen treten aber nicht auf; bei Nässe dennoch eher zu meiden. Durchschnittliches Tagespensum.

Die mächtige Hochwart über dem Sailer Tal.

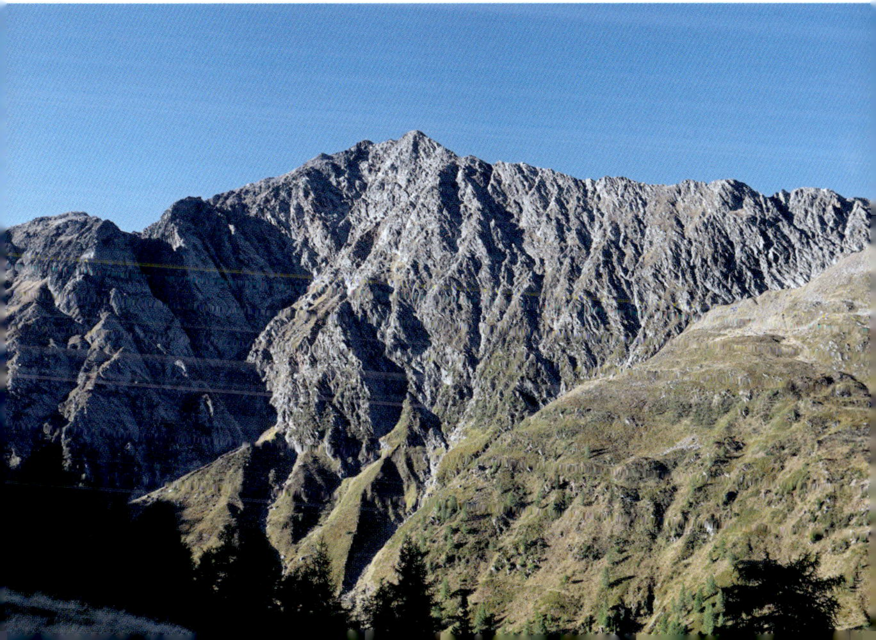

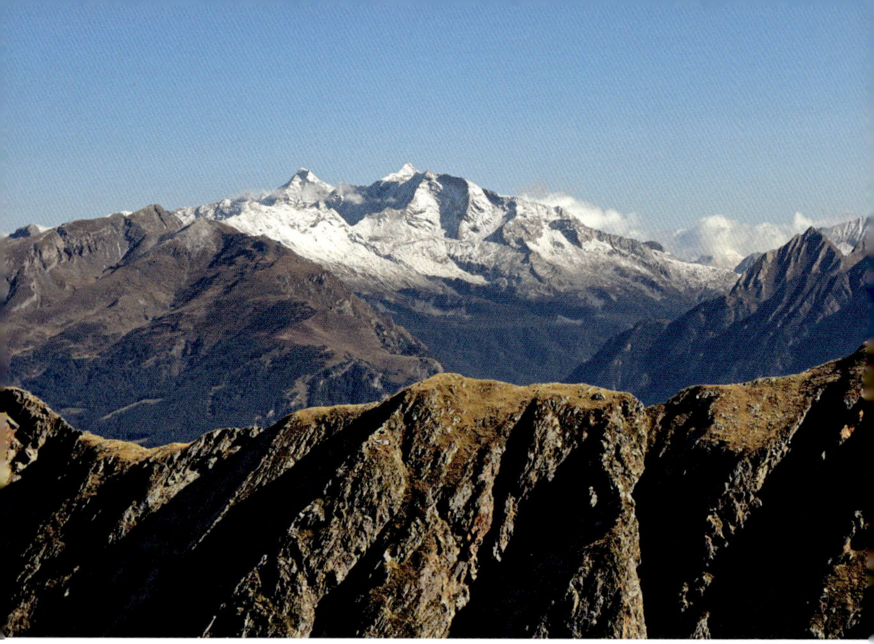

Auf der See(berg)spitze erblicken wir sogar einige Gipfel der Zillertaler Alpen.

Einkehr: Seebergalm, 1712 m, Juni bis Oktober zeitweise einfach bewirtschaftet. Wannser Alm, 1641 m, Juni bis September, Tel. +39 340 7012603.

Stilles Kleinod: der Seebergsee.

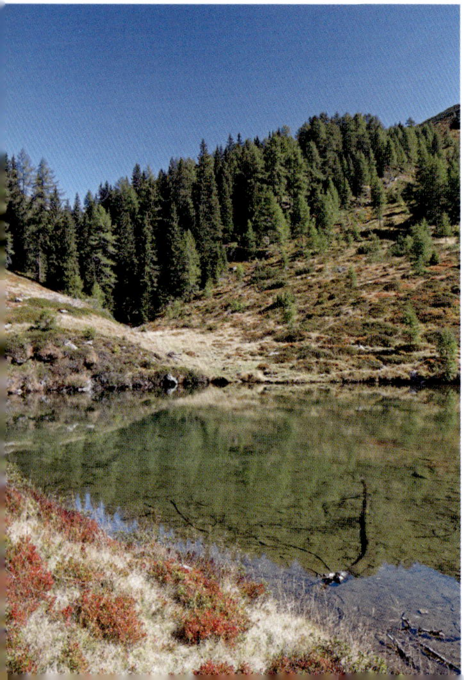

Variante: Wer sich auf den Jägersteig beschränkt, benötigt bei nur rund 400 Hm ca. 2.20 Std. (Einstufung »blau«).

Karte: Tabacco 1:25.000, Blatt 039 oder 040.

Wir starten vom hübschen Kirchlein in **Wanns** ❶ mit Nr. 15 am Waldrand entlang, wechseln über den Bach auf den breiteren Weg Nr. 12 und kommen damit ein Stück weit ins Sailer Tal voran. Bei einer Gabelung links und mit einer Kurve erneut über den Sailer Bach. Jetzt geht es diagonal am Hang aufwärts, bevor man nach einer markanten Kehre die **Seebergalm** ❷, 1712 m, erreicht. Nur fünf Gehminuten oberhalb trennt sich beim kleinen **Seebergsee** ❸, 1744 m, unsere Gipfelroute vom Jägersteig. Wir folgen hier also zunächst dem Hinweis »Sailer Joch« (Nr. 14A) und halten uns bei der nächsten Gabelung mit Nr. 15 links. Steindurchsetztes Zwergstrauchgelände bestimmt

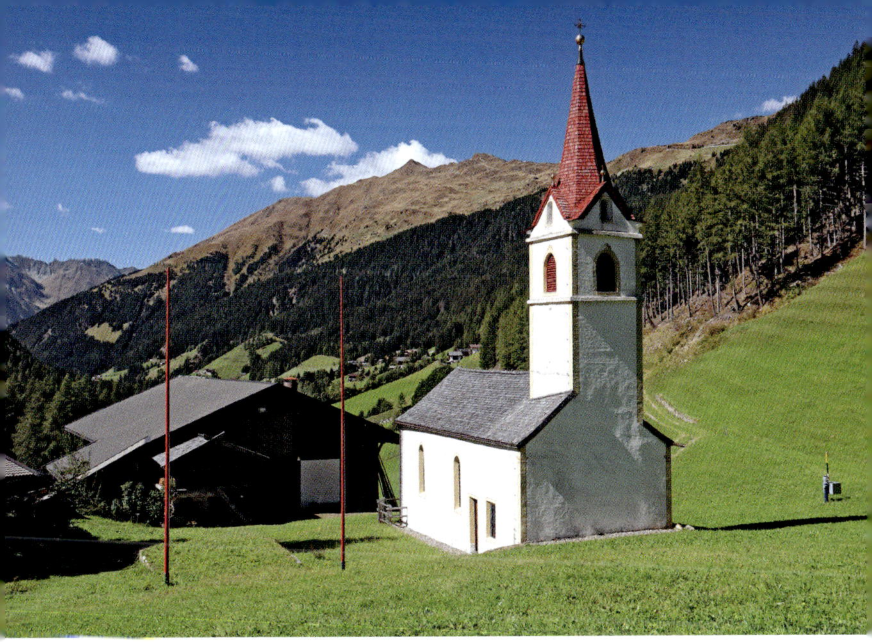

Bei der hübschen Kirche von Wanns starten wir diese Tour.

den Aufstieg in der relativ gleichförmigen Nordwestflanke. Damit ist der Pfad etwas mühselig zu begehen, bei Nässe eventuell auch heikel, denn die Route zieht ordentlich an. Man folgt den hin und her schweifenden Markierungen und findet weiter oben auf Grasnarbe etwas bessere Bedingungen vor. Am Schluss geht es von Westen hinauf zum Gipfelkreuz auf der **Seespitze** ❹, 2434 m.
Zurück beim **Seebergsee** ❸ schlagen wir abwechslungshalber rechts den **Jägersteig** (Nr. 14A) ein. Dieser gewinnt als wurzliger Waldpfad ein paar Höhenmeter, laviert durch das etwas rustikale Gelände und geht hinter einem Rastplatz in stärkeres Gefälle über. Hier sind viele Holzstufen und einige Geländer verbaut. Im Wannser Hochtal empfängt uns die **Wannser Alm** ❺, 1641 m – von dort lassen wir es auf dem Wirtschaftsweg talauswärts laufen und kehren damit nach **Wanns** ❶ zurück.

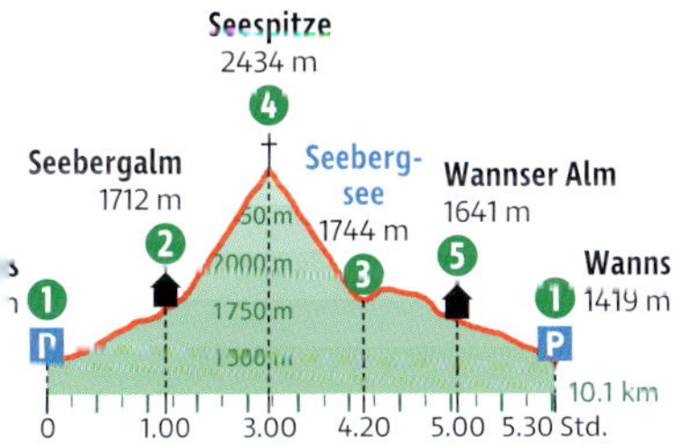

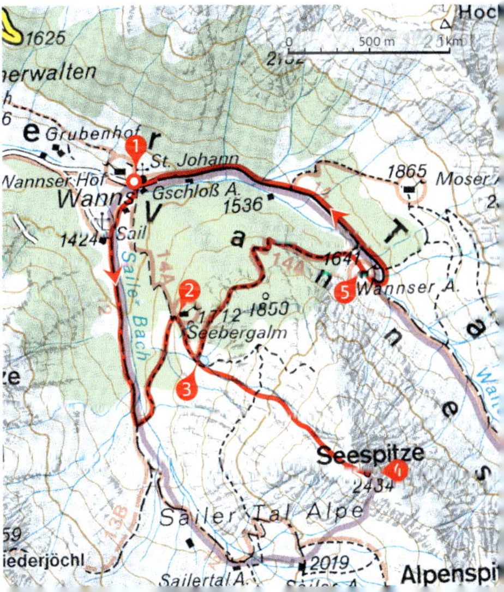

50 Glaitner Hochjoch, 2389 m
Direkter Südanstieg aus dem Passeier

7.15 Std. | 15,3 km | ↗1350 m | ↘1350 m

Der perfekte Blick in die Talachse
Das Glaitner Hochjoch ist eine Erhebung im Jaufenkamm, mit dem der große Gebirgskomplex der Stubaier Alpen im Süden gegen das Passeier abschließt. Die Lage genau in Verlängerung der Talachse macht es zu einem besonders interessanten Aussichtspunkt – praktisch die gesamte Passeirer Bergumrahmung liegt wie ein aufgeschlagenes Buch vor uns. Meist wird das Glaitner Hochjoch im Zuge einer Kammwanderung vom Jaufenpass her erreicht, gelegentlich auch aus dem inneren Ratschingstal. Die Passeirer Südflanke schwingt sich mit ihren Mahdern indes kompromisslos und fast einschüchternd hoch auf, doch genau diesen Weg wollen wir hier nehmen. Am besten geschieht dies an klaren Herbsttagen, wenn die Sonne nicht mehr so arg einheizt wie im Sommer, das Panorama dafür womöglich umso majestätischer zur Geltung kommt. Für den Rückweg gibt es eine Alternative, sodass letztlich eine abwechslungsreiche Überschreitung des Berges herausspringt.

Talort: St. Leonhard in Passeier, 688 m.
Ausgangspunkt: Fünfte Kehre der Jaufenstraße, 1070 m, bei der Bushaltestelle »Glaiten« (Linie 239 von St. Leonhard nach Walten).
Anforderungen: T3. Im Aufstieg zunächst Wald und Wiesen im Wechsel, anschließend über ausgedehnte Mattenhänge, im letzten Abschnitt leicht schrofig und abschüssig. Beim nicht immer gut markierten Abstieg ähnliches Schwierigkeitsniveau, oben teils von Felsen durch-

Ein Bild, das die Dimensionen im Hinterpasseier veranschaulicht: rechts auf der Hangterrasse liegt Stuls, links dahinter die Gipfel über dem Pfelderer Tal.

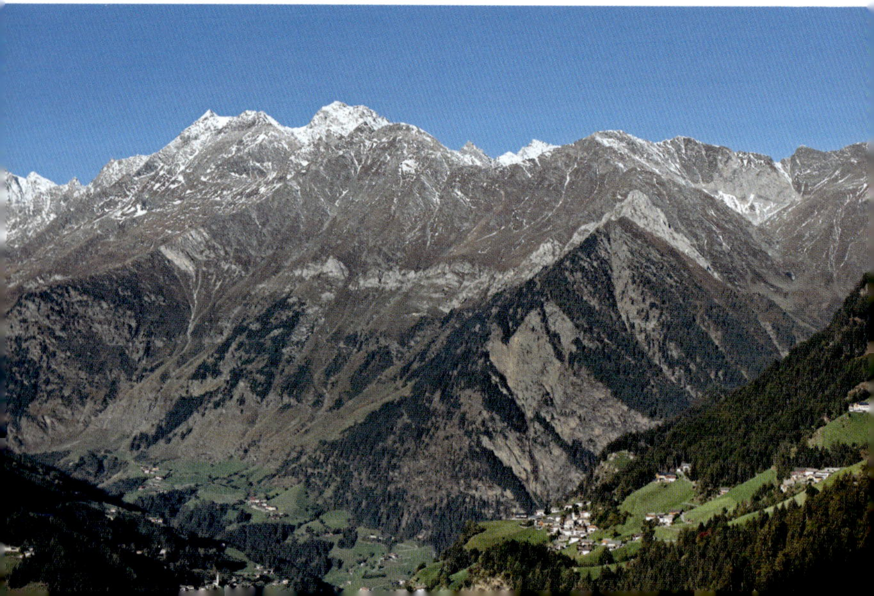

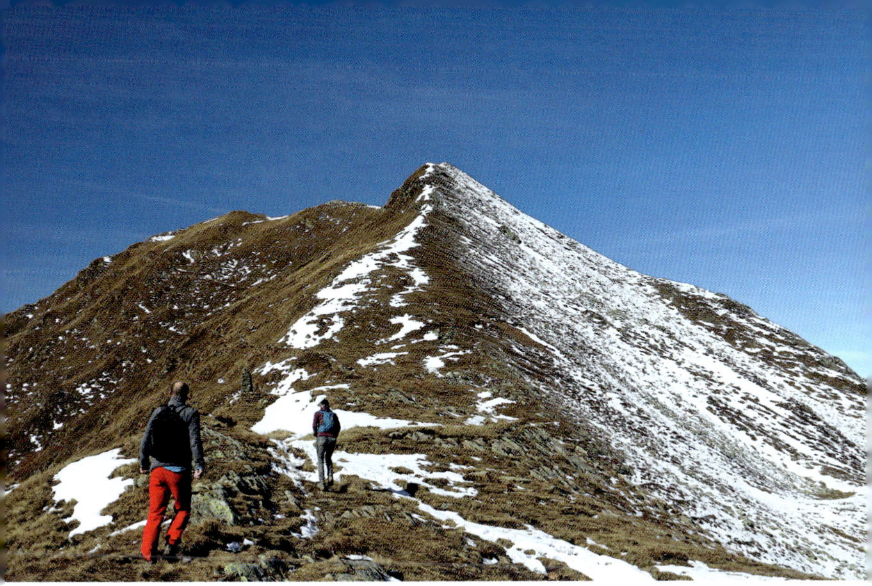

Vom Glaitner Joch ist es fast nur noch ein Katzensprung bis zum Gipfel.

setztes Grasterrain, später Fahrwege und zwischendurch ein Waldsteig. Mit normaler Trittsicherheit beherrschbar, konditionell aber bereits überdurchschnittlich.
Einkehr: Keine.

Variante: Herrliche Kammüberschreitung ostwärts über den Fleckner, 2331 m, Richtung Jaufenpass (im Sommer Busanschluss vorhanden).
Karte: Tabacco 1:25.000, Blatt 039.

Von der 5. Kehre ❶ folgen wir der Jaufenstraße ein paar Schritte bergwärts, ehe gleich hinter der nächsten Kurve Nr. 11 als steiler Waldsteig abzweigt. Bald schon kommt man in Wiesengelände voran und steigt zwischen diversen Höfen des Streuweilers **Glaiten** höher. Von einem Umsetzer nach rechts, wo sich Route Nr. 9A Richtung Walten abtrennt ❷. Am Hochegghof vorbei beginnt ein steiler Abschnitt durch den Waldgürtel, welcher auf knapp 1700 Metern durchdrungen ist. Vor uns liegen nun die **Glaitner Mahder**. Wir kreuzen einige Male den Wirtschaftsweg und kommen an einem Wetterkreuz ❸ vorbei. Im Bereich eines Geländerückens geht es stetig höher, wobei die Grasnarbe kaum abgewetzt ist, dann allmählich in die linksseitige Flanke abdrehend und mit einigen wenigen Kehren sowie Traversen zum **Glaitner Joch** ❹, 2249 m, hin-

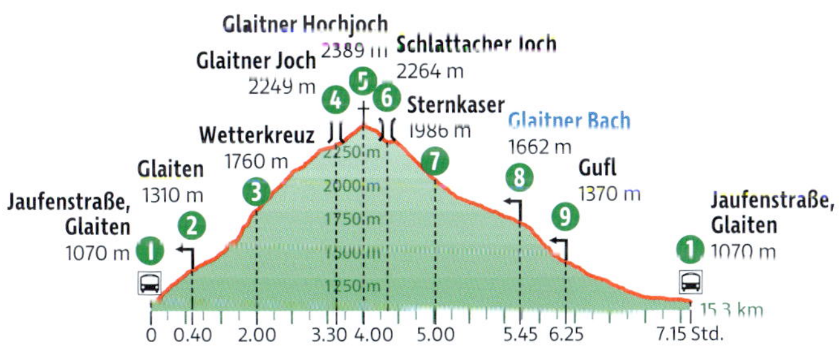

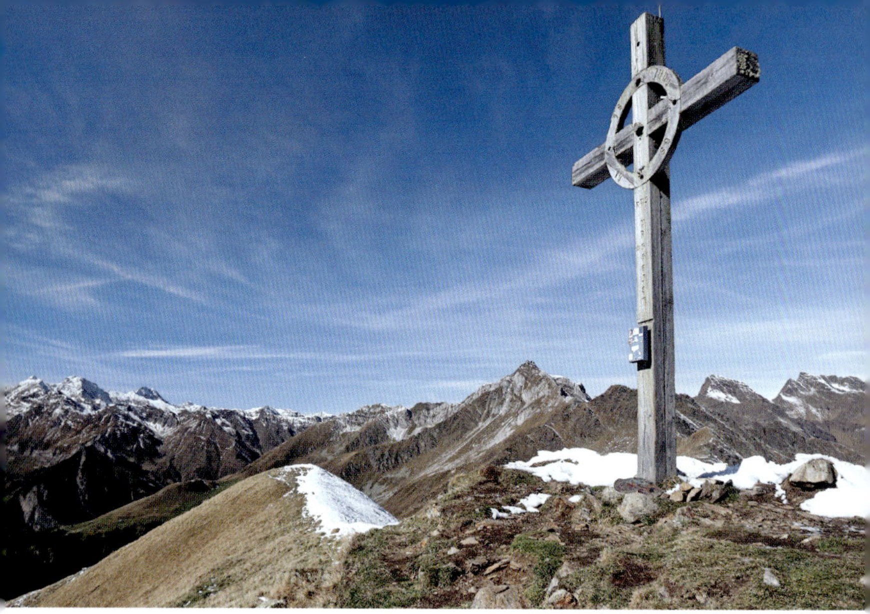

Das Glaitner Hochjoch zählt zu den besten Aussichtspunkten im Passeier.

auf. Hier gesellen sich zwei Routen von Osten dazu – eine direkt über den Kamm, die andere knapp süd-

Malerisch: St. Leonhard in Passeier gegen Plattenspitze und Hochwart.

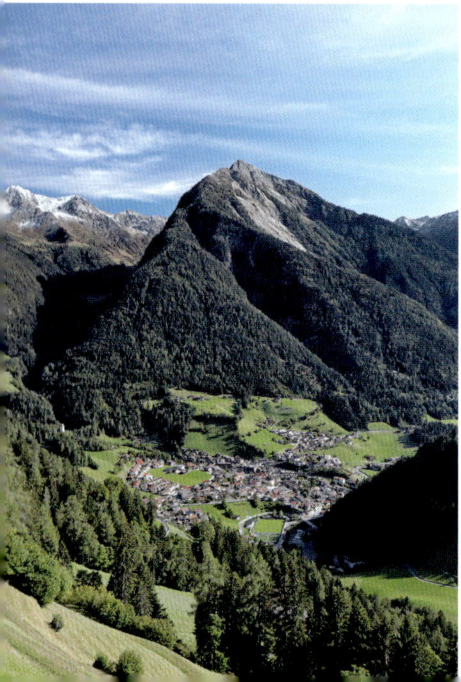

seitig verlaufend. Das Finale zum **Glaitner Hochjoch** ❺, 2389 m, jetzt mit Nr. 12 bezeichnet, biegt letztlich auch ein wenig in die abschüssige Flanke aus, windet sich in Gras und Schrofen höher und gewinnt nach insgesamt rund vierstündigem Aufstieg den Gipfel.

Wir überschreiten das Glaitner Hochjoch nordwestwärts Richtung **Schlattacher Joch** ❻, 2264 m, und schweifen dort mit Nr. 16 wieder auf die Passeirer Seite ab. Über eine kleine Anhöhe hinweg leitet die Route im Grasgelände, stellenweise leicht felsdurchsetzt, zu einer kleinen Almhütte bei P. 2071 und weiter zum **Sternkaser** ❼, 1986 m, auf der anderen Seite eines Bachlaufs. Jetzt auf der Zufahrt in die Nähe des Hieser Kasers und mit einer großzügigeren Schleife in den Bergwald, wo beim Glaitner Bach (P. 1662) die Nr. 16A als Steig abzweigt ❽. Mit Nr. 16 ginge es hingegen nach Stuls. Nach einem recht steilen Bergab im Bereich der »Goste«, streckenweise

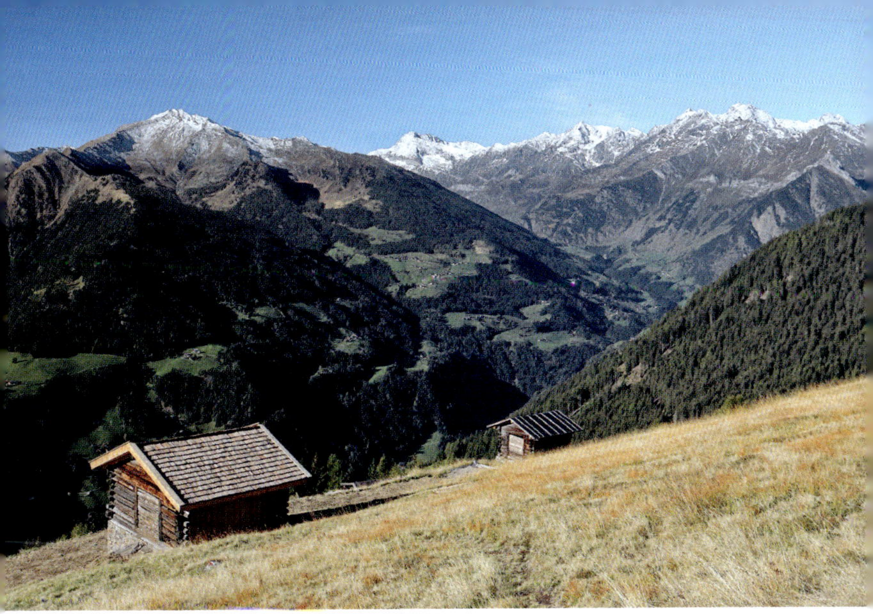

Auf den Glaitner Mahdern mit Blick zum Kolbner (links) sowie zum Gurgler Kamm.

am Rande von Hangweiden, treffen wir beim Lenzerhof auf die Bergstraße. Bei **Gufl** ❾, gleich hinter der nächsten Rechtskehre, wählen wir scharf links das Sträßchen Richtung Schlattach und nehmen nach zwei weiteren Kehren den von Stuls kommenden E5 auf. Damit ein Stück weiter, schließlich aber nicht nach St. Leonhard hinab, sondern am Asphaltband verbleibend zurück zum Startpunkt an der Jaufenstraße ❶.

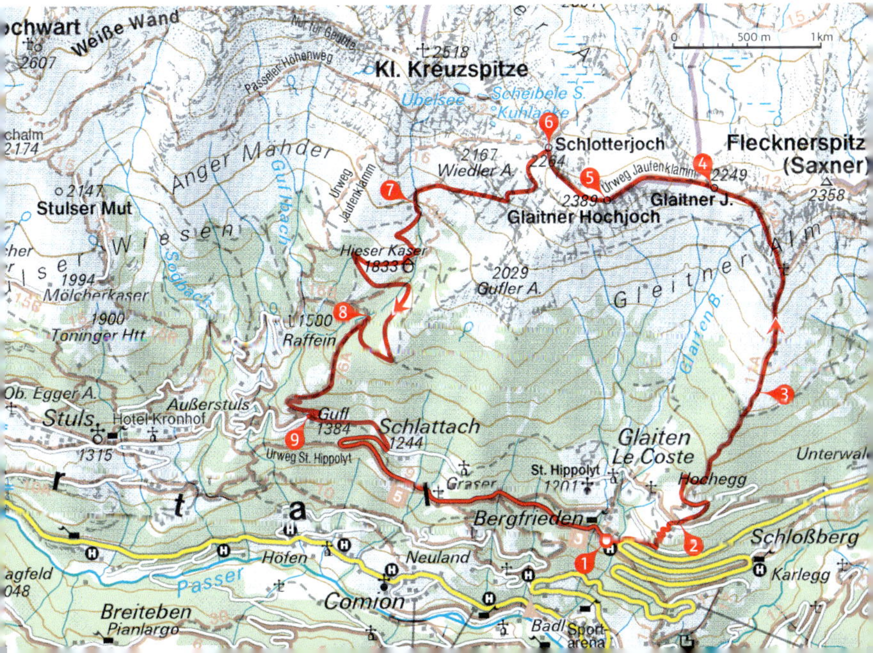

51 Kolbenspitze, 2868 m

Zwei Routen von den höchsten Ulfaser Höfen

TOP | 7.15 Std. | 13,7 km | ↗ 1400 m | ↘ 1400 m

Langer Aufstieg zum Passeirer »Wetterberg«

Manchmal braucht es viele Jahre, bis sich ein lang gehegter Wunsch erfüllt. Mir erging es so mit dem Kolbner (auf Karten üblicherweise »Kolbenspitze« geschrieben), der in der Passeirer Bergwelt zweifellos Status und Größe besitzt. Er soll angeblich ein Wetterberg sein. Mir war freilich das Glück eines wolkenlosen Tages hold, was die Gewittergefahr vereitelte und eine famose Aussicht garantierte, doch geriet der vierstündige Aufstieg bei sommerlicher Hitze auch zum ordentlichen Schlauch. Der Kolbner ist bei guten, schneefreien Bedingungen wandertechnisch nicht schwierig, weder auf der Normalroute durchs Kar noch auf der Variante über den Nordostgrat, doch verlangt er seinen Anwärtern einiges an Durchhaltevermögen ab. Im Ostteil der Texelgruppe verspricht er eines der lohnendsten Gipfelziele überhaupt!

Talort: Moos in Passeier, 1007 m.
Ausgangspunkt: Parkplatz Kratzegg, ca. 1510 m, neuerdings gebührenpflichtig. Anfahrt über eine Bergstraße, die kurz hinter Platt nach Ulfas abzweigt. Die nächste Bushaltestelle befindet sich an der Straße nach Pfelders.
Anforderungen: T3, beim Abstieg am Grat eher T3+. Meist zwar nur schmal gepfadet, teils sogar unterbrochene Spur, auf weitläufigen und nur mäßig steilen Hochweiden der Normalroute jedoch unproblematisch und auch im oberen, steinigen Bereich geschickt um jegliche Hindernisse geführt (sofern schneefrei). Auf der Gratroute mitunter schrofig und etwas ausgesetzt, mit solider Trittsicherheit ebenfalls nicht wirklich schwierig. Wichtig ist eine gute Kondition.
Einkehr: Ulfaser Alm, 1601 m, Mitte Mai bis Anfang Oktober, Tel. +39 349 1434360.
Karte: Tabacco 1:25.000, Blatt 039.

Über die Winteritalm nähern wir uns dem Kolbner.

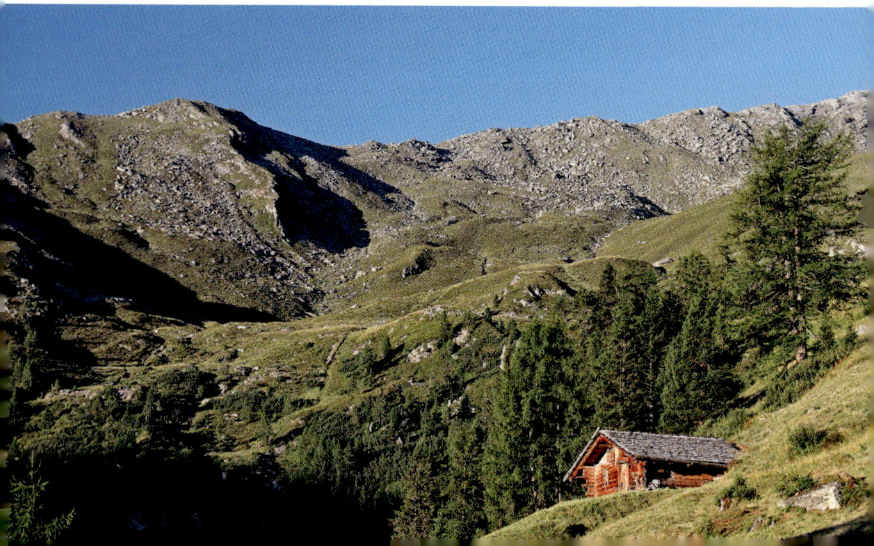

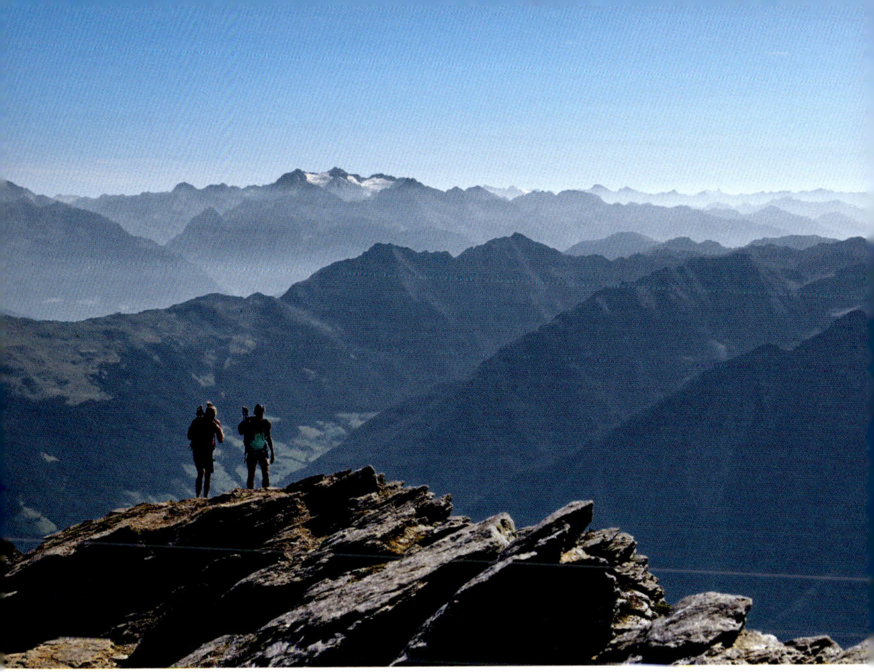

Am Gipfelgrat hat sich das Panorama zu fast unermesslicher Weite gesteigert.

Vom Parkplatz bei **Kratzegg** ❶ starten wir am Fahrweg Richtung Ulfaser Alm, bald schon mit Nr. 2 rechts abzweigend und auf einem Waldsteig schräg aufwärts. Man kommt in das Almgebiet mit dem Flurnamen »Winterit« voran, wo sich der schmale Pfad durch typische Mahder und an verstreuten Hütten vorbeischlängelt (manchmal etwas verwachsen). Hinter verfallenen Ställen zweigt Nr. 2A zur Oberen Ulfaser Alm ab ❷, während wir nun an Zwergstrauchhängen und bald in gut gangbarem Hochweidengelände tendenziell geradeaus bergauf wandern. Die Wegspur ist hier zunehmend aufgelöst, die Farbzeichen bilden jedoch eine zuverlässige Leitlinie. Im oberen Teil des Kessels wird es allmählich steiniger. Über Blockschutt erreichen wir die Kammhöhe beim **»Stoanmandl«** ❸, ca. 2600 m, und finden dahinter – und zwar links vom Grat, der zum Kleinen Kolbner aufschließt – weiterhin unschwieriges Terrain mit Sand, Blockschutt und anstehendem Fels, im zeitigen Sommer allerdings oft noch von Schneefeldern durchsetzt. Allen größeren Hindernissen geschickt ausweichend, laviert unsere Route (mittlerweile Nr. 3) zur Schneide hinauf und vollzieht an

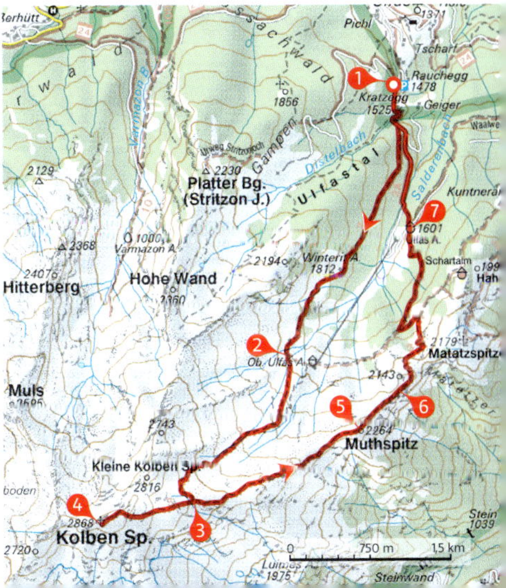

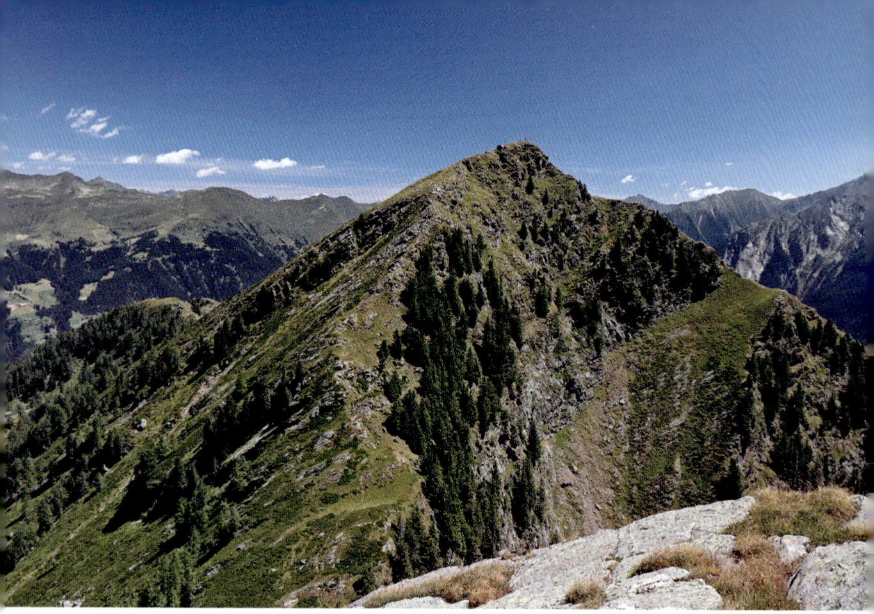

Die benachbarte Matatzspitze, Ausläufer im Nordostkamm unseres Berges, erhält häufiger Besuch.

diesem das letzte Stück bis zum Gipfel der **Kolbenspitze ❹**, 2868 m.

Auf dem Rückweg bleiben wir beim **Stoanmandl ❸** am Gratrücken und folgen Nr. 3 abwechselnd über Gras, Erde und manchmal auch Blockgestein sukzessive bergab. Einer schrofferen Partie kann rechts ausgewichen werden. Nach einer Weile nähern wir uns der wenig eigenständigen **Muthspitze ❺**, 2264 m, an der die Markierung knapp links vorbeizieht. Man kann sie aber auch direkt überschreiten. Ein weiterer minimaler Gegenanstieg führt auf die Kuppe namens **Sattel ❻**, 2143 m. Dahinter drehen wir links in die Flanke ab und gelangen etwas holprig hinunter zu einer Hütte bei P. 1849. Dort scharf links, dann wieder rechts und im Schrägabstieg durch lichten Wald zur **Ulfaser Alm ❼**, 1601 m, die ihrer leichten Erreichbarkeit wegen oft gut besucht ist. Beim nahen Waal nehmen wir die Abkürzung zur Brücke über den Saldernbach und vollenden die Tour auf dem Fahrweg Richtung **Kratzegghof ❶**.

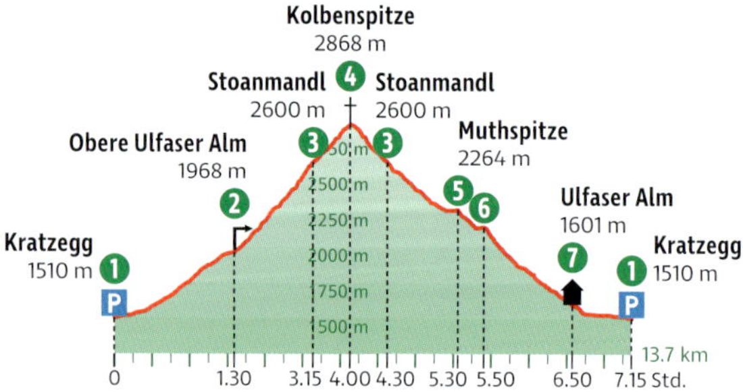

Königskogel, 3050 m

Von der Oberglaneggalm übers Königsjoch

5.45 Std. | 10,1 km | ↗1030 m | ↘1030 m

Einsamer Dreitausender am Gurgler Kamm

Mit der letzten Tour in diesem Band wird es nochmals ziemlich anspruchsvoll, wenn auch nur auf einem relativ kurzen Stück am Gipfelaufbau. Obwohl ein markierter Übergang über das Königsjoch ganz in der Nähe vorbeiführt und das silberglänzende Kreuz eine gewisse Verlockung ausspricht, nehmen Bergsteiger vom Königskogel eher wenig Notiz. Unser Gipfel erhebt sich im als Gurgler Kamm bezeichneten Abschnitt des Ötztaler Alpenhauptkammes und ragt sogar über die 3000-Meter-Marke hinaus. Schon der Zustieg von der Oberglaneggalm ist spannend und von einer tollen Kulisse begleitet. Auf unserem Thron bewundern wir dann die Gruppe um Granatenkogel und Hohem First aus spektakulärer Perspektive und mustern mit Interesse natürlich auch den zu Österreich gehörenden nördlichen Gesichtskreis. Der Königskogel wird jedenfalls niemanden enttäuschen, der über das notwendige Geschick in steilen Schrofen verfügt ...

Talort: Moos in Passeier, 1007 m.
Ausgangspunkt: Parkplatz für die Oberglaneggalm an der Timmelsjoch-Südrampe, ca. 2030 m (fünfte Kehre hinter dem Gasthof Hochfirst). Im Sommer verkehrt zwischen Moos und Obergurgl viermal täglich ein Wanderbus hin und her (Haltestelle »Oberglaneggkehre«).
Anforderungen: T4–5. Bis zum Königsjoch ordentlicher, markierter Steig, allerdings streckenweise schon in etwas ausgesetzten Hängen (T3). Weiter Richtung Gipfel nur Steinmännchen (keine Farbzeichen) und eine deut-

Der Granatenkogel ist bereits während des Aufstiegs zum Königsjoch ein absoluter Blickfang.

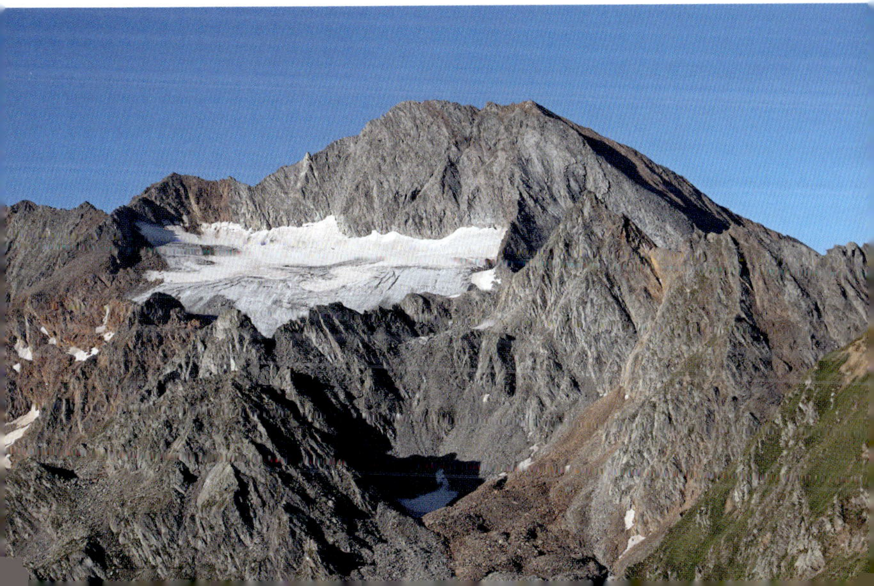

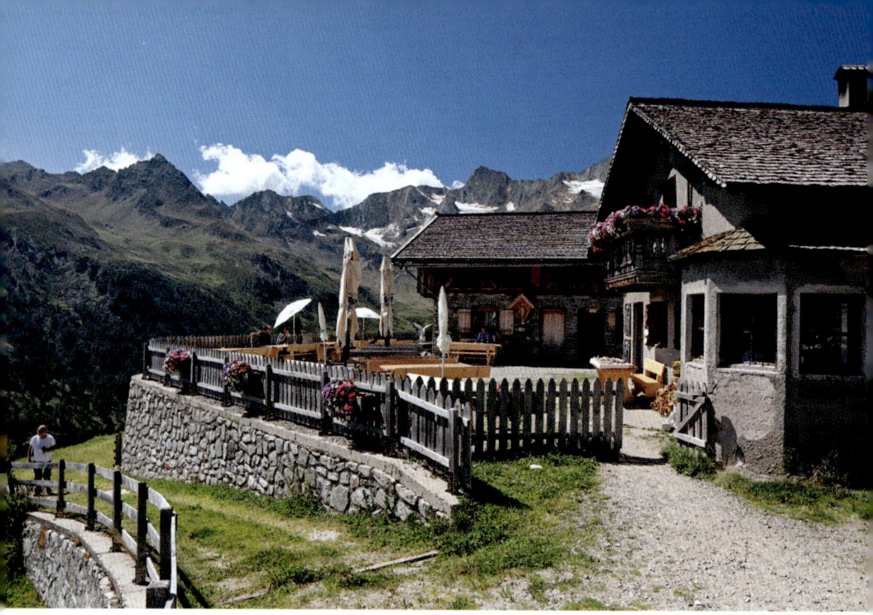

Perfekt für eine Abschlusseinkehr: die Oberglaneggalm.

liche Pfadspur, zunächst sandig, am sehr steilen Gipfelaufbau gut gestuftes Gelände I. Grades. Trittsicherheit und Schwindelfreiheit unerlässlich, konditionell durchschnittlich.
Einkehr: Oberglaneggalm, 2062 m, Juni bis Oktober, Tel. +43 699 10174786.
Variante: Für einen leichten Ausflug kann man einfach nur auf die Graskuppe der Gamsbank steigen, hin und zurück 2.30 Std.
Karte: Tabacco 1:25.000, Blatt 039.

Von der Timmelsjochstraße ❶ erreicht man über einen Wirtschaftsweg binnen 10 Minuten bereits die **Oberglaneggalm** ❷, 2062 m, und nimmt hier den Steig Nr. 20 zum Königsjoch auf. Nach dem ersten Hang wandern wir vorübergehend flach nach links und dann mäßig steil bis in die Karmulde, die links von der Gamsbank und rechts von den hohen Schrofenflanken des Hauptkamms begrenzt wird (»Inneres Kar«). Mit einem kleinen Linksbogen orientieren wir uns zur grasigen Kante hinter der **Gamsbank** ❸ und gehen als Nächstes den schrofigen Aufschwung des Schäfereggs an. Oberhalb flacht der Gratkamm zwischenzeitlich ab, ehe am Sockel der Hinteren Schwenzerspitze das nächste Steilstück folgt.

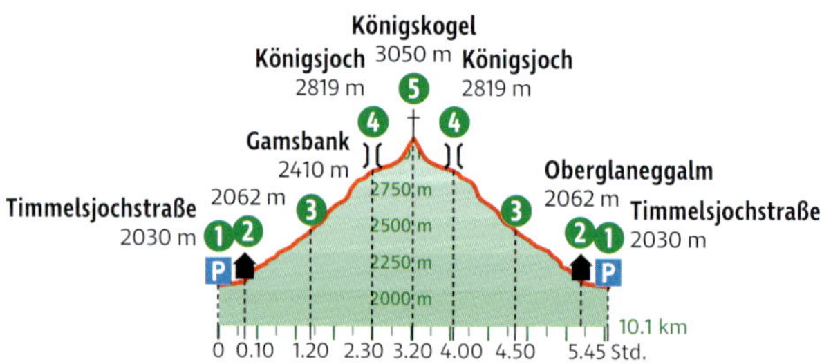

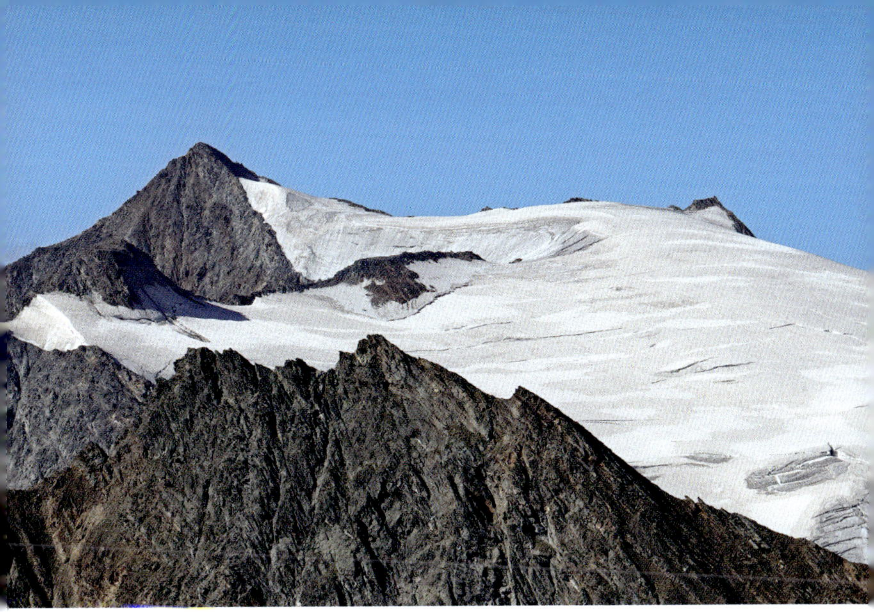

Am Ötztaler Hauptkamm regieren teils noch ansehnliche Gletscher.

Weiter oben quert unser Steig nur noch leicht aufwärts durch die recht abschüssigen Flanken und gewinnt mit einer Rechtskehre das **Königsjoch** ❹, 2819 m, an der Grenze zu Nordtirol.
Deutliche Begehungsspuren ziehen von hier über den sandigen und vorerst praktisch hindernislosen Kammrücken Richtung Königskogel hinüber. Dann wird es erwartungsgemäß erheblich steiler. Über Blockgestein wenden wir uns in die Ostflanke und gelangen mit scharfem Linksknick zu einem luftigen Eck oberhalb einer kleinen Lücke. Anschließend geht es an der Südseite des Gipfelaufbaus weiter, oft nahe der Kante oder links daneben. Da die Felsschichten nach Norden einfallen, ist das Gelände hier vorteilhaft gestuft. Steinmännchen lotsen uns über die felsigen Absätze Zug um Zug höher und schließlich zielsicher zum Kreuz des **Königskogels** ❺, 3050 m. Der Abstieg verläuft identisch.

Die Tour beginnt harmlos über Bergwiesen, oben der Aufschwung der Gamsbank.

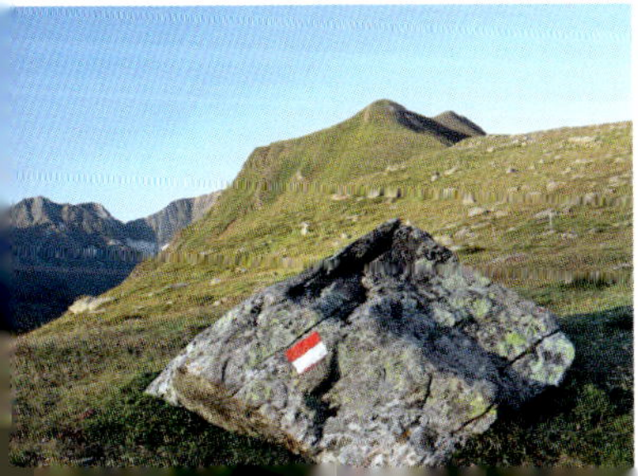

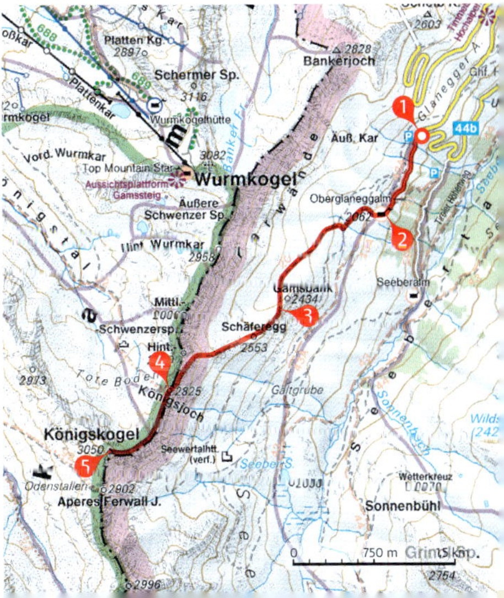

Stichwortverzeichnis

Impressum

Umschlagbild: Blick auf den Vernagtsee im Herzen des Schnalstals.

Bild im Innentitel: Unterwegs an der selten bestiegenen Hochleitenspitze im Ortlergebiet.

Bild Seiten 26/27: Großes Vinschgau-Panorama bei Mals mit dem Ortler rechts hinten.

Alle 234 Fotos vom Autor.

Kartografie: 52 Wanderkärtchen im Maßstab 1:50.000 / 1:75.000 sowie 2 Übersichtskärtchen im Maßstab 1:500.000 und 1:1.200.000

Werk-Nr.: 3380

Die Ausarbeitung aller in diesem Führer beschriebenen Touren erfolgte nach bestem Wissen und Gewissen des Autors. Die Benützung dieses Führers geschieht auf eigenes Risiko. Soweit gesetzlich zulässig, wird eine Haftung für etwaige Unfälle und Schäden jeder Art aus keinem Rechtsgrund übernommen.

1. Auflage 2024

ISBN 978-3-7633-3380-6

FSC www.fsc.org MIX Papier | Fördert gute Waldnutzung FSC® C147178

Wir freuen uns über jeden Korrekturhinweis zu diesem Wanderbuch!
Bitte per E-Mail an: **leserzuschrift@rother.de**

ROTHER BERGVERLAG · Keltenring 17 · D-82041 Oberhaching
Tel. +49 89 608669-0 · rother.de